高等职业教育护理专业新形态一体化系列教材

健康评估（第5版）

◎

主编 郭磊 范保兴

中国教育出版传媒集团

高等教育出版社·北京

内容提要

本书为"十二五"职业教育国家规划教材修订版、高等职业教育护理专业新形态一体化教材。

本书根据高等职业教育护理专业教学标准,按照护理职业岗位的需求,结合护士执业资格考试要求,以高技能人才培养为目标,以职业能力为本位,努力体现护理专业特色,在编写中注重健康评估的基本理论、基本知识、基本技能的培养;注重从护理人员的角度去评价服务对象的健康状态,体现以人为本、整体护理的理念;按照护理程序的框架,以护理评估为重点,将确定护理诊断作为核心,把实验室检查、心电图检查及影像学检查等医技评估作为辅助手段进行现代护理评估。同时,对接全国职业院校技能大赛护理技能赛项及护士执业资格考试要求,满足"岗课赛证"综合育人需求。

本书配套有数字资源,通过扫描书中所附二维码,即可观看重要知识点的微课、动画和重要技能点的操作视频,进行在线测试。教师如需获取本书授课用PPT,请登录"高等教育出版社产品信息检索系统"(http://xuanshu.hep.com.cn/)免费下载。

本书适合高职护理、助产等相关专业教学使用,也可作为临床护士学习的参考用书。

图书在版编目(CIP)数据

健康评估 / 郭磊,范保兴主编. -- 5版. -- 北京:高等教育出版社,2025.2. -- ISBN 978-7-04-063255-2

Ⅰ. R471

中国国家版本馆 CIP 数据核字第 2024PL7195 号

JIANKANG PINGGU(DI 5 BAN)

| 策划编辑 吴 静 | 责任编辑 吴 静 | 封面设计 贺雅馨 | 版式设计 童 丹 |
| 责任绘图 李沛蓉 | 责任校对 张 然 | 责任印制 刘思涵 | |

出版发行	高等教育出版社	网 址	http://www.hep.edu.cn
社 址	北京市西城区德外大街4号		http://www.hep.com.cn
邮政编码	100120	网上订购	http://www.hepmall.com.cn
印 刷	武汉市新华印刷有限责任公司		http://www.hepmall.com
开 本	787mm×1092mm 1/16		http://www.hepmall.cn
印 张	24	版 次	2005年5月第1版
字 数	510千字		2025年2月第5版
购书热线	010-58581118	印 次	2025年2月第1次印刷
咨询电话	400-810-0598	定 价	64.00元

《健康评估》（第5版）编写人员

主　编　郭　磊　范保兴

副主编　陈　燕　张红菱　蔡菊敏

编　者　（以姓氏汉语拼音为序）

蔡菊敏　银川能源学院

陈　燕　宁波卫生职业技术学院

董志甫　重庆医药高等专科学校

范保兴　聊城职业技术学院

郭　磊　聊城职业技术学院

刘朝晖　商丘医学高等专科学校

刘静雯　聊城职业技术学院

罗　红　聊城市中医医院

沈　非　武汉大学人民医院

孙　丛　山东第一医科大学附属省立医院

吴洪梅　哈尔滨医科大学大庆校区

张红菱　武汉轻工大学

第5版前言

随着社会经济的发展,人们的生活水平不断提高,对健康的需求越来越高,对医疗护理质量和服务水平的期望值也越来越高。同时,医疗护理科学技术在突飞猛进地发展,医疗护理的理念也在不断地探索和创新。

党的二十大报告明确提出"推进健康中国建设""把保障人民健康放在优先发展的战略位置,完善人民健康促进政策""实施积极应对人口老龄化国家战略"。护理工作是卫生健康事业的重要组成部分,护士在健康促进、疾病预防、提供生命全周期照护等方面发挥着重要作用。

生物医学模式向"生物-心理-社会"现代医学模式的转变,对现代护理教育提出了新的要求。现代护理需要护士为患者提供生理、心理、社会等方面广泛内容的护理,能更有效地运用"整体护理"于护理实践中。因此,护理学的重要性愈显突出,开展"整体护理"的前提——健康评估的重要性也愈加明显。

健康评估是高等职业教育护理专业人才培养课程体系中的一门必修课、核心课,是从医学基础课程过渡到专科护理课程的桥梁课程。本教材根据高等职业教育护理专业教学标准,按照护理职业岗位的需求,结合护士执业资格考试要求,以高技能人才培养为目标,以职业能力为本位,努力体现护理专业特色,在编写中注重健康评估的基本理论、基本知识、基本技能的培养;注重从护理人员的角度去评价服务对象的健康状态,体现以人为本、整体护理的理念;按照护理程序的框架,以护理评估为重点,将确定护理诊断作为核心,把实验室检查、心电图检查及影像学检查等医技评估作为辅助手段进行现代护理评估。同时,对接全国职业院校技能大赛护理技能赛项及护士执业资格考试要求,满足"岗课赛证"综合育人需求。此外,深度融入课程思政元素,为教师开展课程思政创造条件,落实立德树人根本任务。

本教材在教学内容编写上突出目标教学,每章均有学习目标,学习内容后有围绕学习目标的章节小结。为了加深学生的理解、扩展知识面,本书将部分重点、难点、易混淆的内容及临床案例等编入"提示"部分。为了加强技能训练,书后还附有实训指导。此外,本书还配套有数字资源,通过扫描书中所附二维码,即可观看重要知识点的微课、动画和重要技能点的操作视频,进行在线测试,及时检验学习效果。

在本教材编写过程中,各位编者所在单位的领导和高等教育出版社编辑给予了大力支持和指导,谨在此表示诚挚的感谢!

由于编者水平所限,书中难免有疏漏和不当之处,敬请广大师生指正,以便再版时修正。

郭磊　范保兴

2024 年 8 月

第1版前言

　　随着人民生活水平的提高,健康理念的提升,以及医学模式和护理模式的转变,护理专业的重要性愈显突出。随着整体护理在我国护理工作中的普及,健康评估的重要性也愈加明显。因此,编写具有护理专业特色的健康评估教材十分必要,本书正是在这样的背景下组织编写的。

　　本书以健康评估的基本理论、基本知识、基本能力为基础,在编写的过程中坚持以职业岗位需求为导向,以职业能力为本位,努力体现护理专业特色;注重突出"两个目标"——护理专业应用型人才培养目标和高职护理专业课程目标;注重从护理的角度去评价服务对象的健康状态,体现以人为本,以护理程序为框架,以护理评估为重点,以确定护理诊断为核心,以实验室、心电图及影像学等医技评估为辅助的现代护理教育理念。

　　全书共分为十章,重点介绍了健康评估的方法,常见症状,实验室、心电图及影像学等辅助检查,护理诊断思维方法与步骤以及护理病历书写等。在教材内容设置上分为三个模块:基础模块、实践模块和选学模块,基础模块和实践模块是护理专业的必修内容,选学模块可根据学校及学生的实际情况选用(见附Ⅲ:健康评估教学基本要求)。在教学内容编写上突出目标教学,每章节前均有学习目标,学习内容后有围绕学习目标的章节小结和自测题。为加深学生的理解、扩展知识面,将部分重点、难点、易混淆的内容及临床案例等编入提示部分。为加强技能训练,书后附有实训指导。为使学生了解自身学习情况,附有单元测试题,试题参照卫生职业资格考试命题要求及试题类型安排,力求学习与职业资格相衔接。

　　教学学时分配建议见下表:

学时分配建议表

序号	教学内容	学时数		
		理论	实践	合计
1	绪论	1	0	1
2	健康评估方法	4	0	4

序号	教学内容	学时数		
		理论	实践	合计
3	常见症状及其评估	8	2	10
4	健康史评估	6	4	10
5	身体评估	16	14	30
6	实验室检查	6	2	8
7	心电图检查	6	4	10
8	影像学检查	4	2	6
9	护理诊断的思维方法和步骤	2	0	2
10	护理病历的书写	2	4	6
	机动	2	1	3
	总计	57	33	90

各章节编写人员如下：第一章和第九章由孙菁编写；第二章的第一、二节由龙军编写，第三节由龙军和肖春晓编写；第三章由蔡菊敏编写；第四章由肖春晓编写；第五章的第一、二节由田荫华编写，第三节由熊正南编写，第四至七节由周菊芝编写；第六章由范保兴编写；第七章由张红菱编写；第八章由孙丛编写；第十章由李静编写。

在本教材编写过程中，各位编者积极、认真、全力投入，各位编者所在学校的领导和出版社编辑给予了大力支持和指导，聊城职业技术学院田桂莲老师对本教材第十章提出了宝贵的修改意见，范保兴老师为本书的编务工作付出了辛勤的劳动，谨在此表示诚挚的感谢！

由于编者水平所限，难免疏漏和不当之处，敬请广大教师和同学指正。

孙　菁

2005 年 1 月

目　　录

二维码资源目录

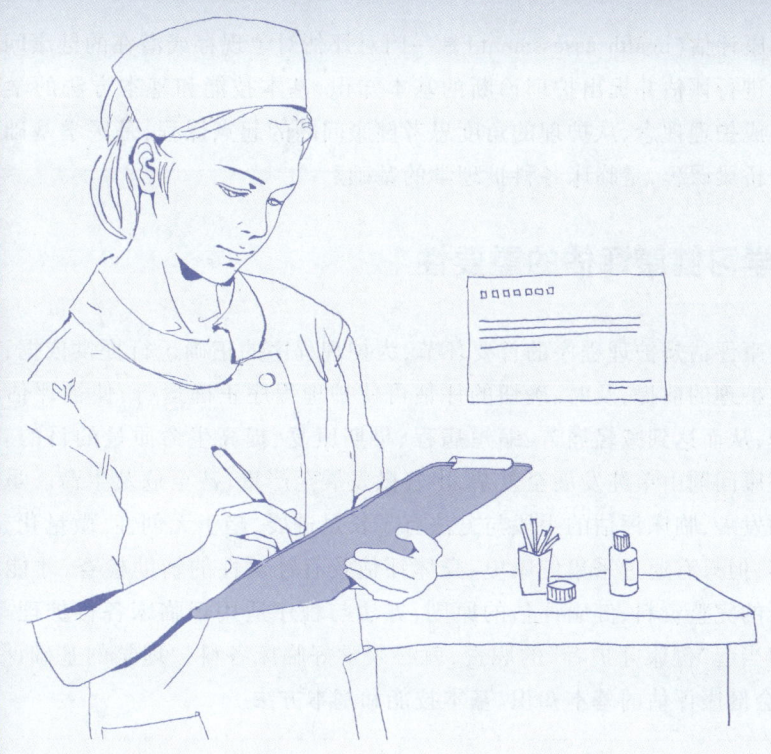

第一章　绪论

学习目标

知识目标

1. 掌握健康评估的学习方法。

2. 熟悉健康评估的主要内容。

3. 了解健康评估的概念及其重要性。

能力目标

能够认识到健康评估的重要性。

素养目标

培养职业使命感与责任感,端正学习态度。

健康评估(health assessment)是一门对评估对象现存或潜在的健康问题或生命过程状况进行评估并提出护理诊断的基本知识、基本技能和基本方法的学科。健康评估是形成护理理念、从护理的角度思考健康问题的起点课程,是医学基础过渡至临床护理的桥梁课程,是临床各科护理学的基础。

一、学习健康评估的重要性

健康评估是护理程序的首要环节,为护理程序的正确运行提供依据,正确的评估是有效护理的前提,及时、确切的评估可使护理程序正确运行,使被评估者获得恰当的处理,从而达到减轻痛苦、缩短病程、早期康复、提高生命质量的目的。反之,则可造成健康问题由单纯发展至复杂,由轻微发展至严重,甚至危及生命。虽然随着医学科学的发展,临床评估的手段与方法有了长足进展,趋于无创性、微量化、自动化及数字化等,但只有通过采集健康史、身体评估及有针对性的辅助检查,才能获得作出护理诊断的完整资料;健康评估的原则、方法与程序适用于临床各科护理。因此,护士若要担当起"健康守护者"的职责,就必须学好临床各科护理学的基础课——健康评估,学会健康评估的基本知识、基本技能和基本方法。

> **案例 1-1**:某男,25 岁,因"吐血"于 10 月 3 日 10pm 急诊。然而评估者却将"大咯血"误诊为"上消化道出血"。10 月 4 日 1am,患者出现咯血窒息,幸被责任护士发现,抢救及时才避免了悲剧的发生。

二、健康评估的主要学习内容

健康评估的主要学习内容包括健康评估方法、常见症状评估、身体评估、心理与社会评估、辅助检查、护理诊断的思维方法与步骤、护理病历的书写等。

(一) 健康评估方法

健康评估是一个有计划地、系统而全面地收集有关被评估者的健康资料,并对资料的价值进行判断的过程。健康资料的收集是评估和形成护理诊断的基础,并为制定护理目标、实施护理计划及其评价提供依据。健康资料的收集方法包括交谈、身体评估、阅读有关的辅助检查结果等,其中,交谈和身体评估是收集健康资料最基本、最常用的方法。主观资料通过与被评估者本人或其家庭成员交谈获得,客观资料则通过视、触、叩、听、嗅及有关的辅助检查等获得。评估的主要内容包括健康史、常见症状、身体状况、心理社会状况、辅助检查等。

(二) 常见症状评估

症状是个体患病后对机体功能异常的主观感觉或自身体验。典型的症状有发热、呼吸困难、腹痛等。症状是评估对象健康状况的主观资料,是健康史的重要组成部分,是交谈中重点收集并评估的内容。本书将简述发热、意识障碍等12个常见症状的基本概念、发生机制、病因,重点介绍临床上可收集到的资料、评估要点和相关护理诊断,以培养学生科学的思维方法和通过症状评估作出护理诊断的能力。

(三)身体评估

身体评估是评估者应用自己的感官(如眼、耳、鼻、手)或借助简单的工具(如体温计、听诊器、血压计、叩诊锤等),对被评估者进行详细的观察和系统的检查,以了解其身体状况正常或异常的一种评估方法。身体评估发现的机体异常表现——体征,比如皮疹、出血点、肺部啰音等是被评估者健康状况的客观资料,是形成护理诊断的重要依据。身体评估须以解剖学、病理学等基础医学知识为基础,且具有操作性及技巧性,以正确娴熟的手法取得的客观资料是获得正确评估结果的依据。

(四)心理与社会评估

心理与社会评估在健康评估中占据重要地位,重点关注评估对象的心理状态、应对机制、社会支持系统及生活质量等方面。

> **提示**:世界卫生组织(WHO)对健康的定义是"健康不仅是没有躯体上的疾病,而且要保持稳定的心理状态和具有良好的社会适应能力,以及良好的人际交往能力"。因此,健康评估应包括对评估对象生理、心理、社会等方面的评估。

(五)辅助检查

辅助检查包括实验室检查、心电图及影像学检查,其结果作为客观资料的主要组成部分,可对前述评估结果进行验证与补充。相关章节主要介绍实验室检查的目的、正常参考值、临床意义及标本收集方法;正常心电图与常见危重异常心电图图形及其临床意义;影像学的基本原理,常见的正常、异常图像、临床应用范围,常用检查前的准备、检查中及检查后护理等。

(六)护理诊断的思维方法与步骤

健康评估须经过收集资料、整理资料、分析资料作出合理的诊断、动态观察和验证诊断等环节。本章将全面介绍护理诊断的基本概念、健康评估形成护理诊断的临床思维过程与方法。使学生理解健康评估形成护理诊断的几个环节(步骤),学会从护理专业的角度进行临床思维和诊断。

(七)护理病历的书写

护理病历是护士将收集到的被评估者的主观资料和客观资料,经过整理、分析,按照规范化格式书写的记录。鉴于国内尚无统一的书写规范和格式,本书除了提出护理病历书写的基本要求外,根据国内实际情况,推介基本格式和内容,以期通过教学实践使学生掌握一般护理病历书写的内容与要求。

三、健康评估的学习目的、方法与要求

(一) 学习目的

学习"健康评估"的目的在于掌握健康评估的基本理论与技能,初步形成以整体护理为框架,按护理程序进行评估、思考、提出健康问题、作出护理诊断的能力。

(二) 学习方法

1. 健康评估是由基础到临床的桥梁课程,学习健康评估时要及时复习相关的医学基础知识(如解剖学、生理学、病理学等)、基础护理知识(如护理理念、护理模式、护理程序等)及人文社科学知识(如心理学、社会学等)。

2. 健康评估是一门集现代护理理念、交流技巧、身体评估技能、逻辑思维为一体的实践性很强的课程,学习中要注重:① 除需要掌握基本概念、基本知识外,必须反复实践使基本技能达到娴熟、准确。② 健康评估直接面对的是具有不同类型、不同程度健康问题的个体,在学习和实践中要以"四心"(爱心、耐心、细心、责任心)对待被评估者,以取得信任与合作。③ 健康评估的教学实践除了校内实训外,大量的实践活动要在医院和社区完成,学习者要逐渐养成良好的人际沟通能力、环境适应能力及医德修养。④ 健康评估是技能性很强的方法学,是临床各专科护理学的基础课,掌握这一方法与技能绝非几十个学时的学习所能达到的,必须将健康评估贯穿于临床各专科护理学的教学中,不断地学习、实践、巩固、提高才能完成。

(三) 要求

通过本课程的学习,应该达到以下要求:

1. 知识目标　① 掌握健康评估的概念。② 理解常见症状的病因、评估要点及相应护理诊断。③ 掌握身体评估的基本知识及其临床意义。④ 了解主观资料、客观资料的内在联系及其临床意义。⑤ 熟悉常用实验室检查的正常值及临床意义。⑥ 熟悉X线、心电图检查等辅助检查的基本知识。

2. 能力目标　① 具有独立地进行健康史的收集和身体评估的能力。② 具有操作心电图机和初步识别正常心电图与常见异常、危重心电图的能力。③ 具有正确采集各项实验室检查标本的能力。④ 具有对影像检查的患者进行检查前准备及护理的能力。⑤ 具有将健康资料进行系统整理,写出护理文书的能力。⑥ 具有将健康资料进行综合分析初步作出护理诊断的能力。⑦ 具有应用健康评估知识和人际交流与咨询技巧,开展护理工作的能力。

3. 素养目标　① 初步具备辩证唯物主义观点和评判性思维能力。② 具有科学、严谨的学习态度和创新能力。③ 树立良好的职业道德意识。④ 建立与其他人员配合工作的团队意识与协作精神。

本章小结

健康评估是一门对评估对象现存或潜在的健康问题或生命过程的状况进行评估的基本知识、基本技能和基本方法的课程,是基础医学与临床护理学之间的桥梁课,是临床各科护理学的基础。其主要内容包括健康史、常见症状、身体状况、心理、社会状况、辅助检查等。学好本课程,除需要掌握基本概念、基本知识外,必须反复实践使基本技能达到娴熟、准确;必须以"四心"对待被评估者,以取得信任与合作;必须有良好的人际沟通能力、环境适应能力及医德修养;必须将健康评估贯穿于临床各专科护理学的学习中,不断地学习、实践、巩固、提高。

本章思考题

一、名词解释

健康评估　症状　体征

二、填空题

1. 健康评估的主要内容包括_____、_____、_____、_____、_____等。

2. 健康评估的五个环节是_____、_____、_____、_____及_____。

三、简答题

1. 健康评估的主要学习内容有哪些?

2. 健康评估的学习方法和应达到的要求是什么?

第二章　健康评估方法

学习目标

知识目标

1. 掌握交谈的完整过程及主诉、现时健康史的基本内容。

2. 熟悉健康资料的来源、类型及影响交谈的主要因素。

能力目标

能正确运用交谈技巧收集一般健康史资料,并书写评估记录。

素养目标

与被评估者进行良好沟通,体现对被评估者的关爱和尊重。

健康评估是一个有计划地、系统而全面地收集有关被评估者的健康资料,并对资料的价值进行判断的过程。健康资料的收集是评估和进一步形成护理诊断的基础,并为制定和实施护理计划及其评价提供依据。健康评估要收集的资料不仅包括被评估者的身体健康状况,还包括其心理健康状况和对社会的适应能力,不仅要获得被评估者健康状况的主观资料,还要获得客观资料。要使所收集的资料准确、全面和客观,评估者必须掌握健康评估的方法和技巧;同时,还应该明确可以从哪里获得健康资料、所获资料的性质及作用等。

提示:① 对人体是否健康的认识,是用生命质量的高低来全面评价人体的生理、心理和社会适应的状况。② 评估既是护理过程的起点,同时又贯穿于护理过程的始终,是一个连续的动态过程。

案例 2-1:黄先生,男,58 岁。因 2 天前出现发热、频繁咳嗽,昨晚突然高热,由妻子陪同到某医院急诊科就诊。于 2023 年 8 月 3 日收入呼吸内科治疗。黄先生曾于 2021 年 12 月因"心绞痛"在该院心内科住院治疗。护士林燕于黄先生入院后 1 h对他进行评估。试分析:
(1) 护士应收集哪些方面的健康资料?
(2) 护士可以使用哪些方法获得资料?
(3) 资料有哪些来源?
(4) 如何确保资料的准确性和客观性?

第一节　健康资料的来源

评估者在收集资料的过程中,根据其资料的来源可分为以下两类:

1. 主要来源　健康资料主要来源于被评估者本人。被评估者本人所提供的资料大多很难从其他人员那里得到,如患病后的感受、对健康的认识及需求、对治疗及护理的期望等,这些资料只有被评估者本人能最清楚、最准确地加以表述,因此也最可靠。

提示:① 收集健康资料时,对于危重患者、意识不清者,可由家属或其他熟知病情的人提供。② 除危重患者必须立即抢救外,对一般患者应于 24 h 内完成健康资料的评估。

2. 次要来源　除被评估者本人外,评估者还可从其他人员或记录中获得所需资料。

(1) 被评估者的家庭成员或其他与之关系密切者,如父母、夫妻、兄弟姐妹、朋友、同事、邻居、老师、保姆等：他们与被评估者一起生活或工作，对其生活或工作的环境、既往的生活习惯、健康状况以及对疾病或健康的态度等有较全面的了解，而这些信息对确定护理诊断，制定护理计划等都有重要的参考价值。

（2）事件目击者：指目睹被评估者发病或受伤过程的人员，可提供有关的病因、被评估者当时的状况及进展等资料。

（3）其他卫生保健人员：指与被评估者有关的医护人员、营养师、理疗师及其他评估者。从他们那里可了解到被评估者有关的诊疗措施、从医行为等。

（4）目前或以往的健康记录或病历：如出生记录、儿童预防接种记录、健康体检记录或病历记录等。

> 提示：由次要来源所获得的资料可进一步证实或充实从被评估者本人那里直接得来的资料。

第二节 健康资料的类型

健康评估所收集的资料可以是被评估者或有关人员的主观描述，也可以是身体评估、实验室或器械检查的结果等。为了更好地分析和充分利用资料的价值，健康资料可根据其不同特点加以分类，其中最常用的方法是根据收集资料的方法不同，将其分为主观资料和客观资料。

案例 2-1 中护士与患者交谈的内容

> 请扫描二维码查看案例 2-1 中护士与患者交谈的内容，然后分析：
> 1. 护士获得的资料中哪些是主观资料，哪些是客观资料？
> 2. 护士应该如何记录这些资料？

一、主观资料

主观资料是通过与被评估者交谈获得的资料，包括被评估者的主诉、亲属的代诉及评估者提问而获得的被评估者对其目前和既往身心健康状况、社会关系的感受或看法的描述。如"我整夜都不能入睡""我上楼时感到心慌""我的病可能不会好了""我希望能早日去上班"等。其中，被评估者患病后对机体生理功能异常的自身体验和感受，如疼痛、恶心等，称为症状（symptom）。症状是主观资料的重要组成部分。主观资料不能由评估者直接观察和检查。

> 提示：通过交谈所获得的有关被评估者健康状况的资料是主观资料。主观资料要按患者的原话记录，不要带护士自己的主观判断，以便分析整理。

二、客观资料

客观资料是指经视、触、叩、听、嗅、实验室或医疗仪器检查所获得的有关被评估者健康状况的结果。其中，被评估者患病后机体的体表或内部结构发生了可以观察到或感触到的改变，如黄疸、肝大、心脏杂音等，称为体征（sign）。体征是形成护理诊断的主要依据。

> **提示**：体征可按医学术语记录，但语言要简洁，书写应清楚，避免使用只有自己才能理解的语言进行描述，切忌使用模棱两可的词句，如好、尚好、佳、尚可、差等。

多数情况下，主观资料与客观资料是相互支持的。例如，患者诉说自己头晕、心悸（主观资料），评估者检查发现其脉搏为 120 次/min（客观资料），则主观资料得到了客观资料的证实。在某些情况下，可能存在主观资料与客观资料不一致。如一位住院的老人表示自己儿女都很孝顺，能得到很好的照顾（主观资料），评估者注意到，每到探视时间老人就会一个人到花园散步，而不见有子女或家人来病房探视（客观资料）。此时，评估者则需要进一步评估以明确其原因及解决途径。

在健康评估的过程中，主观资料的获得可以指导客观资料的收集，而客观资料则可进一步证实或补充所获得的主观资料。对于一份完整、全面的健康评估资料来说，主观资料和客观资料同等重要，因为两者都是构成护理诊断的重要依据。

健康资料还可根据资料的时间不同分为目前资料和既往资料。目前资料是反映被评估者目前状况的相关资料，既往资料则为此前的相关资料。在护理评估过程中，评估者必须将目前资料与既往资料不断地进行比较和分析，才能对健康问题及其进展情况作出客观、准确的判断。例如，一位肺炎患者，经一段时间的治疗及护理后，目前体温 37.1℃，脉搏 74 次/min（目前资料），而入院时体温 39.8℃，脉搏 102 次/min（既往资料），两者比较说明患者体温、脉搏由异常恢复到正常，说明治疗和护理有效。

评估所收集资料的类型有主观的和客观的，有目前的和既往的。必须将各种不同类型的资料组合在一起，通过综合分析和判断，才能达到为确定护理诊断，制定和实施护理计划提供完整、准确和客观的健康资料的目的。

第三节　健康资料的采集方法

收集健康资料的方法很多，包括交谈、身体评估以及查阅病历或辅助检查结果等，其中，最常用、最基本的是交谈和身体评估。为准确、有效地收集资料，必须掌握相关的方法和技巧。

拓展阅读：
南丁格尔与
健康评估

一、交谈

交谈(conversation)是采集健康史最主要的手段,是评估者与被评估者或知情人之间的会晤进行评估的一种方法。这种交谈不同于一般的客套或谈话,也不是通过询问一连串问题用以填写护理病历的过程,而是评估者与被评估者之间具有明确目的、有序的对话过程,是获得主观资料的重要途径,故又称问诊(health history taking)。护士要运用有关的知识和交流技巧,获取被评估者现存或潜在健康问题的真实资料。成功的交谈是确保健康史完整性和准确性的关键,是正确评估的基础。因此,交谈是每位护士必须掌握的基本功。

(一)交谈的目的

评估者可以从交谈中获取许多有助于确立护理诊断的重要依据,并可为进一步身体评估提供线索。如被评估者诉说头痛、流涕、咳痰,身体评估时就要重点检查鼻、咽及肺部。有些健康问题通过交谈便可作出诊断,如心绞痛患者,通过对其疼痛部位、性质、时间、缓解方式、放射部位等评估,即可作出"急性疼痛:胸痛 与心肌缺血有关"的护理诊断。

> 提示:① 护理问诊与医疗问诊截然不同。医疗问诊的主要目的在于了解疾病的发生、发展情况,诊治过程,既往健康状况等,以收集诊断疾病所需的病史资料。而护理问诊侧重于了解被评估者的健康观念、功能状况、社会背景以及其他与健康、治疗相关的因素等,以收集被评估者对健康状态、健康问题现存的或潜在反应的病史资料。② 利用交谈进行健康史评估,不仅在服务对象刚入院时进行,而且在整个护理过程中都应随时进行。

(二)交谈的方式

1. 正式交谈　正式交谈是指事先通知被评估者,有目的、有计划地交谈,如对新入院的服务对象所进行的健康史评估等。在正式交谈中,评估者常常将交谈的目的及内容拟成项目或问题,逐一询问被评估者,由被评估者回答。正式交谈具有较好的结构性,能够在短时间内获得想要的资料,但由于正式交谈常以逐项问答的方式进行,容易使被评估者产生受审问的感觉而抗拒,所以被评估者常常不会主动说出没有涉及的问题。因此,很可能丧失许多有意义的资料。

2. 非正式交谈　非正式交谈是指评估者与被评估者之间的随意交谈,评估者并不指示或干扰谈话的主题及取向。非正式交谈让被评估者自由表达,评估者可从中了解被评估者的多种信息,但往往比较难以把握交谈的主题,交谈结果可能与预期目标相去甚远。

提示：正式交谈和非正式交谈各有利弊，临床上常将两者结合使用。一般情况下，在交谈之初，由于双方不太熟悉，不容易自然交谈，常以正式交谈开始；以后随着交谈的深入，可以使用非正式交谈以获取大量信息，同时适当采用正式交谈引导交谈方向。

（三）交谈的完整过程

一次护理专业性交谈的完整过程大致可分为准备阶段、开始阶段、展开阶段、结束阶段四部分（图 2-3-1）。

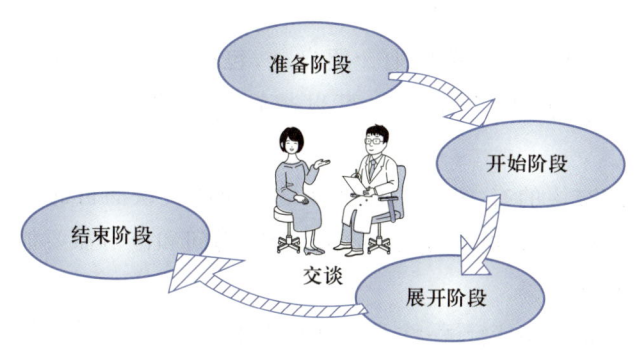

图 2-3-1 交谈流程图

1. 交谈的准备阶段 主要任务是做好心理上、物质上、环境上的准备。包括以下内容：

（1）选择交谈内容：当有多个问题需要与被评估者沟通时，护士应根据问题的轻重缓急以及被评估者的需要安排交谈内容。交谈前要明确本次交谈所要了解资料的内容及顺序等，以便在交谈时能够节省时间及引导交谈方向。必要时，可列出书面交谈提纲，以免遗漏。

（2）对可能出现的问题的预测和准备：交谈前应充分了解被评估者的基本情况，预测交谈中可能遇到的问题以及需要采取的相应措施。例如，被评估者身体或心理上的缺陷都可能影响交谈的顺利进行。若交谈前了解到被评估者有听力障碍，就需要特别安排安静的交谈环境及准备纸、笔等沟通工具，必要时还需要安排知情者协助。

（3）选择合适的环境：选择舒适、安静、隐蔽的交谈环境，光线、温度要适宜。优良的交谈环境能避免受到干扰，使被评估者放松，能够较好地讲述出内心的感受。良好照明的要求是既能看清楚彼此，又不过于耀眼。

（4）选择交谈时机：根据具体情况选择适当的交谈时机。必要时可与被评估者共同商讨决定。健康史评估的交谈在被评估者的入院事项已经安排就绪、情绪比较稳定的情况下进行较为合适。

2. 交谈的开始阶段

（1）礼貌地称呼对方：根据被评估者的年龄、性别、职业、文化背景等选择合适的称呼，如××先生、××小姐、××大伯、××教授等。应避免以床号称呼对方。礼貌的称呼不仅是对对方的尊重，也体现了自己的涵养。在相互尊重的情形下，较容易得到对方的信任与好感，使交谈有个好的开始。

（2）自我介绍：评估者应简要地介绍自己，包括姓名、职务以及在护理该对象时的角色等。让被评估者了解护士，可以减轻彼此的陌生感，促进良好关系的建立。

（3）简要介绍交谈的有关事项：向被评估者说明交谈的目的、大约所需要的时间，并表示愿意为被评估者提供帮助，希望其随时提问和澄清需要加深理解的问题，同时承诺对其隐私的保密。

（4）帮助被评估者保持舒适：注意被评估者的体位、姿势是否舒适，能否坚持较长时间的交谈，有无当时应给予满足的需要（如排便、疼痛等），如有，可先行解决，以保证交谈的顺利进行。

3. 交谈的展开阶段

（1）循序渐进逐步深入：可由简单的问题开始，逐步深入地进行有目的、有层次、有顺序的询问。如首先询问对方"请问您哪儿不舒服？"然后，再逐步深入了解被评估者本次疾病的原因、经过、有关症状的特点等。如果询问涉及隐私，则应安排在双方已经建立充分的信任关系后进行。

（2）交谈中的提问方式：健康史的采集通常是通过评估者的提问逐渐展开的，不同的提问方式有不同的效果。因此，交谈过程中应根据需要选择适当的提问方式。

1）闭合式问题：用简单的一两个词，如"是""否"，就能回答的问题。如"您吸烟吗？""您做什么工作？""您哪儿痛？请指给我看看"等。对处于紧张或焦虑状态、语言受限或身体不适等情况下的被评估者，使用闭合式问题比较容易获得所需要的资料。

2）开放式问题：提出问题后，被评估者可自由地描述其感受、想法的问题。这种提问方式给予被评估者较多的控制权。如"每次出现疼痛时，您是如何处理的？""请谈谈您对这次生病的感受好吗？"等。

闭合式问题和开放式问题的优、缺点见表2-3-1。

表 2-3-1　开放式问题与闭合式问题的优、缺点

提问方式	优点	缺点
开放式问题	1. 被评估者是交谈的主体,可以充分表达自己认为重要的问题 2. 可为评估者提供没有问到的信息 3. 可反映被评估者对某个问题的感受程度 4. 可以获得较丰富的资料	1. 比较费时 2. 评估者可能难以引导交谈方向,因而无法获得想要的资料
闭合式问题	1. 评估者能够很好地控制问题和回答,从而获得想要的资料 2. 被评估者不需要太多的主观努力 3. 交谈时间较短 4. 记录比较容易	1. 一问一答的方式容易使被评估者形成被审问的感觉,不利于双方关系的进一步发展 2. 可能遗漏一些重要的资料

举例:

护士:"请告诉我这次住院您哪里不舒服。"(开放式问题)

患者:"近 2 周,我的胃一直痛,就这儿(指脐上方)。"

护士:"请告诉我您疼痛的情况。"(开放式问题)

患者:"痛得非常厉害。"

护士:"是怎样疼?"(开放式问题)

患者:"像烧灼一样。"

护士:"是表面痛还是里面痛?"(闭合式问题)

患者:"是里面痛。"

护士:"其他部位痛吗?"(闭合式问题)

患者:"没有。"

护士:"您感到哪些情况使疼痛更厉害?"(开放式问题)

（3）核实信息:为确保所获得信息的准确性,在交谈中必须对含糊不清、存有疑问的内容进行核实。常用的核实方法有:

1）澄清:要求被评估者对模棱两可或含糊不清的内容作进一步的解释,如"您说您感到无助,请具体说一下是怎样的情况,好吗?"

举例:

评估对象:我每天都喝一点酒。

护士:能说得具体一点吗？比如,喝的是什么酒、每天喝多少……?（澄清）

评估对象:白酒,每顿饭二两左右。

2）重述:以评估者自己的表达方式重复被评估者所说的内容,如"您是说 3 天前开始不爱吃东西,特别是油腻的食物,1 天前发现尿色变深。是这样吗?"

> 评估对象:昨天半夜,我觉得很难受,难受得睡不着觉,胸口很闷……
>
> 护士:您是说,您半夜感到胸闷,是吗?(重述)
>
> 评估对象:是的,简直喘不过气来……

3)反射:用不同字眼将听到的内容反射给对方,从而鼓励对方提供更多的信息。如"您是说您感到很焦虑?"反射也可以用于描述被评估者的非语言信息,以引导对方,探询原因。如"我看到您总是悄悄流泪,能告诉我是什么原因吗?"

4)质疑:当发现被评估者所说的与自己所观察到的不一致时,使用质疑探究原因。

> **举例:**护士发现一位反复表示自己对手术充满信心的术前患者总是心事重重、沉默寡言,便安排了一次专业性交谈:"张太太,您好! 您说您对手术很有信心,但我却看到您总是郁郁寡欢,能告诉我这是为什么吗?"(质疑)

5)归纳:交谈至一个段落,将内容归纳一下,整理出逻辑关系后重述给被评估者听,从而有助于对健康史的了解,澄清彼此间的误解。

(4)引导交谈的方向:在交谈过程中经常遇到被评估者抓不住重点、离题或试图避免谈及某个问题等情况。如果突然中断谈话或改变话题,容易使对方不满甚至产生敌对情绪而破坏交谈气氛。此时,必须运用恰当的技巧帮助对方回到原来的主题。如"这是一个值得关注的问题,我很愿意在稍后与您讨论它,现在请您先谈谈这次发热的情况,好吗?"交谈方向的选择可参考以下几点:

1)从被评估者所提到的问题和内容中寻找:凡是可能存在问题的地方,就必须进一步追究、查明。如被评估者诉说有腹痛,就应进一步询问腹痛的具体部位、程度、性质、规律等,以进一步探询问题。

2)依据有关理论进行探讨:依据有关问题的理论,从被评估者那里获得更多资料以支持和确立问题。如当得知被评估者出现活动后心前区压榨样疼痛时,根据心绞痛的特点,可进一步询问对方胸痛的性质、是否有向左臂放射的特点、休息后是否缓解以及含服硝酸甘油后的效果等。

3)借助常识及判断力:觉得与常理不符,或感觉有异者即加以追究。如护士轻轻碰了一下被评估者,对方述说非常疼痛,即可就此进一步询问。

4. 交谈的结束阶段　此阶段的任务是为终止交谈作一些必要的安排。如以看表的方式提示对方交谈已接近尾声,应抓紧讨论剩下的问题;对本次交谈的内容及效果进行简要的评价小结;必要时约定下次交谈的目标、内容、时间和地点等。

(四)交谈的注意事项

为了使交谈顺利、成功,应注意以下事项:

1. 尊重对方,认真倾听　评估者积极地倾听以及接纳、尊重的态度是同情心的表现。如"作为女儿,我很理解您现在难过的心情"等,既表达了对被评估者的真诚与关注,也使对方感觉自己受到重视而愿意继续交谈下去。接纳和尊重还包括对被评估者所说的话不予以主观评判或不切实际的保证;对其不愿意回答的问题,不强迫其回答,如果是重要的资料,则需向对方充分解释,并承诺保密原则,以解除其疑虑。

> **经验教训:** 一些医护人员不重视倾听评估对象的陈述,造成了许多不良后果。例如,某患者因糖尿病复诊,经检查血糖仍然较高,接诊者未与患者交谈,就嘱其增加降糖药的用量。两天后该患者因低血糖昏迷入院。原来,患者之前的血糖偏高是因为他经常忘记服药所致,并非药物用量不足。
>
> 一天午夜,某医院收治了一名3岁患儿,值班医生简单了解到患儿头痛,便开了镇痛药。但当班护士注意到患儿有从楼梯摔下的历史,便要求他暂时留院观察。半小时后,患儿出现呕吐、剧烈头痛症状,经头颅CT确诊为"硬膜外血肿"。护士的细心倾听使患儿得到及时救治。
>
> 对评估对象待之以诚、待之以礼,不仅是良好服务态度的体现,也是职业道德的体现。著名泌尿外科专家吴阶平教授认为医护人员应具备两种能力:争取患者信任的能力,以及帮助患者树立战胜病魔、恢复健康的信心的能力。而这些能力是通过医护人员良好的言行举止和尽心尽力的服务态度来体现的,其目的是使服务对象更好、更快地恢复健康。

2. 适当使用非语言沟通技巧　交谈中,适当的非语言沟通技巧的应用,可以更好地促进交谈双方的交流。常用的非语言沟通技巧有:

(1)合宜的服饰:评估者的服饰应干净、整齐,符合专业身份及被评估者的期望。传统的护士服通常适合于各种治疗性场合。而对于儿童,休闲式服装更容易接近他们。合宜的服饰不但庄重,而且代表了专业的尊严和权威,容易使被评估者重视交谈及产生对评估者的信任。

(2)合适的交谈距离:与被评估者之间的距离太近或太远都会影响交谈的有效进行。距离太近容易使对方感到受侵犯、受压迫;距离太远会使对方觉得被拒绝、被疏远。合适的交谈距离要根据具体情况而定,一般以双方能看清楚对方表情,说话不费力又能听清楚,且不至于受对方体味干扰为宜。常用交谈距离如表2-3-2、图2-3-2。

表 2-3-2　常用交谈距离

交谈距离类型	距离范围/m	性质与常用环境
亲密距离	0~0.5	一种非常亲密的交谈距离,常用于夫妻、母子之间
私人距离	0.5~1	适合谈论亲密的私事,常用于亲人之间
社交距离	1~2	一般使用在办公室或工作场所,用于朋友、同事之间
公众距离	>3	属于正式公开演说的距离,常用于团体沟通

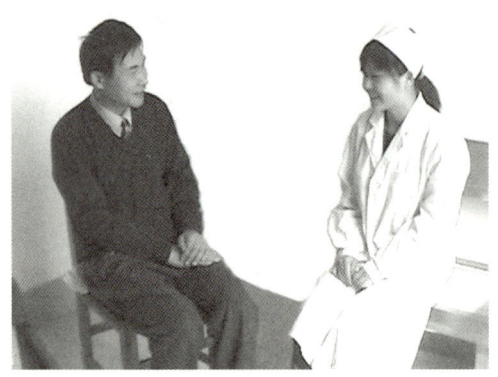

图 2-3-2 常用交谈距离

（3）良好的姿势、仪态及眼神接触：在交谈过程中，应随时注意姿势、仪态以及眼神接触。双方的非语言信息，如表情、姿势等，都会影响交谈的进行。斜倚着身体、半闭着眼睛、打呵欠、露出疲态等消极信息会使被评估者产生被拒绝的感觉，导致交谈草草结束。

（4）触摸：适时的触摸具有鼓励和关爱的含义，有助于建立彼此信任的关系。如在对方悲伤时轻轻握着他的手、在对方沮丧时拍拍他的肩膀等，都能给予对方鼓励，稳定对方情绪，获得对方的信任（图 2-3-3、图 2-3-4）。

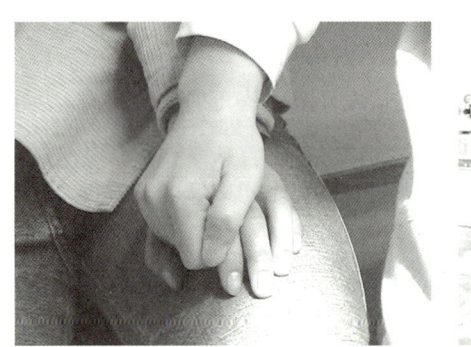

图 2-3-3　触摸（握手）

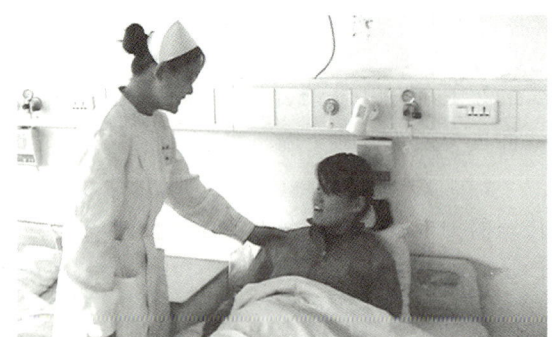

图 2-3-4　触摸（拍肩）

（5）沉默：适当的沉默对交谈双方都是有益的。一方面，它为被评估者提供了思考问题、组织想法、调整情绪的机会；另一方面，评估者可借此观察被评估者的情绪状态和非语言信息，以及思考被评估者所反映的问题。

3. 避免暗示性问题　暗示性问题是为评估对象提供带有倾向性的特定答案的提问方式，评估对象可能会随声附和，从而影响了资料的准确性，继而影响继后的护理。

> **举例：**为了解患者胸痛的诱因，护士提问："您的胸痛是在活动后发生的吗？"（暗示性问题）。正确的提问方式是："请问您的胸痛通常在什么情况下发生？"

4. 使用通俗的语言　交谈时,评估者应使用被评估者能够理解的、熟悉的词汇与之交谈,避免使用一些有特定意义的医学术语,如隐血、黄疸、铁锈色痰、禁食等,以免造成误解。对于使用地方语言的被评估者,可用地方语言进行交谈,如果交谈双方所使用的语言不同,应请其他医护人员协助。

经验教训:曾有一位只懂得广东话的老年患者,在医院服务满意度调查表中表达了强烈的不满,"这家医院的医生太糟糕了,只会讲普通话!"

新疆某医院为了适应本地特点,提高服务质量,要求所有医护人员必须能够使用三种语言进行交流:普通话、英语、维吾尔族语言。此举得到当地人民的普遍赞赏。

5. 文化背景　不同文化背景的人在人际沟通的方式及对疾病的反应上存在着文化差异。如美国人谈话时,谈话双方的身体要保持一定距离,而拉美人则不同。如果美国护士与来自拉美的患者在交谈过程中始终保持她认为是合适的距离,会使患者产生被对方歧视的误解,从而影响交谈过程。因此,评估者必须理解其他文化的信仰和价值观,熟悉自己与他人文化间的差异,以使问诊过程中自己的语言和行为能充分体现对他人文化的理解和尊重。

提示:在现实生活中,人们对待文化差异的态度却经常是非理性的。人们总是沉浸在某种文化中,习惯于根据自己的信仰和价值观来评价他人的信仰和价值观。这种以自我文化为中心的情况,如果发生在交谈中将影响交谈的效果。

6. 健康状况　病情许可时,应尽可能以被评估者为直接问诊对象。病情危重时,在做扼要的询问和重点检查后,应立即实施抢救,详细健康史待病情稳定后补充或从其亲属处获得。

二、身体评估

身体评估也可称护理查体,是评估者运用自己的感官或借助检查器具(听诊器、血压计、体温计等)对被评估者进行细致的观察和系统的检查,以了解其身体状况的最基本的检查法。详见第四章。

三、其他方法

收集健康资料的方法除交谈和身体评估以外,其他常用的方法还有实验室检查、特殊检查和查阅文献资料等(详见第六、七、八章)。

第四节　一般健康史评估

健康史(health history)是关于评估对象目前、过去健康状况及其影响因素的资料。进行健康史评估的目的是了解评估对象的健康状况及其与健康有关的事务(如知识、态度、日常处理自身健康状况的方式等)。健康史评估具有以下四项功能：① 呈现评估对象目前的健康状态。② 引导身体评估及实验室评估。③ 协助评估对象认识自己的健康状况。④ 获得关于评估对象健康行为的基本资料。因此,健康史评估的内容和质量直接影响护理程序中后续护理工作的质量,它是临床各科护理的基础,是护士必须掌握的基本功。

一般健康史评估的方法主要有交谈法、观察法和查阅法,其中最常用、最基本的方法是交谈法。

内容包括一般资料、主观现时资料、既往健康资料等。

> **案例 2-2**:患者,女性,23 岁,未婚,因腹痛、腹泻 8 h 伴恶心、呕吐急诊入院。患者在发病前约 1 h 进食较多"冷菜",后出现腹痛、腹泻,腹痛以脐周最明显,为绞痛,持续疼痛,阵发性加剧,排便后稍减轻。腹泻 5 次,先为稀糊样,后 1 次为水样。同时出现恶心、呕吐 3 次,为胃内容物。自服"黄连素片"3 片,共 2 次,无好转急诊入院。既往体健,月经无异常。入院诊断为"急性胃肠炎"。试分析:
>
> 　　根据本病案,健康史评估的主要内容是什么?

一、一般资料

一般资料(general data)包括姓名、性别、年龄、出生日期、籍贯、职业、婚姻状况、宗教信仰、文化程度等。此外,还应记录评估对象的通信地址、电话、联系人及联系方式、医疗费用支付形式、入院日期、记录日期、健康史陈述者及其可靠程度、入院方式、入院医疗诊断等。

> **提示**:年龄是实足年龄,不应以"儿童""成人"等代替;职业应记录具体工种。许多健康问题的出现与性别、年龄、籍贯、职业及婚姻状况等有关。不同的民族往往有不同的饮食、生活习惯和宗教信仰。文化程度和职业可以帮助护士理解和预测评估对象面对健康状况的变化而产生的反应并选择适宜的沟通方式等。

二、主观现时资料

（一）主诉

主诉(chief complain)是患者感觉最主要的痛苦或最明显的症状和/或体征及其持续时间,是患者就医的最主要原因。

> **提示:** 记述主诉应简明、扼要(一般不超过20个字),有明显的意向性。包括症状和/或体征从发生到就诊的时间。主诉应使用医学术语,医疗诊断(病名)或实验室检查结果不得作为主诉。有多个症状或体征者,则应按其发生的先后顺序记录。

> **举例:** "腹痛、腹泻8 h"不得记录为"急性胃肠炎8 h"。
>
> 多个症状按发生的先后顺序记录:"活动后心悸、气促2年,双下肢水肿2周,端坐呼吸12 h"。

（二）现时健康史

现时健康史(present health history)是健康史的主体部分,包含疾病的发生、发展、演变及应对的全过程。主要内容如下:

1. 起病情况　包括起病急缓、病因和诱因、患病时间等。

（1）起病急缓:评估是急性起病或慢性起病。有的疾病起病急,如脑出血、急性心肌梗死、心绞痛等;有的则起病缓慢,如肺结核、糖尿病、类风湿关节炎等。

（2）病因和诱因:疾病的发生常与某些因素有关。应评估与本次发病有关的病因(如感染、中毒、过敏等)和诱因(如情绪、气候变化、环境改变、起居、饮食失调等)。如脑出血、心绞痛往往在激动或紧张等时发生,脑血栓形成常在安静休息或睡眠时发生。

（3）患病时间:从起病到就诊的时间。时间长短可以按分钟、小时、天、周、月或年计算。病程长者为慢性疾病,反之则为急性。

> **举例:** 案例2-2中,患者起病急、时间短,为8 h,有明显诱因,即进食"冷菜"史。
>
> 慢性支气管炎:起病缓慢,反复发作,病程长(以年计算),多在寒冷季节发病。

2. 主要症状特点　包括主要症状出现的部位、性质、持续时间和程度、缓解或加剧的因素等。

（1）部位:指症状包括的范围或牵涉的范围。如腹痛应询问是上腹部、下腹部还是中腹部,而上腹部又分为左、右上腹部和中上腹部,下腹部又分为左、右下腹部及中下腹部。

（2）性质：如腹痛是钝痛、烧灼样痛、刀割样痛、针刺样痛还是绞痛等。

（3）时间：指症状多长时间经历一次；每次持续多久；经常发生在哪个时间段等。如上腹部疼痛，数年内反复发作、秋末春初加重、持续数日或数周、常在空腹时及夜间发生，常提示十二指肠溃疡。

（4）程度：症状的严重程度，即症状最严重时的感觉及其对活动的影响程度。如是否需要躺下、坐下、弯腰、蹲下或放慢脚步、不敢动等。

（5）缓解或加剧因素：使症状减轻或加重的因素。如上腹部疼痛，使用碱性药物可缓解者，多见于消化性溃疡；胸骨后疼痛，活动后加剧、含服硝酸甘油可缓解者，常为心绞痛。

> **举例**：案例2-2中，患者腹痛部位在脐周（中腹部），性质为绞痛，持续性疼痛且阵发性加剧，排便后稍有减轻。
>
> 十二指肠溃疡的疼痛部位在剑突下正中或偏右，性质为烧灼样或饥饿不适感，反复发作、持续数日或数周，常出现空腹痛及夜间痛，进食后可缓解。

3. 病情发展与演变　指患病过程中主要症状的变化或新症状的出现。包括：症状的发展情况（如渐进、突发或好转）、发生频率及病变范围的变化、是否出现新的问题等。如食管癌患者的吞咽困难往往持续性存在并进行性加重；有心绞痛史的患者，若本次发作时胸痛加重、休息后不能缓解、持续时间较长，应考虑是否发生心肌梗死。

> **举例**：消化性溃疡的腹痛由慢性周期性疼痛突然转变为撕裂样剧痛，此时可能发生溃疡穿孔。
>
> 慢性阻塞性肺疾病患者在原有症状上突然出现剧烈胸痛和严重呼吸困难，可能发生了自发性气胸。
>
> 肝硬化患者出现性格改变、行为异常等症状，则可能发生了肝性脑病。

4. 伴随症状　即与主要症状同时或随后出现一系列的其他症状。伴随症状可以为确定病因提供重要线索。如腹痛伴呕吐、腹胀、停止排便排气往往提示肠梗阻。

> **举例**：案例2-2中，患者就诊的主要症状是腹痛、腹泻，但同时患者出现了恶心、呕吐等症状。

5. 诊疗、护理经过　指评估对象患病后是如何看待及处理疾患、曾在何处诊治、接受了哪些诊疗和护理措施及其效果和不良反应等。这些资料不仅反映了评估对象对健康状况改变的态度、重视程度及其应对型态，同时也为制定护理计划提供了重要的参考。记录时，以前作出的诊断应用双引号标注，如使用了药物应详细询问药物的名称、剂量及时间、效果等。

6. 一般情况　包括评估对象健康状况改变后的精神状态、食欲、睡眠、大小便的情况和体重改变等。这些内容对于全面评价评估对象以及选择护理措施是不可缺少的。

三、既往健康资料

（一）既往史（past history）

对评估对象过去健康状况的评估有助于了解其健康行为、经验、惯常反应及应对模式，为制定护理计划提供参考。既往史包括以下内容：

1. 既往健康状况　评估对象既往的健康状况和曾经患过的疾病（包括各种传染病），特别是与现时健康状况有密切关系的既往疾病。如对风湿性心脏病患者应询问过去有无咽痛、游走性关节痛等。

2. 预防接种情况　如百日咳、白喉、破伤风、脊髓灰质炎、麻疹、腮腺炎、乙型肝炎等疫苗的接种情况。

3. 外科手术或住院情况。

4. 曾发生的意外事件及其影响。

5. 过敏史　包括对食物、药物或某些物质的过敏现象及其表现。对于评估对象所描述的"药物过敏"情形，应注意与药物副反应区别。

6. 日常生活型态及自理能力　对评估对象日常生活型态及自理能力的评估可促进对其生活习惯及行为方式的了解，使健康问题的判定及护理计划的拟定更加科学。主要内容如下：

（1）健康感知/健康管理型态：了解评估对象有无烟、酒、药物依赖、吸毒等嗜好。若有，应详细询问应用时间、摄入量及是否戒除等。有无参与危险的活动项目；有无寻求促进健康的信息。

（2）饮食/营养型态：包括饮食类型、营养搭配、每天的进食量及餐次、饮水情况、特殊饮食习惯、咀嚼和吞咽习惯、营养状况，以及本次健康问题出现后在饮食习惯、食欲及体重等方面是否出现变化或特殊要求等。

（3）排泄型态：① 大便：日常排便规律、时间、频率；大便的性状和量；有无排便困难及影响排便的因素；是否需用轻泻药或其他辅助排便的方法；本次健康问题出现后有无排便习惯改变及其可能的原因。② 小便：日常每天小便的次数、性状和量，有无尿频、尿急、尿痛、排尿困难等；本次健康问题出现后是否发生排尿习惯改变及其可能的原因。

（4）活动/运动型态：包括评估对象日常活动（如穿衣、洗漱、梳妆、如厕、进食等）有无困难；活动能力（卧床、下床活动、能否自行翻身或需协助）；活动耐力（是否容易疲劳）；步态是否稳定；有无医疗或疾病限制（医嘱卧床、牵引或瘫痪等）、是否需要辅助工具等。如果发现有活动受限，应了解受限的范围、程度、原因及表现。

提示:活动能力通常分5级:0级(可以自行处理);Ⅰ级(需要借助辅助工具);Ⅱ级(需要他人协助);Ⅲ级(需要借助辅助工具及他人协助);Ⅳ级(自己无法执行,完全依赖他人处理)。

(5)休息/睡眠型态:包括评估对象日常的休闲方式,每天睡眠的时间及规律,有无入睡困难、早醒、失眠、多梦等;是否需要借助药物或其他方式辅助睡眠,醒后的自我感觉,以及本次健康问题出现后是否发生睡眠规律及质量的改变等。

(二)个人史(personal history)

1. 出生及成长情况 包括出生地、有无疫区居住史以及成长过程的特殊问题等。对于儿童,应详细询问其出生、喂养、生长发育、预防接种等情况。

2. 月经史(menstrual history) 对青春期后的女性应询问其月经初潮年龄、月经周期、每次行经的天数、量及有无痛经等。对停经的女性,应询问末次月经的时间。对已绝经者还要询问停经年龄、症状,有无停经后出血等。

提示:女性月经史的记录格式如下:

$$初潮年龄\frac{行经期(天)}{月经周期(天)}末次月经(LMP)时间(或绝经年龄)$$

3. 婚姻史(marital history) 包括婚姻状况、结婚年龄、对方的健康状况、性生活的情况、夫妻关系等。

4. 生育史(childbearing history) 对生育期女性应询问末次月经时间、妊娠及分娩次数、人工或自然流产的次数、有无异常分娩史(如死产、手术产、产褥热等)和计划生育状况等。对成年男性应询问有无生殖系统疾患及其治疗、护理措施及效果。

(三)既往用药史(history of medicine)

用药史的评估是为了了解评估对象的药物治疗情况,适时给予正确的用药指导,避免评估对象发生药物服用过量以及早期预防因服药不当所导致的药物毒性反应等。因此,要详细询问评估对象服用药物的名称、剂量、用法、时间、效果及不良反应。

(四)家族史(family history)

有些疾病具有遗传性质,有些疾病则与环境因素或生活方式有关,探讨评估对象亲属的身体及情绪状况、了解家庭组成及相互关系等对于全面了解评估对象的健康状况,拟定护理计划有很大帮助。

家族史通常包括直系亲属的年龄与健康状况、死亡年龄与原因。直系亲属是指父母、姐妹、配偶、子女,有时也包括祖父母或孙子女。对于有家族相关性的疾病,如糖尿病、肺结核、心脏病、高血压、脑卒中、癌症、关节炎、贫血、甲状腺疾病、精神疾病等，应详细询问并记录。

本章小结

　　健康资料根据其来源可分为主要来源和次要来源。主要来源指其资料来源于被评估者本人；次要来源则指其资料来源于被评估者的家庭成员或其他关系密切者、事件目击者、其他卫生保健人员、目前或既往的健康档案。

　　健康资料根据收集的方法不同分为主观资料和客观资料；根据时间不同分为目前资料和既往资料。主观资料通过与被评估者本人或其家庭成员交谈获得，而客观资料则通过视、触、叩、听、嗅、实验室或器械检查等所获得。

　　一般健康史评估的内容包括一般资料、主观现时资料和既往资料三部分。一般健康史评估的方法主要有交谈法、观察法和查阅被评估者以往的健康史记录资料等，其中最常用、最基本的方法是交谈法。

本章思考题

　　一、名词解释

　　健康史　主诉　现时健康史

　　二、简答题

　　1. 交谈前评估者应做哪些准备？

　　2. 如何选择交谈的方向？

　　3. 交谈中要注意的非语言沟通技巧有哪些？

　　4. 交谈中可以使用哪些技巧核实资料的真实性？

　　5. 请扫描二维码"案例 2-1 中护士与患者交谈的内容"，划分出该交谈内容的不同阶段。

　　6. 请扫描二维码"案例 2-1 中护士与患者交谈的内容"，分析护士所提问的问题哪些属于开放式问题，哪些属于闭合式问题。

　　7. 请扫描二维码"案例 2-1 中护士与患者交谈的内容"，分析护士使用了哪些核实信息的技巧。

　　8. 说出书写主诉时的注意事项。

　　9. 家族史的评估范围包括哪些人？

　　10. 现时健康史包括哪些主要内容？

　　11. 简述饮食与营养型态评估的主要内容。

　　三、病例分析

　　现时健康史：被评估者于 5 年前开始出现上腹部疼痛，多于空腹及晚间发生，进

案例 2-1 中护士与患者交谈的内容

食后可缓解。近半个月,自觉上述症状较前加重,自服"胃药"后缓解。今晨起排黑便 3 次,伴乏力、头晕,门诊以"消化性溃疡、上消化道出血"收治入院。试分析:

1. 写出该患者的主诉。
2. 找出此现时健康史中存在的不足之处。

在线测试: 健康评估 方法

赛证聚焦

请扫描二维码完成在线测试。

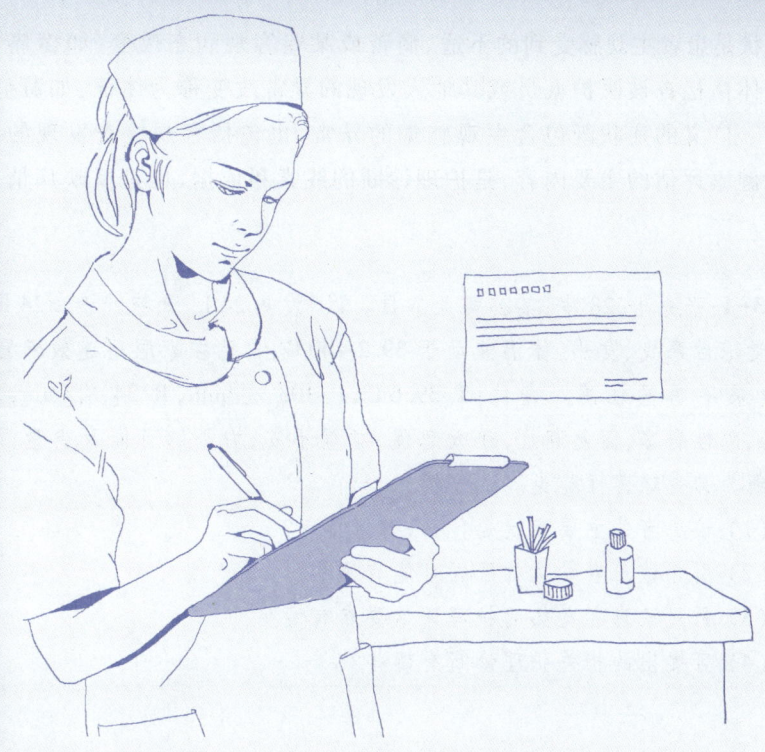

第三章　常见症状评估

学习目标

知识目标
1. 掌握常见症状的概念、护理诊断。
2. 熟悉常见症状的临床表现。
3. 了解常见症状的病因、发病机制。

能力目标
1. 能根据常见症状的评估资料列出评估要点。
2. 能根据评估内容提出可能的护理诊断。

素养目标
1. 培养辩证思维,以及敬佑生命、慎独严谨的职业素养。
2. 具有良好的交流技巧和服务意识,关心、关爱护理对象。

症状是患者主观感受到的不适、痛苦或某些客观病态改变,如疼痛、眩晕、恶心等。经体格检查被医护人员或其他人发现的异常改变称为体征,如黄疸,肝、脾大,啰音等。广义的症状既包含主观感觉的异常,也包括客观检查发现的体征。症状评估是健康评估的主要内容,是护理诊断的线索和依据,也是反映病情的重要指标之一。

> **案例3-1**:张先生,28岁,某公司业务员。以"发热24 h"来院就诊。24 h前患者因淋雨受凉后寒战、发热,体温波动于39.2~40℃,自己在家服用速效感冒胶囊等药物,效果不明显住院。查体:T 39.6℃,P 108 次/min,R 34 次/min,BP 122/84 mmHg,急性病容,面色潮红,呼吸急促,烦躁不安,右下肺可闻及少量湿啰音。初步诊断为肺炎球菌性肺炎。试分析:
>
> (1) 该患者的主要症状是什么,有何特点?
>
> (2) 引起该患者发热的原因可能有哪些?
>
> (3) 针对该患者发热的护理评估要点有哪些?
>
> (4) 可提出的相关护理诊断有哪些?

第一节　发热

动画:发热
知多少

　　机体在致热原的直接作用下,或各种原因引起体温调节中枢功能紊乱,致产热过多、散热减少,体温升高超过正常范围,称为发热(fever)。

　　正常人的体温在大脑皮质和丘脑下部体温调节中枢的有效控制下,通过神经体液的调节,使产热和散热过程保持动态平衡。正常人体温相对恒定在36~37℃,正常体温在不同的个体间稍有差异,并且受昼夜、年龄、性别、活动程度、药物、情绪、环境等内外因素的影响而略有差异。

　　【病因】　分为感染性和非感染性发热两大类,临床上以前者为多见。

　　1. 感染性发热(infective fever)　各种病原体如病毒、细菌、立克次体、螺旋体、真菌、寄生虫等引起的急性、慢性、局限性、全身性感染,均可引起发热。

　　2. 非感染性发热(noninfective fever)　主要有以下几类:

　　(1) 无菌性坏死物质吸收:包括机械性、物理性或化学性因素所致组织损伤,如大手术后组织损伤、内出血或大面积烧伤等;血管栓塞或血栓形成而引起的心肌、肺、脾等内脏梗死或肢体坏死;组织坏死或细胞破坏如恶性肿瘤、溶血反应等。

　　(2) 抗原-抗体反应:如风湿热、血清病、药物热、结缔组织病等。

　　(3) 内分泌与代谢障碍:如甲状腺功能亢进、严重脱水等。

　　(4) 皮肤散热减少:如广泛性皮肤病、鱼鳞病以及心力衰竭而引起的发热,一般为低热。

（5）体温调节功能失常：常见的有中暑、催眠药中毒、脑出血或颅脑外伤等。其产生与体温调节中枢直接受损有关，高热无汗为此类发热的临床特点。

（6）自主神经功能紊乱：由于自主神经功能紊乱，影响正常的体温调节过程，使产热大于散热，体温升高，多为低热，常伴有自主神经功能紊乱的其他表现，属于功能性发热，包括夏季热、女性月经前或早孕期、剧烈运动后、精神紧张、感染后发热。

案例 3-1 分析 1：

1. 该患者的主要症状是发热。
2. 根据现有病史资料考虑该患者发热的主要原因可能为感染性发热。

【发病机制】

1. 致热原性发热　是导致发热的主要原因，包括外源性和内源性两大类。

（1）外源性致热原（exogenous pyrogen）：如微生物病原体及其产物、炎症渗出物、无菌性坏死组织、抗原抗体复合物等，不能直接作用于体温调节中枢，而是通过激活血液中的中性粒细胞、嗜酸性粒细胞和单核吞噬细胞系统，使其产生并释放内源性致热源，通过下述机制引起发热。

（2）内源性致热原（endogenous pyrogen）：又称白细胞致热原（leukocytic pyrogen），如白介素（IL-1）、肿瘤坏死因子（TNF）和干扰素等。通过血脑屏障直接作用于体温调节中枢的体温调定点，使之上升，体温调节中枢必须对体温加以重新调节发出冲动，一方面通过交感神经使皮肤血管及竖毛肌收缩，排汗停止，散热减少；另一方面通过运动神经使骨骼肌紧张性增高或寒战，产热增多。这一综合调节作用使产热大于散热，体温升高引起发热。

2. 非致热原性发热　见于：① 体温调节中枢直接受损，如颅脑外伤、出血、炎症等。② 引起产热过多的疾病，如癫痫持续状态、甲状腺功能亢进等。③ 引起散热减少的疾病，如心力衰竭、广泛性皮肤病等。

【临床表现】

1. 发热的分度　以口腔温度为标准，按发热高低可分为：

（1）低热：37.3~38℃。

（2）中度发热：38.1~39℃。

（3）高热：39.1~41℃。

（4）超高热：41℃以上。

提示：腋窝温度比口腔温度低 0.5℃，直肠温度比口腔温度高 0.5℃。临床一般多采用腋测法。

---

2. 发热的临床过程与特点　发热的临床经过一般分为以下三个阶段。

（1）体温上升期：此期的特点是产热大于散热使体温上升。主要表现为疲乏无力、肌肉酸痛、皮肤苍白、畏寒或寒战等。体温上升有两种方式：

1）骤升型：体温在几小时内达 39~40℃ 或以上，常伴寒战。小儿易出现惊厥。见于疟疾、大叶性肺炎、败血症、急性肾盂肾炎、输液或某些药物反应等。

2）缓升型：体温逐渐上升，在数日内达到高峰，一般不伴寒战。如伤寒、结核病、布鲁氏菌病等。

（2）高热期：此期特点是产热和散热过程在较高水平上保持相对平衡。体温上升达高峰之后保持一段时间，可持续数小时、数天或数周。主要表现为皮肤潮红、灼热、呼吸深快，开始出汗并逐渐增多。

高热可致烦躁不安、谵语、幻觉等意识改变，小儿高热易出现惊厥。发热时因胃肠功能异常，多有食欲下降、恶心、呕吐；持续发热使机体物质消耗明显增加，如果营养物质摄入不足，可致消瘦；发热所致唾液腺分泌减少和出汗、失水，口腔黏膜干燥，有利于病原体侵袭和生长，引起口腔炎症，如口唇疱疹、舌炎、牙龈炎等。

> **提示**：老年人由于机体反应性差，体温调节不敏感，有时较重的感染只表现轻度发热或不发热。

（3）体温下降期：此期特点是散热大于产热，体温随病因的消除而逐渐降至正常水平。主要表现为出汗多、皮肤潮湿。体温下降有两种方式：

1）骤降（crisis）：指体温于数小时内迅速降至正常，有时可略低于正常，常伴大汗，见于大叶性肺炎、输液反应、疟疾、急性肾盂肾炎等。

2）渐降（lysis）：指体温在数天内逐渐降至正常，见于伤寒、风湿热等。

体温下降期由于出汗及皮肤和呼吸道水分蒸发增多，如饮水不足，可引起脱水，重者可发生休克。

3. 热型及临床意义　将患者发热时不同时间的体温数值绘制于体温单上形成体温曲线，该曲线的不同形态为热型（fever type）。不同病因所致发热的热型不同。常见热型有：

（1）稽留热（continued fever）：体温持续在 39~40℃ 以上高水平，达数天或数周，24 h 内波动范围不超过 1℃。常见于伤寒、大叶性肺炎高热期（图 3-1-1）。

（2）弛张热（remittent fever）：体温在 39℃ 以上，24 h 内波动范围超过 2℃，但都在正常水平以上。常见于败血症、风湿热、重症肺结核及化脓性肺炎等（图 3-1-2）。

（3）间歇热（intermittent fever）：体温骤升达高峰后持续数小时，又迅速降至正常水平，无热期可持续 1 天至数天，如此高热期与无热期反复交替出现。常见于疟疾、急性肾盂肾炎等（图 3-1-3）。

（4）波状热（undulant fever）：体温逐渐上升达 39℃ 或以上，持续数天后又逐渐降至正常水平，数天后体温又渐升，如此反复多次。常见于布鲁氏菌病（图 3-1-4）。

（5）回归热（recurrent fever）：体温急骤上升达 39℃ 或以上，持续数天后又骤然降至正常水平，数天后体温又骤升，如此规律性交替出现。常见于回归热、霍奇金病、周期热等（图 3-1-5）。

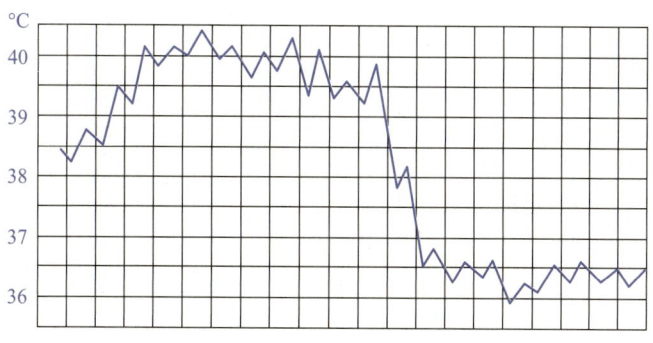

图 3-1-1　稽留热

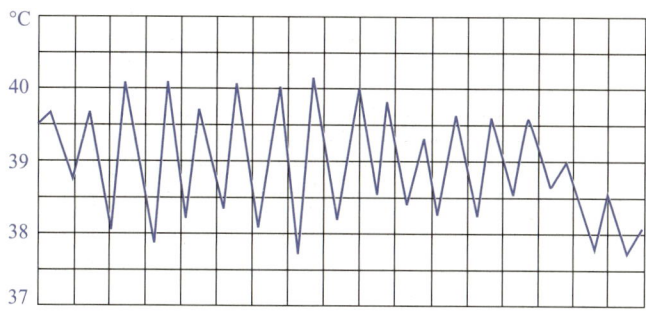

图 3-1-2　弛张热

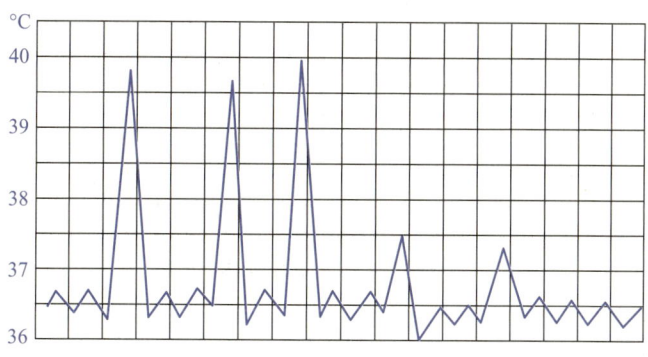

图 3-1-3　间歇热

（6）不规则热（irregular fever）：发热的体温曲线无一定规律，可见于结核病、风湿热、支气管肺炎、渗出性胸膜炎、癌性发热等（图 3-1-6）。

┌───┐

案例 3-1 分析 2：

1. 该患者的发热特点是高热，热型属于稽留热。

2. 该患者受凉后高热伴有寒战，体温上升呈骤升型，现处于高热期。

└───┘

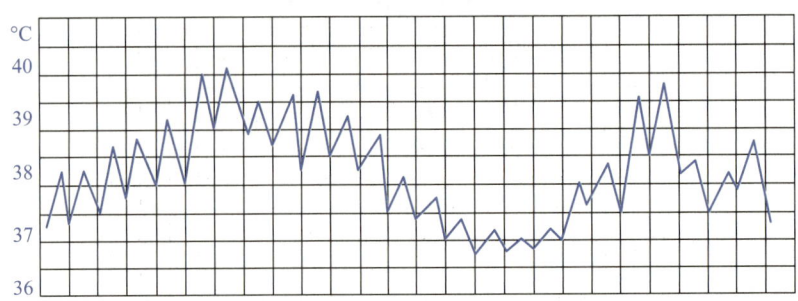

图 3-1-4　波状热

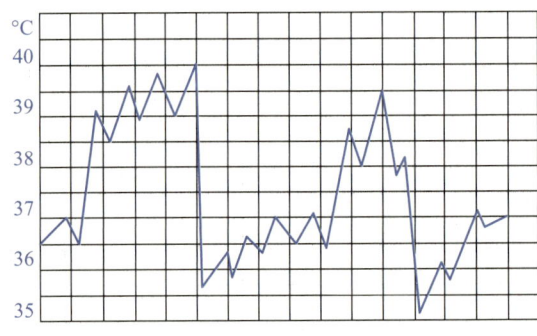

图 3-1-5　回归热

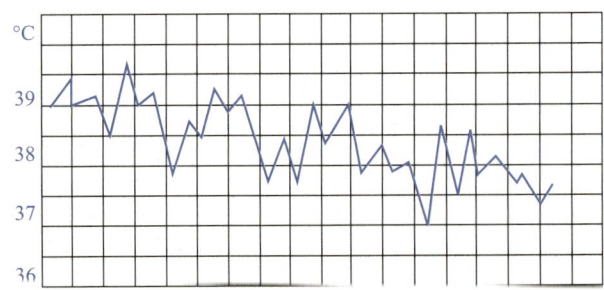

图 3-1-6　不规则热

【护理评估要点】

1. 发热的原因、热期、热度、热型及其起病的缓急。

2. 发热对人体功能性健康型态的影响,主要包括:有无食欲下降、体重减轻、脱水等营养与代谢型态的改变;有无谵妄、幻觉等意识障碍的发生。

3. 诊断、治疗与护理经过,包括就诊情况,是否用药,药物的种类、剂量及疗效;是否采取物理降温措施,降温的方法及效果。

【相关护理诊断】

1. **体温过高**　与病原体感染和/或体温调节中枢功能障碍有关。

2. **体液不足**　与体温下降期出汗过多和/或入液量不足有关。

3. 营养失调:低于机体需要量　与长期发热致代谢率增高及营养物质摄入不足有关。

4. 口腔黏膜完整性受损　与发热所致口腔黏膜干燥有关。

5. 潜在并发症:惊厥。

案例 3-1 分析 3:

1. 该患者的护理评估要点包含上述的三点。

2. 主要护理诊断:体温过高　与病原体感染有关。

本节小结

发热是各种原因引起体温调节中枢功能紊乱,致产热过多、散热减少,体温升高超过正常范围;发热的病因中多为感染性发热;发热的临床过程分为体温上升期、高热期、体温下降期;临床常见的热型有:稽留热、弛张热、间歇热、波状热、回归热、不规则热六种;护理评估中注意发热的原因、热期、热度、热型及起病缓急,发热对人体功能性健康型态的影响及诊疗护理经过;相关护理诊断有体温过高、体液不足及营养失调等。

本节思考题

1. 常见的热型有哪几种? 有何临床意义?

2. 发热的护理评估要点有哪些?

3. 病例分析:患者,男性,22 岁,学生。以"发热伴咳嗽、咳痰 3 天"收住院。该患者 3 天前受凉后出现鼻塞、流涕、咽痛、发热,体温波动于 38.5~39.2℃,伴咳嗽、咳痰,诊断为支气管炎。试分析:

(1) 该患者的发热属于何种热型?

(2) 该患者的护理评估要点有哪些?

(3) 可提出的相关护理诊断有哪些?

第二节　咳嗽与咳痰

案例 3-2:患者,男性,52 岁,农民。以"咳嗽、咳痰 10 余年,加重伴发热 3 天"入院。患者 10 年前始每年反复咳嗽、咳痰,有吸烟史 30 余年,患慢性阻塞性肺气肿 10 余年,咳嗽、咳痰较多。3 天前因受凉感冒,导致发热、咳嗽加重、脓痰多、气急、烦躁、不能入眠。试分析:

1. 该患者咳嗽、咳痰的特点是什么? 主要病因是什么?

2. 请根据评估资料提出该患者的护理诊断。

咳嗽(cough)是一种保护性反射动作,呼吸道内的分泌物或进入呼吸道的异物可借咳嗽反射排出体外。咳痰(expectoration)是通过咳嗽动作将呼吸道或肺部的分泌物排出口腔外的动作。咳嗽、咳痰是呼吸系统疾病最常见症状之一。

【病因】

1. 呼吸系统疾病　呼吸道任何部位受到刺激性气体、急慢性炎症、异物、肿瘤、出血等刺激时均可产生咳嗽。

2. 胸膜疾病　如胸膜炎、气胸、胸膜间皮瘤等引起咳嗽。

3. 循环系统疾病　左心衰竭引起的肺淤血与肺水肿,或右心及体循环静脉栓子脱落发生肺栓塞时,肺泡与支气管内漏出物或渗出物刺激肺泡壁及支气管黏膜而产生咳嗽。

4. 神经、精神因素　中枢神经病变如脑炎、脑膜炎可影响大脑皮质或延髓咳嗽中枢引起咳嗽;神经症如习惯性咳嗽、癔症。

【发病机制】

1. 咳嗽　咳嗽是由于延髓咳嗽中枢受到来自呼吸道黏膜、肺泡与胸膜以及呼吸系统以外的器官刺激引起。刺激经迷走神经、舌咽神经和三叉神经的感觉神经纤维传入。激动通过喉下神经、膈神经与脊神经分别传到咽肌、声门、膈与其他呼吸肌,引起咳嗽动作,同时呼吸道内分泌物与异物随之被排出。

2. 咳痰　正常呼吸道黏液腺分泌少量黏液,以保持呼吸道黏膜湿润。产生的黏液通过呼吸道黏液-纤毛转运机制从下呼吸道向咽部运送,并不自觉咽下。在炎症、感染等病理情况下,黏膜或肺泡充血、水肿,毛细血管通透性增高,腺体分泌物增加,漏出物、渗出物与黏液、组织坏死物等混合形成痰液,可随咳嗽动作排出。

【临床表现】　咳嗽的临床表现因病因不同而异,应注意以下各点:

1. 咳嗽的性质　咳嗽无痰或少痰为干咳,见于急性咽喉炎、胸膜炎、急性支气管炎早期、肺结核等;咳嗽伴有痰液为湿咳,见于慢性支气管炎、肺炎、支气管扩张、肺脓肿等。

2. 咳嗽的时间与节律　咳嗽可于清晨起床体位改变时加剧,伴脓痰,常见于支气管扩张、肺脓肿;于夜间平卧时出现剧烈咳嗽及明显咳痰,常见于肺结核、左心衰竭;骤然出现的咳嗽,常见于突然吸入刺激性气体、急性咽喉炎或呼吸道异物;长期慢性咳嗽多提示有慢性呼吸系统疾病。

3. 咳嗽的音色　咳嗽声音嘶哑见于声带或喉部病变;金属音调咳嗽见于纵隔肿瘤、主动脉瘤、支气管癌及淋巴瘤等压迫气管;咳嗽声调低微或无声,常由极度虚弱或声带麻痹等所致。

4. 痰的性状、颜色、量和气味　痰的性状可分为黏液性、浆液性、脓性、黏液脓性、血性等。因所含成分不同,可呈白色、铁锈色、黄色、粉红色、浅绿色等。一般急性呼吸道炎症的痰为浆液或黏液性白痰;肺淤血、肺水肿时,常咳粉红色泡沫样痰;铁锈色痰为典型肺炎球菌肺炎的特征;黄色或黄绿色痰提示化脓性感染。痰量少者仅有数毫升,见于呼吸道炎症;痰量多时可达数百毫升,静止后可分为三层:上层为泡沫,中层为浆液或浆液脓性,底层为脓块及坏死组织,见于支气管扩张或肺脓肿。脓痰有恶臭气味者提示有厌氧菌感染。

> **案例 3-2 分析 1**:患者咳嗽伴咳痰且时间较长,为慢性湿咳;此次加重伴发热考虑与呼吸道感染有关。

严重而长期的咳嗽可致呼吸肌疲劳及疼痛,使患者不敢有效地咳嗽和咳痰,并可致失眠、头痛、食欲不振、精神不安。剧烈的咳嗽可造成胸膜破裂而发生自发性气胸,或因呼吸道黏膜上皮受损而产生咯血,还可使胸、腹部手术伤口裂开。不能有效咳痰者,痰液潴留可诱发或加重肺部感染,并使通气、换气功能受损。

> **导读**:剧烈咳嗽还可以引起瞬间意识丧失,称为咳嗽性昏厥(cough syncope)。可能为连续剧烈咳嗽时,胸膜腔内压急剧上升,使回心血量明显减少,心输出量突然降低,导致脑缺血所致。患者平卧休息,保持呼吸道通畅,很快能恢复。

拓展阅读:
临危不惧,
勇于担当

【护理评估要点】

1. 查询咳嗽、咳痰相关的疾病病史或诱发因素。

2. 咳嗽的性质、时间与节律、音色及其与体位、睡眠的关系。

3. 痰液性状、痰量、颜色、气味,能否有效咳出。

4. 咳嗽的严重程度及对功能性健康型态的影响程度　主要包括有无失眠等睡眠与休息型态的改变;有无食欲下降、日常活动能力受限;注意对胸、腹部手术后剧烈咳嗽者评估伤口情况。

5. 诊疗、护理经过　是否服用过镇咳祛痰药物,有无采取促进排痰的护理措施,疗效如何。

【相关护理诊断】

1. 清理呼吸道无效　与痰液黏稠或极度衰竭、咳痰无力有关。

2. 活动耐力下降　与长期频繁咳嗽、营养摄入不足有关。

3. 睡眠型态紊乱　与夜间频繁咳嗽有关。

4. 潜在并发症:自发性气胸。

> **案例 3-2 分析 2**:根据患者的主要表现,其相关护理诊断有:清理呼吸道无效　与痰液黏稠有关;睡眠型态紊乱　与夜间频繁咳嗽有关;体温过高　与病原体感染有关。

■ 本节小结

咳嗽是一种保护性反射动作,通过咳嗽反射可将呼吸道内的分泌物、痰液及进入呼吸道内的异物有效排出。引起咳嗽、咳痰的病因常见的有呼吸系统疾病、胸膜疾病、心血管系统疾病及神经系统疾病。由于病因不同其咳嗽的表现及咳痰的特点也不同。长期剧烈、频繁的咳嗽可致呼吸肌疲劳及疼痛，并可影响睡眠和食欲。咳痰无效者可由于痰液潴留诱发和加重肺部感染，影响通气与换气功能。评估咳嗽、咳痰时注意：咳嗽、咳痰的相关疾病病史或诱因；咳嗽、咳痰的特点及其与体位的关系；是否有效咳嗽、咳痰；咳嗽的严重程度及其对人体功能性健康型态的影响。相关的主要护理诊断有清理呼吸道无效和活动耐力下降。

本节思考题

1. 剧烈频繁咳嗽的危害有哪些？
2. 痰液按性状分为哪几种？其临床意义有哪些？
3. 咳嗽、咳痰的护理评估要点有哪几个？
4. 病例分析：患者，男性，28岁，"咳嗽、咳脓痰10年，加重伴咯血3天"入院。10年来，患者反复咳嗽，咳脓痰，受凉后加重。3天前因受凉感冒，导致咳嗽加重，痰多伴少量咯血。既往5岁时患麻疹合并肺炎。

请根据评估资料提出该患者的护理诊断。

第三节 呼吸困难

案例3-3：患者，男性，69岁，退休工人。以"渐进性呼吸困难，痰中带血1个月"入院。患者1个月前无明显诱因出现胸闷、气短，活动时加重，伴有刺激性咳嗽，咳少量黏痰，时常痰中带血。发病以来，食欲减退，体重减少约6 kg，患者有30年吸烟史。入院经检查后诊断为支气管肺癌。试分析：

1. 该患者的突出症状是什么？主要原因是什么？
2. 患者的护理评估要点有哪些？
3. 该患者的主要护理诊断有哪些？

呼吸困难（dyspnea）是指患者感到空气不足、呼吸费力；客观表现为呼吸运动用力，重者鼻翼扇动、张口耸肩甚至出现发绀，并伴有呼吸频率、节律、深度的改变。

【病因】

1. 呼吸系统疾病　① 呼吸道狭窄或阻塞，如支气管哮喘、慢性阻塞性肺疾病及喉、气管与支气管的炎症、水肿、肿瘤或异物等。② 肺部疾病，如肺炎、肺脓肿、肺淤血、肺水肿、肺不张等。③ 胸廓、胸膜疾病，如严重胸廓脊柱畸形、气胸、大量胸腔积液、胸廓外伤等。④ 神经肌肉疾病，如急性多发性神经根神经炎、脊髓灰质炎、重症肌无力、药物所致呼吸肌麻痹等。⑤ 膈肌运动障碍：如膈肌麻痹、高度鼓肠、大量腹水、腹腔巨大肿瘤、妊娠末期。

2. 循环系统疾病 各种原因所致的心力衰竭、心脏压塞、原发性肺动脉高压和肺栓塞等。

3. 中毒 如尿毒症、代谢性酸中毒、感染性中毒、一氧化碳中毒、吗啡或巴比妥类药物中毒、有机磷农药中毒、氰化物中毒等。

4. 血液病 如重度贫血、高铁血红蛋白血症及硫化血红蛋白血症等。

5. 神经精神因素 如颅脑外伤、脑出血、脑肿瘤、脑炎及脑膜炎症致中枢神经功能障碍;精神因素所致功能性呼吸困难,如癔症等。

【发病机制及临床表现】

1. 肺源性呼吸困难 临床上分三类:

(1) 吸气性呼吸困难:由于各种原因所导致的喉、气管、大支气管狭窄与梗阻。表现特点为吸气时间明显延长,吸气显著困难,重者可出现胸骨上窝、锁骨上窝和肋间隙明显凹陷,称为"三凹征"(three depression sign),常同时伴有干咳及高调吸气性喉鸣。

(2) 呼气性呼吸困难:见于慢性阻塞性肺疾病、支气管哮喘等所致的肺泡组织弹性减弱和/或小支气管狭窄或痉挛。表现特点为呼气费力、呼气时间明显延长,常伴有干啰音。

(3) 混合性呼吸困难:见于重症肺结核、大面积肺不张、弥漫性肺间质纤维化、大量胸腔积液、气胸及广泛显著胸膜增厚等。表现特点为吸气、呼气均感费力,呼吸频率增快、变浅,常伴有呼吸音减弱或消失,可有病理性呼吸音。

2. 心源性呼吸困难 主要由心力衰竭引起,左心衰竭引起的呼吸困难较为严重。

(1) 左心衰竭:由于肺淤血和肺泡弹性减低妨碍了肺组织的扩张与收缩,多由反射性兴奋呼吸中枢引起。其呼吸困难特点是:① 劳力性呼吸困难,活动时出现或加重,休息后减轻或缓解。② 端坐呼吸,仰卧位加重,坐位减轻,重者被迫取半卧位或端坐位。③ 夜间阵发性呼吸困难,患者入睡后,突然因胸闷、憋气而惊醒,被迫坐起,惊恐不安,伴有咳嗽、咳泡沫样痰;严重者肺内听诊可闻及哮鸣音,称心源性哮喘。急性左心衰竭时,可出现急性肺水肿,是左心衰竭所致呼吸困难最严重的阶段,表现为严重呼吸困难,呼吸频率可达 30~40 次/min,端坐呼吸,咳粉红色泡沫痰,面色发绀、大汗,两肺闻及广泛湿啰音,心率加快。

(2) 右心衰竭:由于体循环淤血、肝大、腹水使呼吸运动受限,或右心房与上腔静脉压增高及酸性代谢产物增多兴奋呼吸中枢而致。也常取半坐位,以缓解呼吸困难。主要见于慢性肺源性心脏病。

3. 中毒性呼吸困难 在尿毒症、糖尿病酮症酸中毒时,由于酸性代谢产物增多,刺激呼吸中枢,出现深而规则的呼吸,可伴有鼾声,称为酸中毒大呼吸(Kussmaul 呼吸);急性感染性疾病时,由于体温升高和毒性代谢产物刺激兴奋呼吸中枢,使呼吸增快;吗啡、巴比妥类药物、有机磷农药中毒时,呼吸中枢受抑制,使呼吸变缓慢、变浅,且常有呼吸节律异常。

4. 神经精神性呼吸困难　在重症颅脑疾病如脑外伤、脑出血、脑炎、脑膜炎及脑肿瘤等情况下,呼吸中枢因血流减少或颅内高压刺激,使呼吸慢而深,常伴呼吸节律改变;癔症患者由于受精神或心理因素的影响,出现发作性呼吸困难,其特点为呼吸浅表而频率加快,常因过度通气而发生呼吸性碱中毒。

5. 血源性呼吸困难　重度贫血、高铁血红蛋白血症或硫化血红蛋白血症等使红细胞携氧减少,血氧含量降低,致呼吸加速,同时心率加速。急性大出血或休克时因缺血及血压下降,刺激呼吸中枢,也可使呼吸加速。

呼吸困难时因能量消耗增加以及缺氧,患者可因活动耐力下降使日常生活活动能力(activity of daily living,ADL)受到不同程度的影响。严重时不仅影响患者的正常生活,甚至危及生命,并由此使其产生不良情绪反应,如悲观、紧张等。

> 案例 3-3 分析 1:该患者的突出症状为呼吸困难,根据病史资料及临床诊断,其主要原因为支气管肺癌导致气道阻塞,引起肺源性呼吸困难。

【护理评估要点】

1. 呼吸困难的严重程度及其对 ADL 的影响　倾听患者的主诉,分析与呼吸困难相关的疾病病史,观察患者呼吸频率、节律和深度的改变及相关的表现。

2. 呼吸困难发生的速度和持续的时间。

3. 呼吸困难对人体功能性健康型态的影响　有无发绀;有无语言困难、烦躁不安、意识障碍等改变。

4. 诊断、治疗与护理经过　重点为是否采取氧疗及其疗效。

【相关护理诊断】

1. 气体交换受损　与心肺功能不全、肺部感染等引起有效肺组织减少、肺弹性减退等有关。

2. 活动耐力下降　与呼吸困难所致能量消耗增加和缺氧有关。

3. 低效性呼吸型态　与上呼吸道梗阻有关;与心肺功能不全有关。

4 言语沟通障碍　与严重喘息有关。

> 案例 3-3 分析 2:
> 1. 该患者的护理评估要点包含了上述四个要点。
> 2. 患者的主要护理诊断为:气体交换障碍　与肺功能不全有关;低效性呼吸型态　与上呼吸道梗阻有关;营养失调:低于机体需要量　与癌症消耗及进食少有关。

本节小结

呼吸困难时患者主观上感觉空气不足、呼吸费力和不适,客观上表现呼吸频率、节律和深度的改变。引起呼吸困难的病因可分为呼吸系统、循环系统、中毒、神经精神、血液系统五类。其发生机制主要是呼吸阻力增加、气体交换障碍及呼吸中枢受刺激,临床表现可因病因不同而表现各异。评估呼吸困难时主要注意呼吸困难的严重程度及其对 ADL 的影响、发生的速度和持续时间、对人体功能性健康型态的影响及诊治护理经过。相关的护理诊断主要有气体交换受损、活动耐力下降等。

本节思考题

1. 简述呼吸困难的护理评估要点。
2. 简述呼气性呼吸困难的临床特点。
3. 病例分析:王先生,45 岁,患支气管哮喘 8 年,每年冬季均有哮喘发作。近日由于气温骤降,受凉后引发哮喘发作。请问:
   (1) 该患者可能出现哪种呼吸困难?
   (2) 评估要点有哪些?

第四节 咯血

咯血(hemoptysis)是指喉及以下呼吸道和肺组织的出血,血液随咳嗽经口腔咯出。

易混现象:鼻咽部出血也常从口排出,需要与少量咯血鉴别。鼻出血多自鼻流出,常在鼻中隔前下方发现出血灶;鼻腔后部出血,血液自后鼻孔沿软腭与咽后壁流下,患者因而有咽部异物感。

【病因与发病机制】

1. **呼吸系统疾病** 为咯血的常见病因。包括:

(1) 支气管疾病:常见的有支气管扩张、支气管肺癌、慢性支气管炎、支气管结核等,其发生机制主要是炎症、肿瘤等损伤支气管黏膜或病灶处的毛细血管,使其通透性增加或黏膜下血管破裂所致。

(2) 肺部疾病:常见的有肺结核、肺脓肿、肺炎等。在我国,咯血的首要原因为肺结核。其发生机制为病变使毛细血管通透性增高,血液渗出,表现为痰中带血丝、血点或小血块;小血管因病变侵蚀破裂,表现为中等量咯血;空洞壁小动脉瘤破裂,或继发的支气管扩张形成的动静脉瘘破裂,则可引起大量咯血。

2. **心血管疾病** 较常见的有二尖瓣狭窄。少量咯血或痰中带血丝系由于肺淤血致肺泡壁或支气管内膜毛细血管破裂引起;大量咯血常见于支气管黏膜下层静脉曲张破裂;当出现急性肺水肿时,咯粉红色泡沫样血痰;并发肺梗死时,咯出黏稠暗红色血痰。

3. **全身性疾病** 包括血液病,如白血病、血小板减少性紫癜、再生障碍性贫血、血友病、弥散性血管内凝血等;急性传染病,如流行性出血热、肺出血型钩端螺旋体病等;风湿性疾病,如系统性红斑狼疮、白塞综合征、结节性多动脉炎等;其他,如气管、支气管子宫内膜异位症等。

【临床表现】 青壮年咯血多见于肺结核、支气管扩张,40岁以上有大量吸烟史者咯血,要高度警惕支气管肺癌。咯血量与受损血管的性质及数量相关,与病情严重程度不完全一致。每日咯血量在100 ml以内为少量咯血,仅表现为痰中带血。每日咯血量100~500 ml为中等量咯血,咯血前可有喉痒、胸闷、咳嗽等先兆,咯出鲜红色血液。每日咯血量达500 ml以上,或一次咯血100 ml以上为大量咯血,常伴呛咳、脉搏加快、出冷汗、呼吸急促、面色苍白、紧张不安及恐惧感。

大量咯血因血液在支气管滞留,易导致各种并发症,常见的有:① 窒息,易发生在急性大咯血、极度衰弱、应用镇静、镇咳药及精神极度紧张患者。表现为咯血过程中突然咯血减少或停止,进而气促、胸闷、烦躁不安或紧张、惊恐、大汗淋漓、颜面发绀,重者意识障碍。② 肺不张,咯血后出现呼吸困难、胸闷、发绀,呼吸音减弱或消失。③ 继发感染,咯血后持续发热、咳嗽加剧,伴肺部干、湿啰音。④ 失血性休克。

举例: 某患者剧烈咳嗽后,咯血200 ml,突然表情恐怖,张口瞪目,双手乱抓。要高度警惕该患者已经发生了呼吸道急性梗阻,此刻首要的处理是立即清除堵塞的血块。

【护理评估要点】

1. 查询与咯血相关的疾病病史或诱发因素。

2. 明确是咯血还是呕血。咯血与呕血的鉴别见表3-4-1。

表3-4-1 咯血与呕血的鉴别

鉴别要点	咯血	呕血
病因	肺结核、支气管扩张、肺炎、心脏病	消化性溃疡、肝硬化
出血前症状	喉部发痒、胸闷、咳嗽等	上腹部不适、恶心、呕吐等
出血方式	咯出	呕出,可呈喷射状
血中混有物	痰、泡沫	食物残渣、胃液
酸碱反应	碱性	酸性
黑便	无,如咽下可有	有,呕血停止后仍持续数日
出血后痰性状	痰中带血,常持续数日	无痰

动画:呕血、咯血的鉴别

3. 判断咯血的量及伴随的症状、体征。

4. 大量咯血者是否出现窒息、肺不张、继发感染、失血性休克等并发症。

5. 咯血对人体功能性健康型态的影响,重点为有无焦虑、恐惧等压力及压力应对型态的改变。

【相关护理诊断】

1. 有窒息的危险 与大量咯血所致呼吸道血液滞留或意识障碍有关。

2. 有感染的危险　与血液潴留支气管内有关。

3. 恐惧/焦虑　与咯血有关。

4. 体液不足　与大量咯血所致循环血量不足有关。

5. 潜在并发症　窒息。

本节小结

喉及以下呼吸道任何部位的出血,经口腔咯出为咯血。常见的病因有支气管和肺疾病、心血管疾病及全身性疾病。在我国首要的原因是肺结核。咯血量少者可痰中带血丝,量多者可威胁生命。大量咯血可产生窒息、肺不张、继发感染、失血性休克等并发症。护理评估时要特别注意咯血与呕血的鉴别,大量咯血所导致的并发症及咯血对人体功能性健康型态的影响。相关护理诊断可有:有窒息的危险、有感染的危险、恐惧以及体液不足等。

本节思考题

1. 咯血如何与呕血鉴别?

2. 大量咯血患者有哪些危险后果?

3. 咯血的相关护理诊断有哪些?

第五节　胸痛

案例3-4:患者,女性,58岁,退休教师。以"心前区疼痛1 h"急诊入院。患者1 h前因赶公交车急速行走20多步,突感心前区剧痛,呈压迫感,向左肩部放射,伴额部冷汗、濒死感。被急送来院。经检查诊断为急性心肌梗死。试分析:

1. 患者胸痛的主要特点是什么?

2. 患者胸痛的主要原因是什么?

3. 该患者的主要护理诊断有哪些?

胸痛(chest pain)主要由胸部疾病引起,少数可由其他部位疾病所致。由于个体痛阈有差异,对疼痛的耐受力不同,所以胸痛程度与原发病的病情轻重并非完全一致。

【病因】　引起胸痛的原因主要是胸部疾病:

1. 胸壁疾病　发生于胸壁的急性皮炎、皮下蜂窝织炎、带状疱疹、肌炎、急性白血病、多发性骨髓瘤,非化脓性肋骨炎、肋间神经炎、肋骨骨折等。

2. 心血管疾病　心绞痛、急性心肌梗死、心肌炎、急性心包炎、主动脉瘤破裂、肺梗死、肺动脉高压和心脏神经症等。

3. **呼吸系统疾病** 胸膜炎、胸膜肿瘤、自发性气胸、肺炎、急性气管支气管炎、肺癌等。

4. **纵隔疾病** 纵隔炎、纵隔肿瘤、纵隔脓肿、慢性食管炎、食管癌等。

5. **其他** 膈下脓肿、肝脓肿、脾栓塞等。

【发病机制】 各种刺激因子如缺氧、炎症、肌张力改变、癌肿侵蚀、组织坏死以及理化因子等刺激胸部的感觉神经纤维产生痛觉冲动,并传至大脑皮质的痛觉中枢引起胸痛。非胸部疾病如腹腔脏器病变引起胸部疼痛常为牵涉痛或放射痛,系来自内脏的痛觉冲动直接激发脊髓体表感觉神经元,引起相应体表区域的痛感所致。

【临床表现】 因病因不同,临床表现各异,主要有:

1. **胸部及肺疾病** 胸壁的皮肤、肌肉、骨骼、神经发生病变,引起疼痛的特点:多数部位固定,局部明显压痛。肋间神经痛为阵发性灼痛和刺痛,与肋间神经分布一致,在神经接近表面处有局部压痛;胸膜疾病引起的胸痛可因咳嗽、深呼吸加重,当胸膜炎侵及膈胸膜时,疼痛可向肩部、上腹部放射;肺部病变累及胸膜时才出现胸痛。

2. **心血管疾病** 心绞痛位于胸骨后或心前区,可放射到左肩及左臂的尺侧,也可放射到胸背部、颈部及下颌,可为压迫感、紧缩感或绞痛,休息或服用扩血管药物后缓解;心肌梗死疼痛剧烈、持续时间长,可达数小时乃至数天;心包炎的疼痛为刺痛或钝痛,体位改变、深呼吸、咳嗽可使其加重;心脏神经症的疼痛多位于左胸部或心尖部,为发作性刺痛,较短暂,发作与劳动无关,休息也不能缓解,各项检查结果为阴性。

> **提示:** 心肌梗死与心绞痛的主要区别在于前者疼痛剧烈、持续时间长,心电图有病理性 Q 波,心肌酶升高。

剧烈疼痛时患者可出现血压升高,呼吸、心率增快,面色苍白,严重者可致休克;影响正常生活、工作、睡眠和休息;胃肠功能紊乱,出现恶心、呕吐;产生焦虑、恐惧等异常情绪。

> **案例 3-4 分析 1:** 该患者胸痛的主要特点为剧烈,呈压迫感。根据病史资料及临床诊断,该患者胸痛的主要原因为心血管疾病——心肌梗死。

【护理评估要点】

1. 查询与胸痛相关的疾病病因及诱发或缓解的因素。

2. 胸痛的部位、性质及持续时间。

3. **胸痛对人体功能性健康型态的影响** 主要评估心绞痛、心肌梗死发生时造成焦虑、恐惧等压力及压力应对型态的改变。

4. **诊断、治疗与护理经过** 特别是缓解疼痛药物的种类、剂量、疗效、不良反应等,有无采取其他缓解胸痛的措施,效果如何。

> 提示:常用的疼痛测评工具有:
> (1)数字评分法:该方法将疼痛程度用"0～10"共 11 个数字表示,0 表示无痛,10 表示最痛,患者根据个人感受选出一个数字表示自己的疼痛程度。
> (2)视觉模拟评分法:国内一般采用中华医学会疼痛学会监制的视觉模拟评分卡,卡面有一条 10 cm 长的直线,左侧标有数字"0",表示无痛;右侧终点标有数字"10",表示最剧烈的疼痛。患者根据感受在直线上标记。

【相关护理诊断】
1. 急性疼痛　与胸壁受刺激或心肌缺血有关。
2. 焦虑　与疼痛迁延不愈有关。
3. 恐惧　与剧烈疼痛有关。

> 案例 3-4 分析 2:该患者的主要护理诊断:急性疼痛　与心肌缺血有关;恐惧　与剧烈疼痛有关;潜在并发症:心律失常、心源性休克。

本节小结

胸痛是主要由胸部疾病引起患者的疼痛感受,疼痛的严重程度并不与原发病的严重程度相一致。引起胸痛的疾病主要有胸壁、心血管、肺部、纵隔等疾病。临床表现因导致的疾病不同而异,评估时注意胸痛的病因、诱因、疼痛的性质、持续时间及其对人体功能性健康型态的影响。主要的护理诊断有疼痛、焦虑、恐惧等。

本节思考题

1. 引起胸痛的常见原因有哪几类?
2. 胸痛患者的护理评估要点有哪几项?

第六节　发绀

> 案例 3-5:患儿,男性,出生 8 h,无诱因出现四肢及躯干皮肤和口腔黏膜发绀,经保暖发绀无减轻。查体:一般情况尚好,听诊心前区可闻及杂音。经检查诊断为室间隔缺损。试分析:
> 1. 该患儿的主要症状是什么?
> 2. 患儿发绀的主要原因有哪些?
> 3. 该患儿的相关护理诊断有哪些?

发绀(cyanosis)亦称紫绀,是指血液中还原血红蛋白增多,或出现异常血红蛋白衍化物(高铁血红蛋白、硫化血红蛋白)时,皮肤黏膜呈青紫色的现象。发绀在皮肤较薄、色素较少和毛细血管丰富的部位,如唇、舌、两颊、鼻尖、耳垂和甲床等处较明显,易于观察。

【病因与发病机制】

1. 血液中还原血红蛋白增多　任何原因导致毛细血管内还原血红蛋白超过 50 g/L 时,即可出现发绀。严重贫血患者即使氧合血红蛋白都处于还原状态,也不足以引起发绀。因此,临床上所见发绀,有时并不一定能确切反映动脉血氧下降情况。

> 提示:真性红细胞增多症时,血红蛋白量异常增多,即使血液中有较少的氧未能达到饱和度,但只要毛细血管血液中的还原血红蛋白量超过 50 g/L 时,亦可出现发绀。

发绀按不同病因分为如下三类:

(1)中心性发绀:由于心肺疾病导致动脉血氧饱和度降低而引起。包括:① 肺性发绀,由呼吸系统疾病导致肺泡通气、换气功能及弥散功能障碍,血中还原血红蛋白增多。常见于严重的呼吸道阻塞、肺淤血、肺水肿、肺炎、大量胸腔积液等。② 心性发绀,由于心与大血管之间存在异常通道,部分静脉血未经过肺氧合作用,混入体循环动脉血中,当分流量超过心输出量的 1/3 时,即可引起发绀。见于发绀型先天性心脏病,如法洛(Fallot)四联症等。

(2)周围性发绀:由于周围循环血流障碍所致。包括:① 淤血性周围性发绀,因体循环淤血、周围血流缓慢,氧在组织中消耗过多,使还原血红蛋白增多。常见于右心功能不全、大量心包积液、缩窄性心包炎等。② 缺血性周围性发绀,常见于严重休克,由于心输出量锐减,周围血管收缩,有效循环血量不足,周围组织缺血、缺氧所致。

(3)混合性发绀:中心性发绀与周围性发绀并存,常见于心功能不全。

2. 血液中存在异常血红蛋白衍化物

(1)药物或化学物质中毒所致高铁血红蛋白血症:只要血液中高铁血红蛋白达到 30 g/L 即可出现发绀,如服用某些化学制剂或药物(亚硝酸盐、氯酸钾、苯及磺胺类药物)中毒,或进食大量含有亚硝酸盐的变质蔬菜,由于血红蛋白分子中的二价铁被三价铁取代,失去与氧结合的能力,导致高铁血红蛋白血症。

(2)硫化血红蛋白血症:如患者同时有便秘或服用硫化物,在肠道内形成大量硫化氢,则可产生硫化血红蛋白血症。只要血液中硫化血红蛋白达到 5 g/L,即可引起发绀。

【临床表现】　发绀主要表现为口唇、舌、甲床、鼻尖、颊部等部位皮肤黏膜青紫。中心性发绀表现为全身皮肤黏膜(包括颜面、四肢)出现青紫,但皮肤温暖,可伴有杵状指及红细胞增多。周围性发绀表现为肢体末梢与下垂部分如肢端、耳垂、鼻尖等部位的皮肤青紫、发凉,如对皮肤进行加温或按摩,发绀可减轻或消失。

案例 3-5 分析 1:

　　1. 该患儿的主要表现为中心性发绀。

　　2. 引起患儿发绀的主要原因为发绀型先天性心脏病——室间隔缺损。

【护理评估要点】

　　1. 查询与发绀相关的疾病病史或药物、化学物品、变质蔬菜摄入史。

　　2. 发绀的特点及严重程度。

　　3. 发绀对人体功能性健康型态的影响　特别是有无呼吸困难,有无焦虑、恐惧等压力及压力应对型态的改变。

　　4. 诊断、治疗和护理经过　有无采取氧疗、药物治疗及其治疗效果。

【相关护理诊断】

　　1. 活动耐力下降　与心肺功能不全致机体缺氧有关。

　　2. 低效性呼吸型态　与肺泡通气、换气及弥散功能障碍有关。

　　3. 气体交换受损　与心肺功能不全所致肺淤血有关。

　　4. 焦虑/恐惧　与缺氧所致呼吸费力有关。

案例 3-5 分析 2:该患儿的主要护理诊断:气体交换受损　与心肺功能不全所致肺淤血有关。

■ 本节小结

　　发绀是指血液中还原血红蛋白增多,或出现异常血红蛋白衍化物(高铁血红蛋白、硫化血红蛋白)时,使皮肤、黏膜呈青紫色的现象。发绀按病因不同又分为中心性、周围性、混合性三类,主要由呼吸系统及心血管疾病引起,另外,当服用某些化学制剂或药物导致高铁血红蛋白血症或硫化血红蛋白血症时,也可引起发绀。心肺疾病所致严重发绀可伴呼吸困难、头晕、头痛。护理评估的重点是查询发绀相关的疾病病史或药物、化学物品、变质蔬菜摄入史,注意发绀的特点及严重程度,对人体功能性健康型态的影响。主要的护理诊断有活动耐力下降、低效性呼吸型态、气体交换受损等。

■ 本节思考题

　　1. 发绀分为几类? 各有哪些表现特点?

　　2. 发绀的护理评估要点有哪些?

　　3. 发绀的主要护理诊断是什么?

第七节 水肿

> **案例 3-6**：患者，男性，72 岁，退休干部。因"反复双下肢水肿 13 年，加重 6 h"入院。患者 13 年前反复出现双下肢凹陷性水肿。清晨减轻，夜晚加重。伴有心慌、气促，时常有夜间胸闷，坐起后症状减轻，多次来院就诊，诊断为右心功能不全。此次因劳累，患者 6 h 前再次出现上述症状，前来就诊。试分析：
> 1. 该患者的突出症状是什么？发生机制是什么？
> 2. 引起上述症状的主要原因有哪些？
> 3. 该患者的主要护理诊断有哪些？

人体组织间隙有过多的液体积聚使组织肿胀称为水肿（edema）。液体在组织间隙呈弥漫性分布时为全身性水肿，积聚在身体某一局部组织间隙内时为局部性水肿。水肿发生于体腔内称为积液，如胸腔积液、腹水、心包积液等。水肿可以是隐性，也可以是显性。组织间液体积较小，体重增加在 10% 以下，指压无明显凹陷者，称为隐性水肿；体重增加在 10% 以上，指压有明显凹陷者称为显性水肿。

> **提示**：内脏器官的局部水肿，如肺水肿、脑水肿等不属于通常意义的水肿。

【发生机制】　正常人体组织间液量通过机体内外和血管内外液体交换的平衡维持恒定，肾在维持体内外液体交换平衡中起很重要的作用。任何原因所致球-管失衡均可使肾排钠减少，从而引起水钠潴留和全身性水肿。毛细血管内静水压、血浆胶体渗透压、组织压和组织液的胶体渗透压是维持血管内外液体交换平衡的因素，当这些因素发生障碍，出现组织间液的生成大于回吸收时，则可产生水肿。产生水肿的几项主要因素为：① 水钠潴留，如继发性醛固酮增多症等。② 毛细血管静水压升高，如右心衰竭等。③ 毛细血管通透性增高，如局部炎症、创伤等。④ 血浆胶体渗透压降低，常继发于低蛋白血症，如肾病综合征等。⑤ 淋巴液或静脉回流受阻，如丝虫病或血栓性静脉炎等。

【病因与临床表现】

1. 全身性水肿

（1）心源性水肿：主要见于右心衰竭。主要是有效循环血量减少，肾血流量减少，继发醛固酮增多引起水钠潴留，以及静脉淤血使毛细血管静水压增高，组织液回吸收减少所致。水肿的特点是首先出现于身体下垂部位。能起床活动者，最早出现于踝内侧，行走活动后加重，休息后减轻或消失；经常卧床者腰骶部明显。水肿为对称性、凹陷性。严重时可发生全身性水肿合并胸腔积液、腹水或心包积液。

（2）肾源性水肿：见于各型肾炎。主要是由多种因素引起肾排泄水钠减少，导致水钠潴留，细胞外液增多，毛细血管静水压增高所致。水肿的特点是疾病早期晨间起床时有眼睑与颜面水肿，以后发展为全身水肿。肾病综合征患者水肿显著，常伴胸腔积液和腹水，指压明显凹陷。

（3）肝源性水肿：见于各种肝疾病肝功能失代偿期。主要是门静脉高压、低蛋白血症、肝淋巴回流障碍、继发性醛固酮增多症所致。其特点是以腹水为主要表现，也可先出现踝部水肿，逐渐向上蔓延，而头面部及上肢常无水肿。

（4）营养不良性水肿：由于慢性消耗性疾病长期营养缺乏、蛋白丢失性胃肠病、重度烧伤等致低蛋白血症引起水肿。其特点为水肿发生前先消瘦，体重减轻。水肿多从组织疏松处开始，然后扩展至全身，以低垂部位显著。

（5）其他原因的全身性水肿：① 黏液性水肿，其特点为非凹陷性，颜面较下肢明显，常见于甲状腺功能减退者。② 经前期紧张综合征，特点为月经前 7 ~ 14 天出现眼睑、踝部、手部轻度水肿，可伴乳房胀痛及盆腔沉重感，行经后水肿逐渐消退。③ 药物性水肿，可见于糖皮质激素、雄激素、雌激素、胰岛素、甘草制剂等应用过程中，一般认为与钠水潴留有关。④ 特发性水肿，几乎只发生于女性，其特点为水肿发生在身体下垂部位，于直立和劳累后出现，休息后减轻或消失。原因不明，被认为是由于内分泌功能失调与直立体位反应异常所致。⑤ 其他，如妊娠中毒症、硬皮病、血管神经性水肿等。

全身性水肿者除了以上根据病因不同出现的表现特点外，无论隐性或显性均因体内水钠潴留而出现体重增加、尿量减少。重者因心脏前负荷增加，脉搏增快，血压升高甚至发生急性肺水肿。中至大量胸腔积液、腹水可致呼吸困难而使活动和运动能力减弱。长期水肿引起水肿区组织、细胞营养不良，抗御感染的能力下降，易发生皮肤破溃或继发感染。

2. 局部性水肿　常由于局部静脉、淋巴回流受阻或毛细血管通透性增加所致。如肢体静脉血栓形成或栓塞性静脉炎，上、下腔静脉阻塞综合征，丝虫病致象皮肿，局部炎症、创伤、过敏等。

案例 3-6 分析 1：

1. 结合该患者症状和体征分析，其突出症状为反复双下肢凹陷性水肿。
2. 该患者水肿发生的机制为毛细血管静脉压升高。
3. 该患者水肿主要原因为右心衰竭引起的心源性水肿。

【护理评估要点】

1. 查询健康史中有无相关的疾病病史及用药史。

2. 注意评估水肿的特点、程度、饮食、水钠摄入情况、体重、尿量的变化。

3. 水肿对人体功能性健康型态的影响　主要注意有无心悸、气短等活动能力下降；有无皮肤破溃和继发感染等。

4. 诊断、治疗与护理经过　重点注意是否使用利尿药及其种类、剂量、疗效和药物不良反应。

【相关护理诊断】

1. 体液过多　与右心功能不全或肾疾病所致钠水潴留有关。

2. 有皮肤完整性受损的危险　与持续水肿所致组织、细胞营养不良有关。

3. 活动耐力下降　与胸、腹腔大量积液所致呼吸困难有关。

4. 潜在并发症：急性肺水肿。

案例 3-6 分析 2：该患者主要护理诊断：

1. 体液过多　与右心衰竭致体循环淤血有关。

2. 活动无耐力　与右心功能不全有关。

■ 本节小结

水肿是组织间隙有过多的液体积聚时出现的一种体征，分全身性水肿和局部性水肿、隐性水肿和显性水肿。毛细血管内静水压、血浆胶体渗透压、组织压和组织液胶体渗透压是维持血管内外液体交换平衡的因素，任何原因导致这种平衡紊乱时，即可引起水肿。心源性水肿首先发生在身体下垂部位，严重时可致胸腔积液、腹水；肾源性水肿为早期于晨起时眼睑与颜面水肿；肝源性水肿以腹水为主要表现；营养不良性水肿多从组织疏松处开始，然后扩展至全身，以低垂部位显著。水肿常有体重增加及尿量减少。严重水肿有大量胸腔积液、腹水时可引起呼吸困难；持续水肿可导致皮肤溃破和继发感染。水肿的主要护理评估要点是查询健康史中有无相关的疾病病史及用药史；注意评估水肿的特点、程度及饮食、水钠摄入情况、体重、尿量的变化；水肿对人体功能性健康型态的影响。主要的护理诊断有：体液过多、有皮肤完整性受损的危险及活动耐力下降等。

■ 本节思考题

1. 心源性水肿与肾源性水肿的临床表现有哪些区别？

2. 严重的全身水肿可对人体功能性健康型态产生哪些影响？

3. 水肿的主要护理诊断有哪些？

第八节　腹痛

案例 3-7：患者，男，28 岁，卡车司机。突发上腹剧痛 3 h 急诊入院。患者于 3 h 前进食后突感左上腹剧痛，随后全腹疼痛难忍。急查：板状腹，全腹压痛、反跳痛，肝浊音区消失。初步诊断为胃穿孔。既往有消化性溃疡病史。试分析：

1. 该患者的突出症状是什么？

2. 引起上述症状的主要原因是什么？

3. 该患者的主要护理诊断有哪些？

腹痛(abdominal pain)是一种常见症状,由腹腔内脏器或腹膜外病变引起,可以是功能性失常,也可以是器质性疾病。可以是突然发生的急性腹痛,也可以是慢性疾病所致的慢性腹痛。

【病因】 引起腹痛的病因很多,常见的有:

(1) 胃、食管疾病:急、慢性胃炎,消化性溃疡,胃穿孔,反流性食管炎等。

(2) 肠道疾病:急、慢性肠炎,肠梗阻,肠套叠,溃疡性结肠炎等。

(3) 肝、胆、脾疾病:如肝淤血、肝炎、肝脓肿、肝癌、肝破裂、胆道结石、胆道蛔虫症、胆囊炎及胆道感染、脾破裂等。

(4) 胰腺疾病:如急、慢性胰腺炎,胰腺癌等。

(5) 腹膜及腹壁疾病:如急性腹膜炎、结核性腹膜炎;腹壁挫伤、脓肿及腹壁皮肤带状疱疹等。

(6) 腹腔血管缺血:如肠系膜动脉血栓形成和门静脉血栓形成等。

(7) 胸部疾病所致的腹部牵涉痛:如肺炎、心绞痛、心肌梗死、胸膜炎等。

(8) 全身性疾病:如腹型过敏性紫癜、尿毒症、糖尿病酮症酸中毒、铅中毒等。

【发病机制】 腹痛的发病机制可分为三种:

1. 内脏性腹痛 是某一内脏器官受到刺激,信号经交感神经通路传入脊髓。其疼痛特点:疼痛部位不确切;疼痛感觉模糊,多为痉挛、不适、钝痛、灼痛;常伴恶心、呕吐、出汗等其他自主神经兴奋症状。

2. 躯体性疼痛 来自腹膜壁层及腹壁的痛觉信号,经体神经传至脊神经根,反映到相应脊髓节段所支配的皮肤。其疼痛特点:定位准确,可在腹部一侧;程度激烈而持续;可有局部腹肌强直;疼痛可因咳嗽、体位变化而加重。

3. 牵涉痛 是腹部脏器引起的疼痛,刺激经内脏神经传入,影响相应脊髓节段而定位于体表。其疼痛特点:疼痛程度剧烈,部位明确,局部有压痛、肌紧张及感觉过敏等。

【临床表现】 胃、十二指肠溃疡有反复发作的慢性上腹部疼痛或胀痛,有节律性、周期性发作的规律,溃疡穿孔时表现为突发的中上腹部剧烈刀割样痛、烧灼样痛;胃癌疼痛无规律;小肠病变的疼痛多位于脐周;结肠的疼痛偏于脐下、左下腹或腹部两侧,为钝痛或绞痛,呈阵发性发作并可伴有恶心、呕吐或腹泻、便秘;急性阑尾炎开始时腹痛位于脐周或中上腹部,后转移至右下腹,伴恶心、呕吐;结肠癌的疼痛为阵发性胀痛,伴腹泻、便秘、血便;肠梗阻时为阵发性胀痛或绞痛,伴腹胀、恶心、呕吐,严重者停止排便、排气;胆管、胰腺疾病的疼痛多与进食有关,胆石症者进油腻食物尤其易诱发,呈阵发性绞痛,向右肩背放射;阵发性剑突下钻顶样疼痛是胆道蛔虫症的典型表现;急性胰腺炎多于饱餐或酗酒后腹部剧烈疼痛,可放射至左腰背部;急性弥漫性腹膜炎时发生持续性、广泛性剧烈腹痛伴腹肌紧张或板样强直,并有压痛、反跳痛,甚至可出现休克和毒血症症状;胸腔疾病所致的腹部牵涉痛常伴有胸部呼吸运动受限。

案例 3-7 分析 1:

1. 该患者的突出症状是腹痛。根据病史资料患者表现板状腹、压痛、反跳痛为腹膜刺激征,属于外科急腹症。

2. 根据患者既往史及体检结果,引起上述症状的主要原因为消化性溃疡并发急性胃穿孔。

【护理评估要点】

1. 查询健康史中有无腹痛相关的疾病病史及诱发因素。

2. 腹痛的急缓、部位、性质及与进食、排便的关系。

3. 腹痛对人体功能性健康型态的影响,尤其患者有无焦虑、恐惧等压力及压力应对型态的改变等。

4. 诊断、治疗与护理经过。

【相关护理诊断】

1. 急性疼痛/慢性疼痛　与内脏器官、腹膜壁层及腹壁受刺激有关。

2. 焦虑　与疼痛迁延不愈有关。

3. 恐惧　与剧烈疼痛有关。

案例 3-7 分析 2:该患者的主要护理诊断:疼痛　与内脏器官、腹膜壁层及腹壁受刺激有关。

本节小结

腹痛是一种常见症状,由腹腔内脏器或腹膜外病变引起,可以是功能性失常,也可以是器质性疾病。可表现为急性或慢性腹痛。引起腹痛的原因以消化系统疾病为多见,其他还有腹膜及腹壁疾病、腹腔血管疾病、胸部疾病所致的腹部牵涉痛及全身性疾病,因引起的疾病不同而临床表现各异。一般疼痛部位多是病变部位,性质有胀痛、钝痛、刀割样痛、烧灼样痛、绞痛等。腹痛的护理评估重点是:相关的疾病病史及诱因;腹痛的急缓、部位、性质及与进食、排便的关系;人体功能性健康型态的影响等。主要的护理诊断是疼痛、焦虑等。

本节思考题

1. 请列出引起腹痛的五大类常见病因。

2. 简述腹痛的主要临床表现。

3. 腹痛的护理评估要点有哪些?

第九节 腹泻

案例 3-8: 某患儿,6岁,因"发热伴腹痛、腹泻24 h"前来就诊,病史中有进食不洁食物情况,排便7~8次/天,每次量不多,有脓血、黏液,伴有阵发性腹痛。经检查诊断为急性细菌性痢疾。试分析:

1. 该患儿的突出症状是什么?主要病因是什么?
2. 主要的护理诊断有哪几个?

腹泻(diarrhea)是指排便次数增多,粪质稀薄、水分增加或带有未消化的食物、黏液、脓血。腹泻根据病程可分为急性和慢性两种,病程超过2个月者为慢性。

【病因】

1. 消化系统疾病 慢性萎缩性胃炎、胃大部切除术后胃酸缺乏、感染性肠炎(细菌性痢疾、肠伤寒等)、溃疡性结肠炎、肝硬化、肝癌、胆囊炎与胆石症、胰腺炎、胰腺癌等。

2. 全身性疾病 感染性疾病(如败血症、伤寒、副伤寒等)、甲状腺功能亢进、肾上腺皮质功能减退、尿毒症、食物中毒等。

3. 其他 如过敏性紫癜、变态反应性肠炎、药物不良反应等。

【发生机制】 腹泻的发生机制较为复杂,从病理生理角度可归纳如下:

1. 分泌性腹泻 胃肠黏膜分泌过多的水与电解质所致。常见于霍乱、沙门菌感染,由于细菌毒素刺激肠黏膜细胞内的腺苷酸环化酶,促使细胞内环腺苷酸(cAMP)含量增加,引起大量水和电解质分泌到肠腔从而导致腹泻。小肠部分切除术及某些胃肠道内分泌肿瘤,如促胃液素瘤(佐林格-埃利森综合征)也引起分泌性腹泻。

2. 渗透性腹泻 由肠腔内渗透压增高,阻碍肠内水与电解质吸收而引起的腹泻,如胃大部切除术后,服用不易吸收的药物(如硫酸镁、甘露醇等)所致的腹泻。

3. 渗出性腹泻 因肠黏膜炎症、溃疡或肿瘤浸润,使病变部位血管通透性增加导致血浆、黏液、脓血渗出所致。如细菌性痢疾、肠炎、结肠癌等。

4. 动力性腹泻 由于肠蠕动亢进致肠内食糜停留时间缩短,未被充分吸收所致的腹泻,如肠炎、胃肠功能紊乱及甲状腺功能亢进等。

5. 吸收不良性腹泻 由肠黏膜的吸收面积减少或吸收障碍所引起,如小肠大部切除术后、吸收不良综合征等。

案例 3-8 分析 1: 该患儿的突出症状为腹泻。根据已有资料,该患儿腹泻的原因是细菌性痢疾。其发生机制为肠黏膜炎症,使病变部位血管通透性增加,导致血浆、黏液、脓血渗出所致的渗出性腹泻。

【临床表现】 由于病因与发生机制不同,腹泻的次数、粪便的量及性状等也有所不同。急性腹泻起病急,病程短,每日排便次数多达 10 次以上,粪便量多;慢性腹泻起病缓慢,病程较长,多数每日排便数次。分泌性腹泻多为水样便,每日排便量大于 1 000 ml,粪便无脓血或黏液,与进食无关,可伴有腹痛。渗透性腹泻粪便常有不消化食物、泡沫及恶臭,多不伴有腹痛,禁食后 1~2 天可缓解。渗出性腹泻粪便除含水量增加外,还可有脓血或黏液,多伴有腹痛及发热。动力性腹泻多不伴有腹痛,粪便较稀,亦无脓血及黏液。吸收不良性腹泻粪便内含有大量脂肪及泡沫,量多而臭。

急性腹泻严重者可在短时间内丢失大量水分及电解质而引起脱水、电解质紊乱及代谢性酸中毒。长期慢性腹泻可导致营养障碍、维生素缺乏、体重下降,严重者可发生营养不良性水肿。由于频繁排便及粪便刺激,可致肛周皮肤糜烂及破损。长期不愈的腹泻可干扰患者休息、睡眠等正常生活,也会对学习和工作造成影响。

【护理评估要点】

1. 查询健康史中有关腹泻的病史或不当、不洁饮食等诱因或加重因素。

2. 腹泻的次数、粪便量、颜色、气味和性状,加重或缓解因素等。

3. 腹泻对人体功能性健康型态的影响,主要为有无失水、消瘦、肛周皮肤破损以及对休息、睡眠有无影响等。

【相关护理诊断】

1. 腹泻　与肠道感染或胃大部切除有关等。

2. 体液不足/有体液不足的危险　与腹泻所致体液丢失过多有关。

3. 营养失调:低于机体需要量　与长期慢性腹泻有关。

4. 有皮肤完整性受损的危险　与频繁排便及排泄物对肛周皮肤的刺激有关。

> 案例 3-8 分析 2:该患儿的主要护理诊断:腹泻　与肠道感染有关;有皮肤完整性受损的危险　与频繁排便及排泄物对肛周皮肤的刺激有关。

本节小结

腹泻是消化系统疾病的常见症状之一,根据病程和起病缓急分为急性和慢性。其病因除了消化系统疾病外,还可由全身性及变态反应性疾病引起。发生机制从病理生理角度可归纳为分泌性、渗透性、渗出性、动力性及吸收不良性五种。由于病因与发生机制不同,腹泻的次数、粪便的量及性状等也各有特点,急性腹泻严重者可在短时间内丢失大量水分及电解质而引起脱水、电解质紊乱及代谢性酸中毒,长期慢性腹泻可导致营养障碍,腹泻还可致肛周皮肤糜烂。护理评估重点是有关腹泻的病史及诱因,腹泻的次数、粪便量、颜色、气味和性状,腹泻对人体功能性健康型态的影响。主要的护理诊断有腹泻、体液不足、营养失调等。

1. 简述各种腹泻的表现特点。
2. 简述腹泻的主要护理评估要点。

第十节 呕血与黑便

呕血与黑便(hematemesis and melena)都是上消化道出血的症状。呕血是指十二指肠悬韧带以上的消化器官,包括食管、胃、十二指肠以及胰管和胆道出血,血液经口腔呕出。部分血液经肠道排出,因血红蛋白在肠道内与硫化物结合形成硫化亚铁,形成黑便。由于黑便附有黏液而发亮,类似柏油,故又称柏油便(tarry stool)。

> **提示:** 由鼻腔、口腔、咽喉等部位出血或呼吸道疾病引起的出血,也经口排出,或吞咽后再呕出,属于咯血,而不是呕血。另外,呕血一般伴有黑便,而黑便不一定都伴有呕血。

【病因与发生机制】

1. 消化系统疾病

(1) 食管疾病:食管炎、食管癌、食管异物及外伤。

(2) 胃及十二指肠疾病:消化性溃疡、慢性胃炎、服用非甾体抗炎药及应激性因素所致的急性胃、十二指肠黏膜损害,胃癌晚期癌组织缺血性坏死、糜烂或溃疡侵蚀血管等所致出血。

(3) 肝、胆疾病:肝硬化门静脉高压时,食管下段与胃底静脉曲张破裂引起出血;肝癌、胆囊或胆管结石、胆道寄生虫、胆管癌等,出血量大时,血液流入十二指肠,导致呕血或黑便。

(4) 胰腺疾病:急性胰腺炎合并囊肿或脓肿、胰腺癌等。

2. 血液病 血小板减少性紫癜、再生障碍性贫血、白血病、血友病、弥散性血管内凝血等。

3. 全身性疾病 如流行性出血热、钩端螺旋体病、尿毒症、呼吸功能衰竭、肝功能衰竭、系统性红斑狼疮等。

呕血的原因较多,但是以消化性溃疡引起的最为常见,其次为食管或胃底静脉曲张破裂,排在第三位的是急性胃黏膜病变。

【临床表现】

1. 呕血与黑便的表现 呕血前常有上腹部不适和恶心,随后呕出血性胃内容物。其颜色依出血量的多少及在胃内停留时间的长短以及出血的部位而不同。出血量大、在胃内停留时间短或出血位于食管则血液鲜红或混有血凝块,或为暗红色;当出血量较少或在胃内停留时间长,则因血红蛋白与胃酸作用形成酸化正铁血红蛋白时,呕吐物可呈咖啡渣样棕褐色。呕血的同时部分血液经肠道排出体外,故可排黑便。黑便的颜色取决于出血的速度与肠蠕动的快慢,黑便在肠道内停留时间短,呈紫红色;在肠道内停留时间长,则呈黑色。

> **提示:**引起黑便的其他原因有进食大量动物血及内脏,隐血试验可呈阳性;服用铋剂、铁剂、碳粉等可使粪便发黑,但无光泽,隐血试验为阴性。

2. 失血的表现　急性失血的表现轻重不一,其程度与出血量有关,因此,根据失血的表现可估计出血量。出血表现及出血量估计见表3-10-1。

表 3-10-1　失血表现及出血量估计

出血程度	症状	血压	脉搏/(次·min⁻¹)	尿量	出血量/ml	占全身总血量/%
轻度	皮肤苍白、头晕、畏寒	正常	正常或稍快	减少	<500	10~15
中度	冷汗、四肢湿冷、眩晕、口干、心悸	下降	100~110	明显减少	800~1 000	20
重度	烦躁不安、出冷汗、四肢厥冷、呼吸急促、意识模糊	显著下降	>120	尿少或无尿	>1 500	30

3. 血液学改变　在失血初期,血液检查的改变可不明显,随组织液的渗出及输液等血液被稀释,血红蛋白和红细胞可降低,出现贫血表现,出血停止后可逐步恢复正常。

【护理评估要点】

1. 确定是否为上消化道出血,是否为呕血及黑便,尤其注意排除鼻咽部出血、咯血及因进食大量动物血、铁剂等所致呕吐物呈咖啡色或黑便。

2. 查询有无与呕血和黑便相关的疾病病史及其诱发因素。

3. 注意呕血与黑便的次数、量、颜色及性状,结合出血后表现,可估计出血量。一般仅有粪便隐血试验阳性者,表示每日出血量大于5 ml;出现黑便表示出血量在50~70 ml以上;呕血表示胃内积血量达250~300 ml。临床上多于500 ml的出血要结合全身症状来估计(表3-10-1)。

4. 呕血与黑便对人体功能性健康型态的影响,主要注意有无紧张、焦虑、恐惧等压力与压力应对型态的改变。

【相关护理诊断】

1. 外周组织灌注无效　与上消化道出血致血容量减少有关。

2. 活动耐力下降　与呕血与黑便所致贫血有关。

3. 焦虑/恐惧　与大量呕血与黑便有关。

4. 潜在并发症:休克。

　　呕血与黑便是上消化道出血的最常见、最典型表现,其引起的原因主要是消化性溃疡、食管或胃底静脉曲张破裂及急性胃黏膜病变等。呕血的颜色依出血量的多少及在胃内停留时间的长短以及出血的部位而不同,可呈鲜红、暗红、咖啡渣样棕褐色。黑便则是部分血液经肠道排出,黑便的颜色取决于出血的速度与肠蠕动的快慢,可呈紫红色、黑色。呕血与黑便的评估重点为首先确定是否为上消化道出血,其次是查询病因与诱因,最后是注意呕血与黑便的次数、量、颜色、性状及出血后的表现,对人体功能性健康型态的影响等。主要的护理诊断有外周组织灌注无效、活动耐力下降等。

本节思考题

　　1. 呕血与黑便的主要病因有哪些?

　　2. 呕血与黑便的护理评估要点有哪几项?

　　3. 病例分析:王某,30 岁,"消化性溃疡"3 年余,昨因饮食不当,夜间出现黑便,呈糊状,有一过性眩晕,感口渴,来院急诊。体检:心率 100 次/min,血压 90/60 mmHg,烦躁,皮肤苍白。

　　(1) 请评估该患者的出血量。

　　(2) 该患者的护理诊断有哪些?

第十一节　黄疸

　　案例 3-9:患者,女,48 岁,职员。因"右上腹疼痛 2 天,发热、皮肤黄染 1 天"入院。患者 2 天前进食油煎蛋后出现右上腹剧烈疼痛,阵发性加剧。1 天后出现寒战、发热,体温达 39.2℃,尿黄,皮肤黄染。既往体健。经检查初步诊断为急性化脓性胆管炎。试分析:

　　　　1. 患者的典型症状和体征是什么?

　　　　2. 患者的主要病因是什么?

　　　　3. 该患者的主要护理诊断有哪些?

　　黄疸(jaundice)是由于血清胆红素浓度增高,超过 34.2 μmol/L 时致皮肤、黏膜和巩膜发黄的症状和体征。正常血清胆红素最高为 17.1 μmol/L,胆红素在 17.1~34.2 μmol/L 时,虽然高于正常,但是临床上不易察觉,称隐性黄疸。

　　【病因与发病机制】　体内的胆红素主要来源于血红蛋白,血液循环中衰老的红细胞经单核吞噬细胞系统的破坏和分解而产生胆红素,正常人每日由红细胞破坏产生的胆红素占总胆红素 80%~85%。另外的胆红素来源于骨髓幼稚红细胞的血红蛋白和肝内含有亚铁血红素的蛋白质(如过氧化氢酶、过氧化物酶及细胞色素氧化酶与肌红蛋白等),这些胆红素为旁路胆红素(bypass bilirubin),占总胆红素的 15% ~ 20%。上述产生的胆红素称游离胆红素或非结合胆红素(unconjugated bilirubin, UCB)。非结合胆红素为脂溶性,不能溶于水,不能从肾小球滤出,当其经血液循环到达肝时,被肝细胞摄取,经葡糖醛酸转移酶的催化作用与葡糖醛酸结合,形成结合胆红素(conjugated bilirubin,CB)。结合胆红素为水溶性,可通过肾小球滤过从尿中排出,当其随胆汁排入肠道,由肠内细菌的脱氢作用还原为尿胆原,大部分尿胆原在肠道内进一步被氧化为尿胆素从粪便中排出,称为粪胆素。小部分(10% ~ 20%)尿胆原在肠道内被重吸收,经门静脉回到肝,其中大部分再转变为结合胆红素,又随胆汁排入肠道,形成"胆红素的肝肠循环",小部分经体循环由肾排出体外(图 3-11-1)。

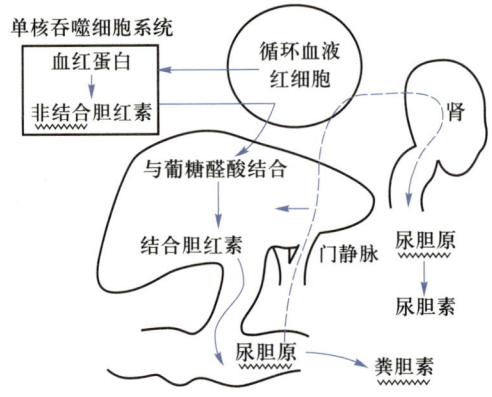

图 3-11-1　胆红素正常代谢示意图

正常情况下,胆红素进入与离开血液循环保持动态平衡,因而血中胆红素的浓度保持相对恒定,总胆红素(TB)1.7 ~ 17.1 μmol/L,其中 CB 0 ~ 3.42 μmol/L,UCB 1.7 ~ 13.68 μmol/L。凡胆红素产生过多,肝细胞对胆红素的摄取、结合、排泄障碍,肝内、外胆管阻塞等,均可致血清胆红素浓度增高而发生黄疸。临床上将黄疸分为三种类型:

1. 溶血性黄疸　凡能引起溶血的疾病都可产生黄疸,见于:① 先天性溶血性贫血,如遗传性球形红细胞增多症、地中海贫血等;② 获得性免疫性贫血,如自身免疫性溶血性贫血、不同血型输血后溶血以及毒蕈中毒等。由于大量红细胞破坏,形成大量的 UCB,超过了肝细胞摄取、结合和排泄的能力,同时溶血造成贫血、缺氧和红细胞破坏产物的毒性作用,降低了肝细胞对胆红素代谢的能力,使 UCB 在血液中滞留,导致黄疸(图 3-11-2)。

2. 肝细胞性黄疸　各种使肝细胞广泛损害的疾病均可发生黄疸,如病毒性肝炎、肝硬化、中毒性肝炎、钩端螺旋体病、败血症等。由于肝细胞的损伤使其对胆红素的摄取、结合及排泄功能降低,导致血中 UCB 增加。同时,未受损的肝细胞仍能够将 UCB 转化为 CB,但由于肝细胞肿胀、坏死及胆小管内胆栓形成等原因,使胆汁排泄受阻而反流进入血液循环,导致血中 CB 也增加,从而引起黄疸(图 3-11-3)。

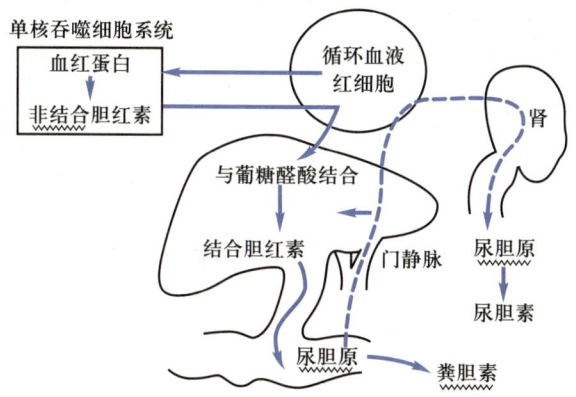

图 3-11-2　溶血性黄疸发生机制示意图

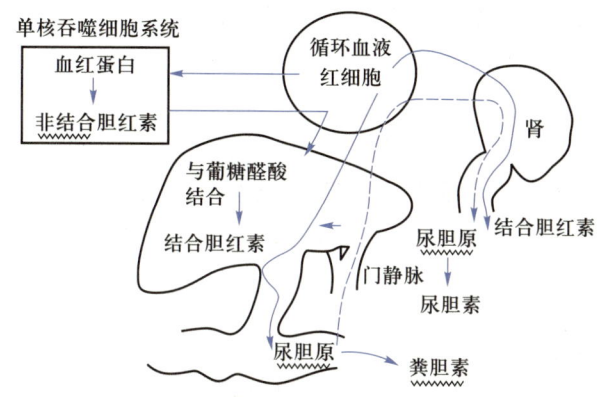

图 3-11-3　肝细胞性黄疸发生机制示意图

3. 胆汁淤积性黄疸　① 肝内性,如肝内泥沙样结石、毛细胆管型病毒性肝炎、原发性胆汁性肝硬化等。② 肝外性,如胆总管结石、狭窄、炎性水肿、肿瘤及蛔虫等。由于胆道受阻,使阻塞上方胆管内压力增高、胆管扩张,最终导致小胆管与毛细胆管破裂,胆汁中的胆红素反流入血液而使血液中 CB 升高(图 3-11-4)。

【临床表现】

1. 溶血性黄疸　黄疸较轻,皮肤呈浅柠檬黄色。急性溶血时可有发热、寒战、头痛、腰背及四肢酸痛,并有不同程度的贫血和血红蛋白尿(尿呈酱油色或浓茶色)。严重者可发生肾衰竭。慢性溶血多为先天性,可有贫血和脾大。

2. 肝细胞性黄疸　皮肤、黏膜呈浅黄至深黄色,伴乏力、恶心、食欲减退、腹胀、肝区胀痛等症状,严重者有出血倾向。

3. 胆汁淤积性黄疸　皮肤呈暗黄色,胆道完全梗阻者可呈黄绿或绿褐色,并有皮肤瘙痒及心动过缓、尿色深、粪便颜色变浅或呈白陶土色。由于胆汁不能进入肠道,可使食物中脂肪的消化和吸收障碍而致腹胀、消化不良,并因脂溶性维生素 K 吸收障碍,影响某些凝血因子合成,常有出血倾向。

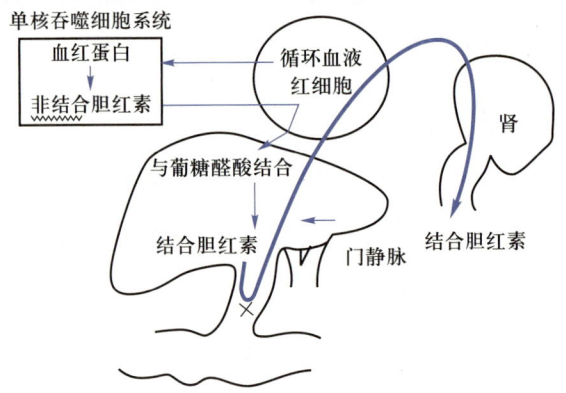

图 3-11-4　胆汁淤积性黄疸发生机制示意图

> 提示:黄疸时必做的实验检查项目包括血清总胆红素、结合胆红素、非结合胆红素、尿胆红素、尿胆原、血清总胆固醇、碱性磷酸酶、肝功能等,有利于鉴别黄疸的类型及病因。

> 案例 3-9 分析 1:患者的主要表现是腹痛、发热、皮肤黄染。结合患者为 48 岁女性,发病前有高脂肪餐史,既往体健,其发生的主要原因为急性化脓性胆管炎导致的胆汁淤积性黄疸。

【护理评估要点】

1. 确定有无黄疸、查询相关病因　注意与假性黄疸鉴别。

进食过多胡萝卜、南瓜、橘子等可导致皮肤黏膜黄染,但以手掌、足底、前额及鼻部等处明显,一般不发生巩膜及口腔黏膜黄染。长期服用米帕林、呋喃类等含黄色素的药物也可引起皮肤、黏膜黄染,其巩膜黄染的特点是近角膜缘明显。

2. 黄疸发生的缓急、皮肤色泽的深浅、粪尿颜色的改变以及是否伴有皮肤瘙痒等　一般黄染越深,病情越重;梗阻越完全,皮肤瘙痒越严重,粪色越浅。

3. 黄疸对人体功能性健康型态的影响　主要注意:有无因皮肤瘙痒所致的睡眠与休息型态的改变;皮肤、黏膜及巩膜黄染引起的自我概念型态的改变;有无因原发病及面临的检查所引起的焦虑、恐惧等压力及压力应对型态的改变。

【相关护理诊断】

1. 舒适度减弱:皮肤瘙痒　与血液中胆盐增高刺激皮肤有关。
2. 有皮肤完整性受损的危险　与皮肤瘙痒有关。
3. 体像紊乱　与黄疸所致皮肤、黏膜和巩膜黄染有关。
4. 焦虑　与严重黄疸、病因不明等有关。

> 案例 3-9 分析 2:该患者的主要护理诊断为:舒适的改变:皮肤瘙痒;有皮肤完整性受损的危险。

黄疸是由于血清胆红素浓度增高致皮肤、黏膜和巩膜发黄的症状和体征。凡胆红素产生过多,肝细胞对胆红素的摄取、结合、排泄障碍,肝内、外胆管阻塞等,均可致黄疸。临床上将黄疸分为溶血性、肝细胞性、胆汁淤积性黄疸三种。各型均在原发病表现的基础上表现皮肤、黏膜及巩膜的黄染,其中胆汁淤积性黄疸皮肤色泽最深,根据胆道梗阻程度可呈暗黄色、黄绿或绿褐色,并有皮肤瘙痒及心动过缓、尿色深、粪便颜色变浅或呈白陶土色。肝细胞性黄疸皮肤、黏膜呈浅黄至深黄色,并有肝功能障碍的表现。溶血性黄疸皮肤呈浅柠檬黄色,有溶血及贫血表现。黄疸的护理评估要点:首先要确定是否为黄疸及其原因,其次要根据黄疸程度判断病情,最后要注意黄疸对人体功能性健康型态的影响。主要的护理诊断有:舒适度减弱、有皮肤完整性受损的危险、体像紊乱等。

本节思考题

1. 肝细胞性黄疸时,哪种胆红素升高? 为什么?
2. 请描述三种类型黄疸的临床表现特点。
3. 黄疸的护理评估要点有哪几项?

第十二节　意识障碍

> **案例 3-10**:患者,男,67 岁,退休工人。"突然右侧肢体无力伴意识障碍 3 h"入院。患者 3 h 前在晨练运动时突感右侧肢体无力,剧烈头痛,伴恶心、呕吐一次,随后意识不清,呼之不应。急送来院。既往有高血压病史近 10 年,服药不规律。查体:血压 180/110 mmHg,神志不清,双侧瞳孔等大等圆,对光反射灵敏,右侧肢体腱反射亢进,右侧病理征阳性。试分析:
>
> 1. 该患者的突出症状是什么? 主要原因是什么?
> 2. 患者上述症状如何分度?
> 3. 患者的主要护理诊断有哪些?

意识障碍(disturbance of consciousness)是指人体对周围环境及自身状态的识别和觉察能力出现障碍的一种精神状态。

【病因】

1. 感染性因素

(1)颅内感染:各种脑炎、脑膜脑炎、脑型疟疾等。

(2)全身严重感染:败血症、肺炎、中毒性痢疾、伤寒等。

2. 非感染性因素

（1）颅脑疾病：① 脑血管疾病，如脑出血、蛛网膜下腔出血、脑栓塞、脑血栓形成、高血压脑病；② 脑肿瘤；③ 脑外伤，如脑震荡、脑挫裂伤、颅骨骨折等；④ 癫痫。

（2）内分泌与代谢障碍：肝性脑病、肺性脑病、尿毒症、糖尿病酮症酸中毒、低血糖、甲状腺危象、甲状腺功能减退等。

（3）心血管疾病：严重心律失常引起的阿-斯综合征，重度休克等。

（4）水、电解质紊乱：如稀释性低钠血症、低氯性碱中毒、高氯性酸中毒等。

（5）外源性中毒：如催眠药、有机磷、乙醇、一氧化碳、氯化物中毒等。

（6）物理性或缺氧性损害：如高温中暑、日射病、触电、溺水等。

【发生机制】　由于脑缺血、缺氧，葡萄糖供给不足，酶代谢异常，可引起脑细胞代谢紊乱，从而导致网状结构功能减退，产生意识障碍。意识由其内容和"开关"组成。意识的"开关"系统包括经典的感觉传导路径（特异性上行投射系统）及脑干网状结构（非特异性上行投射系统）。意识的"开关"系统激活大脑皮质并使之维持一定水平的兴奋性，使机体处于觉醒状态。意识内容就是大脑皮质功能活动，在意识觉醒状态下产生，包括记忆、思维、理解、定向和情感等精神活动，以及通过视、听、语言和复杂运动等与外界保持紧密联系的能力。清醒的意识活动有赖于大脑皮质和皮质下网状结构功能的完整，任何原因导致大脑皮质弥漫性损害或脑干网状结构损害，均可发生意识障碍。

案例 3-10 分析 1：

1. 该患者的突出症状是意识障碍。

2. 根据现有的病历资料，该患者的意识障碍发生原因为颅脑的非感染性疾病。

【临床表现】　意识障碍可有以下不同程度的表现：

1. 以觉醒状态改变为主的意识障碍

（1）嗜睡（somnolence）：是程度最轻的意识障碍，是一种病理性倦睡，患者处于持续睡眠状态，可被唤醒，醒后能正确回答问题和作出各种反应，但当刺激去除后很快又再入睡。

（2）昏睡（stupor）：是接近于不省人事的意识状态。患者处于熟睡状态，不容易唤醒。但在压迫眶上神经、晃动身体等强烈刺激下可被唤醒，但很快又再入睡，醒时答话含糊或答非所问。

（3）昏迷（coma）：为最严重的意识障碍，按其程度不同可分为：

1）轻度昏迷：意识大部分丧失，无自主运动，对声、光刺激无反应，对疼痛刺激尚可出现痛苦的表情或肢体退缩等防御反应。角膜反射、瞳孔对光反射、眼球运动、吞咽反射等可存在。

2）中度昏迷：对周围事物及各种刺激均无反应，对强烈刺激可出现防御反应，角膜反射减弱，瞳孔对光反射迟钝，眼球无转动。

3）深度昏迷：意识完全丧失,全身肌肉松弛,对外界任何刺激完全无反应。深、浅反射均消失。

2. 以意识内容改变为主的意识障碍

（1）意识模糊（confusion）：是程度深于嗜睡的意识障碍。患者能保持简单的精神活动,但对时间、地点、人物的定向力发生障碍,思维和语言不连贯。

（2）谵妄（delirium）：是一种以兴奋性增高为主的高级神经中枢急性活动失调状态。临床上表现为意识模糊、定向力丧失、幻觉、错觉、躁动不安、言语杂乱等。常见于急性感染高热期、肝性脑病、中枢神经系统疾病、某些药物中毒等,由于病因不同,有些患者可发展为昏迷。

意识障碍者感知能力、对外界环境的识别能力及日常生活活动能力均发生改变,尤其是昏迷患者,由于脑功能严重障碍所致的咳嗽、吞咽等各种反射减弱或消失,无自主运动能力,不能自主排便和排尿,需要留置导尿等,除了体温、脉搏、呼吸、血压等生命体征有改变外,常易并发肺部及尿路感染、口腔炎、结膜炎、角膜炎、角膜溃疡、营养不良、压疮及肢体挛缩畸形等。

案例 3-10 分析 2：该患者意识障碍的临床表现为昏迷,根据现有的病史资料该患者现处于轻度昏迷。

【护理评估要点】

1. 查询意识障碍的相关病因及诱因。

2. 确定意识障碍的程度及进展　根据患者的语言反应、对答是否切题、对疼痛刺激的反应、肢体活动、瞳孔大小及对光反射、角膜反射等判断意识障碍的程度。也可按 Glasgow 昏迷评分量表（Glasgow coma scale,GCS）对意识障碍的程度进行评估。评估项目包括睁眼反应、运动反应、语言反应三个项目,将各项目所测的分值相加求其总分,即可得到意识障碍的客观评分,见表 3-12-1。GCS 总评分为 3~15 分,14~15分为正常,8~13 分为意识障碍,4~7 分为浅昏迷,3 分为深昏迷。

表 3-12-1　Glasgow 昏迷评分量表

评估项目	反应	得分
睁眼反应	正常睁眼	4
	对声音刺激有睁眼反应	3
	对疼痛刺激有睁眼反应	2
	对任何刺激无睁眼反应	1
运动反应	可按指令动作	6
	对疼痛刺激能定位	5
	对疼痛刺激有肢体退缩反应	4
	疼痛刺激时肢体过度屈曲	3
	疼痛刺激时肢体过度伸展	2
	疼痛刺激无反应	1

评估项目	反应	得分
语言反应	能准确回答时间、地点、人物等定向问题	5
	能说话,但不能准确回答时间、地点、人物等定向问题	4
	言语不当,但语意可辨	3
	言语模糊不清,语意难辨	2
	任何刺激无语言反应	1

评估中注意运动反应的刺激部位应以上肢为主,以其最佳反应记分;并通过动态观察或动态的 GCS 评分和记录了解意识障碍的演变,以确定其进展情况。

3. 注意生命体征的变化。

4. 意识障碍对人体功能性健康型态的影响　主要包括:有无口腔炎、角膜炎、结膜炎、角膜溃疡、压疮等营养与代谢型态的影响;有无肌肉萎缩、关节僵硬、肢体畸形所致的活动与运动型态的改变;有无排便、排尿失禁等排泄型态的改变等。

【相关护理诊断】

1. 急性意识障碍　与各种原因所致脑组织损害有关。

2. 清理呼吸道无效　与意识障碍所致咳嗽、吞咽反射减弱或消失有关。

3. 有误吸的危险　与意识障碍所致咳嗽、吞咽反射减弱或消失有关。

4. 营养失调:低于机体需要量　与意识障碍所致不能正常进食有关。

5. 排尿障碍　与意识障碍所致排尿失控有关。

6. 排便功能障碍　与意识障碍所致排便失控有关。

7. 有受伤的危险　与意识障碍所致躁动不安有关。

8. 有皮肤完整性受损的危险　与意识障碍所致自主运动消失有关,与意识障碍所致排便、排尿失控有关。

9. 有感染的危险　与意识障碍所致咳嗽、吞咽反射减弱或消失有关。

案例 3-10 分析 3:该患者的主要护理诊断为:急性意识障碍　与颅脑的非感染性疾病所致脑组织损害有关;有误吸的危险　与意识障碍所致咳嗽、吞咽反射减弱或消失有关;有皮肤完整性受损的危险　与意识障碍所致自主运动消失有关;有感染的危险　与意识障碍所致咳嗽、吞咽反射减弱或消失有关。

本节小结

意识障碍是指人体对周围环境及自身状态的识别和觉察能力出现障碍的一种精神状态。其发生主要是由于颅脑及全身性疾病导致脑缺血、缺氧,葡萄糖供给不足,酶代谢异常等引起脑细胞代谢紊乱,从而导致网状结构功能减退,产生意识障碍。根据意识障碍的程度,临床表现为嗜睡、意识模糊、昏睡、昏迷等。其中昏迷是最严重的意识障碍,除了有体温、脉搏、呼吸、血压等生命体征的改变外,常易并发肺部及尿路感染、口腔炎、结膜炎、角膜炎、角膜溃疡、营养不良、压疮及肢体挛缩畸形等严重并发症。评估意识障碍的重点是,查询相关病因及诱因、确定意识障碍的程度及进展、注意生命体征的变化及对人体功能性健康型态的影响。相关的护理诊断有急性意识障碍、清理呼吸道无效、有误吸的危险、营养失调等。

本节思考题

1. 如何区别嗜睡与昏睡?

2. 描述轻度、中度、深度三种程度昏迷的临床表现。

3. 如何评估意识障碍的程度及进展?

4. 病例分析:患者,男性,72岁,高血压30年。突然剧烈头痛、呕吐,迅速意识障碍,护理体检发现该患者有"三偏征",瘫痪肢体肌张力增高,腱反射活跃。试分析:

（1）该患者的主要护理诊断有哪些?

（2）该患者功能性健康型态的影响有哪些?

赛证聚焦

请扫描二维码完成在线测试。

在线测试:
常见症状评估

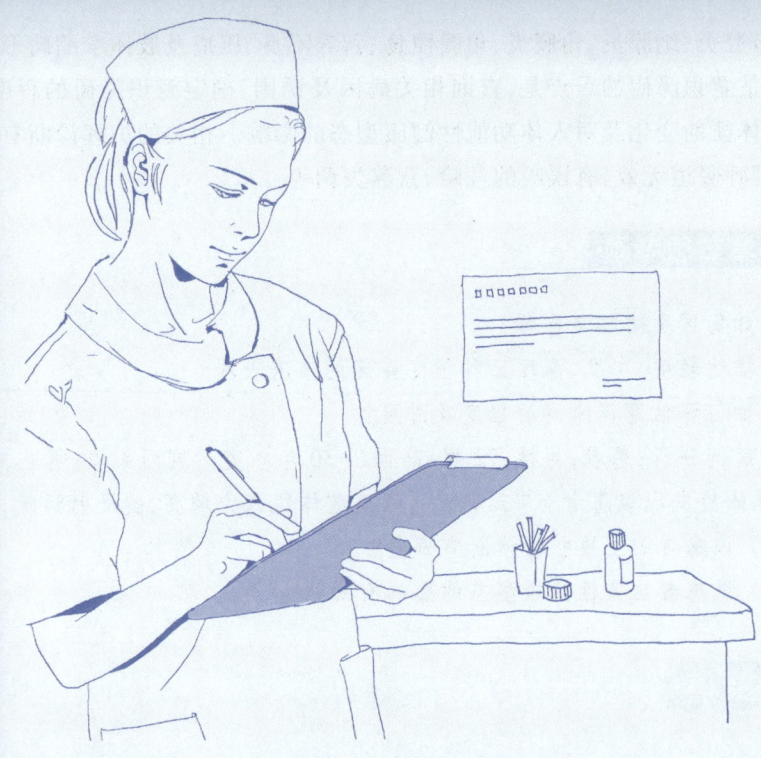

第四章 身体评估

学习目标

知识目标

1. 掌握身体评估的基本方法,掌握全身评估的方法和主要内容。

2. 熟悉身体评估常见异常状态的临床意义,熟悉视诊、触诊、叩诊、听诊检查的注意事项。

3. 了解常见疾病的主要症状和体征。

能力目标

能够运用身体评估的基本方法对被评估者进行全身评估,并书写健康评估记录。

素养目标

1. 在实施身体评估过程中尊重被评估者的隐私,培养爱心、耐心、责任心和细心,体现人文关怀。

2. 培养思辨能力,理解局部与整体的联系。

身体评估是健康评估的主要内容，主要收集被评估者的客观健康资料。其内容包括一般评估、头颈部评估、胸部评估、腹部评估、脊柱四肢评估、神经系统评估、肛门和外生殖器评估七大部分。身体评估的方法、评估的内容及临床意义是护士必须掌握的基本知识和基本技能。

第一节　概述

一、身体评估的目的

身体评估一般在完成健康史采集后进行，其目的是进一步支持和验证问诊中获得的有临床意义的症状，发现被评估者存在的体征及对治疗和护理的反应，为确定护理诊断寻找客观依据。

二、身体评估的注意事项

1. 环境应安静、舒适和具有私密性，最好以自然光线照明。
2. 检查前先洗手，以避免医源性交叉感染。
3. 卧位检查时，检查者应立于被评估者右侧，一般以右手进行检查。
4. 检查应按一定的顺序进行。通常先观察一般状况，然后依次检查头、颈、胸、腹、脊柱、四肢、神经系统、肛门及外生殖器，以免不必要的重复或遗漏。

> 提示：身体评估的顺序是先一般检查，再全身检查。按从上到下，从前到后，从外到里的顺序检查。如头颈→胸腹→四肢→神经→肛门、外生殖器。口腔检查顺序：口周→口唇→口腔黏膜→牙齿→牙龈→舌→扁桃体→咽后壁。

5. 做到手脑并用，边检查边思考其解剖位置关系及病理生理意义。
6. 根据病情变化，随时复查，以及时发现新的症状和体征，不断补充和修正检查结果，调整和完善护理诊断和护理措施。
7. 检查过程中要做到动作轻柔、准确、规范，内容完整而有重点，态度和蔼，并体现对患者的关爱。
8. 检查结束后应就检查结果向患者作必要的解释和说明。

三、基本检查方法

身体评估的基本方法有视诊、触诊、叩诊、听诊和嗅诊。要熟练掌握和运用这些方法并使检查结果准确可靠,必须反复练习和实践,同时还要有丰富的医学基础知识和护理专业知识作指导。

(一) 视诊(inspection)

视诊是评估者用视觉观察被评估者全身及局部状态的评估方法。全身一般状态如年龄、性别、发育、营养、面容、表情、步态、姿势等,局部表现如皮肤、黏膜颜色,头颅大小,胸廓、腹部、骨骼、关节外形等。

视诊的方法简单,适用范围广,可提供重要的评估资料,但必须有丰富的医学知识和临床经验,通过深入、细致的观察,才能发现有重要意义的临床征象。否则会出现视而不见的情况。

提示:① 多数情况下,视诊可通过评估者的眼睛直接观察进行,但对于某些特殊部位,如眼底、鼓膜等,则需要借助仪器如检眼镜、耳镜等帮助。② 灯光下不易辨别黄疸、轻度发绀和皮疹,视诊应在充足的自然光线下进行。

(二) 触诊(palpation)

触诊是评估者通过手的感觉来感知被评估者身体某部有无异常征象,如皮肤温度和湿度、震颤、波动感以及包块的部位、大小、轮廓、压痛、移动度、硬度等。触诊的适用范围很广,可遍及全身各部,尤以腹部检查最常用。

触诊时,由于目的不同而施加的压力亦轻重不一,据此可分为浅部触诊和深部触诊。

1. 浅部触诊(light palpation) 将一手轻置于被检查部位,利用掌指关节和腕关节的协同动作,轻柔地进行滑动触摸。主要适用于体表浅在病变、关节、软组织、浅部的动静脉等的检查。

提示:① 浅部触诊可触及身体的深度为 1~2 cm。② 浅部触诊一般不引起被评估者的痛苦,先从浅部触诊开始可以使被评估者逐渐适应以接受深部触诊。

2. 深部触诊(deep palpation) 用一手或两手重叠,由浅入深,逐步施加压力,以达深部(图4-1-1)。主要用以检查腹腔脏器大小及腹部包块。根据检查目的和手法的不同,可分为:① 深部滑行触诊法(deep slipping palpation),检查者以并拢的示、中、环三个手指尖端逐渐压向腹腔脏器或包块,在被触及的脏器或包块上作上、下、左、右的滑动触摸。② 双手触诊法(bimanual palpation),将左手置于被检查脏器或包块后部,并将被检查部位推向右手方向,这样可起到固定作用,并可使被检查的脏器或包块更接近体表以利右手触诊。多用于肝、脾、肾及腹部肿物的触诊。③ 深压触诊法(deep press palpation),以 1~2 个手指逐渐深压,以探测腹腔深在病变的部位或确定腹部压痛点,如阑尾压痛点、胆囊压痛点等。在检查反跳痛时,则是在深压的基础上迅速将手抬起,询问被评估者有无疼痛加剧或观察面部是否出现痛苦的表情。④ 冲击触诊法(ballottement),又称为浮沉触诊法。检查时,右手并拢的示、中、环三个手指取 70°~90°角,放置于腹壁拟检查的相应部位,做数次急速而较有力的冲击动作,在冲击腹壁时指端会有腹腔脏器或包块浮沉的感觉。这种方法一般只用于大量腹水时肝、脾及腹腔包块难以触及者。手指急速冲击时,腹水在脏器或包块表面暂时移去,故指端易于触及肿大的肝、脾或腹腔包块。冲击触诊会使患者感到不适,操作时应避免用力过猛(图 4-1-2)。

> **提示:**手的不同部位对触觉的敏感度不同,其中以指腹和掌指关节的掌面最为敏感,触诊时多用这两个部位。对于温度的分辨则以手背较为敏感。

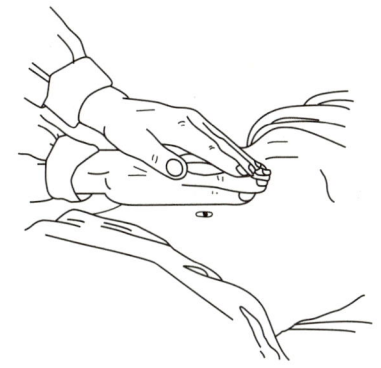

图 4-1-1　深部触诊示意图

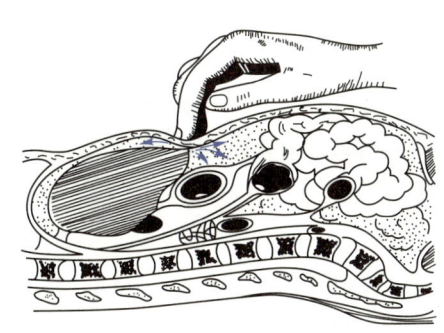

图 4-1-2　冲击触诊法

3. 触诊注意事项　① 触诊前应向被评估者说明评估目的及可能造成的不适,以减轻其紧张或害怕的情绪。② 评估者与被评估者均取舒适体位。检查腹部时,评估者应立于被评估者的右侧,面向被评估者,以便于观察被评估者的面部表情。被评估者取仰卧位,双手置于身体两侧,双腿稍屈,以使腹肌放松,检查肝、脾或肾时可取侧卧位。③ 触诊的手要温暖、干燥,触诊时应从健侧开始,渐及疑有病变处,动作由浅入深,并耐心指导被评估者做好配合动作。④ 对下腹部进行触诊时,必要时应嘱被评估者排空膀胱,甚至排出粪便。

拓展阅读:
酒桶里的
发明——
叩诊法

(三) 叩诊(percussion)

叩诊是指评估者通过手指叩击或手掌拍击被检查部位体表,使之震动而产生音响,根据听到的震动和音响特点判断所在脏器有无异常的检查方法。叩诊可用于分辨被检查部位组织或器官的位置、大小、形状及密度,如确定肺下界、心界大小、腹水的有无及量等,在胸、腹部检查方面尤为重要。

1. 叩诊方法　根据叩诊手法与目的的不同,可分为间接和直接叩诊法两种。

(1) 间接叩诊法(indirect percussion):临床使用较为广泛。评估者以左手中指第二指节紧贴叩诊部位,其余手指稍抬起,勿与体表接触。右手自然弯曲,以中指指端叩击左手中指第二指节前端,叩击方向与叩诊部位的体表垂直(图4-1-3),叩击力量要适宜。叩击灵活、短促、富有弹性。叩击后右手立即抬起,一个叩诊部位每次连续2~3下,不明确时可再叩2~3下。叩诊过程中左手中指第二指节移动时应抬起离开皮肤,不可连同皮肤一起移动。

> 提示:① 叩诊时应以腕关节与掌指关节的活动为主,避免肘关节及肩关节参加活动。② 叩诊时要注意听取所产生的音响,以便正确地判断叩诊音的变化。

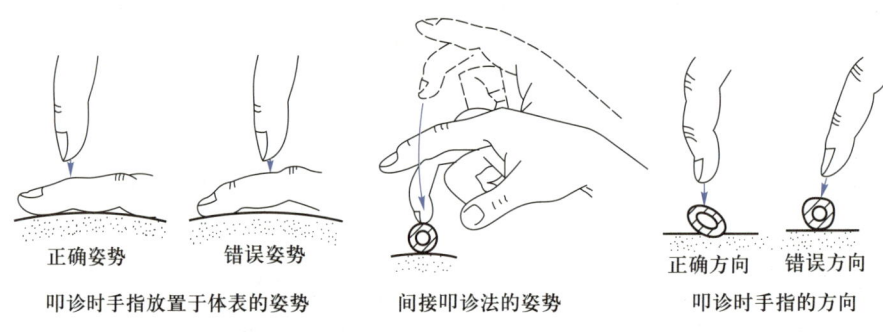

正确姿势　　　　错误姿势　　　　　　　　　　　　　　　　　正确方向　　错误方向

叩诊时手指放置于体表的姿势　　　间接叩诊法的姿势　　　叩诊时手指的方向

图 4-1-3　间接叩诊法正误图

（2）直接叩诊法(direct percussion):评估者用右手中间三指掌面直接拍击检查部位,借拍击的反响和指下的震动感来判断病变情况。主要适用于胸部或腹部面积较广泛的病变,如大量胸腔积液或腹水等。此外,用拳或叩诊锤直接叩击被检查部位,观察有无疼痛反应也属于直接叩诊。

2. 叩诊音(percussion sound)　由于被叩击部位的组织或脏器的密度、弹性、含气量及与体表的距离不同,叩击时产生的音响强弱(振幅)、音调高低(频率)及振动持续时间亦不同。据此,临床上将其分为五种。① 清音(resonance):是一种音调较低、音响较强、振动时间较长的叩诊音。此为正常肺部的叩诊音,提示肺组织的弹性、含气量、致密度正常。② 浊音(dullness):是一种音调较高、强度较弱、振动持续时间较短的叩诊音。正常情况下,产生于叩击被少量含气组织覆盖的实质脏器,如被肺边缘覆盖的心脏左缘或肝上部。病理情况下,可见于肺部炎症所致肺组织含气量减少时。③ 实音(flatness):是一种音调较浊音更高、强度更弱、振动持续时间更短的叩诊音。正常情况下,见于叩击无肺组织覆盖区域的心脏和肝。病理状态下,可见于大量胸腔积液或肝实变等。④ 鼓音(tympany):是一种较清音的音响更强、振动持续时间亦较长的叩诊音。于叩击含有大量气体的空腔脏器时产生。正常情况下,可见于左前下胸部的胃泡区及腹部。病理情况下,可见于肺空洞、气胸和气腹等。⑤ 过清音(hyperresonance):是一种介于鼓音与清音之间的叩诊音,音调较清音低、音响较清音强。临床上主要见于肺组织含气量增多、弹性减弱时,如慢性阻塞性肺疾病(表4-1-1)。

表 4-1-1　五种叩诊音的特征及常见临床意义

种类	音调	音响	振动持续时间	常见临床意义
清音	较低	较强	较长	正常肺部叩诊音
过清音	较清音低	较清音强	介于清音和鼓音之间	慢性阻塞性肺疾病
鼓音	和谐低音	较清音更强	比清音长	胃泡区、肺空洞、气胸、气腹
浊音	较高	较弱	较短	心脏、肝脏被肺覆盖部分，肺炎
实音	较浊音更高	较浊音更弱	较浊音更短	实质性脏器、大量胸腔积液、肺实变

3. 叩诊注意事项　① 保持周围环境安静，以免噪声干扰对叩诊音的辨别。② 根据叩诊部位的不同，选择适当的叩诊方法和体位。如叩诊胸部可取坐位或卧位，叩诊腹部常取仰卧位。③ 充分暴露被检查部位，肌肉放松，并注意对称部位的比较。④ 除注意辨别叩诊音的变化外，还要注意指下振动感的差异。

（四）听诊（auscultation）

听诊是评估者用耳直接或借助听诊器听取身体各部发出的声音，并判断其正常与否的评估方法。广义的听诊包括听被评估者发出的语音、咳嗽、呃逆、嗳气、呼吸音、肠鸣音、关节活动音等任何声音，这些声音均可为评估提供有价值的线索。一般而言，则指借助听诊器或直接用耳经被评估者体表听取体内或有关部位所发出的声音。

> 提示：听诊是身体评估的重要手段，在心、肺检查中尤为重要，常用以听取正常与异常呼吸音、心音、杂音及心律失常。

1. 听诊方法　根据是否使用听诊器可将听诊方法分为两种。① 直接听诊法（direct auscultation），是用耳直接贴附在被评估者体表进行听诊的方法。该法听得的体内声音微弱，目前仅用于某些特殊或紧急情况下。② 间接听诊法（indirect auscultation），是借用听诊器进行听诊的方法。此法方便，可在任何体位时使用，而且能减少外界杂音的干扰，对听诊部位的声音还有一定的放大作用。间接听诊法除可用于心、肺、腹部听诊外，还可听取血管音、关节活动音、骨折摩擦音等，使用范围很广，尤其在心、肺评估中。

听诊器由耳件、体件和软管三部分组成。体件常用的有钟形和膜形两种。钟形适于听取低调的声音，如二尖瓣狭窄时的舒张期隆隆样杂音；膜形适于听取高调声音，如呼吸音、心音、肠鸣音等（图 4-1-4）。

2. 听诊注意事项　① 环境要安静、温暖、避风。寒冷可引起肌束震颤，产生附加音，影响听诊效果。② 根据病情采取适当体位。③ 听诊前应检查听诊器耳件方向是否正确，软、硬管腔是否通畅。④ 听诊时，体件要紧贴被检查部位，避免与皮肤摩擦而产生附加音。⑤ 听诊时注意力要集中，听肺部时要摒除心音的干扰，听心脏时要摒除呼吸音的干扰。

拓展阅读：
特殊时期的
小发明

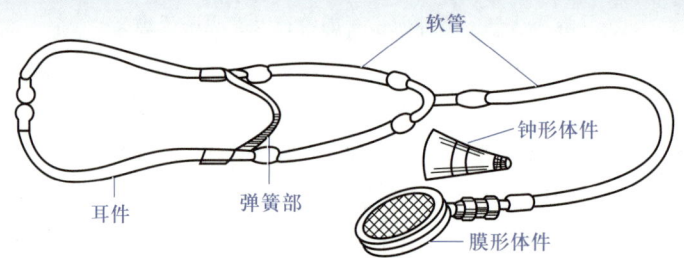

图 4-1-4 听诊器模式图

（五）嗅诊（smelling）

嗅诊是用嗅觉来辨别发自被评估者的异常气味及与疾病之间关系的一种评估方法。这些异常气味多来自皮肤、黏膜、呼吸道、胃肠道呕吐物、排泄物、分泌物、脓液或血液等。嗅诊时，评估者用手将发自被评估者的气味轻轻扇向自己的鼻部，仔细辨别气味的特点和性质。通过嗅诊可为临床护理提供有价值的线索。常见的异常气味及其临床意义有：

1. 汗液味　正常人汗液无强烈刺激性气味。酸性汗味常见于发热性疾病，如风湿热患者；特殊的狐臭味见于腋臭患者；脚臭味见于脚癣合并感染患者。

2. 呼气味　强烈的酒味见于酒后；刺激性大蒜味见于有机磷中毒患者；烂苹果味见于糖尿病酮症酸中毒患者；氨味见于尿毒症患者；腥臭味见于肝性脑病患者。

3. 痰液味　正常痰液无特殊气味。血腥味见于大量咯血者，恶臭味提示厌氧菌感染。

4. 呕吐物　呕吐物呈酸味提示食物在胃内滞留时间过长，见于幽门梗阻患者；呕吐物出现粪臭味，见于肠梗阻患者。

5. 脓液味　脓液恶臭提示有气性坏疽或厌氧菌感染的可能。

6. 粪便味　腐败性粪臭味多因消化不良而引起，腥臭味见于痢疾患者。

7. 尿液味　尿液出现浓烈的氨味见于膀胱炎，系因尿液在膀胱内被细菌发酵所致。

本节小结

身体评估是收集客观健康资料的方法。身体评估的基本方法有视诊、触诊、叩诊、听诊和嗅诊。触诊分为浅部触诊和深部触诊。叩诊分为间接叩诊法和直接叩诊法。临床上可见清音、浊音、实音、鼓音、过清音五种叩诊音。听诊分为直接听诊法和间接听诊法。为能准确、有效地收集资料，满足临床工作的需要，作为一名护生必须掌握有关的方法和技巧。

本节思考题

1. 身体评估的注意事项。

2. 身体评估的基本方法。

第二节　一般评估

　　一般评估是对被评估者全身状态的概括性观察,是护士进行身体评估时较重要的部分。评估方法以视诊为主,配合应用触诊等。

　　一般评估的内容包括:一般状况(性别、年龄、体温、呼吸、脉搏、血压、发育与体型、营养、意识状态、语调与语态、面容与表情、体位、姿势、步态)及皮肤和淋巴结。

一、一般状况评估

(一) 性别

　　性别(sex)以性征来判断。正常男女性征显著,不难区别,特殊情况下需用其他方法才能辨别(如染色体检查)。性别与疾病的关系包括:

　　1. 疾病对性征的影响　某些疾病可引起性发育和性征改变,如性染色体数目和结构异常所致的两性畸形,肾上腺皮质增生或肿瘤可引起女性患者男性化。

　　2. 疾病的发病率与性别的关系　性别与某些疾病的发病率有关,如甲状腺疾病和系统性红斑狼疮多见于女性,血友病 A 多见于男性。

　　3. 药物对性征的影响　长期使用肾上腺皮质激素或性激素可使患者的第二性征发生变化。

(二) 年龄

　　年龄(age)一般通过问诊而获知。某些情况下,如意识障碍、故意隐瞒时需通过观察来判断。其方法是:观察皮肤的光泽与弹性、肌肉的状态、毛发的颜色和分布、面部和颈部皮肤皱纹及牙齿的状态。年龄同疾病的发生与预后都有一定关系,如佝偻病、麻疹多见于幼儿及儿童;结核病多见于青少年;冠心病、恶性肿瘤则多见于中老年人。青壮年患病后易恢复,老年人则康复较慢。

(三) 生命体征

　　生命体征(vital sign)是标志生命活动存在和质量的重要征象,包括体温、呼吸、脉搏和血压,是身体评估检查的项目之一。体温的临床意义参见第三章第一节,呼吸、脉搏和血压的临床意义参见本章第四节。

> **提示:** 测量体温、脉搏、呼吸、血压能在短时间内了解患者的全身状态和呼吸循环功能,因此称为人体的四大生命体征。

（四）发育与体型

1. **发育（development）** 发育是否正常，通常以年龄、智力和体格成长状态（身高、体重及第二性征）之间的关系综合判断。发育正常者相互间的关系是相应的。判断成年人发育正常的指标为：① 头部长为身高的 1/8～1/7。② 两上肢展开的长度约等于身高。③ 胸围为身高的 1/2。④ 坐高等于下肢的长度。个体发育与种族、遗传、内分泌、生活状况、体育锻炼等因素均密切相关。

2. **体型（habitus）** 体型指身体各部发育的外观表现，包括骨骼、肌肉与脂肪分布的状态。成年人体型分为三种类型：

（1）正力型（匀称型）：身体各部分匀称适中，正常人此型多见。

（2）超力型（矮胖型）：体格粗壮、颈粗短、肩宽平、胸廓宽厚、腹上角大于 90°。

（3）无力型（瘦长型）：体高肌瘦、颈细长、肩窄下垂、胸廓扁平、腹上角小于 90°。

临床上病态发育与内分泌关系最为密切。如在发育成熟前腺垂体功能亢进者，体格异常高大，称巨人症；腺垂体功能减退者，体格异常矮小，称侏儒症。

（五）营养状态

营养状态（nutrition）是评估健康和疾病程度的标准之一。临床上通常根据皮肤、毛发、皮下脂肪、肌肉发育等综合判断。

1. **常用评估方法**

（1）脂肪充实程度：查看皮下脂肪最适宜的部位是上臂背侧下 1/3。嘱被评估者手臂放松下垂，评估者捏起皮下脂肪，捏起两指的距离为 3 cm，标准厚度男性为 12.5 mm，女性为 16.5 mm。此为最简便的方法。

（2）体重测量：测量一定时间内体重的变化。成年男性理想体重（kg）=［身高（cm）－100］×0.9，女性理想体重（kg）=［身高（cm）－100］×0.85。

2. **营养状态分级** 临床上习惯将营养状态分为良好、中等、不良三个等级。

（1）良好：皮肤光泽、弹性好、黏膜红润，皮下脂肪丰满，指甲、毛发润泽，肌肉结实。

（2）不良：皮肤黏膜干燥、弹性减低，皮下脂肪菲薄，指甲粗糙无光泽，毛发稀疏，肌肉松弛无力。

（3）中等：介于两者之间。

3. **常见的异常营养状态**

（1）营养不良：主要由于长期摄入不足或消耗增多两大因素所致。多见于消化系统、神经系统、活动性肺结核、恶性肿瘤、代谢性及内分泌等疾病。体重减轻至低于正常的 10% 时称为消瘦，极度消瘦者称恶病质。

（2）营养过度：体内脂肪积聚过多使体重增加。体重超过标准体重 20% 以上者称为肥胖。按病因将肥胖分为：① 外源性肥胖，全身脂肪分布均匀，儿童期生长较快，青少年期则可见外生殖器发育迟缓，无其他异常表现，常有一定的遗传倾向。主要原因为摄食过多超过消耗量所致。② 内源性肥胖,多由某些内分泌疾病引起,脂肪分布具特征性,如肾上腺皮质功能亢进呈"向心性肥胖",以面部、肩背部、腰腹部为著;下丘脑病变所致的肥胖性生殖无能综合征,以面部、腹部、臀部及大腿最显著,常伴生殖器官发育不良。

> **提示:**体重指数(BMI)亦是评估营养状态的常用指标,BMI = 体重(kg)/[身高(m)]^2,按照我国标准,正常范围为 18.5～23.9,BMI<18.5 为体重过低,24.0～27.9 为超重,≥28.0 为肥胖。

动画:你的
体重理想吗?

(六)意识状态

意识(consciousness)是大脑功能活动的综合表现,即对环境的知觉状态。正常人意识清晰,反应敏锐、思维合理,语言流畅、表达能力良好,定向力正常。凡能影响大脑功能的疾病均可引起不同程度的意识改变,称为意识障碍。

评估意识状态的方法,多以问诊了解被评估者的思维、反应、情感活动和定向力,必要时做痛觉试验、瞳孔对光反射、角膜反射等,以判断其意识障碍的程度(详见第三章第十二节)。

(七)语调与语态

语调(tone)指言语过程中的音调。音调发生改变见于神经和发音器官的病变,如喉返神经麻痹、喉炎等出现声音嘶哑、音调降低。语态(voice)指言语过程中的节奏。语态异常表现为言语不畅、快慢不均、音节不清,见于帕金森病、手足徐动症、脑血管意外等。

(八)面容与表情

健康人表情自然。患病后可使人的面容与表情发生变化呈现不同的病容。常见典型面容有:

1. 急性病容 面色潮红,兴奋不安,呼吸急促,表情痛苦,可伴口唇疱疹。常见于急性发热性疾病,如肺炎球菌肺炎、疟疾等。

2. 慢性病容 面容憔悴,面色晦暗,目光黯淡。见于慢性消耗性疾病,如恶性肿瘤、严重结核病等。

3. 贫血面容 面色苍白,唇舌色淡,神疲无力。见于各种贫血患者。

4. 二尖瓣面容 面色晦暗,两颧紫红,口唇发绀。见于风湿性心脏病二尖瓣狭窄(图4-2-1)。

5. 甲状腺功能亢进面容 眼裂增大,眼球突出,少瞬目,易激动,似惊愕状(图4-2-2)。

6. 满月面容 面如满月,皮肤发红,常伴痤疮、小须。见于 Cushing 综合征及长期应用糖皮质激素患者(图4-2-3)。

图 4-2-1　二尖瓣面容

图 4-2-2　甲状腺功能亢进面容

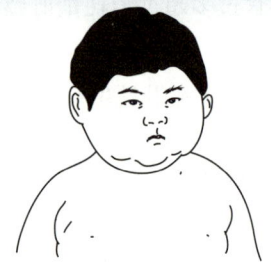
图 4-2-3　满月面容

7. 黏液性水肿面容　颜面浮肿苍白,睑厚面宽,表情淡漠,反应迟钝。见于甲状腺功能减退症(图 4-2-4)。

8. 肢端肥大症面容　头大面长,下颌大而前突,两颧隆起,唇舌肥厚,耳鼻增大(图 4-2-5)。

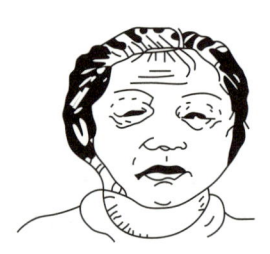
图 4-2-4　黏液性水肿面容

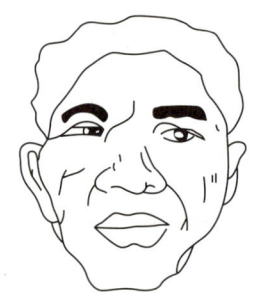
图 4-2-5　肢端肥大症面容

9. 脱水面容　眼球凹陷,颧骨隆起,唇焦舌燥,皮肤干燥无弹性。见于各种原因所致脱水患者。

(九) 体位

体位(position)指被评估者身体所处的状态。某些疾病可使患者体位发生改变,并具有一定的诊断意义。常见的体位有:

1. 自动体位　身体活动自如,不受限制。如正常人或轻症、疾病早期。

2. 被动体位　不能自己调整、变换身体的位置。见于瘫痪、极度衰弱或意识丧失患者。

3. 强迫体位　为减轻疾病痛苦,患者被迫采取的体位。常见的有:

(1) 强迫仰卧位:患者仰卧、双腿屈曲,以减轻腹肌紧张度。见于急性腹膜炎等。

(2) 强迫俯卧位:患者俯卧以减轻脊背部肌肉的紧张。见于脊柱疾病。

(3) 强迫侧卧位:患者向患侧卧位,以减轻疼痛和有利于呼吸。见于一侧胸膜炎和大量胸腔积液。

（4）强迫坐位（端坐呼吸）：患者坐位，双手置于膝盖或扶持床边，以减轻呼吸困难。见于心、肺功能不全。

（5）辗转体位：腹痛使患者辗转反侧、坐卧不安。见于胆石症、胆道蛔虫症、肠绞痛等。

（6）强迫停立位：步行时心前区突然疼痛发作，迫使患者即刻站立以缓解疼痛。见于心绞痛。

> 提示：被动体位与强迫体位的区别，前者躯体不能随意运动，后者虽能随意运动但必须采取某种体位才能减轻疾病痛苦。

（十）步态

步态（gait）即行走时所表现的姿态。某些疾病可使步态改变，并具一定的特征性。常见异常步态如下：

1. 蹒跚步态　走路时身体左右摇摆（鸭步）。见于佝偻病、进行性肌营养不良等。

2. 偏瘫步态　行走时患侧上肢屈曲、内收、前旋，下肢伸直、外旋、足跖屈，步行中下肢向下划圆圈。见于偏瘫（图4-2-6）。

3. 共济失调步态　起步时一脚高抬，骤然下落，且双目向下注视，两脚间距加大，以防身体倾斜。闭目则不能保持平衡。见于小脑损伤患者。

4. 慌张步态　起步时小步急速向前，身体前倾，有难以止步之势。见于帕金森病患者。

5. 醉酒步态　走路时重心不稳，步态紊乱似醉酒状。见于小脑疾病、乙醇中毒等。

6. 剪刀步态　双下肢痉挛性瘫痪患者行走时，两腿互相交叉前行呈剪刀状。见于脑性瘫痪、截瘫患者。

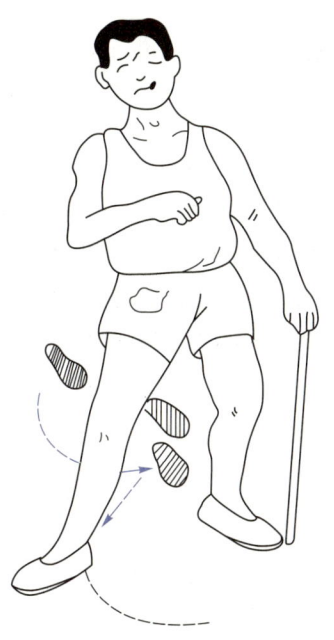

图4-2-6　偏瘫步态

二、皮肤评估

评估皮肤时应同时注意汗腺、毛发及黏膜的检查。

（一）颜色

皮肤颜色（colour）与血液充盈度、色素量、皮下脂肪的厚薄有关。

1. 苍白（pallor）　由血红蛋白减少、末梢毛细血管痉挛或充盈不足引起。见于贫血、寒冷、惊恐、休克等。

2. 发红（redness） 是由于毛细血管扩张,血流加速或红细胞增多所致。生理情况下见于饮酒、运动、情绪激动等;病理情况下多见于发热性疾病及某些中毒(如阿托品、一氧化碳中毒)等。

3. 发绀（cyanosis） 皮肤黏膜呈青紫色。口唇、鼻尖、颊部及甲床发绀明显。主要因单位容积血液中还原血红蛋白量增多所致(参见第三章第六节)。

4. 黄染（stained yellow） 皮肤黏膜发黄称黄染。主要见于黄疸,轻微黄染易出现在巩膜及软腭黏膜,较明显时才见于皮肤。巩膜检查注意在自然光线下观察,嘱被评估者眼球向下看,黄疸时呈均匀黄色。黄疸为血中胆红素浓度增高所致(参见第三章第十一节)。

> 提示:灯光下不能正确识别黄染。过多食用胡萝卜、橘子等使血中胡萝卜素含量增高,可引起皮肤黄染,但多出现在手掌、足底部位,血中胆红素不高。

5. 色素沉着（pigmentation） 由于表皮基底层的黑色素增多,致部分或全身皮肤色泽加深,称色素沉着。若正常有色素沉着的部位(如乳头、关节、肛门周围等处)色素明显加深,或其他部位出现了色素沉着,则有临床意义。见于慢性肾上腺皮质功能减退、肝硬化、肝癌晚期及长期使用某些药物(如砷剂)等。妊娠妇女面颊、额部可发生棕褐色对称性色素斑,称妊娠斑。老年人面部或全身可出现散在色素斑,称老年斑。

6. 色素脱失 皮肤丧失原有的色素,称色素脱失,是由酪氨酸酶缺乏致黑色素形成障碍。常见有白癜、白斑和白化病。

(二) 湿度

皮肤湿度（moisture）与出汗量有关。正常人在气温高、湿度大的环境中,出汗增多是生理调节功能。病理情况下有出汗过多、减少或无汗,如风湿病、结核病、甲状腺功能亢进时出汗增多;夜间睡眠中出汗为盗汗,是结核病的重要征象;大汗伴手脚皮肤发凉为冷汗,见于休克、虚脱;皮肤无汗干燥见于维生素 A 缺乏、尿毒症、脱水等。

(三) 弹性

皮肤弹性（elasticity）与年龄、营养状态、皮下脂肪和组织间隙所含液体量有关。评估方法:用示指和拇指将被评估者手背或上臂内侧皮肤捏起,片刻后松手,观察皮肤褶皱平复速度(图 4-2-7),正常人皮肤褶皱迅速平复,弹性减弱时褶皱平复缓慢,见于长期消耗性疾病或严重脱水的患者。

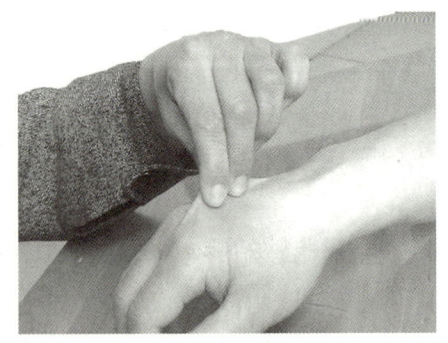

图 4-2-7 皮肤弹性检查

> 提示:儿童、青年人皮肤紧张富有弹性,老年人皮肤弹性差。

（四）皮疹

皮疹（skin eruption）常见于传染病、皮肤病和过敏反应等。皮疹的出现规律和形态有一定特异性，评估时应注意其发展顺序、部位、形态、颜色、压之是否褪色及有无瘙痒、脱屑等。常见皮疹有：

1. 斑疹　局部皮肤发红，不隆起皮面。见于斑疹伤寒、丹毒等。

2. 丘疹　局限性、实质性、隆起的皮肤损害。见于药物疹、麻疹、湿疹等。

3. 斑丘疹　在丘疹周围有皮肤发红的底盘称为斑丘疹。见于风疹、药物疹、猩红热等。

4. 荨麻疹　又称风团，为稍隆起皮面苍白色或红色、大小不等的局限性水肿。常见于各种食物或药物过敏。

（五）皮下出血

皮肤与黏膜下出血可呈多种表现：直径小于 2 mm 称为出血点；直径在 3~5 mm 称为紫癜；直径 5 mm 以上者为瘀斑；片状出血并伴皮肤显著隆起者为血肿。皮肤黏膜下出血见于血液系统疾病、重症感染、某些中毒及外伤等。

> **提示**：出血点、紫癜压之不褪色，常以此同红色丘疹和小红痣鉴别。

（六）蜘蛛痣

蜘蛛痣（spider angioma）是皮肤小动脉末端分支性扩张所形成的血管痣，形似蜘蛛（图 4-2-8）。多出现在面、颈、手背、上臂、前胸等上腔静脉分布的区域内。蜘蛛痣大小不等，评估时用火柴杆压迫痣中心，其辐射状小血管网即消失，去除压力后又复出现。一般认为蜘蛛痣的产生与肝对雌激素灭活作用减弱有关，见于慢性肝炎、肝硬化。慢性肝病患者手掌大、小鱼际处常发红，加压后褪色，称肝掌。发生机制同蜘蛛痣。

（七）水肿

水肿（edema）是皮下组织的细胞内或组织间隙液体潴留过多所致。指压后局部组织出现凹陷者为凹陷性水肿（图 4-2-9），黏液性水肿指压后局部组织无凹陷，称非凹陷性水肿。根据水肿程度分为三度：

1. 轻度水肿　仅见于眼睑、踝部、胫前等皮下组织疏松处及下垂部位，指压后轻度凹陷，平复较快。

2. 中度水肿　全身软组织水肿，指压后凹陷明显，平复缓慢。

3. 重度水肿　全身严重水肿，低垂部位皮肤张紧发亮，外阴部或阴囊可见明显水肿，甚至有液体渗出，可有胸腔积液、腹水。

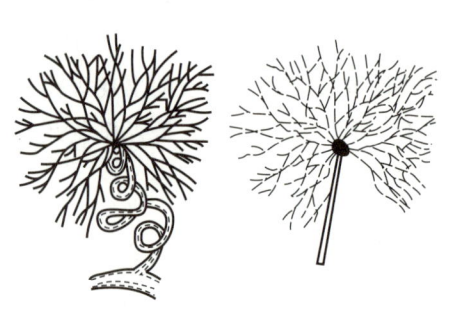

图 4-2-8　蜘蛛痣

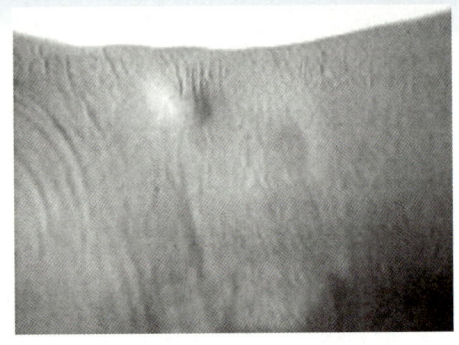

图 4-2-9　凹陷性水肿

(八) 溃疡与瘢痕

溃疡(ulcer)常由外伤、炎症、局部皮肤血液循环障碍等原因引起。评估时应注意其部位、大小、数目、形状、深浅以及表面分泌物的情况。长期卧床患者易在骨隆突部位发生压力性溃疡。瘢痕(scar)为皮肤创面愈合后新生结缔组织形成的斑块。

三、浅表淋巴结评估

正常的浅表淋巴结很小,直径多在 0.5 cm 以内,质地柔软,表面光滑,无压痛,与周围组织无粘连,不易触及。

浅表淋巴结呈组群分布,收集一定区域内的淋巴液。如耳后、乳突区淋巴结收集头皮范围内的淋巴液;颌下淋巴结群收集口腔底部、颊黏膜、牙龈等处的淋巴液;颏下淋巴结群收集颏下三角区组织、唇及舌部的淋巴液;颈深淋巴结上群收集鼻咽部淋巴液,下群收集咽喉、气管、甲状腺等处的淋巴液;锁骨上淋巴结群左侧收集食管、胃等器官的淋巴液,右侧收集气管、胸膜及肺的淋巴液(图 4-2-10)。腋窝淋巴结群收集乳房、胸壁、躯干上部等的淋巴液;腹股沟淋巴结群收集会阴及下肢的淋巴液。局部炎症或肿瘤可引起相应区域淋巴结肿大。

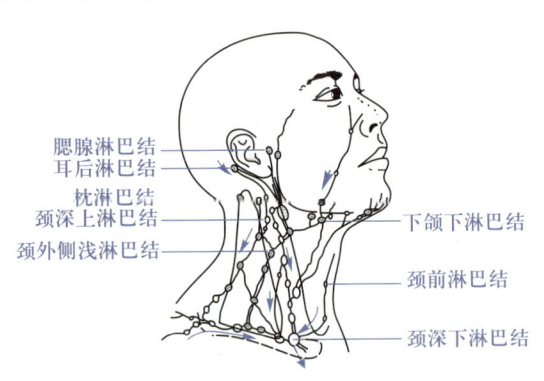

腮腺淋巴结
耳后淋巴结
枕淋巴结
颈深上淋巴结
颈外侧浅淋巴结
下颌下淋巴结
颈前淋巴结
颈深下淋巴结

图 4-2-10　颈部淋巴结群

> 提示:评估淋巴结要按一定顺序触诊,以免遗漏。一般顺序:耳前、耳后、乳突区、枕骨下区、颌下、颏下、颈部、锁骨上窝、腋下、滑车上、腹股沟、腘窝等。

触诊方法:被评估者的检查部位皮肤、肌肉应松弛,评估者手指紧贴检查部位,由浅入深进行滑行触诊。检查颈部淋巴结时,可站在被评估者的对面或背部,嘱其头稍低或偏向检查侧,便于触诊。检查锁骨上窝时,嘱被评估者取坐位或仰卧位,头稍前屈,用双手进行触诊,左手触诊右侧,右手触诊左侧。检查腋窝时,评估者应以手扶被评估者前臂稍外展,以右手检查左侧,以左手检查右侧,逐渐达腋窝顶部。

> **提示**:触及肿大的淋巴结时,应注意其大小、数目、压痛、硬度、活动度、有无粘连及局部皮肤有无红肿等。

引起淋巴结肿大的原因可分两类:

(一)局部淋巴结肿大

1. 非特异性淋巴结炎　由所属部位的急、慢性炎症引起,其肿大的淋巴结一般有压痛、质软,无粘连。

2. 淋巴结结核　常发生于颈部,呈多发性,大小不等,可相互粘连,或与周围组织粘连,晚期破溃后形成瘘管。

3. 恶性肿瘤淋巴结转移　转移淋巴结质地坚硬,与周围组织粘连,不易推动,一般无压痛。肺癌多转移到右锁骨上淋巴结;胃癌、食管癌多转移到左锁骨上淋巴结,特称 Virchow 淋巴结;乳腺癌常转移到腋窝淋巴结。

(二)全身淋巴结肿大

淋巴结肿大遍及全身,大小不等,多无压痛,无粘连。可见于淋巴瘤、白血病、传染性单核细胞增多症等。

本节小结

一般评估是对被评估者全身健康状态作出概括性判断,以视诊为主,内容包括:性别、年龄、体温、呼吸、脉搏、血压、发育与体型、营养、意识状态、语调与语态、面容与表情、体位、姿势、步态以及皮肤和淋巴结。生命体征、意识状态能及时反应病情程度。典型异常的面容或体位可为某些疾病的诊断提供重要依据。在评估时应注意危重患者应先评估生命体征;对皮肤黏膜的观察应在自然光线下进行,正确鉴别皮疹、出血点和蜘蛛痣;浅表淋巴应按顺序评估,一般顺序为:耳前、耳后、乳突区、枕骨下区、颌下、颏下、颈部、锁骨上窝、腋下、滑车上、腹股沟等。

本节思考题

一、名词解释

强迫体位　被动体位　恶病质　蜘蛛痣　盗汗　发绀　肥胖

二、简答题

1. 一般评估的内容有哪些?

2. 怎样鉴别皮疹、出血点、蜘蛛痣?

3. 试述正常浅表淋巴结的特点及淋巴结肿大的临床意义。

4. 蜘蛛痣和肝掌见于哪些疾病?其发生机制是什么?

5. 临床上常用哪三个等级来描述营养状态?

6. 皮肤苍白的原因有哪几方面?

三、病例分析

1. 一患者体温40℃、面色潮红、兴奋不安、呼吸急促、表情痛苦。请问该患者为什么面容?

2. 患者,女性,30岁,因接触花粉,突感气急,呼吸困难,不能平卧,端坐床上。请问该患者为什么体位?

第三节　头、面、颈部评估

一、头部评估方法与内容

1. 头发　观察头发的颜色、疏密、质地及脱发的特点。脱发原因很多,如斑秃、甲状腺功能减退、伤寒及肿瘤的放、化疗等。

2. 头皮　观察有无头屑、头癣、炎症、外伤及瘢痕等。

3. 头颅　观察头颅大小、外形及运动情况。头颅的大小以头围衡量,测量时以软尺自眉间绕向颅后通过枕骨粗隆。

> 提示:头围在不同发育时期数值不同,到18岁达到53 cm以上,此后基本无变化。

常见头颅畸形有:

(1)小颅:因囟门过早闭合而形成,常伴大脑发育不全。

(2)巨颅:头颅明显增大,头皮静脉怒张,颜面相比很小,并伴双目下视,巩膜外露(称落日征),见于脑积水(图4-3-1)。

(3)方颅:前额左右突出,头顶平坦呈方形,多见于小儿佝偻病。

头部的运动异常,如活动受限见于颈椎或颈部肌肉疾患;不随意颤动见于帕金森病;与颈动

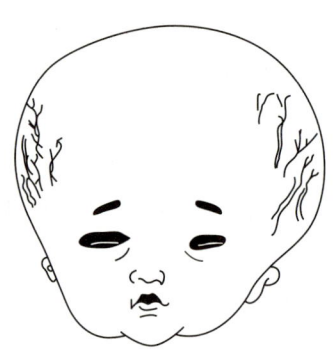

图4-3-1　脑积水

脉搏动一致的点头运动,见于重度主动脉瓣关闭不全。

二、面部评估方法与内容

面部评估主要通过视诊及触诊来完成。

(一)眼

1. 眼眉　正常人眼眉内浓外疏,分布均匀。外 1/3 眉毛脱落见于黏液性水肿、麻风病、腺垂体功能减退等。

2. 眼睑　眼睑水肿可由多种原因引起,如肾炎、贫血、营养不良等;双侧眼睑闭合障碍见于甲状腺功能亢进,单侧闭合障碍见于面神经麻痹;双侧眼睑下垂见于重症肌无力、先天性睑下垂,单侧下垂多为动眼神经麻痹。

3. 结膜　需评估睑结膜及球结膜。检查睑结膜时需翻转眼睑。翻转上睑方法:嘱被评估者下视,评估者用示指和拇指捏起上睑中部边缘,向前下方牵拉,示指轻轻下压与拇指配合将眼睑向上捻转,即可使上睑翻转。评估下睑结膜时,嘱被评估者上视,以拇指或示指置于下睑中部边缘向下翻开,即可暴露下睑结膜。结膜常见改变:充血见于结膜炎、角膜炎;苍白见于贫血;出血点见于亚急性感染性心内膜炎、败血症;大片结膜下出血见于高血压动脉硬化;颗粒、滤泡及瘢痕见于沙眼;球结膜水肿见于重度水肿、肺性脑病等。

4. 巩膜　呈瓷白色、不透明。巩膜黄染为黄疸最先出现的部位。

5. 角膜　检查时应注意透明度、有无云翳、白斑、溃疡、软化、新生血管等。云翳和白斑发生在瞳孔部位时可影响视力;维生素 A 缺乏可致角膜软化;老年人可因类脂质沉着在角膜边缘出现灰白色混浊,称老年环。

6. 眼球　注意眼球的外形和运动。

(1)眼球突出:双侧眼球突出见于甲状腺功能亢进,单侧眼球突出多由于局部炎症、眶内占位性病变所致。

(2)眼球下陷:双侧眼球下陷见于严重脱水,单侧眼球下陷见于 Horner 综合征或眼球萎缩。

(3)眼球运动:检查时嘱被评估者眼球随评估者手指的指示方向按向外→外上→外下→向内→内上→内下的顺序运动。当动眼、滑车、展神经麻痹时均会出现眼球运动障碍伴复视。由于支配眼球运动的神经麻痹产生的斜视,称麻痹性斜视,多见于脑炎、脑肿瘤、脑血管病变等。双侧眼球发生有规律的快速往返运动,称眼球震颤。自发性的眼球震颤见于耳源性眩晕、小脑疾患等。

7. 瞳孔　注意瞳孔的大小,两侧是否等大、等圆,对光及调节反射。

(1)瞳孔大小:正常瞳孔呈圆形,直径 3~4 mm,双侧等大。瞳孔缩小见于有机磷、毒蕈中毒,或氯丙嗪、吗啡等药物反应;瞳孔扩大见于视神经萎缩、阿托品药物反应;双侧瞳孔大小不等见于颅内出血、脑肿瘤、脑疝等。

（2）瞳孔对光反射：分直接和间接对光反射。通常用手电筒直接照射瞳孔并观察其动态反应，称直接对光反射。正常人瞳孔受到光线刺激后，瞳孔立即缩小，移开光源后迅速复原。用手隔开两眼，光照一侧瞳孔后观察对侧瞳孔缩小情况称间接对光反射。正常人一侧瞳孔受光刺激后，对侧也立即缩小。对光反射检查结果以迅速、迟钝和消失来描述。瞳孔对光反射迟钝或消失见于昏迷患者；双侧瞳孔散大、对光反射消失为濒死状态表现。

（3）调节反射：嘱被评估者注视 1 m 以外的目标（评估者手指），然后将目标迅速移近眼球约 20 cm 处，正常人瞳孔逐渐缩小，同时双侧眼球向内聚合，前者称为调节反射，后者称为聚合反射。甲状腺功能亢进患者聚合反射减弱；动眼神经麻痹时调节和聚合反射均消失。

> 提示：因瞳孔随光线强弱而缩小或扩大，检查时应注意环境中光线的影响。瞳孔突然扩大常标志病情急剧变化和危重。

（二）耳

评估时注意有无耳郭畸形、外耳道分泌物、乳突压痛等。痛风患者耳郭上可触及小而硬的黄白色痛性结节（即痛风石），是尿酸盐沉积所致。外耳道有浆液或脓性分泌物流出，见于外耳道炎或中耳炎；如有血液或脑脊液流出，应考虑颅底骨折；外耳道内局部红肿，并有耳郭牵拉痛为疖肿。化脓性中耳炎引流不畅时可蔓延为乳突炎，检查时乳突有明显压痛，严重时可继发耳源性脑脓肿或脑膜炎。

听力检查常先采用粗测法：在静室内，嘱被评估者闭目坐于椅子上并用手指堵塞一侧耳，评估者持机械表或以拇指与示指相互摩擦，自 1 m 以外逐渐移近被测耳部直至听到声音为止，若约在 1 m 处听到表声或捻指声，表示听力大致正常。发现听力减退需进一步检查。

（三）鼻

评估时注意鼻部颜色、外形、有无鼻翼扇动、阻塞、分泌物、出血等。

1. 鼻外形　鼻梁部出现红色水肿性斑块，并向两面颊部延伸呈蝴蝶状，见于系统性红斑狼疮。鼻尖和鼻翼皮肤发红，并有毛细血管扩张和组织肥厚称酒渣鼻。鼻腔堵塞，外鼻饱满，鼻梁宽平称蛙状鼻，见于鼻息肉。鼻骨破坏，鼻梁塌陷称鞍鼻，见于鼻骨骨折等。吸气时鼻孔开大，呼气时鼻孔回缩称鼻翼扇动，表示重度呼吸困难，见于小儿肺炎、支气管哮喘及心源性哮喘发作等。

2. 鼻腔　鼻腔通气检查可通过压住一侧鼻孔，嘱被评估者用另一鼻孔呼吸来进行，正常人气体通畅。通气不畅见于鼻炎、鼻息肉、鼻中隔重度偏曲及肿瘤。鼻腔黏膜受刺激时可产生过多分泌物。清水样分泌物多为卡他性炎症，黏稠发黄的分泌物多为鼻或鼻窦的化脓性炎症。鼻出血可见于外伤、鼻腔感染、鼻咽癌、出血性疾病、高血压等。

3. 鼻窦 共有四对鼻窦(图4-3-2),均有窦口与鼻腔相通,故引流不畅时易发生鼻窦炎,表现为鼻塞、流涕、头痛和鼻窦压痛。各鼻窦压痛的评估方法如下:

(1)额窦:双手拇指分置于眼眶上缘内侧向后、上按压,其余四指固定在两侧颞部。

(2)筛窦:双手拇指分置于鼻根部与内眦之间向后、内按压,其余四指在两侧固定头部。

(3)上颌窦:双手拇指分置于左右颧部向后按压,其余四指固定在两侧耳后。

(4)蝶窦:因解剖位置较深,不能进行体表检查。

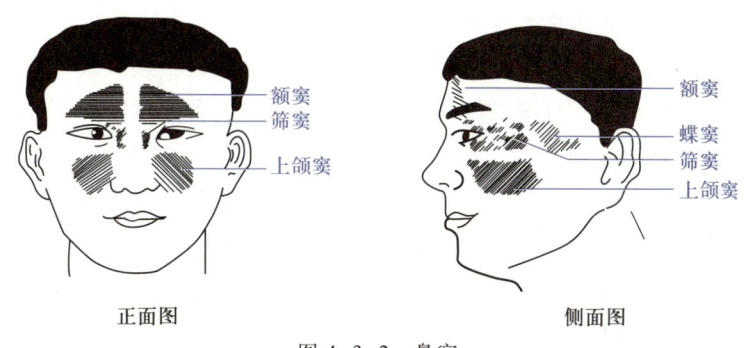

正面图　　　　　　　　　侧面图

图4-3-2　鼻窦

(四)口

口的评估包括口唇、口腔黏膜、牙齿及牙龈、舌、咽部及扁桃体、口腔气味、腮腺等。

1. 口唇 注意口唇颜色、有无疱疹、口角糜烂及歪斜。健康人口唇红润光泽。口唇苍白见于贫血、虚脱;发绀示血氧不足,见于心肺功能不全;口唇呈樱桃红色见于CO中毒。急性发热性疾病(如大叶性肺炎)常有口唇疱疹,为唇缘部位出现的成簇小水疱,是单纯疱疹病毒感染所致。口角糜烂见于维生素 B_2 缺乏。口角歪斜见于面神经麻痹。

2. 口腔黏膜 正常口腔黏膜光泽呈粉红色。出现斑片状蓝黑色色素沉着见于肾上腺皮质功能减退。黏膜下出现大小不等的出血点或瘀斑见于出血性疾病。在近第二磨牙的颊黏膜处出现针头大小的白色斑点,周围绕以红晕,称麻疹黏膜斑(Koplik斑),为麻疹早期特征。黏膜溃疡见于复发性口疮等。黏膜上有白色凝乳块状物,为鹅口疮,见于衰弱患者或长期使用广谱抗生素和抗肿瘤药物患者,为白念珠菌感染所致。

提示:为预防口腔真菌感染,对易感者注意观察口腔黏膜和进行口腔护理。

3. 牙齿与牙龈 注意有无龋齿、残根、义齿及牙齿颜色改变等。发现牙病应按下列格式准确标明部位:

$$\text{上}$$

$$\begin{array}{c|c} 8\ 7\ 6\ 5\ 4\ 3\ 2\ 1 & 1\ 2\ 3\ 4\ 5\ 6\ 7\ 8 \\ \hline 8\ 7\ 6\ 5\ 4\ 3\ 2\ 1 & 1\ 2\ 3\ 4\ 5\ 6\ 7\ 8 \end{array}$$

右 ———————— 左

$$\text{下}$$

例如:右上第 5 与左下第 4 为龋齿,则记录为: $\dfrac{5}{}\Big|\dfrac{}{4}$ 龋齿。

正常牙齿为瓷白色。牙齿呈黄褐色称斑釉牙,为长期饮用水中含氟量较高所致;儿童长期服用四环素也可使牙齿变黄,称四环素牙。

正常牙龈呈粉红色并紧贴于牙颈部。牙龈肿胀、溢脓见于慢性牙周病。牙龈出血见于牙石、血液性疾病等。牙龈的游离缘出现灰蓝色点线,称铅线,见于慢性铅中毒。

4. 舌 注意观察舌质、舌苔及舌的活动状态。正常人舌质淡红,舌面湿润覆薄白苔,伸舌居中,活动自如无震颤。若舌乳头萎缩、舌面光滑无苔,称镜面舌,见于缺铁性贫血、慢性萎缩性胃炎等;舌乳头肿胀突出、色鲜红,称草莓舌,见于猩红热;舌面覆有黑色或黑褐色毛状物,称毛舌,见于久病衰弱或长期使用广谱抗生素患者;伸舌有细微震颤,见于甲状腺功能亢进;舌下神经麻痹,舌伸出时偏向患侧。

5. 咽部及扁桃体 检查方法:被评估者取坐位,头稍后仰,嘱张口发"啊"音时,评估者用压舌板迅速下压舌前 2/3 及后 1/3 交界处,在照明的配合下,即可见软腭、腭垂、咽腭弓、扁桃体及咽后壁。

急性咽炎时,咽部黏膜充血红肿,黏液腺分泌增多。慢性咽炎时,咽部发红,表面粗糙,咽后壁淋巴滤泡增生呈颗粒状。急性扁桃体炎时,扁桃体充血肿大,隐窝内有黄白色分泌物或渗出物形成的苔片状假膜,易于剥离且不留创面,此点与咽白喉在扁桃体上所形成的假膜不同,为二者鉴别的重要特征。扁桃体肿大分为三度(图 4-3-3):未超过咽腭弓者为 Ⅰ 度;超过咽腭弓未达咽后壁中线者为 Ⅱ 度;达到或超过咽后壁中线者为 Ⅲ 度。

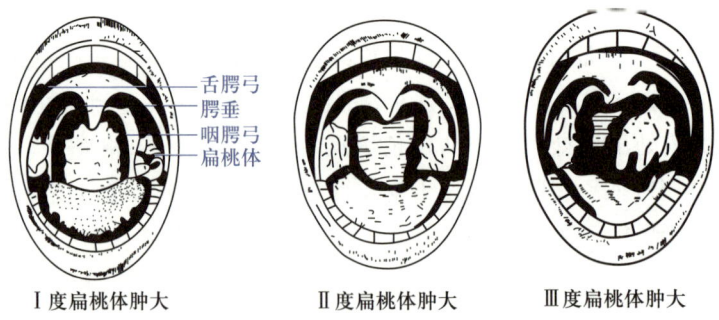

Ⅰ度扁桃体肿大　　　　Ⅱ度扁桃体肿大　　　　Ⅲ度扁桃体肿大

图 4-3-3 扁桃体位置及其大小分度示意图

6. 腮腺 位于耳屏、下颌角、颧弓所构成的三角区内。正常时看不到也不能触及腺体轮廓。腮腺肿大时可见以耳垂为中心的隆起,并可触及边缘不明显的包块,见于炎症、肿瘤等。因腮腺导管开口于上颌第二磨牙相对的颊黏膜上。急性腮腺炎时可见此处黏膜红肿。

三、颈部评估方法与内容

颈部检查应在平静、自然状态下进行。让被评估者取坐位或仰卧位,充分暴露颈部和肩部,检查手法应轻柔。

(一)颈部外形与运动

正常人颈部两侧对称、柔软、活动自如。头不能抬起见于严重消耗性疾病的晚期、重症肌无力、进行性肌萎缩等。头部向一侧偏斜称为斜颈,见于先天性颈肌挛缩或斜颈、颈肌外伤、瘢痕收缩。颈部运动受限并伴疼痛,见于软组织炎症、颈肌扭伤及颈椎疾患。脑膜受到刺激时,可出现颈项强直,是各种脑膜炎、蛛网膜下腔出血等的重要体征。

(二)颈部血管

注意观察有无颈静脉怒张、颈动脉搏动和颈静脉搏动。

1. 颈静脉怒张　正常人坐位及立位时,颈外静脉不显露,平卧时可稍见充盈,但充盈的水平限于锁骨上缘至下颌角距离的下 1/3 内。若在 30°~45°半卧位时静脉充盈度超过正常水平,或坐位、立位时可见明显颈静脉充盈,称为颈静脉怒张。提示静脉压增高,见于右心衰竭、心包积液、缩窄性心包炎及上腔静脉阻塞综合征。

2. 颈动脉异常搏动　正常人安静时不易看到颈动脉搏动,只在剧烈活动后可见其微弱的搏动。如在安静状态下看到明显的颈动脉搏动,称颈动脉异常搏动,提示脉压增大,常见于主动脉瓣关闭不全、甲状腺功能亢进和严重贫血等患者。

3. 颈静脉搏动　在正常情况下无颈静脉搏动,当三尖瓣关闭不全并伴颈静脉怒张时才可看到。

> 提示:发现颈静脉搏动时应与动脉搏动鉴别,静脉搏动柔和,范围弥散,触诊时无搏动感。颈动脉搏动则相反。

(三)甲状腺

甲状腺位于甲状软骨下方,正常时甲状腺柔软、光滑,不易触及。

1. 甲状腺评估方法

(1)视诊:注意观察甲状腺的大小和对称性。正常人甲状腺外观不明显,女性在青春发育期可略增大,视诊时嘱被评估者做吞咽动作,可见甲状腺随吞咽动作而上下移动。

(2)触诊:是甲状腺检查的主要方法。评估者站于被评估者背后,两手拇指置于颈后,其余四指置于甲状软骨下气管两旁[图4-3-4(a)],检查右叶时,左手示指和中指将甲状腺轻推至右侧,右手示、中和环指触摸甲状腺,并同时嘱其做吞咽动作。用同样方法检查左叶。或站于被评估者前面,以右手拇指和其他四指在甲状软骨下、气管两旁进行触诊[图4-3-4(b)]。若触及应注意肿大的程度、质地、表面是否光滑、有无震颤及压痛。

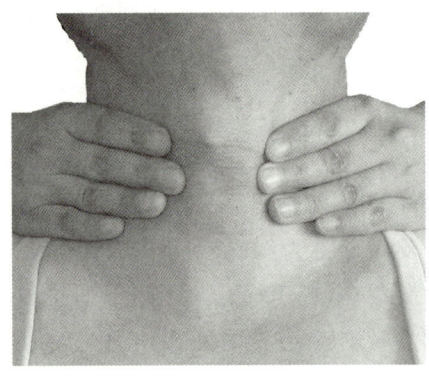 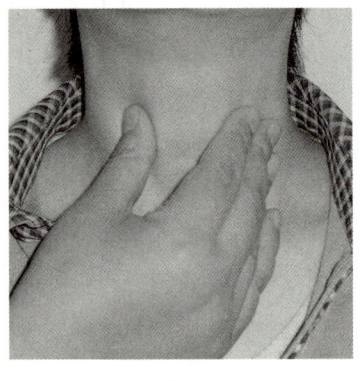

(a)　　　　　　　　　　　　　　　(b)

图4-3-4　甲状腺检查方法

> 提示:肿大的甲状腺可随吞咽动作而上下移动,临床上常借此与颈部其他肿块相鉴别。

（3）听诊:当甲状腺肿大时,用钟形听诊器放在肿大的甲状腺上听诊。甲状腺功能亢进时可听到连续的"嗡嗡"样血管杂音。

2. 甲状腺肿大的分度　可分为三度:不能看出肿大但能触及者为Ⅰ度;能触及又能看到肿大,但在胸锁乳突肌以内者为Ⅱ度;超过胸锁乳突肌外缘者为Ⅲ度。甲状腺肿大的原因常见于甲状腺功能亢进、单纯性甲状腺肿及甲状腺肿瘤。

（四）气管

正常人气管位于颈前正中。检查时被评估者取坐位或仰卧位,颈部处于自然直立状态,评估者以示指及环指分别置于两侧胸锁关节上,中指在胸骨上窝触到气管并置于气管正中处,观察中指与示指和环指之间的距离（图4-3-5）。两侧距离相等,示气管居中;两侧距离不等示气管移位（移向距离小的一侧）。气管移向健侧,见于一侧大量胸腔积液、积气及纵隔肿瘤;气

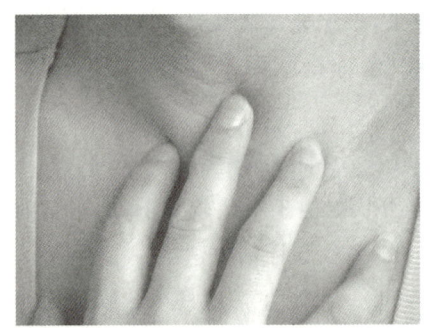

图4-3-5　气管检查

管移向患侧,见于肺不张、肺纤维化、胸膜增厚粘连等。

常见的头颅畸形有小颅、巨颅、方颅,为某些疾病的典型体征。头部器官检查包括眼、耳、鼻、口,按从外向内顺序进行。危重患者注意观察瞳孔变化,包括大小、形状,双侧是否等大、等圆,对光及调节反射。头颅外伤患者注意外耳道内有无血液或脑脊液。口唇苍白常见于贫血、发绀示血氧不足,重症衰弱或长期使用广谱抗生素患者注意观察口腔黏膜有无白色凝乳块状物。颈部检查包括外形与活动、血管、甲状腺及气管。颈静脉怒张是右心衰竭的重要体征。评估甲状腺按视、触、听的次序检查,检查气管时注意有无移位。

■ 本节思考题

一、名词解释

颈静脉怒张　方颅　Koplik 斑　鼻翼扇动　草莓舌　眼球震颤

二、简答题

1. 正常瞳孔的直径是多少? 异常变化的临床意义是什么?

2. 颈静脉怒张见于哪些情况?

3. 口唇及舌的检查应注意什么?

4. 扁桃体肿大如何分度?

5. 颈部检查包括哪些内容?

6. 甲状腺肿大分为几度? 甲状腺肿大常见的原因是什么?

7. 颈静脉搏动见于哪种情况?

8. 头部活动受限见于哪些情况?

9. 颈动脉异常搏动见于哪些情况?

三、病例分析

患者,68 岁,慢性咳嗽、喘息 30 年,感冒后加重入院。护士在身体评估时发现,该患者气急不能平卧,口唇发绀,颈静脉充盈明显,体温 38℃,脉搏 120 次/min,呼吸 32 次/min,血压 100/70 mmHg,双下肢明显水肿,指压后凹陷。

请问:该患者有哪些异常体征? 可能与哪些因素有关?

第四节　胸部、肺、心脏、血管评估

胸部是指颈部以下和腹部以上区域。主要包括胸廓、胸壁、乳房、支气管、肺、心血管及纵隔等。胸部检查是按视、触、叩、听诊顺序进行。先查前胸,再查侧胸,后查背部,左右对比。检查应在安静、温度适宜、光线适中的环境中进行。

一、胸部体表标志

依据人体胸壁和胸廓结构特点，为了能够准确地记录或描述胸部各部分异常变化的所在部位和范围，在胸部的体表设定一定的标志和分区。部分体表标志见图 4-4-1。

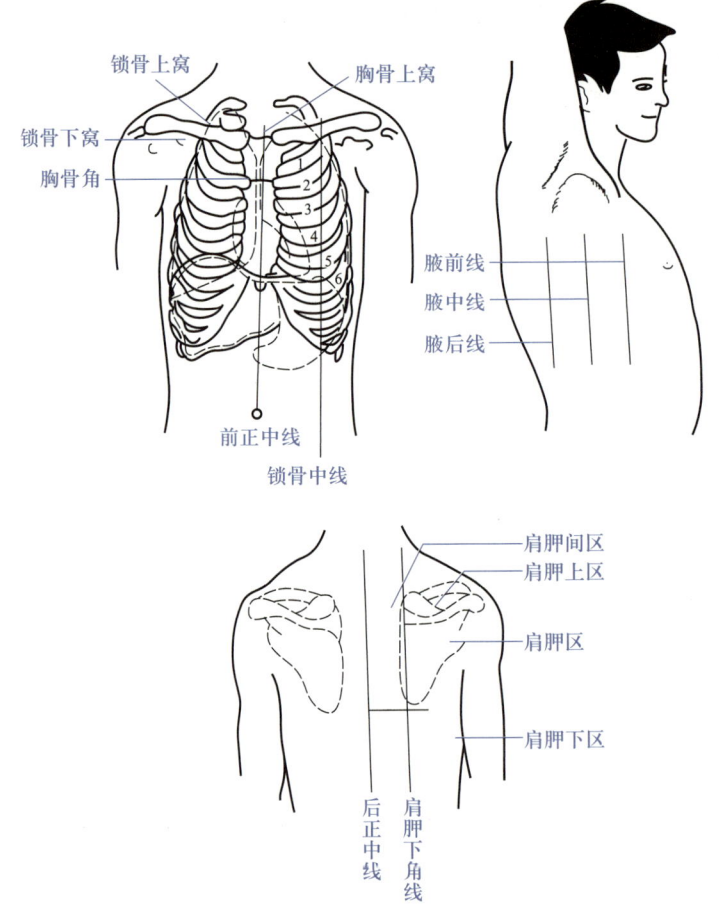

图 4-4-1 体表标志与分区

（一）骨骼标志

1. 锁骨 略呈横 S 状弯曲，两内端稍外可触及锁骨上下窝。

2. 胸骨角 又称 Louis 角。由胸骨柄与胸骨体的连接处向前凸起的一道横嵴。其两侧平对第 2 肋，为计数肋骨及肋间隙的重要标志。

> 提示：胸骨角相当于气管分叉部，主动脉弓上缘和第 4 胸椎水平。

3. 第 7 颈椎棘突 第 7 颈椎棘突最长，是自上而下最为向后突起的棘突，其下即为胸椎的起点，常以此处作为计数胸椎序数的标志。

4. 肩胛骨　位于背部左、右两侧的上方,肩胛冈及其肩胛峰均易触及,其最下端称肩胛下角。被检查者取直立位两上肢自然下垂时,肩胛下角为第 7 或第 7 肋间隙水平,或相当于第 8 胸椎的水平。

5. 腹上角　由左、右两侧 7~10 肋软骨相连构成肋弓,并于胸骨下端会合成夹角,一般成人匀称体型者为直角,瘦长型小于 90°,矮胖型者大于 90°。

(二) 自然陷窝和解剖区域

1. 胸骨上窝　胸骨柄上方的凹陷,正常气管位于其后正中。

2. 锁骨上窝　锁骨上方的凹陷部,较浅,相当于两肺尖的上部。

3. 锁骨下窝　锁骨下方的凹陷部,其上界不清晰,下界为第 3 肋软骨下缘,相当于两肺尖的下部。

4. 腋窝　左右各一,为上肢内上侧与胸壁相连的凹陷部。

5. 肩胛上区　肩胛冈以上的区域,其外界为斜方肌的上缘,相当于两肺尖的下部。

6. 肩胛下区　肩胛下角的连线与 12 胸椎水平线的区域。后正中线将此区分为左、右两部分。

7. 肩胛区　肩胛冈以下的肩胛区域。

8. 肩胛间区　肩胛骨内缘之间,两肩胛下角连线水平以上的区域。后正中线将此区分为左右两部分。

9. 肋脊角　12 浮肋在背部与胸椎构成的夹角。

(三) 垂直标志

1. 前正中线　通过胸骨正中的垂直线,又称胸骨中线。

2. 锁骨中线　通过锁骨正中向下的垂直线。在正常男性和儿童此线常通过乳头。

3. 胸骨线　为沿左右胸骨边缘向下的垂直线。

4. 胸骨旁线　为锁骨中线与胸骨线中点的垂直线。

5. 腋前线　通过腋窝前皱襞所作的垂直线。

6. 腋后线　通过腋后皱襞所作的垂直线。

7. 腋中线　通过腋窝顶部向下所作垂直线,此线位于腋前线与腋后线的中点。

8. 肩胛下角线　直立或坐位两上臂自然下垂时通过肩胛下角的垂直线。

9. 后正中线　通过椎骨棘突即沿正常脊柱正中所作的垂线。

二、胸壁、胸廓与乳房的评估方法与内容

(一) 胸壁

检查胸壁以视诊和触诊方法进行,检查顺序为皮肤、皮下脂肪、淋巴结及胸背肌

肉,尤应注意以下异常:

1. **静脉曲张**　正常胸壁皮肤弹性好,无明显静脉可见。腔静脉阻塞时胸壁见静脉充盈或曲张。当上腔静脉阻塞时,血流方向自上而下;当下腔静脉阻塞时,则血流方向自下而上。

2. **皮下气肿**　当肺、气管、胸膜受损或外伤后气体逸出,气体积存于胸壁皮下时,称为胸壁皮下气肿。严重时,气体可蔓延至颈部或全身。其用手按压检查时可有明显的捻发感或握雪感;使用听诊器加压听诊时可听到类似捻发的声音。

3. **胸壁压痛**　正常人胸壁一般无压痛。肋间神经炎、肋软骨炎,胸壁软组织炎、带状疱疹及肋骨骨折的患者,胸壁局部有压痛。胸骨下端明显的压痛及叩痛可见于骨髓异常增生,如白血病。肌炎、流行性肌痛患者可有肌肉压痛。

(二)胸廓

正常胸廓外形两侧大致对称。成人胸廓前后径短于左右径,二者之比约 1∶1.5,婴幼儿和老年人前后径与左右径几乎相等,故近似圆柱形。常见的胸廓外形(图 4-4-2)改变如下:

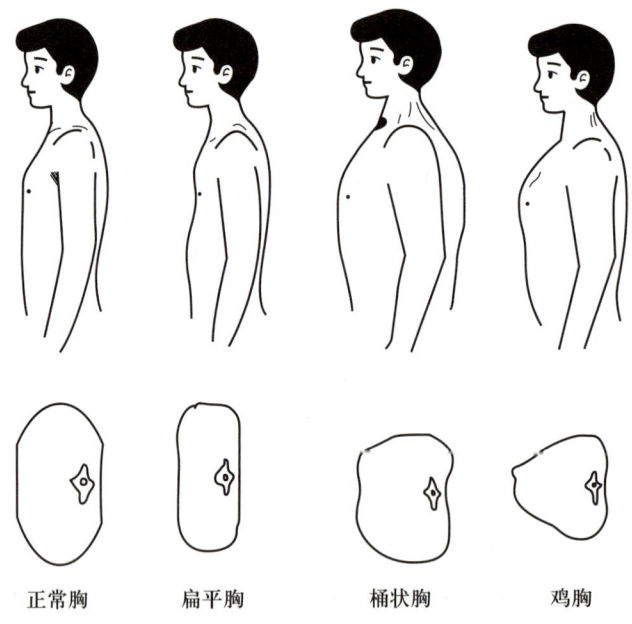

| 正常胸 | 扁平胸 | 桶状胸 | 鸡胸 |

图 4-4-2　几种不同胸廓横断面示意图

1. **扁平胸**　胸廓呈扁平状,前后径常短于左右径,见于瘦长体型,亦可见于慢性消耗性疾病,如肺结核等。

2. **桶状胸**　胸廓前后径与左右径几乎相等或略超过左右径,呈圆桶状。肋骨呈水平位,肋间隙增宽,腹上角呈钝角。见于严重慢性阻塞性肺疾病的患者,亦可见于部分老年人或矮胖体型者。

3. 佝偻病胸　为佝偻病所致的胸廓改变,常见于儿童,表现如下:

(1)鸡胸:胸廓的前后径略长于左右径,胸骨下端前突,胸骨上下距离较短;前侧壁肋骨凹陷,称为鸡胸。

(2)漏斗胸:若胸骨下部剑突处明显凹陷,呈漏斗状称漏斗胸。

(3)佝偻病串珠:沿胸骨两侧各肋软骨与肋骨交接处的球状突起,形似串珠,称为佝偻病串珠。

(4)肋膈沟:又称哈里逊沟,下胸部前面的肋骨下翻,自胸骨剑突沿膈肌附着处向内凹陷形成的沟。

4. 胸廓膨隆与塌陷

(1)胸部膨隆、变形

1)胸廓局部隆起:心前区局部隆起见于心脏明显增大、心包大量积液、升主动脉瘤。胸内或胸壁肿瘤可致胸壁局部隆起。

2)胸廓一侧隆起:多见于一侧胸腔大量积液、气胸、胸腔巨大肿瘤或严重代偿性肺过度充气。

3)胸廓两侧隆起:见于慢性阻塞性肺气肿,双侧气胸、双侧胸腔积液等。

(2)胸廓塌陷

1)胸廓局限性塌陷:见于局限性胸膜增厚及粘连、慢性纤维空洞性肺结核、肺不张、肺切除或胸廓成形术等。

2)胸廓一侧凹陷:见于一侧肺不张、肺纤维化和广泛性胸膜增厚和粘连所致患侧胸部下陷。

3)胸廓两侧塌陷:常见于两侧胸膜增厚及粘连和上呼吸道梗阻。

5. 脊柱疾病引起的胸廓畸形　因各种脊柱疾病使其脊柱前凸、后凸或侧凸均可导致胸廓严重畸形,胸腔内器官发育与功能受影响,严重者可引起呼吸、循环功能障碍。常见疾病有脊柱结核、外伤等。

(三) 乳房

1. 视诊　检查乳房时让被检查者取坐位或卧位,充分暴露其检查部位。检查者一般使用视诊、触诊,并注意检查腋窝、锁骨上下窝及颈部两侧对比,以免遗漏。

(1)对称性:正常女性在青春期乳房逐渐长大,呈半球形,乳头呈圆柱形。正常儿童及男子乳房一般不明显,注意两侧乳房大小、形状及乳头位置是否对称,乳头大约位于锁骨中线第四肋间隙。乳头是否对称、内陷、肿胀、溢液、裂痕、瘘管、溃疡。一侧乳房增大常见于先天性畸形、囊肿、炎症或肿瘤等。一侧乳房缩小常因先天性发育不全引起。

(2)乳房皮肤:观察乳房皮肤色泽有无异常。① 乳房局限性隆起或凹陷、毛囊下陷、外观呈"橘皮"或"猪皮"样常见于乳腺癌。② 乳腺导管病变时可出现异常分泌物,若为血性则乳腺癌可能性比较大。③ 急性乳腺炎时乳房表现为红、肿、热、痛;乳房瘘管及溃疡形成可见于乳房结核或脓肿。

（3）男子乳房女性化：一侧或两侧乳房增大，状如青春期女性乳房，见于肝硬化、性腺功能减退症、睾丸及肾上腺皮质肿瘤以及使用某些药物如雌激素、肾上腺皮质激素等。

2. 触诊　触诊乳房时，被检查者取坐位，先双臂下垂、后双臂高举超过头部或双手叉腰接受检查。检查者将手指和手掌平放乳房上，用指腹轻施压力逐渐向胸壁按压作浅部旋转或来回滑动触诊。一般先查健侧后查患侧。以乳头为中心作一垂直线及一水平线，为便于检查和记录可将乳房分为四个象限（图4-4-3），在外上象限外上部有一突出部分为乳房尾部。检查顺序为：左乳房由外上象限开始沿顺时针方向，由浅至深触摸，而后触诊尾部及乳头。同法触诊右侧乳房，但沿逆时针方向进行。

> 提示：发现病变应注意描述其部位、大小、数目、外形、界限、质地、活动度及压痛等。

（1）质地与弹性：正常乳房柔软有弹性。老年女性或哺乳期可有结节感；月经期乳房有紧张感；妊娠期乳房增大并有柔韧感。

（2）压痛：乳房红、肿、热、痛并伴有硬结包块见于急性乳腺炎；乳房溃疡与瘘管见于结核、乳腺癌及乳腺脓肿。

（3）包块：乳房包块或肿物见于乳腺癌、乳腺囊性增生、慢性炎症、纤维瘤、结核、乳腺管堵塞等。但良性肿瘤质软、界限清楚、活动度好，恶性肿瘤外观不规则、质硬、无压痛、活动度差。

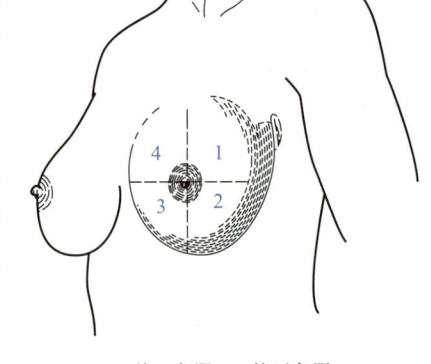

1. 外上象限；2. 外下象限；
3. 内下象限；4. 内上象限。

图4-4-3　乳房划区

三、肺和胸膜评估方法与内容

检查时嘱被检查者取坐位、仰卧位或侧卧位，充分暴露胸部。室内环境应温暖舒适、安静，有良好的自然光线。检查顺序一般为先上后下，左右对比，先前胸、后侧胸、再背部。肺和胸膜检查内容按视、触、叩、听诊顺序进行。

（一）视诊

1. 呼吸运动　呼吸运动是通过中枢神经、神经反射和某些化学感受器调节膈肌和肋间肌的运动完成有节律的呼吸。另外，呼吸的频率、节律及深度可短时间受意识支配。

（1）呼吸运动类型

1）正常呼吸类型：胸式呼吸，以胸廓（肋间肌）运动为主的呼吸。女性以胸式呼吸为主。腹式呼吸,以腹部(膈肌)运动为主的呼吸。成年男性和儿童以腹式呼吸为主。实际上正常人通常表现为两种呼吸的混合形式。

2)呼吸运动变化:胸式呼吸减弱、腹式呼吸代偿增强见于胸壁、肺及胸膜疾病,如肺炎、肺结核、胸膜炎、肋骨骨折。腹式呼吸减弱、胸式呼吸增强见于大量腹水、肝脾重度增大、腹腔巨大肿瘤和妊娠晚期。

(2)呼吸困难

1)吸气性呼吸困难:常见于气管阻塞、气管异物等,是由于上呼吸道部分阻塞或气管病变时,吸入气流受阻,呼吸肌强收缩,肺内负压极度增高,出现胸骨上窝、锁骨上窝及肋间隙向内凹陷,称"三凹征",表现为吸气时间延长。

2)呼气性呼吸困难:常见于支气管哮喘、慢性阻塞性肺疾病等,是由于下呼吸道部分阻塞时,气体呼出受阻,呼出费力。表现为呼气时间延长,呼气费力。

3)混合性呼吸困难:见于广泛肺部病变,呼吸面积减少,换气功能受影响,吸气和呼气均感费力,呼吸频率加快。

(3)膈反常运动　膈神经麻痹可见吸气时腹部内陷,呼气时腹部外凸。

2. 呼吸频率、节律和深度变化　正常成人平静呼吸时,呼吸频率为 16~20 次/min,呼吸与脉搏之比为 1:4,节律规整、深浅适度。呼吸频率与节律变化示意见图 4-4-4。

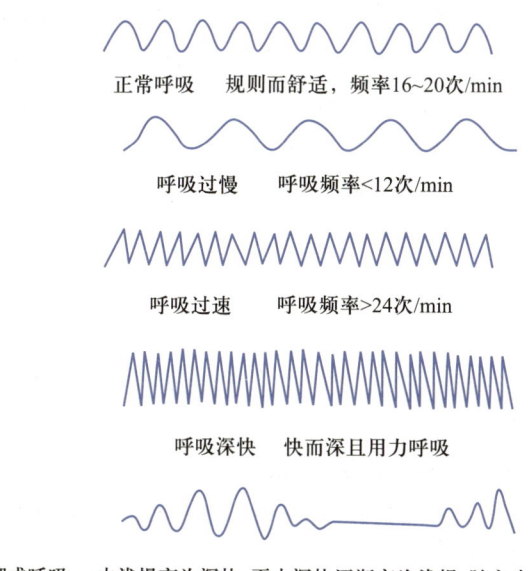

正常呼吸　规则而舒适,频率16~20次/min

呼吸过慢　呼吸频率<12次/min

呼吸过速　呼吸频率>24次/min

呼吸深快　快而深且用力呼吸

潮式呼吸　由浅慢变为深快,再由深快逐渐变为浅慢,随之出现呼吸暂停

间停呼吸　间插不规则的周期性呼吸暂停打乱呼吸的连续性

叹息样呼吸　正常呼吸节律中间断插入深大呼吸并伴叹息声

图 4-4-4　呼吸频率与节律变化

提示：新生儿呼吸频率 44 次/min,随着年龄的增长而逐渐减慢。

（1）呼吸频率变化

1）呼吸过速:指呼吸频率超过 24 次/min,见于发热、贫血、甲状腺功能亢进、心功能不全、胸腔积液、气胸及剧烈运动等。

2）呼吸过慢:指呼吸频率少于 12 次/min,主要见于麻醉药或镇静药过量及颅内压升高等。

（2）呼吸深度变化

1）呼吸浅快见于肺部感染、胸膜炎、呼吸肌麻痹。

2）呼吸深快见于糖尿病酮症酸中毒、尿毒症、剧烈运动、情绪激动或癔症。

（3）呼吸节律变化

1）潮式呼吸:亦称陈-施（Cheyne-Stokes）呼吸,是一种由浅慢变为深快,再由深快逐渐变为浅慢,随之出现呼吸暂停,周而复始称之为潮式呼吸。一般周期时间为 30 s 至 2 min,呼吸暂停时间为 5~30 s。多见于脑炎、脑膜炎、颅内高压及中毒等中枢神经疾病。

2）间停呼吸:又称毕奥（Biot）呼吸,表现在规律呼吸中呼吸停止几秒钟,又重复上述呼吸形式。原因同潮式呼吸,但更为严重。常临终前发生,提示预后不良。

3）抑制性呼吸:又称断续呼吸。此为胸部发生剧痛所致的吸气时相突然中断,呼吸运动被短暂抑制,患者表情痛苦,呼吸较正常浅快。常见于急性胸膜炎、肋骨骨折、胸壁严重外伤、胸膜恶性肿瘤等。

4）叹息样呼吸:表现在一般正常呼吸节律中突然插入一次深大呼吸并伴叹息声,患者自觉胸部发闷,常见于神经衰弱、精神紧张、忧郁症等。

（二）触诊

1. 胸廓扩张度　胸廓随吸气与呼气而产生扩大与回缩之间的动度即胸廓扩张度,一般前胸下部较易获得。

检查方法:评估者两手掌平置于胸廓下面的两侧对称部位,两拇指分别沿两侧肋骨指向剑突,拇指尖置于前正中线两侧对称部位。嘱被评估者做深吸气运动,观察两拇指尖旁离正中线的距离是否相等。

操作视频:胸廓
扩张度检查

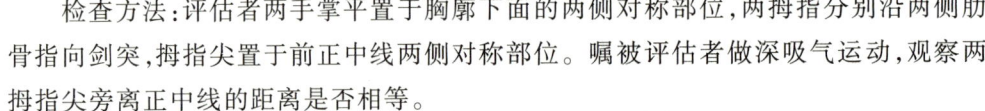

提示:① 单侧胸廓扩张度受限常见于患侧大量胸腔积液、气胸、胸膜增厚粘连及肺不张。② 双侧同时受限常见于慢性阻塞性肺疾病、呼吸肌麻痹及碱中毒。

2. 语音震颤

（1）语音震颤机制:被评估者的语音声波沿其气管、支气管、肺泡传至胸壁产生振动,检查者可用手触及,称为语音震颤或语颤。

（2）语音震颤检查方法:评估者将手掌或手尺侧小鱼际肌部放于胸壁两侧对称

操作视频:语音
震颤检查

部位,嘱被评估者用拉长的低音调重复发"一"长音或"1、2、3",先前胸后背部,自上而下,两侧对比感觉到的细微震动强度。因两手掌敏感性不同,可交叉进行,两侧对比(图4-4-5)。

> **提示**:语音震颤评估方法口诀:双手尺侧缘,轻放于胸壁,重复发长音,上下内外比。

（3）语颤的生理差异:语颤的强弱与发音强弱、音调高低、气管和支气管通畅与否、胸壁的厚薄、邻近脏器的组织密度有关。语颤强度一般男性较女性强,成人较儿童强,瘦者较胖者强;前胸上部较下部强,后胸下部较上部强,右胸上部较左胸上部强。

（4）语颤改变的临床意义:语颤增强主要见于以下情况。① 肺组织实变,常见于大叶性肺炎实变期、肺梗死。② 肺内靠近胸壁的大空洞且与支气管相通,常见于慢性纤维空洞性肺结核、肺脓肿。③ 压迫性肺不张,肺组织含气量减少,故传导良好,此点与阻塞性肺不张恰恰相反。

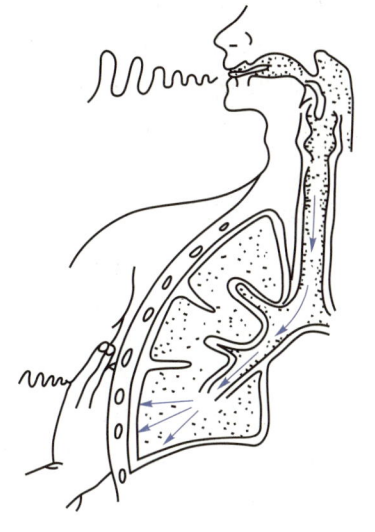

图4-4-5 语音震颤示意图

操作视频:
胸膜摩擦感
检查

语颤减弱或消失主要见于以下情况。① 声波传导阻塞,如阻塞性肺不张。② 肺内含气量增多使声波递减,如慢性阻塞性肺疾病。③ 声波传出障碍性疾病,如胸腔积液或积气、胸膜肥厚粘连、胸壁皮下水肿及气肿。

> **提示**:语音震颤的强弱与各种影响传导的因素有关,检查时应注意其对称性,一侧语音震颤减弱或增强有重要意义。

3. 胸膜摩擦感　当急性胸膜炎时,纤维蛋白沉着于胸膜的表面使其粗糙而产生摩擦,此时,检查者两手有似两层皮革相互摩擦的感觉,称为胸膜摩擦感。正常人胸膜光滑,有少量浆液起润滑作用,故呼吸时不产生摩擦感。

> **提示**:胸膜摩擦感检查者宜将双手分别平放于两侧呼吸运动幅度最大的腋下部,嘱被检者做深呼吸运动。

操作视频:
肺与胸膜的
评估——叩诊

（三）叩诊

使用手指或手掌叩击被检者胸部不同部位的表面使之产生音响。根据音响判断胸内疾病存在与否。

1. 叩诊体位、方法及顺序

（1）叩诊体位：叩诊时嘱被检者采取坐位或仰卧位，姿势对称，两侧保持平衡，裸露检查部位。检查前胸时，胸部稍向前挺；检查背部时，两手交叉抱肘，头向前低垂，身体稍向前弯；检查腋部时，宜双手举起置于头部或抱于头枕部。室内宜安静、舒适、温暖。

（2）叩诊方法：有间接叩诊法和直接叩诊法。以间接叩诊法常用，间接叩诊法叩诊前胸时，左手中指（板指）置于肋间隙移行，叩诊肩胛间区时，板指与脊柱平行。直接叩诊法叩诊时，检查者右手手指并拢，以指腹面对胸壁进行叩诊。

（3）叩诊顺序：自上而下，由外向内，即由肺尖开始，沿肋间隙进行，先前胸、后侧胸、再背部，上下、左右对比。

> **胸部叩诊记忆口诀：** 胸部叩诊要注意，肌肉放松匀呼吸。
> 板指平贴肋间隙，左右上下内外比。
> 前侧背部为顺序，自上向下查逐一。
> 清浊实鼓和过清，仔细辨别听分明。

（4）叩诊音的干扰因素

1）肺泡含气量、张力、弹性的变化，肺泡张力增加时（如深呼气），叩诊音调升高。

2）胸壁组织增厚，如肌肉发达、肥胖、乳房较大和胸壁水肿等，使叩诊音变浊。

3）胸廓骨骼支架的改变如胸廓变形、肋软骨软化，使叩诊震动向周围扩散的面积增大，叩诊定界较难。

2. 正常胸部叩诊音（图 4-4-6）

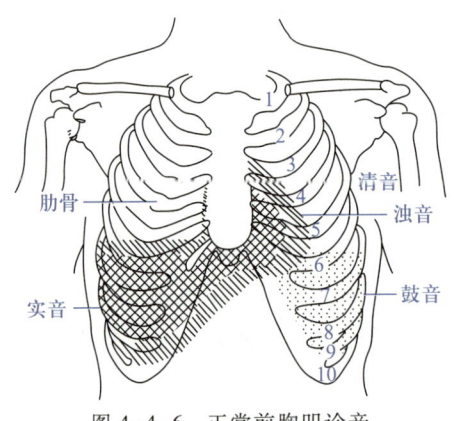

图 4-4-6　正常前胸叩诊音

（1）清音：正常肺部叩诊呈清音，其音调高低及音响强弱与肺含气量、胸壁厚薄及邻近器官的影响有关。一般右肺尖较左侧稍浊；前胸上部较下部稍浊；左侧第3、4肋间因靠近心脏故较对侧稍浊；背部较前胸部稍浊；右腋下部（近肝处）较左腋下部（近脾处）稍浊。

（2）浊音：正常肺与肝或肺与心交界处之重叠部分呈浊音。音调较高而不响亮，持续时间较短。

（3）实音：未被肺组织覆盖的心脏，肝脏体表区域呈实音，又称绝对浊音区。音调较浊音更实，音响更弱，持续时间更短。

（4）鼓音：于左胸下部肋弓之上可有一个半月形鼓音区，系胃底充气所致。音调较高，音调较强，持续时间较长，类似击鼓音。

3. 肺界叩诊

（1）肺上界：肺上界即肺尖宽度（图4-4-7）。叩诊顺序是自斜方肌前缘中央部开始叩诊为清音，逐渐叩向外侧，音响由清变浊时止，然后稍下转向内侧叩诊，直至清音变为浊音时止，其间宽度即肺尖宽度（称Kronig峡）。正常宽度为4~6 cm，肺尖结核时清音带变窄，肺气肿时则清音带变宽。

（2）肺前界：正常的肺前界相当于心绝对浊音界、右肺前界在胸骨右缘位置；左肺前界在胸骨旁线第4~6肋间隙处。

（3）肺下界：嘱被检者平静呼吸，沿不同垂直线自上向下叩诊，当音响由清变浊时即为肺下界。正常人肺下界于锁骨中线为第6肋间隙，腋中线为第8肋间隙，肩胛下角线为第10肋间隙。

> 提示：正常肺下界的位置可因体型、发育而稍有差异。矮胖体型者、妊娠者肺下界可高一肋间隙；消瘦者可下降一肋间隙。病理情况下，肺下界下降见于慢性阻塞性肺疾病、腹腔脏器下垂；肺下界上升见于肺不张、肺纤维化、气腹、肝脾大，腹腔巨大肿块、大量腹水、膈肌麻痹等。

（4）肺下界移动度：肺下界移动度相当于肺下界的移动范围。叩诊时，沿肩胛下角线首先在被检者平静呼吸时叩出肺下界，尔后嘱被检者深吸气后屏气，叩出此时肺下界并迅速用笔标记。再嘱被检者深呼气，叩出此时肺下界。测量深吸气和深呼气两点间距离，此乃肺下界移动度（图4-4-7）。正常人肺下界移动度为6~8 cm，提示胸膜光滑无粘连，肺组织弹性良好。

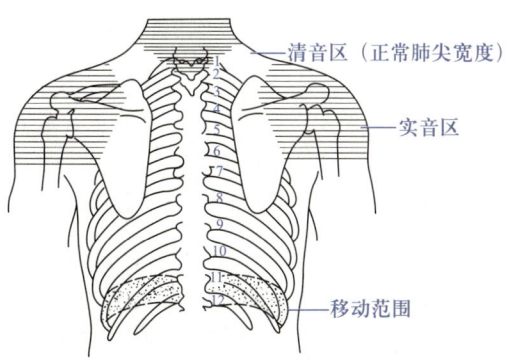

图4-4-7　正常肺尖宽度与肺下界移动度

提示： 一侧肺下界移动度减少，见于一侧胸腔积液、气胸、肺不张、肺纤维化、胸膜粘连、肺炎。双侧肺下界移动度减少，见于慢性支气管炎、支气管哮喘、慢性阻塞性肺疾病。

4. 肺部病理性叩诊音　当肺或胸膜发生病变时，若正常肺部清音区内出现浊音、实音、鼓音、过清音即为病理性叩诊音。

（1）浊音：见于肺组织致密度增高或含气量减少，如肺不张、肺炎、肺结核及未溃破的肺脓肿等。

（2）实音：见于阻碍清音传出的病变，如胸腔积液、胸膜增厚、胸壁水肿等。

（3）鼓音：见于气胸及靠近胸壁的肺内大空洞。

（4）过清音：见于肺泡含气量增多及肺组织弹性减弱的情况，如慢性阻塞性肺疾病。

（5）浊鼓音：当肺泡壁松弛，肺泡含气量减少的情况下，如压迫性肺不张、肺水肿、肺炎的充血期和消散期等，叩诊时某局部可呈现一种兼有浊音和鼓音特点的混合性叩诊音，称之为浊鼓音。

（四）听诊

肺部听诊是肺部评估的重要方法之一。听诊顺序与叩诊相同，自肺尖开始，自上而下，按先前胸、后侧胸、再背部循序进行评估。被评估者宜取坐位，病情严重者取卧位，微张口均匀呼吸，必要时做深呼吸。肺部听诊的内容包括正常呼吸音、异常呼吸音、啰音、语音共振和胸膜摩擦音等。

1. 正常呼吸音　当呼吸时气流进出呼吸道及肺泡可产生振动发出声响，在体表可以听到，即呼吸音。正常呼吸音有肺泡呼吸音、支气管呼吸音和支气管肺泡呼吸音。三种呼吸音各有其特点与正常分布区域（表4-4-1、图4-4-8）。

表4-4-1　正常呼吸音产生机制、听诊特点及部位

呼吸音	定义	特点	听诊部位
① 支气管呼吸音	吸气时空气在声门至主支气管形成湍流所产生的声音	强而高调 呼气相长于吸气相 呼气相强于吸气相	喉部、胸骨上窝、背部第6、7颈椎及第1、2胸椎附近
② 支气管肺泡呼吸音	兼有①③两者特点的混合性呼吸音	吸气音类似①，但音调较高且较响亮；呼气类似③，但强度较弱，音调较低	胸骨两侧第1、2肋间隙、肩胛间区第3、4胸椎水平附近
③ 肺泡呼吸音	空气在细支气管和肺泡内进出产生的声音	吸气：音响较强、音调较高、时相较长 呼气：音响较弱、音调较低、时相较短	除①和②以外的肺部听诊区

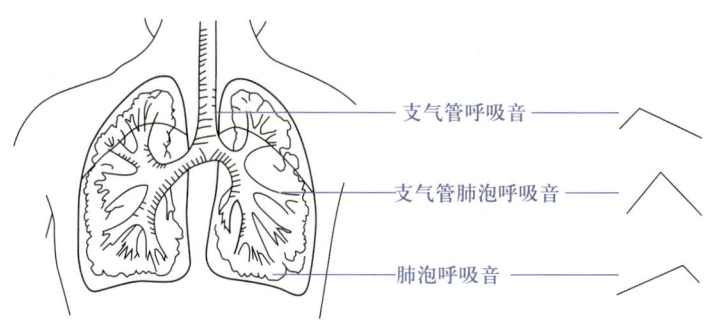

支气管呼吸音

支气管肺泡呼吸音

肺泡呼吸音

图 4-4-8　三种正常呼吸音示意图

（升支为吸气时相，降支为呼气时相，长短表示时相；

斜线与垂线的夹角表示音调高低，角度小为音调高，角度大为音调低）

2. 异常呼吸音　异常呼吸音分为三种，即异常肺泡呼吸音、异常支气管呼吸音、异常支气管肺泡呼吸音。

（1）异常肺泡呼吸音:异常肺泡呼吸音是指肺泡呼吸音增强、减弱或消失、性质改变（表 4-4-2）。

表 4-4-2　异常肺泡呼吸音产生机制及临床意义

肺泡呼吸音	原因	常见疾病
减弱或消失	① 呼吸驱动力减弱	全身衰竭无力呼吸
		胸廓活动受限:肋骨骨折、胸膜炎
		呼吸肌疾病:重症肌无力
	② 呼吸音传导障碍	声音传导障碍
		胸膜胸壁病变:胸腔积液、气胸、胸膜肥厚粘连、胸壁水肿及气肿
		支气管阻塞:慢性阻塞性肺疾病、支气管哮喘、阻塞性肺不张
		腹部疾病:大量腹水
增强	双侧:进入肺泡内空气多而快	代谢性酸中毒、运动、发热等
	单侧:健肺代偿	一侧肺不张
呼吸音延长	呼气阻力增强	支气管哮喘
	呼气驱动力减弱	慢性阻塞性肺疾病

肺泡呼吸音	原因	常见疾病
断续性呼吸音	炎症或小支气管狭窄,空气不能均匀进入肺泡	肺结核、肺炎
粗糙性呼吸音	炎症或水肿致气流不畅	急性支气管炎、肺炎早期

(2)异常支气管呼吸音:凡在不应出现支气管呼吸音的部位听到支气管呼吸音即为异常支气管呼吸音或管状呼吸音,常出现于下列情况。

1)肺组织实变:因致密的实变组织对声波传导良好,故所在部位的胸壁体表易于听到。一般实变范围越大、越浅,其响度越强;反之则较弱。常见于大叶性肺炎实变期、肺梗死等。

2)肺内大空腔:当空腔较大、距体表较近、与支气管相通,且周围肺组织有实变时,音响在空腔中形成回旋共鸣,并通过良好传导的实变组织,故可听到清晰的支气管呼吸音。

3)压迫性肺不张:胸腔中大量积液时,肺组织受压,体积缩小,含气量减少而致密度增加,故对声波的传导良好,因此在积液区上方可听到支气管呼吸音,但此音弱而遥远。

(3)异常支气管肺泡呼吸音:亦称为异常混合呼吸音,是在正常肺泡呼吸音的区域内能听到的混合性呼吸音。其发生机制是因为实变组织较深,被正常肺组织覆盖或实变范围较小与正常肺组织混合存在。常见于支气管肺炎、肺结核、大叶性肺炎早期等。

3.啰音 啰音是呼吸音以外的附加音。按其性质可分为干啰音与湿啰音两种。

(1)干啰音

1)产生机制:是由于气管、支气管及细小支气管痉挛、狭窄或不完全阻塞时,气流通过产生湍流或黏稠分泌物的振动所产生的音响。其病理基础是由于呼吸道炎症引起黏膜充血、水肿和黏稠分泌物增多;支气管平滑肌痉挛;管腔内占位性病变;管壁被腔外肿块或淋巴结压迫(图4-4-9)。

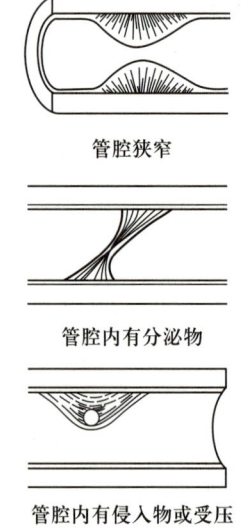

管腔狭窄

管腔内有分泌物

管腔内有侵入物或受压

图4-4-9 干啰音产生机制

> **提示**:干啰音特点:①是一种音调较高、持续时间较长、带乐性的呼吸附加音。②吸气和呼气时均可听到,但主要在呼气时最易听到或有时只在呼气时听到。③其强度、性质、部位等易变性较大。④几种不同性质的啰音可同时存在。

2）干啰音分类：按音调可分为如下两种：

鼾音：又称低调干啰音，发生于气管和主支气管，系黏稠分泌物在管腔内振动、共鸣所致，音调低而响亮，类似熟睡时的鼾音。

哨笛音：又称高调干啰音，发生在小支气管内，音调高，其音频率可达 500 Hz 以上，似笛音、飞箭音。当小支气管高度痉挛或显著充血、水肿时，引起支气管显著狭窄而产生一种呼气明显延长并伴有高音调的满布肺野的哨笛音，称为哮鸣音。

> 提示：双肺听到干啰音，见于支气管哮喘、慢性支气管炎、支气管肺炎、肺气肿、心源性哮喘等。恒定存在的局限性干啰音，见于支气管结核或肿瘤等。

（2）湿啰音

1）产生机制：① 呼气气流通过气管、支气管及细小支气管腔内的稀薄液体，如渗出液、血液、痰液及脓液等形成的小水泡破裂音响，临床上称为水泡音。② 细小支气管壁因分泌物黏着而陷闭，当吸气时突然张开所产生的爆裂音。

> 提示：湿啰音特点：① 一次可连续多个出现，断续而短暂的呼吸音外附加音。② 吸气与呼气均能听到，但以吸气末明显。③ 部位较恒定，性质易变性小，咳嗽后可出现或消失。④ 大、中、小三种水泡音或其中两种可同时存在。

2）湿啰音的分类

按其呼吸道口径及腔内液体多少分为大、中、小水泡音和捻发音（图 4-4-10、表 4-4-3）。

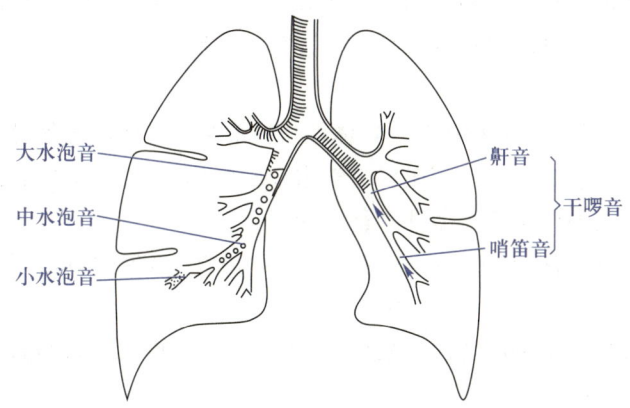

图 4-4-10　各种湿啰音发生部位

> 提示：肺部局限性湿啰音，提示该处的局部病变，如肺炎、肺结核或支气管扩张等。两肺满布湿啰音，见于急性肺水肿和严重支气管肺炎。若仅在两肺底听到湿啰音，则多见于肺淤血和支气管肺炎等。

表 4-4-3　湿啰音发生部位、时相及临床意义

名称	部位	时相	疾病
大水泡音	气管、主支气管、空洞	吸气早期	支气管扩张、肺水肿、肺脓肿、昏迷
中水泡音	中等支气管	吸气中期	支气管炎 支气管肺炎
小水泡音	小支气管	吸气后期	细支气管炎、支气管肺炎、肺淤血
捻发音	细支气管、肺泡	吸气终末	肺炎早期、肺纤维化

4. 语音共振　嘱被检查者拉长声音,用一般声音强度重复发"一"时,声波经气管、支气管、肺泡传至胸壁,用听诊器可以听到柔和、模糊、不很清晰的声音,称为语音共振。其产生原理和临床意义与语音震颤基本相似。

(1) 语音共振减弱:见于① 支气管阻塞。② 慢性阻塞性肺疾病。③ 胸腔积液、气胸、胸膜粘连肥厚。④ 胸壁水肿或气肿。

(2) 语音共振增强:见于① 肺实变。② 与支气管相通的巨型空洞。③ 压迫性肺不张。

(3) 若听诊语音清晰,则称之为支气管语音。

> 提示:支气管语音、异常支气管呼吸音、语音震颤增强,三者临床意义一致,而以支气管语音最灵敏。若语音更强、更响亮、更清晰,称为胸语音,见于大面积肺实变。

5. 胸膜摩擦音　正常胸膜表面光滑,脏、壁两层间有少量液体起润滑作用,呼吸时虽两层相互摩擦但并无声响。当胸膜出现炎症,引起纤维素物质渗出而变得粗糙时,随着呼吸可听到两层胸膜摩擦而发出的声音,即胸膜摩擦音。

此音特点为:

(1) 犹如两手背相互摩擦或听诊器体件与胸壁摩擦,粗糙、响亮、近在耳边的声音。

(2) 吸气、呼气均可以听到,但以吸气末及呼气初较清楚,屏气后消失。

(3) 深吸气及加压听诊器体件时最清楚。

(4) 根据病理变化,胸膜摩擦音可在短期内出现、消失或再出现,持续时间可长可短。

(5) 此音可发生于胸膜的任何部位,但以呼吸运动度大的部位最易听到,如前下侧胸壁,腋中线下部。

胸膜摩擦音常见于:① 急性纤维素性胸膜炎(多为结核所致)、大叶性肺炎、肺梗死等。② 胸膜肿瘤。③ 尿毒症性胸膜炎。④ 严重脱水所致胸膜高度干燥。

> 提示:胸膜摩擦音在屏气后消失,心包摩擦音则在呼气末屏住呼吸时更清晰,二者尤须鉴别。胸膜心包摩擦音见于靠近心包的胸膜炎,特点是呼吸与心搏时均可听到胸膜摩擦音。

四、呼吸系统常见疾病的主要症状和体征

呼吸系统常见疾病的主要症状和体征详见表4-4-4。

表 4-4-4　呼吸系统常见疾病的主要症状和体征

疾病	定义	症状	体征
大叶性肺炎	呈大叶性分布的肺部炎性病变	寒战、高热、肌肉酸痛、胸痛、咳嗽及咳铁锈色痰	急性病容,面色潮红,呼吸急促,鼻翼扇动,口周疱疹 视:患侧呼吸动度减弱 触:语颤增强 叩:浊音或实音 听:可闻及湿啰音、支气管呼吸音,语音共振增强
慢性支气管炎	气管、支气管及其周围组织慢性非特异性炎症	咳嗽、咳痰或伴喘息	慢性支气管炎急性发作可有干、湿啰音,发展为慢性阻塞性肺疾病时可有以下表现 视:双侧胸廓呈桶状,呼吸动度减弱 触:语颤减弱 叩:过清音,肺下界下降动度减小,心浊音界缩小或消失,肝浊音界下移 听:肺泡呼吸音减弱,呼气相延长,肺底可闻湿啰音,语音共振减弱
慢性阻塞性肺气肿	终末支气管远端过度充气	进行性加重的呼吸困难	
支气管哮喘	以变态反应为主的呼吸道慢性炎症	发作性喘息	视:双侧胸廓胀满,呼吸动度减弱 触:语颤减弱 叩:过清音 听:两肺满布哮鸣音
胸腔积液	胸膜腔内积聚液体过多	刺激性干咳、胸痛、气短、胸闷	视:患侧呼吸动度减弱,肋间隙增宽 触:气管移向健侧,语颤减弱或消失 叩:浊音或实音 听:呼吸音减弱至消失,语音共振减弱至消失,可闻及支气管呼吸音或胸膜摩擦音
气胸	空气进入胸膜腔	胸痛、咳嗽、呼吸困难	视:患侧胸廓饱满,呼吸动度减弱 触:气管移向健侧,语颤减弱或消失 叩:鼓音,肝浊音界下移(右侧气胸) 听:呼吸音、语音共振减弱甚至消失

五、心脏评估方法与内容

心脏的视诊、触诊、叩诊、听诊是诊断心血管疾病重要的检查方法。

检查的注意事项:① 检查环境安静,光线和温度适宜。② 被评估者取仰卧位或坐位,评估者站在其右侧,必要时被评估者可采取左侧卧位或前倾坐位。③ 听诊时宜选择适当的听诊器体件。膜形体件有一薄膜能滤过部分低音调声音,适于听高音调的声音(如主动脉瓣区舒张期哈气样杂音),低音调的声音则用钟形体件听得更清楚(如二尖瓣区舒张期隆隆样杂音)。

(一) 视诊

评估者站在被评估者右侧,视线与被评估者胸廓同高或与搏动点呈切线位置,仔细观察心前区有无隆起、心尖搏动情况和心前区有无异常搏动。

1. 心前区隆起 正常人前胸左右基本对称。儿童时期患心脏疾病(如先天性心脏病、风湿性心瓣膜病等)伴心脏增大,特别是右心室增大时,可将发育中的胸壁向外推挤而致心前区隆起。大量心包积液时,心前区外观可显得饱满。

2. 心尖搏动 心尖主要由左心室构成,心脏收缩时,心脏发生逆时针旋转,心尖向前冲击胸壁,使局部软组织向外搏动,称为心尖搏动(apical impulse)。

> 提示:观察心尖搏动时,需注意其位置、强度、范围、节律及频率。

(1) 正常心尖搏动:位于左侧第 5 肋间锁骨中线内 0.5~1.0 cm 处,搏动范围的直径为 2.0~2.5 cm。部分正常人(胸壁厚或被乳房遮盖)可看不到心尖搏动。

(2) 心尖搏动位置的改变

1)生理情况下的改变:心尖搏动的位置可因体位、体型和呼吸的影响而有所变化。仰卧时,心尖搏动略上移;左侧卧位,心尖搏动可左移 2.0~3.0 cm;右侧卧位,可右移 1.0~2.5 cm。

> 提示:小儿、矮胖体型及妊娠者,心脏常呈横位,心尖搏动向上外方移位,可达第 4 肋间;瘦长体型者,心脏呈垂直位,心尖搏动向内下移位,可达第 6 肋间。深吸气时,横膈下降,心尖搏动可向下移位;深呼气时,横膈上升,心尖搏动可向上移位。

2)病理情况下的改变

心脏疾病:左心室增大时,心尖搏动向左下移位;右心室增大时,心尖搏动向左移位,但不向下移位;先天性右位心者其心尖搏动位于右侧第 5 肋间与正常心尖搏动的相对应处。

胸部疾病:一侧胸腔积液或积气时,心尖搏动可因纵隔位置变化而向健侧移位;一侧肺不张或胸膜粘连时,心尖搏动则向患侧移位;心包、纵隔、胸膜粘连时,侧卧位心尖搏动位置固定不变;胸廓或脊柱畸形,可致心脏位置发生改变,心尖搏动亦相应移位。

腹部疾病:大量腹水、腹腔巨大肿瘤等,使横膈位置抬高,心脏呈横位,而致心尖搏动向上外移位。

（3）心尖搏动强度及范围的改变

1）生理情况下的改变：胸壁厚或肋间隙窄者，心尖搏动减弱，范围缩小；胸壁薄或肋间隙宽者，心尖搏动强，范围较大；剧烈运动或情绪激动时，心尖搏动增强。

2）病理情况下的改变：① 心尖搏动增强，左心室肥大、甲状腺功能亢进、发热、贫血时，均可使心尖搏动增强、范围扩大。② 心尖搏动减弱，心肌病变（心肌梗死、心肌病、心肌炎等）伴收缩功能降低时，心尖搏动减弱；心脏扩大伴心功能不全患者的心尖搏动常较弥散，范围增大；左侧胸腔大量积液或积气、慢性阻塞性肺疾病时，心尖搏动减弱或消失。③ 负性心尖搏动，心脏收缩时，心尖搏动内陷，称为负性心尖搏动（inward apical impulse），见于粘连性心包炎，系心包与周围组织广泛粘连所致。右心室明显增大并占据心尖部时，亦可出现负性心尖搏动。

3. 心前区其他部位异常搏动

（1）胸骨左缘第2肋间搏动：见于肺动脉扩张或肺动脉高压，也可见于少数正常青年人。

（2）胸骨左缘第3~4肋间搏动：见于右心室肥大。

（3）胸骨右缘第2肋间搏动：见于升主动脉扩张或升主动脉瘤。

（4）剑突下搏动：见于右心室肥大，特别是伴有肺气肿者，亦可见于腹主动脉瘤或消瘦者的腹主动脉搏动。

> 提示：鉴别搏动来自右心室或腹主动脉的方法有两种。① 嘱被检者深吸气，搏动增强为右心室搏动，搏动减弱则为腹主动脉搏动。② 手指平放于剑突下，向上后方加压，如搏动冲击指尖且吸气时增强，为右心室搏动；如搏动冲击手指掌面且吸气时减弱，则为腹主动脉搏动。

操作视频：
心脏触诊

（二）触诊

触诊通常先用右手全手掌置于心前区开始检查，然后逐渐缩小到用手掌尺侧（小鱼际）或示指、中指和环指指腹并拢同时触诊。检查心尖搏动时，可将示指、中指和环指略弯曲，指尖分别置于第4、5、6肋间隙，由外向内逐步移动法触诊，然后可用单一示指指腹作最后确认。

> 提示：确定震颤的部位和时期多数用小鱼际触诊。对于震颤、心包摩擦感的检查，手掌用力要适度，不宜用力过大。

1. 心尖搏动及心前区搏动　检查心尖搏动的位置、强弱和范围，触诊法较视诊更准确，尤其在视诊看不清心尖搏动的情况下，触诊常能发现。心尖抬举性搏动为左室肥大的体征，触诊时可感觉到手指被强有力的心尖搏动抬起并停留片刻，且搏动范围扩大。

> 提示：由于心尖搏动的外向运动标志着心室收缩期的开始，故可用此来帮助确定震颤、心音和杂音的时期。

2. **震颤** 用手触诊时感觉到的一种微细振动称为震颤(thrill),因其与猫喉部摸到的呼吸震颤类似,故又称"猫喘",是心血管器质性病变的特征性体征之一。

> **提示**:震颤具有重要的临床意义,发现震颤后应确定其部位、发生的时期(收缩期、舒张期或连续性),然后分析其临床意义。

心前区震颤的常见疾病,见表4-4-5。

表4-4-5 心前区震颤的临床意义

部位	时期	常见病变
胸骨右缘第2肋间	收缩期	主动脉瓣狭窄
胸骨左缘第2肋间	收缩期	肺动脉瓣狭窄
胸骨左缘第3、4肋间	收缩期	室间隔缺损
心尖区	收缩期	重度二尖瓣关闭不全
心尖区	舒张期	二尖瓣狭窄
胸骨左缘第2肋间	连续性	动脉导管未闭

3. **心包摩擦感** 是心前区胸骨左缘第3、4肋间可触到的一种摩擦振动感,在心脏的收缩期及舒张期均能触及,以收缩期、坐位前倾或呼气末时更为明显。心包摩擦感是由于急性心包炎时,纤维蛋白渗出使心包膜表面粗糙,心脏搏动时脏层与壁层心包相互摩擦产生的振动传至胸壁所致。随着心包腔内渗液增多,摩擦感消失。

(三)叩诊

操作视频:
心脏叩诊

心脏叩诊的目的主要在于确定心界的大小及其形状。心脏及大血管为不含气器官,叩诊应呈绝对浊音(实音),而心脏左右缘被肺遮盖,该部分叩诊则呈相对浊音。叩心界一般是叩心脏的相对浊音界,因其反映心脏的实际大小和形状(图4-4-11)。

1. **叩诊的方法及顺序** 叩诊时,被检者取仰卧位或坐位;采用间接叩诊法,以左手中指作为叩诊板指,当被检者取平卧位时板指与肋间平行,取坐位时板指与心缘平行而与肋间垂直;以右手中指叩击板指,叩击力度适当,用力均匀;按先左后右、由外向内、自下而上的顺序,以听到声音由清变浊来确定心浊音界。叩心脏左界时,自心尖搏动的肋间开始,从心尖搏动外2~3 cm处由外向内进行,如心尖搏

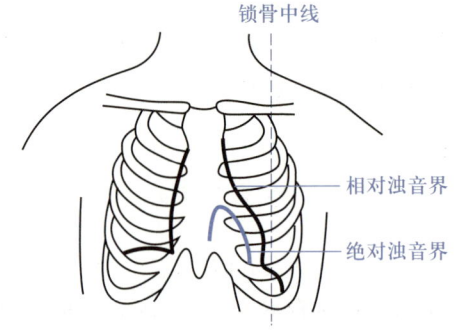

图4-4-11 心绝对浊音界和相对浊音界

动不明显,则自左侧第 6 肋间锁骨中线外清音处由外向内进行,再逐个肋间依次上移至第 2 肋间为止。叩心脏右界时,自肝浊音界的上一肋间开始,从右锁骨中线处由外向内进行,直至第 2 肋间。在由外向内叩诊过程中,当叩诊音由清音变为相对浊音时,表示已达心脏边界,此界为心脏的相对浊音界。如再继续向内叩诊,叩诊音变为实音时,则表示已达心脏无肺遮盖区域的边界,此界为心脏的绝对浊音界。

2. 正常心浊音界 正常人心左界在第 2 肋间几乎与胸骨左缘一致,其下方则逐渐左移形成一向左下方凸起的弧形。心右界除第 4 肋间处位于胸骨右缘稍外方,余各肋间几乎与胸骨右缘一致。正常成人心脏相对浊音界与前正中线的平均距离见表 4-4-6。

表 4-4-6 正常成人心脏相对浊音界与前正中线的平均距离

右界/cm	肋间	左界/cm
2~3	第 2	2~3
2~3	第 3	3.5~4.5
3~4	第 4	5~6
	第 5	7~9

左锁骨中线至前正中线的距离为 8~10 cm。

3. 心浊音界各部的组成 心左界第 2 肋间处相当于肺动脉段,第 3 肋间为左心耳,第 4、5 肋间为左心室;心右界第 2 肋间相当于上腔静脉和升主动脉,自第 3 肋间以下为右心房。心浊音界又可分为心上界和心下界,第 3 肋骨前端下缘以上为心上界,相当于第 2 肋间以上部分的浊音区,又称为心底部浊音区,为大血管在胸壁上的投影区;心下界由右心室及左心室心尖部组成;主动脉与左室交接处的凹陷部,称为心腰(图 4-4-12)。

4. 心浊音界改变及其临床意义 心浊音界大小、形状和位置可因心脏病变及心外因素的影响而发生改变。

(1)心脏病变:包括房室增大与心包积液等。

1)左心室增大:心浊音界向左下扩大,心腰加深,心界呈靴形,又称主动脉型心。常见于高血压心脏病、主动脉瓣关闭不全(图 4-4-13)。

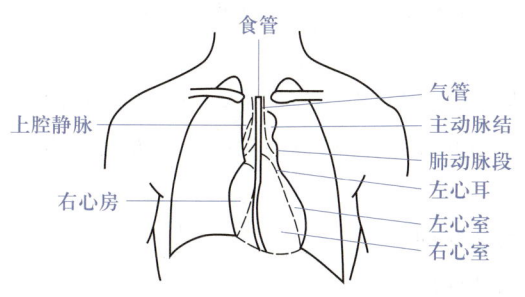

图 4-4-12 心脏各部在胸壁的投影

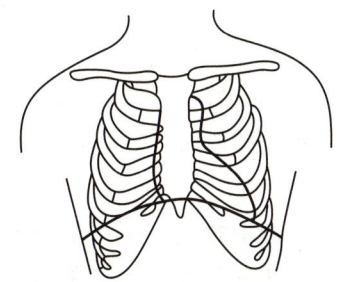

图 4-4-13 主动脉瓣关闭不全的心浊音界(靴形心)

2）右心室增大：轻度增大时仅使绝对浊音界增大；显著增大时，相对浊音界向两侧扩大，因心脏沿长轴顺时针转位，故向左侧增大较明显。常见于肺心病、单纯二尖瓣狭窄等。

3）左、右室增大：心界向两侧增大，且左界向左下增大，称普大型心。常见于扩张型心肌病、克山病等。

4）左心房及肺动脉扩大：心腰部饱满或膨出，心界呈梨形，因常见于二尖瓣狭窄，故又称二尖瓣型心（图4-4-14）。

5）主动脉扩张及升主动脉瘤：心底部浊音界增宽，常伴收缩期搏动。

6）心包积液：心包大量积液时，心界向两侧扩大，绝对浊音界与相对浊音界几乎相同，心界可随体位改变而变化，坐位时呈三角形烧瓶样，卧位时心底部增宽似球形。

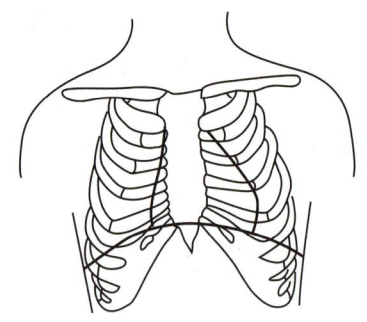

图4-4-14 二尖瓣狭窄的心浊音界（梨形心）

（2）心外因素

1）胸部疾病：大量胸腔积液或气胸时，可使心界向健侧移位；胸膜增厚与肺不张时，则使心界向患侧移位。

2）腹部疾病：大量腹水或腹腔巨大肿瘤及妊娠末期等使横膈抬高，心脏横位，以致心界向左增大。

（四）听诊

心脏听诊是心脏评估中最重要的方法。听诊心脏时，环境应安静，听诊器体件应紧贴被评估者胸壁皮肤，评估者注意力要高度集中。被评估者一般采取仰卧位或坐位，必要时可让被评估者改变体位，做深吸气、深呼气或做适当运动，以便更好地听清心音或杂音。

1. 心脏瓣膜听诊区 心脏瓣膜产生的声音在前胸壁听诊最清楚的区域称心脏瓣膜听诊区。瓣膜产生的声音传导至胸壁，受血流方向和其间传导介质的影响。因此，各瓣膜的听诊区与其在胸壁上的投影位置不完全一致。传统的心脏瓣膜听诊区有5个（图4-4-15、图4-4-16）：

（1）二尖瓣区：位于心尖搏动最强点，又称心尖区。正常人一般位于左侧第5肋间锁骨中线稍内侧。心脏增大，心尖搏动移位，则应选择心尖搏动最强点作为二尖瓣听诊区。

（2）肺动脉瓣区：位于胸骨左缘第2肋间。

（3）主动脉瓣区：位于胸骨右缘第2肋间。

（4）主动脉瓣第二听诊区：位于胸骨左缘第3、4肋间。主动脉瓣关闭不全时的舒张期杂音一般在该区最明显。

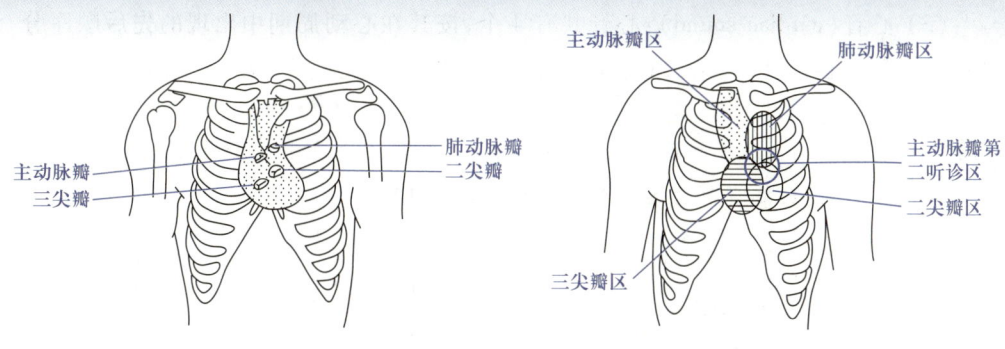

图 4-4-15　心脏瓣膜解剖部位　　　　　图 4-4-16　心脏瓣膜听诊区

（5）三尖瓣区：位于胸骨下端左缘，即胸骨左缘第 4、5 肋间。

除上述听诊区外，根据不同的病变，还可听诊其他部位，如腋下、颈部、剑突下等。

2. 听诊顺序　通常按逆时针方向进行听诊，即从二尖瓣区开始至肺动脉瓣区，再依次听主动脉瓣区、主动脉瓣第二听诊区和三尖瓣区。

3. 听诊内容　包括心率、心律、心音、额外心音、杂音和心包摩擦音等。

（1）心率（heart rate）：指每分钟心搏的次数。正常成人心率范围为 60～100 次/min，女性稍快，老年人偏慢。

> **提示**：3 岁以下儿童心率多在 100 次/min 以上。成人心率超过 100 次/min、婴幼儿超过 150 次/min 时，称为心动过速；心率低于 60 次/min 时，称为心动过缓。

（2）心律（cardiac rhythm）：指心脏搏动的节律。正常人心律规则。如吸气时心率增快，呼气时心率减慢，称为窦性心律不齐，可见于正常的儿童及青少年，一般无临床意义。听诊能够发现的心律失常以期前收缩（也称早搏）和心房颤动（简称房颤）最常见。

期前收缩听诊的主要特点：① 在规则心搏的基础上突然提前出现一次心搏，其后有一较长间歇（代偿间歇）。② 提前出现的心搏第一心音增强，第二心音减弱或难以听到。根据期前收缩发生的频率可分为频发（>6 次/min）与偶发（<6 次/min）；根据其起源部位可分为房性期前收缩、交界性期前收缩和室性期前收缩，但听诊难以区别，确诊有赖于心电图检查。

> **提示**：期前收缩可以按有规律的联律形式出现，每一次正常心脏搏动之后出现一次期前收缩，称为二联律；每两次正常心脏搏动之后出现一次期前收缩，称为三联律，以此类推。

房颤听诊的特点：① 心律绝对不规则。② 第一心音强弱不等。③ 心率大于脉率，称脉搏短绌（pulse deficit）。房颤常见于二尖瓣狭窄、冠心病、甲状腺功能亢进症等。

（3）心音（cardiac sound）：心音共有 4 个，按其在心动周期中出现的先后顺序分别命名为第一心音（S_1）、第二心音（S_2）、第三心音（S_3）和第四心音（S_4）。

提示：正常情况下，通常只能听到 S_1 和 S_2，在部分健康儿童和青少年中可听到 S_3。S_4 一般听不到，如能听到多数为病理性（图 4-4-17）。

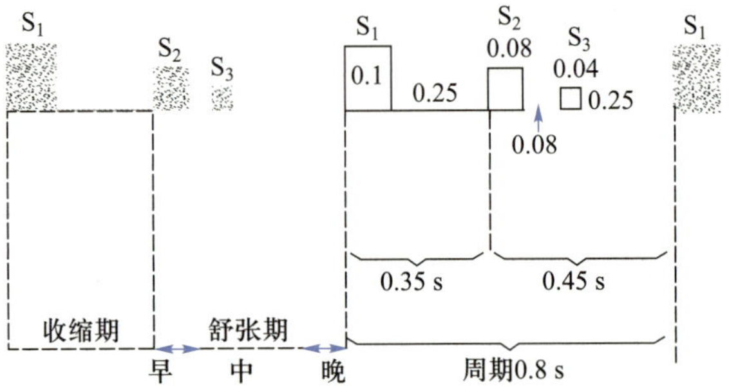

图 4-4-17　正常心音图示

心音的产生机制及听诊特点如下：

1）第一心音：出现在心室收缩开始时，主要是由二尖瓣和三尖瓣快速关闭、瓣叶及其附属结构突然紧张引起的振动所产生。此外，血流的突然加速和减速导致的大血管和心室壁的振动等因素，也参与 S_1 的形成。S_1 的听诊特点：① 音调较低钝。② 强度较响。③ 历时较长（持续约 0.1 s）。④ 与心尖搏动同时出现。⑤ 心尖部听诊最清楚。

2）第二心音：出现在心室舒张期开始时，主要是由于主动脉瓣和肺动脉瓣突然关闭引起瓣膜及血管壁振动所产生。S_2 的听诊特点：① 音调较高而脆。② 强度较 S_1 弱。③ 历时较短（约 0.08 s）。④ 在心尖搏动之后出现。⑤ 心底部听诊最清楚。

3）第三心音：出现在心室舒张早期，S_2 之后 0.12～0.20 s。S_3 是由于心室快速充盈期末，血流冲击心室壁、心室肌纤维伸展延长，使房室瓣、腱索和乳头肌突然紧张，振动所致。其听诊特点是音调低钝而短促，在心尖部及其内上方于仰卧位较易听到。正常情况下只在部分儿童和青少年中可听到。

4）第四心音：出现在心室舒张末期，S_1 之前约 0.1 s。一般认为 S_4 的产生与心房收缩导致的心肌振动有关。

提示：S_4 很弱，通常在病理情况下听到，在心尖部及其内侧较明显，低调、沉浊而弱。

由于 S_1 标志着心室收缩期开始，S_2 标志着心室舒张期开始，所以可根据 S_1 和 S_2 来判断心室的收缩期和舒张期。S_1 至 S_2 之间为心室的收缩期，S_2 至下一心动周期的 S_1 之间为心室的舒张期。在心脏听诊时，首先必须正确地判定 S_1 和 S_2，由此才能确定额外心音或杂音所出现的时期并正确地分析它们的临床意义。正常情况下，心室收缩期在心动周期中占时较舒张期短。因此，S_1 至 S_2 间隔较短，而 S_2 至下一心动周期的 S_1 间隔较长。再结合上述 S_1 和 S_2 的听诊特点一般两者不难鉴别。

（4）心音的改变及其临床意义

1）心音强度改变：受心脏本身或心外因素的影响，心音可增强或减弱。一个心音强度发生明显改变，多为心血管疾病所致；两个心音同时增强或减弱常由于心外因素影响所致。

第一心音改变：第一心音的强弱主要取决于心室收缩开始时房室瓣的位置、心室肌的收缩力、瓣膜的完整性与活动性。① 第一心音增强见于二尖瓣狭窄；心动过速及心肌收缩力增强时，如高热、贫血、甲状腺功能亢进等；完全性房室传导阻滞时，心房和心室的搏动各不相关，形成房室分离，各自保持自己的心律，当心房、心室同时收缩时，则第一心音极强，称"大炮音"。② 第一心音减弱见于二尖瓣关闭不全、心肌炎、心肌病、心肌梗死、心力衰竭等。③ 第一心音强弱不等常见于心房颤动、期前收缩和完全性房室传导阻滞。

第二心音改变：第二心音的强弱主要取决于主动脉和肺动脉内压力、半月瓣的弹性和完整性。① 第二心音增强见于高血压、动脉粥样硬化。② 第二心音减弱常见于低血压、主动脉瓣狭窄伴关闭不全、肺动脉瓣狭窄伴关闭不全。

第一、第二心音同时增强见于胸壁薄或心脏活动增强时，如劳动、情绪激动、严重贫血等；同时减弱见于肥胖、胸壁水肿、左侧胸腔大量积液、慢性阻塞性肺疾病、心肌炎、心肌病、心肌梗死、心功能不全、休克、心包积液等。

2）心音性质改变：心肌严重病变时，S_1 失去原有的特征而与 S_2 相似，可形成"单音律"。如果伴有心率增快，舒张期与收缩期的时间几乎相等时，听到的心音极似钟摆声，称为"钟摆律"。由于此音也与胎儿心音类似，故又称"胎心律"。

提示：胎心律见于重症心肌炎、扩张型心肌病、大面积心肌梗死等，提示心肌功能严重损害。

3）心音分裂（图 4-4-18）：正常人心室收缩时，构成第一心音的两个主要成分（即二尖瓣与三尖瓣）的关闭并不同步，二尖瓣关闭早于三尖瓣关闭 0.02~0.03 s。心室舒张时，构成第二心音的两个主要成分（即主动脉瓣与肺动脉瓣）的关闭也不同步，主动脉瓣关闭早于肺动脉瓣关闭约 0.03 s。当时间差小于 0.03 s 时，人耳是分辨不出来的，故听诊时为一个声音。如两个瓣膜关闭的时间差大于 0.03 s 时，听诊时即可听到两

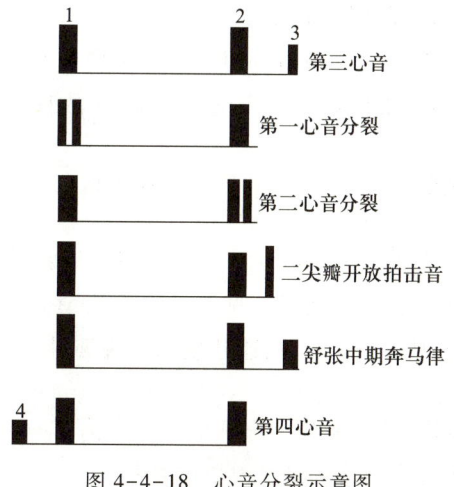

图 4-4-18　心音分裂示意图

第三心音

第一心音分裂

第二心音分裂

二尖瓣开放拍击音

舒张中期奔马律

第四心音

个声音,称为心音分裂。

第一心音分裂:二尖瓣与三尖瓣关闭的时间差增大造成第一心音分裂,在心尖区或胸骨左下缘听得较清楚。常见于完全性右束支传导阻滞、肺动脉高压等。

第二心音分裂:肺动脉瓣关闭与主动脉瓣关闭的时间差增大造成第二心音分裂。① 生理性分裂多见于青少年,由于深吸气时,胸腔负压增加,右心回心血量增加,右室射血时间延长,使肺动脉瓣关闭明显晚于主动脉瓣关闭造成。② 通常分裂是最常见的第二心音分裂,常见于二尖瓣狭窄伴肺动脉高压、肺动脉瓣狭窄、完全性右束支传导阻滞(右室排血时间延长)等。③ 固定分裂是指第二心音分裂不受吸气、呼气的影响,第二心音分裂的肺动脉瓣与主动脉瓣两个成分时距较固定,见于先天性心脏病房间隔缺损。④ 反常分裂又称逆分裂,是指主动脉瓣关闭迟于肺动脉瓣,常见于完全性左束支传导阻滞、主动脉瓣狭窄、重度高血压等。

(5) 额外心音:是指在 S_1 和 S_2 之外,额外出现的病理性附加音。大多数额外心音为一个,与 S_1、S_2 共同构成三音律;少数额外心音为两个,与 S_1、S_2 共同构成四音律。按其出现的时期不同,可分为收缩期额外心音和舒张期额外心音。舒张期额外心音较多见,临床意义较大。

1) 收缩期额外心音:可分别发生于收缩早期、中期或晚期。

收缩早期喀喇音:亦称收缩早期喷射音,按其发生部位可分为肺动脉收缩期喷射音和主动脉收缩期喷射音。① 肺动脉收缩期喷射音,在肺动脉瓣区最响,于呼气时增强,吸气时减弱。常见于肺动脉高压、轻中度肺动脉瓣狭窄、房间隔缺损和室间隔缺损等疾病。② 主动脉收缩期喷射音,在主动脉瓣区最响,可向心尖部传导,其响度不受呼吸影响。常见于高血压、主动脉瘤、主动脉瓣狭窄和主动脉瓣关闭不全等。

收缩中、晚期喀喇音:见于各种原因所致的二尖瓣脱垂,如原发性二尖瓣脱垂、缺血性心脏病(乳头肌功能不全)等。二尖瓣脱垂可导致瓣膜关闭不全,而产生收缩晚期杂音。收缩中、晚期喀喇音合并收缩晚期杂音称二尖瓣脱垂综合征。

2) 舒张期额外心音

奔马律(gallop rhythm):由出现在 S_2 之后的病理性 S_3 或 S_4 与原有的 S_1、S_2 共同组成的韵律,犹如马奔跑时的蹄声,故称为奔马律。

提示:奔马律是心肌受损的重要体征。

开瓣音(opening snap):又称二尖瓣开放拍击音。S_2 后高调清脆的附加音,在心尖内上方尤为清晰。见于二尖瓣狭窄。其形成是由于心室舒张早期,在异常增高的心房内压驱动下,快速开放的二尖瓣叶活动突然终止而产生的振动所致。

提示:开瓣音的出现表示瓣膜尚具有一定弹性,可作为二尖瓣分离术或球囊扩张术适应证的重要参考条件之一。

心包叩击音(pericardial knock):见于缩窄性心包炎。它是由于缩窄的心包限制心室的舒张,心室在舒张早期快速充盈阶段的舒张活动受阻而被迫骤然停止,使心室壁振动而产生。此音可在整个心前区听到,但以心尖部和胸骨下段左缘处更清楚。

医源性额外音:人工器材置入心脏可产生额外心音,常见的有两种。① 人工起搏音,一般认为是由置入心脏的人工起搏器电极引起。发生于 S_1 前,呈喀喇音性质,少数出现于 S_1 后,类似收缩早期喀喇音。② 人工瓣膜音,由于置入的人工机械瓣膜在开放或关闭时,金属瓣膜与支架相撞击所致。为音调高、响亮、短促的金属乐音。

(6)心脏杂音(cardiac murmur):是指除心音和额外心音之外出现的具有不同频率、不同强度、持续时间较长的夹杂声音。它可与心音分开或相连续,甚至完全掩盖心音。杂音对某些心血管疾病的诊断具有重要意义。

1)杂音的产生机制:杂音是由于血流加速、瓣膜口或大血管通道狭窄、瓣膜关闭不全、异常通道、心腔内漂浮物、大血管瘤样扩张使层流状态的血流产生湍流,使心壁、瓣膜或血管壁产生振动所致(图 4-4-19)。

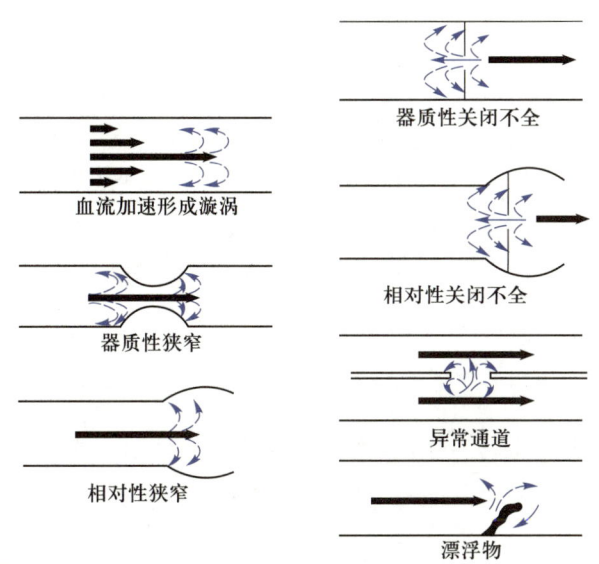

图 4-4-19 杂音的产生机制示意图

2)杂音的听诊要点:当听到杂音时,应根据其最响部位、出现时期、性质、传导、强度以及杂音与体位、呼吸、运动的关系等六个方面来判断其临床意义。

部位:杂音的最响部位常与病变部位有关。一般来说,杂音在某瓣膜听诊区最响,则提示该瓣膜有病变。如杂音在二尖瓣区最响,提示二尖瓣病变;在主动脉瓣区最响,提示主动脉瓣病变;在肺动脉瓣区最响,提示肺动脉瓣病变;在胸骨左缘第 3、4 肋间听到响亮而粗糙的收缩期杂音,则可能为室间隔缺损。

时期:发生在 S_1 与 S_2 之间的杂音,称为收缩期杂音(systolic murmur,SM);发生在 S_2 与下一心动周期的 S_1 之间者,称为舒张期杂音(diastolic murmur,DM)。

> **提示:**杂音在收缩期和舒张期连续出现者,称为连续性杂音(continuous murmur)。如收缩期和舒张期均有杂音,但不连续,则称为双期杂音。

性质:是指杂音的音色和音调,它取决于杂音振动的频率。音色可形容为吹风样、隆隆样(雷鸣样)、喷射样、叹气样、机器声样、乐音样等;音调常描述为柔和或粗糙。一般而言,功能性杂音较柔和,器质性杂音较粗糙。不同病变产生的杂音性质不同,临床上可根据杂音的性质来推断不同的病变。如二尖瓣区舒张期隆隆样杂音是二尖瓣狭窄的特征;二尖瓣区粗糙的全收缩期吹风样杂音,常提示二尖瓣关闭不全;二尖瓣区柔和的吹风样杂音,常提示为功能性杂音;主动脉瓣区舒张期叹气样杂音,为主动脉瓣关闭不全;胸骨左缘第 2、3 肋间机器声样杂音,见于动脉导管未闭,胸骨左缘第 3、4 肋间粗糙吹风样收缩期杂音,见于室间隔缺损等。

传导:杂音常沿血流方向传导,根据杂音最响部位及其传导方向,可判断杂音来源及其病理性质(表 4-4-7)。

表 4-4-7　各心脏疾病杂音听诊要点

病变	时期	最响部位	性质	传导
二尖瓣关闭不全	收缩期	心尖部	粗糙吹风样	左腋下、左肩胛下区
主动脉关闭不全	舒张期	主动脉瓣第二听诊区	吹气样	胸骨下端、心尖部
主动脉瓣狭窄	收缩期	主动脉瓣区	喷射样	颈部、胸骨下窝
肺动脉关闭不全	舒张期	肺动脉瓣区	吹风样	胸骨左缘第 3 肋间
二尖瓣狭窄	舒张期	局限心尖部	隆隆样	局限
肺动脉瓣狭窄	收缩期	局限胸骨左缘第 2 肋间	喷射样	局限
室间隔缺损	收缩期	局限胸骨左缘第 3、4 肋间	粗糙吹风样	较局限

强度:杂音的强度受病变程度、血流速度、病变部位两侧的压力差、心肌收缩力等因素的影响。一般将收缩期杂音的强度分为 6 级(表 4-4-8),对舒张期杂音的分级亦有人按此标准,或只分为轻、中、重 3 级。一般认为,3/6 级和 3/6 级以上杂音多为器质性病变。

> **提示:**杂音的强度不一定与病变的严重程度呈正相关,严重心力衰竭或极度狭窄时,杂音强度可减弱。因此,分析杂音时,除注意其强度外,还应结合杂音部位、性质、粗糙程度、传导情况等来判定其临床意义。

表 4-4-8 杂音强度分级

级别	响度	听诊特点	震颤
1	最轻	很弱,须在安静环境下仔细听诊才能听到	无
2	轻度	较易听到,不太响亮	无
3	中度	杂音明显,较响亮	无或可能有
4	响亮	杂音响亮	有
5	很响	杂音很强,且向四周甚至背部传导,但听诊器离开胸壁即听不到	明显
6	最响	杂音震耳,即使听诊器离胸壁一定距离也能听到	强烈

体位、呼吸和运动对杂音的影响:杂音受体位、呼吸和运动的影响,如左侧卧位可使二尖瓣狭窄的舒张期杂音更明显;仰卧位则二尖瓣、三尖瓣与肺动脉瓣关闭不全的杂音更明显;梗阻性肥厚型心肌病患者从卧位或下蹲位迅速站立,则杂音增强;深吸气时可使与右心相关的杂音如三尖瓣、肺动脉瓣狭窄与关闭不全杂音增强;运动可使二尖瓣狭窄的杂音增强。

3)杂音的临床意义:杂音的听取对于心血管病的诊断与鉴别诊断有重要的价值,但有杂音不一定有心脏病,有心脏病也可无杂音。根据产生杂音的部位有无器质性病变可将杂音分为功能性杂音和器质性杂音。功能性杂音包括无害性杂音、生理性杂音和相对性关闭不全或狭窄引起的杂音,其中,相对性杂音见于病理情况,与器质性杂音合称为病理性杂音。功能性杂音多为收缩期杂音。心脏没有器质性病变时出现的杂音,属于生理性杂音。心瓣膜和血管器质性损害所产生的杂音为器质性杂音。临床上应注意生理性杂音与器质性杂音的鉴别(表 4-4-9)。

表 4-4-9 收缩期生理性与器质性杂音的鉴别要点

鉴别点	生理性杂音	器质性杂音
年龄	儿童、青少年多见	见于任何年龄
部位	肺动脉瓣区和/或心尖区	见于任何瓣膜区
性质	柔和,吹风样	粗糙,吹风样,常呈高调
持续时间	短促	较长,常为全收缩期
强度	一般为 3/6 级以下	常在 3/6 级以上
震颤	无	可伴有
传导	局限,传导不远	传导较远而广泛
心脏大小	正常	常有心房和/或心室增大

下面将不同时期和部位的杂音特点和临床意义分述如下:

● 收缩期杂音

二尖瓣区:① 功能性,可见于发热、贫血、甲状腺功能亢进等,亦可见于部分健康人。杂音呈吹风样,柔和,一般在 2/6 级以下,时限短,较局限。② 相对性,见于左心室扩大引起的二尖瓣相对关闭不全,如高血压心脏病、冠心病和扩张型心肌病等。杂音呈吹风样,较柔和,一般不超过 3/6 级,经治疗心腔缩小后,杂音可减弱。③ 器质性,主要见于风湿性二尖瓣关闭不全、二尖瓣脱垂综合征等。杂音呈吹风样,粗糙,多在 3/6 级以上,持续时间长,可占整个收缩期,甚至掩盖 S_1,并向左腋下传导。

主动脉瓣区:① 相对性,见于升主动脉扩张,如主动脉硬化、高血压等。杂音较柔和,常有主动脉瓣第二心音(A_2)亢进。② 器质性,见于主动脉瓣狭窄。杂音呈喷射性,响亮而粗糙,向颈部传导,常伴有震颤,伴 A_2 减弱。

肺动脉瓣区:① 功能性,多为生理性,尤其在儿童及青少年中。杂音柔和,呈吹风样,常在 2/6 级以下,时限较短、较局限。② 相对性,由于肺动脉高压,肺动脉扩张产生肺动脉瓣相对狭窄所致。杂音特点介于功能性与器质性杂音之间,伴肺动脉瓣第二心音(P_2)亢进。见于二尖瓣狭窄、先天性心脏病房间隔缺损等。③ 器质性,见于肺动脉瓣狭窄。杂音呈喷射样、粗糙,为递增-递减型,一般在 3/6 级以上,常伴有震颤,P_2 多减弱。

三尖瓣区:① 相对性,多见于右心室扩大引起相对性三尖瓣关闭不全。杂音特点为吹风样、柔和,吸气时增强,一般在 3/6 级以下,经治疗心腔缩小后,杂音可消失。② 器质性,极少见。杂音特点与器质性二尖瓣关闭不全相似,但不传导至腋下,可伴颈静脉和肝脏收缩期搏动。

其他部位:室间隔缺损时,可在胸骨左缘第 3、4 肋间听到响亮而粗糙的吹风样全收缩期杂音,常伴有震颤。梗阻性肥厚型心肌病亦可在该部位闻及收缩期杂音。

- 舒张期杂音

二尖瓣区:① 器质性,主要见于风湿性心脏病二尖瓣狭窄。杂音在心尖部最响,出现在舒张中、晚期,呈隆隆样,先递减后递增,较局限,常伴有 S_1 亢进、开瓣音和心尖区舒张期震颤。② 相对性,主要见于主动脉瓣关闭不全引起的相对性二尖瓣狭窄,其发生是由于主动脉反流的血液冲击二尖瓣前叶以及反流导致左心室舒张期压力增高,使二尖瓣开放受限所致。此杂音称为 Austin Flint 杂音,其出现的时期及性质与器质性二尖瓣狭窄相似,但不伴有 S_1 亢进、开瓣音及震颤。

主动脉瓣区:见于各种原因所致的主动脉瓣关闭不全。杂音出现于舒张早期,呈递减型,为叹气样,在主动脉瓣第二听诊区最清楚,沿胸骨左缘向下传导,可达心尖部,坐位前倾,呼气末屏住呼吸时更易听到。

肺动脉瓣区:多由于肺动脉扩张引起的肺动脉瓣相对关闭不全所致。杂音为舒张期递减型、吹风样、较柔和,常合并 P_2 亢进,称为 Graham Steell 杂音。常见于二尖瓣狭窄伴重度肺动脉高压时。

连续性杂音和双期杂音常见于先天性心脏病动脉导管未闭。杂音粗糙、响亮,类似机器转动声,在收缩期与舒张期持续存在,在胸骨左缘第 2 肋间稍外侧最明显,常伴有连续性震颤。此外,冠状动静脉瘘、冠状动脉窦瘤破裂也可出现连续性杂音。

(7) 心包摩擦音(pericardial friction sound):指脏层与壁层心包由于感染或理化因素致纤维蛋白沉积而粗糙,在心脏搏动时产生摩擦而出现的声音。心包摩擦音性质粗糙、音调较高、呈搔抓样、近在耳边，与心脏活动一致，收缩期与舒张期均可听到，以收缩期明显，常呈来回性。摩擦音可在整个心前区听到，但以胸骨左缘第3、4肋间最响，坐位前倾或听诊器体件向胸壁加压时更明显。

> **提示：**心包摩擦音与胸膜摩擦音的主要区别是屏住呼吸时胸膜摩擦音消失，而心包摩擦音仍然存在。常见于各种原因所致的心包炎，如结核性、化脓性、非特异性、风湿性心包炎，亦见于心肌梗死、尿毒症、系统性红斑狼疮等。

六、血管评估内容与方法

血管检查是体格检查的重要组成部分。重点阐述周围血管的检查，包括脉搏、血压、周围血管征等。

（一）脉搏

动脉血管随心脏的收缩和舒张活动而相应出现的扩张和回缩的搏动，称为动脉脉搏，简称脉搏（pulse）。检查脉搏主要采用触诊的方法。检查时，应选择浅表动脉，临床上最常选用桡动脉，亦可选用颞动脉、颈动脉、肱动脉、股动脉、足背动脉等。

1. 脉率　即每分钟脉搏的次数。正常成人在安静状态下的脉率为60～100次/min，平均72次/min，女性较男性略快；老年人偏慢；儿童平均约90次/min，婴幼儿可达130次/min；病理情况下，脉率可增快或减慢。如发热、贫血、甲状腺功能亢进、心功能不全、休克、心肌炎等，脉率常增快；颅内压增高、阻塞性黄疸、病态窦房结综合征、Ⅱ度以上房室传导阻滞、甲状腺功能减退等，脉率多减慢。

> **提示：**正常人脉率与心率相等。某些心律失常时，如心房颤动、期前收缩等，可由于部分心搏的搏出量过少，使周围动脉不能产生搏动，则出现脉率少于心率，称为脉搏短绌。

2. 脉律　脉搏的节律可反映心搏的节律。正常人脉律较规则，亦可出现窦性心律不齐，即吸气时脉率增快，呼气时减慢。

> **提示：**心律失常时，则出现脉律不规则，如期前收缩呈二联律或三联律者可出现二联脉、三联脉；房室传导阻滞者可有脉搏脱漏；心房颤动者脉律绝对不规则，且强弱不等，常有脉搏短绌。

3. 紧张度　脉搏的紧张度与血压（主要是收缩压）的高低有关。检查时，以近端手指按压动脉，逐渐施压直至远端手指触不到脉搏，此时，近端手指完全阻断动脉搏动所施的压力，即为脉搏的紧张度。

4. 强弱　脉搏的强弱取决于心脏每搏输出量、脉压和周围血管阻力大小。每搏输出量增加、脉压增大、周围动脉阻力减低时,脉搏强而振幅大,称为洪脉,见于高热、甲状腺功能亢进、主动脉瓣关闭不全等。反之,脉搏弱而振幅低,称为细脉或丝脉,见于心功能不全、主动脉瓣狭窄、休克等。

5. 波形　脉搏搏动的情况可用脉波仪描记出具有一定形态的曲线,这一曲线称脉搏的波形。临床上,亦可用触诊来粗略地估计脉搏的波形。

（1）水冲脉(water hammer pulse):脉搏骤起骤落,犹如水浪冲过,故称水冲脉。检查时,紧握被检者手腕掌面,将其前臂抬高过头,脉搏的冲击感则更为明显。这是由于脉压增大所致,主要见于主动脉瓣关闭不全,亦可见于甲状腺功能亢进、动脉导管未闭和严重贫血等。

（2）交替脉(alternating pulse):指节律规则而强弱交替出现的脉搏。其机制为左室收缩力强弱交替所致,是左室功能衰竭的重要体征之一。常见于高血压心脏病、急性心肌梗死和主动脉瓣关闭不全等。

（3）奇脉(paradoxical pulse):吸气时,脉搏明显减弱甚至消失的现象称为奇脉,常见于心包积液和缩窄性心包炎,是心脏压塞的重要体征之一。奇脉的产生机制是由于吸气时左心输出量减少所致。

6. 动脉壁的情况　正常人动脉管壁光滑、柔软,并具有一定弹性。正常动脉用手指压迫使其血流阻断时,其远端的动脉管不能触及,如仍能触及,则提示动脉硬化。动脉硬化明显时,动脉壁变硬,弹性丧失,呈迂曲的索条状。

（二）血压

动画:谈谈
高血压

血压(blood pressure,BP)通常是指体循环动脉血压,是血管内流动的血液对单位面积血管壁的侧压力,为重要的生命体征之一。

1. 测量方法　有直接测量和间接测量两种方法。前者经皮穿刺将导管由周围动脉送至主动脉而直接测得主动脉内的压力,血压值较精确,但为有创方法,仅适用于危重患者或某些手术患者的血压监测;后者为袖带加压法,采用血压计测量,该法虽受周围动脉舒缩变化等因素的影响,但其简便易行,因此临床上广泛采用。

血压计测量操作规程:根据《中国高血压防治指南（2024 年修订版）》,诊室血压测量步骤操作规程如下。

（1）坐位安静休息至少 5 min 后,测量上臂血压,上臂应置于心脏水平。

（2）推荐使用经过准确性验证的上臂式医用电子血压计,不建议使用水银柱血压计。

（3）使用标准规格的袖带(气囊长 22~26 cm、宽 12 cm),臂围大者(>32 cm)应使用大袖带。臂围小者(<24 cm)应使用小袖带。

（4）首诊时应测量两侧上臂血压,以血压读数较高的一侧作为测量的上臂。

（5）测量血压时,应相隔 30~60 s 重复测量,取 2 次读数的平均值记录。如果收缩压或舒张压的 2 次读数相差 10 mmHg 以上,应再次测量,取 3 次读数的平均值记录。

（6）老年人、糖尿病或出现直立性低血压的患者，应该加测站立位血压。站立位血压在卧位或坐位改为站立位后 1 min 和 3 min 时测量。

（7）在测量血压的同时，应测定脉率。

2. 血压标准　《中国高血压防治指南（2024 年修订版）》公布的血压标准见表4-4-10。

表 4-4-10　基于诊室血压的血压分类和高血压分级

分类	收缩压（SBP）/mmHg		舒张压（DBP）/mmHg
正常血压	<120	和	<80
正常高值	120~139	和/或	80~89
高血压	≥140	和/或	≥90
1 级高血压（轻度）	140~159	和/或	90~99
2 级高血压（中度）	160~179	和/或	100~109
3 级高血压（重度）	≥180	和/或	≥110
单纯收缩期高血压	≥140	和	<90
单纯舒张期高血压	<140	和	≥90

注：当 SBP 和 DBP 分属不同的级别时，以较高的分级为准。

3. 血压变动的临床意义

（1）高血压：在未使用降压药物的情况下，非同日 3 次测量诊室血压，SBP≥140 mmHg 和/或 DBP≥90 mmHg 称为高血压。临床上，多数高血压为原发性高血压，少数为继发性高血压。后者常由于肾疾病、肾动脉狭窄、肾上腺皮质或髓质肿瘤等疾病所致。

（2）低血压：凡 SBP<90 mmHg、DBP<60 mmHg 称为低血压。常见于休克、急性心肌梗死、急性心脏压塞等严重病症。亦有体质的原因，部分健康人长期血压低，但无任何不适症状，属于生理性低血压状态。

（3）双侧上肢血压差别显著：正常人双侧上肢血压差别在 5~10 mmHg。若超过10 mmHg 则属异常，提示多发性大动脉炎、先天性动脉畸形、血栓闭塞性脉管炎等。

（4）上下肢血压差异常：采用袖带法测量，正常人下肢血压较上肢血压高 20~40 mmHg。若出现下肢血压等于或低于上肢血压，提示相应部位动脉狭窄或闭塞。见于闭塞性动脉硬化、动脉血栓栓塞、主动脉夹层等。

（5）脉压改变：收缩压与舒张压之差值为脉压。脉压大于 40 mmHg 为脉压增大，见于主动脉瓣关闭不全、动脉导管未闭、甲状腺功能亢进、严重贫血、主动脉硬化等。脉压小于 30 mmHg 为脉压减小，见于主动脉瓣狭窄、心包积液、心力衰竭、休克等。

4. 动态血压监测（ambulary blood pressure monitoring，ABPM）　使用自动的电子血压计进行测量。通常白天每 15~20 min 测量 1 次，晚上睡眠时间每 30 min 测量一次,测量次数多,无测量者误差,可以避免白大衣效应,还可以诊断单纯性夜间高血压。

5. 家庭血压监测(home blood pressure monitoring,HBPM) 由患者本人自我测量,也可由家庭成员协助完成。可用于评估数日、数周、数月甚至数年的降压疗效和长时血压变异,适合患者长期血压监测。

(三)周围血管征及其他

1. 周围血管征 是脉压增大时出现的体征,主要见于主动脉瓣关闭不全、甲状腺功能亢进等脉压增大的疾病。除了可扪及水冲脉之外,还有以下体征:

(1)枪击音:将听诊器体件放在浅表大动脉(常选择股动脉或肱动脉)处,可闻及与心搏一致的类似于用枪射击的"Ta-Ta"音,称为枪击音。

(2)Duroziez双重杂音:如将听诊器体件稍加压力于浅表大动脉处,可闻及收缩期与舒张期双期杂音,称为Duroziez双重杂音。这是由于脉压增大,血流往返于听诊器加压造成的动脉狭窄处所引起。

(3)毛细血管搏动征:用手指轻压指甲甲床末端或以玻片轻压口唇黏膜,如见到红、白交替的节律性微血管搏动现象,即为毛细血管搏动征。

2. 腹-颈静脉回流征(abdominal-jugular reflux sign) 亦称肝-颈静脉回流征(hepatojugular reflux sign)。用手按压被评估者腹部,颈静脉充盈更明显,称为腹-颈静脉回流征阳性,是右心功能不全的重要征象之一,亦可见于缩窄性心包炎和心包积液。检查时应嘱被评估者平静呼吸,避免屏气,持续按压中腹部10~30 s。正常人在按压开始时可出现短暂的一过性颈静脉轻度充盈,而在右心排血障碍伴体静脉淤血时,颈静脉充盈为持续性。其主要发生机制是按压腹部时,腹腔内压增高,腹腔脏器的血液向下腔静脉和右心回流增加,由于右心不能有效地排出增加的血量,从而导致中心静脉压增高,颈静脉充盈加重。

3. 动脉杂音 多见于周围动脉、肺动脉和冠状动脉。如甲状腺功能亢进时,在肿大的甲状腺上可闻及血管杂音;多发性大动脉炎的狭窄部位可听到收缩期杂音;肾动脉狭窄时,可在上腹部及腰背部闻及收缩期杂音;周围动静脉瘘时,可在病变部位闻及连续性杂音。冠状动静脉瘘时可在胸骨中下端出现表浅而柔和的连续性杂音或双期杂音,部分以舒张期显著。肺内动静脉瘘时,在胸部相应部位有连续性杂音。

4. 静脉杂音 由于静脉压力较低,不易出现湍流,因而静脉杂音一般不明显。

七、循环系统常见疾病的主要症状和体征

(一)二尖瓣狭窄

二尖瓣狭窄(mitral stenosis)绝大多数由风湿热引起。主要病理及病理生理改变

为二尖瓣叶交界处粘连、融合,瓣口面积缩小,使左房血液在舒张期流入左室受阻,导致左房增大和肺淤血,继而使肺动脉压增高,右室负荷过重发生肥大,最终导致右心衰竭。

症状　最早出现的症状为劳力性呼吸困难,以后可发展为夜间阵发性呼吸困难甚至肺水肿,可有咳嗽、咯血。

体征

视诊:二尖瓣面容。由于右心室扩大心尖搏动可向左移位。

触诊:心尖区可触及舒张期震颤。

叩诊:由于左房、右室增大及肺动脉增宽,心浊音界可呈梨形。

听诊:① 心尖区舒张中晚期隆隆样杂音,于舒张晚期递增,左侧卧位更清晰。② 第一心音增强。③ 心尖内侧可闻及开瓣音。④ 肺动脉瓣区第二心音增强和分裂。⑤ 严重肺动脉高压者,在肺动脉瓣区可闻及舒张期杂音,称 Graham Steell 杂音。

(二) 二尖瓣关闭不全

二尖瓣关闭不全(mitral insufficiency)多由风湿性和非风湿性病变导致的器质性瓣叶和腱索损害所致,有部分是由于左室扩大引起的相对性关闭不全。二尖瓣关闭不全使收缩期左室血液反流至左房,导致左房容量增加,压力增高;舒张期左室容量负荷加重,左室扩大,最终发生左心衰竭。

症状　慢性二尖瓣关闭不全患者可多年无症状。随着左室容量负荷过重,左室功能失代偿后可出现心悸、乏力、劳力性呼吸困难等明显左心衰竭的表现。

体征

视诊:心尖搏动向左下移位。

触诊:心尖搏动有力,可呈抬举性。

叩诊:心浊音界向左下扩大。

听诊:① 心尖区 3/6 级以上全收缩期吹风样杂音,性质粗糙,向左腋下或左肩胛下区传导。② 第一心音减弱或被杂音遮盖。③ 肺动脉瓣区第二心音增强和分裂。

(三) 主动脉瓣狭窄

主动脉瓣狭窄(aortic stenosis)可由先天性畸形和获得性病变引起。后者常见于风湿性心脏病和老年退行性主动脉瓣钙化。主要病理改变是主动脉瓣口狭窄,左室排血阻力增高,左室肥厚;主动脉平均压降低,冠状动脉和周围动脉血流量减少。

症状　主要症状为头晕,重者可发生晕厥,可有心悸、乏力及心绞痛。

体征

视诊:心尖搏动增强,可稍向左下移位。

触诊:心尖搏动有力,呈抬举样,胸骨右缘第 2 肋间可触及收缩期震颤。

叩诊:心浊音界正常或向左下扩大。

听诊:① 胸骨右缘第 2 肋间 3/6 级以上收缩期粗糙喷射性杂音,向颈部传导。② 主动脉瓣区第二心音减弱,可伴第二心音反常分裂。③ 心尖区可有第四心音。

(四)主动脉瓣关闭不全

主动脉瓣关闭不全(arotic insufficiency)主要病因有风湿性及非风湿性,后者包括先天性、瓣膜脱垂、感染性心内膜炎等。主要病理生理改变为舒张期主动脉血液反流,左室容量负荷过重,最终发展为左心扩大与左心衰竭。此外,由于舒张期主动脉血液反流,可致舒张压降低而使脉压增大。

症状 心悸、头晕,晚期可有左心衰竭症状。

体征

视诊:心尖搏动向左下移位,重度关闭不全者颈动脉搏动明显,可有随心搏出现的点头运动(Musset 征)。

触诊:心尖搏动向左下移位,呈抬举样搏动。可有水冲脉及毛细血管搏动。

叩诊:心脏浊音界向左下扩大,心腰加深,心浊音界呈靴形。

听诊:① 主动脉瓣区或主动脉瓣第二听诊区舒张期叹气样杂音,呈递减型,可向心尖部传导。② 主动脉瓣区第二心音减弱。③ 可有相对二尖瓣狭窄所致的心尖区舒张期隆隆样杂音,即 Austin Flint 杂音。④ 周围血管可闻及枪击音和 Duroziez 双重杂音。

(五)心包积液

心包积液(pericardial effusion)是指由于感染或非感染性疾病引起的心包腔内液体积聚。大量或迅速生成的积液,使心包腔内压增高,心脏舒张受限,导致静脉回流受阻,心输出量减少。

症状 多有心前区闷痛、呼吸困难、疲乏和腹胀等。心脏压塞时可出现休克。

体征

视诊:心前区饱满,心尖搏动减弱或消失。

触诊:心尖搏动减弱或触不到,如能触及则在心相对浊音界之内侧。在心包炎初期积液量很少时,可触及心包摩擦感。

叩诊:心浊音界向两侧扩大,且随体位改变而变化。

听诊:少量积液时可听到心包摩擦音;大量积液时心率较快,心音弱而遥远。

其他体征:可出现颈静脉怒张和肝大、奇脉、脉压减小等。由于左下肺受扩大心包的挤压,可于左肩胛下区出现语颤增强、叩诊浊音及支气管呼吸音,称为 Ewart 征。

(六)心力衰竭

心力衰竭(heart failure)指在静脉回流正常的情况下,由于心脏损害引起心输出量减少,不能满足机体代谢需要的一种综合征。心力衰竭的病因很多,主要由于心肌本身病变和心室负荷过重引起。临床上以肺和/或体循环淤血以及组织灌注不足为特征。

症状

1. 左心衰竭(肺淤血) 劳力性或夜间阵发性呼吸困难,严重者呈端坐呼吸及咳粉红色泡沫样痰,可有乏力、咳嗽等。

2. 右心衰竭(体循环淤血) 腹胀、少尿、食欲不振、恶心、呕吐等。

体征

1. 左心衰竭

视诊:有不同程度的呼吸困难、发绀,高枕卧位或端坐体位。

触诊:可有交替脉。

叩诊:常有心界扩大。

听诊:心尖及其内侧可闻及舒张期奔马律,肺动脉瓣区第二心音亢进。双肺底可闻及对称性细湿啰音,亦可伴哮鸣音。急性肺水肿时,双肺满布湿啰音。

2. 右心衰竭

视诊:颈静脉怒张,可有明显周围性发绀。

触诊:可有不同程度的肝大、压痛及肝颈静脉回流征阳性。下垂部(下肢或腰骶部)可出现凹陷性水肿,严重者全身水肿。

叩诊:可有心界扩大、胸腔积液(右侧多见)与腹水体征。

听诊:可在三尖瓣区闻及右室舒张期奔马律及三尖瓣相对关闭不全的收缩期吹风样杂音。

本节小结

胸廓内有心、肺等重要脏器,可通过检查脏器在体表上的投影来判断这些脏器的生理病理状态。熟记正常胸廓内部脏器的轮廓和位置以及异常体征的部位和范围,熟识胸廓上的自然标志和人为的划线具有十分重要的意义。

胸廓形状随年龄而变化,检查胸廓时注意胸廓前后径与左右径比;是否有膨隆或凹陷、畸形;静脉曲张时血流方向、胸壁压痛部位、疼痛特征、乳房对称性、皮肤的表面情况、变化特征;乳头的位置、大小、两侧是否对称,有无内陷,有无异常分泌物。

肺、胸膜评估是健康状态评估的最重要内容,呼吸运动类型、呼吸困难的表现方式、呼吸频率和节律的变化,常反映被评估者疾病状态的程度和预后,掌握触诊检查的基本方式、评估异常改变的临床意义是评估的基本要求。掌握叩诊的基本方法,辨别清音、浊音、实音、鼓音的特征与正常分布,对肺、胸膜疾病的定位和定性具有重要意义,正确辨别三种正常呼吸音、异常呼吸音和啰音的听诊特点,对临床疾病的诊断、治疗、护理具有重要的指导意义。

心脏评估是健康评估的最重要内容之一,心脏搏动的频率、节律、强度、心脏瓣膜的狭窄、室间隔缺损、动脉导管未闭等疾病,均可通过心脏的视、触诊评估提供确定和鉴别的依据,心脏浊音界大小、形状和位置可因心瓣膜狭窄或关闭不全,动脉狭窄、扩张或压力增高、心肌肥厚、心包疾病,胸、腹部疾病影响发生相应的改变;心脏听诊是心脏物理诊断中最重要的方法,通过听诊可获得心率、心律、心音和杂音等多种信息,有助于心血管疾病的诊断和鉴别诊断。

本节思考题

一、名词解释

胸骨角　扁平胸　鸡胸　肋膈沟　三凹征　潮式呼吸　间停呼吸　语音震颤　干啰音　湿啰音　负性心尖搏动　心脏震颤　期前收缩　二联律　奔马律　Austin Flint 杂音　Graham Steel 杂音　水冲脉　交替脉　奇脉　周围血管征　肝-颈静脉回流征

二、简答题

1. 说出胸部体表标志及解剖特征。

2. 简述胸壁、胸廓与乳房各种异常改变的临床特征及评估的临床意义。

3. 简述吸气性、呼气性、混合性呼吸困难产生的原因和临床表现特征。

4. 说出语颤改变评估的临床意义。

5. 说出正常胸部叩诊音特点及其在胸部的分布。

6. 说出肺部听诊的内容有哪些。

7. 说出三种正常呼吸音的特征与正常分布区域。

8. 简述干、湿啰音产生的机制,评估的特点及临床意义。

9. 说出胸膜摩擦音与心包摩擦音的鉴别特点。

10. 简述心尖搏动位置病理情况下的改变。

11. 简述心前区震颤临床评估的意义。

12. 简述心脏杂音产生的原因。

13. 简述功能性与器质性心脏杂音的评估要点。

14. 简述水冲脉的评估方法与意义。

三、病例分析

1. 男性,28 岁,因高热、咳嗽伴右胸痛 3 天,咳铁锈色痰 1 天入院。试分析:

(1) 该患者目前发生了什么情况?

(2) 评估患者可能出现哪些阳性体征。

2. 女性,42 岁,胸背针灸治疗后,突感呼吸困难,心慌,烦躁不安。试分析:

(1) 该患者目前发生了什么情况?

(2) 评估患者可能出现哪些阳性体征。

3. 女,23 岁,游走性关节疼痛、肿胀 10 年,心悸、气促 5 年。试分析:

(1) 该患者目前出现了哪些情况?

(2) 护理查体患者的阳性体征有哪些?

第五节　腹部评估

腹部的范围上起横膈，下至骨盆，前面及侧面为腹壁，后面为脊柱及腰肌，内含腹膜腔及腹腔脏器等。

> **提示**：评估腹部时，为避免叩诊、触诊对胃肠蠕动的影响，一般按视、听、叩、触诊的顺序进行。

一、腹部体表标志及分区

为了准确地描述和记录脏器及病变的位置，必须熟悉腹部的体表标志、腹部分区及其各区内脏器的分布情况。

（一）体表标志

常用的体表标志有：肋弓下缘、胸骨剑突、腹上角、腹中线、脐、髂前上棘、腹直肌外缘、腹股沟韧带、耻骨联合、第十二肋骨、肋脊角，部分体表标志见图4-5-1。

（二）腹部分区

常用有四区法和九区法。

1. 四区法　以脐为中心划一水平线和一垂直线，把腹部分为右上腹、右下腹、左上腹、左下腹四区（图4-5-2）。

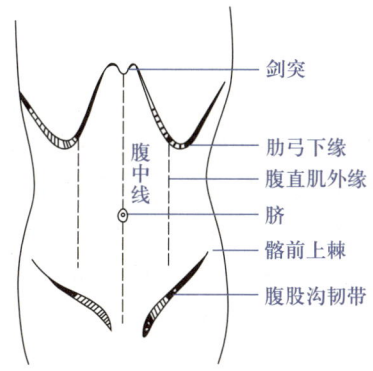

图4-5-1　腹部体表标志示意图

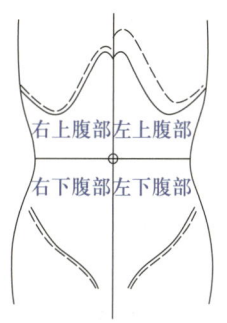

图4-5-2　腹部体表四区法示意图

2. 九区法　用两条水平线和两条垂直线将腹部分成九个区，上水平线为两侧肋缘最低点（相当于第十肋骨）的连线；下水平线为两侧髂前上棘的连线；左、右两条垂直线是在左右髂前上棘至腹正中线的水平线的中点上所作的垂直线。这四条线相交将腹部分成九个区（图4-5-3）。各区的主要脏器如下：

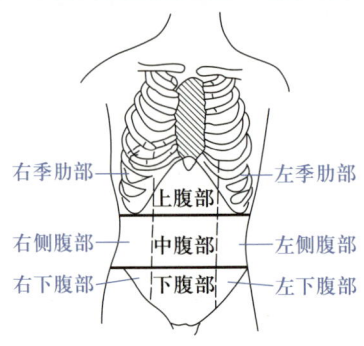

图 4-5-3　腹部体表九区法示意图

（1）右上腹部（右季肋部）：肝右叶、胆囊、结肠肝曲、右肾、右肾上腺等。

（2）右侧腹部（右腰部）：升结肠、空肠、右肾。

（3）右下腹部（右髂部）：盲肠、阑尾、回肠下端、女性的右侧卵巢及输卵管、男性的右侧精索、淋巴结。

（4）上腹部：肝左叶、胃、十二指肠、横结肠、大网膜、胰头和胰体、腹主动脉。

（5）中腹部（脐部）：横结肠、十二指肠下部、空肠和回肠、腹主动脉、输尿管、大网膜、肠系膜、淋巴结等。

（6）下腹部：回肠、输尿管、充盈的膀胱、增大的子宫、乙状结肠。

（7）左上腹部（左季肋部）：胃、脾、结肠脾曲、胰尾、左肾、左肾上腺。

（8）左侧腹部（左腰部）：降结肠、空肠、回肠、左肾。

（9）左下腹部（左髂部）：乙状结肠、女性的左侧卵巢及输卵管、男性的左侧精索、淋巴结。

二、腹部评估方法与内容

案例 4-1：胡先生，男，45 岁，有肝硬化病史 5 年，近 10 天来出现腹胀，且逐渐加重，食欲严重下降，全身水肿，尿少。护理查体：颈静脉怒张，肝 - 颈静脉回流征阴性。蛙腹，脐周腹壁静脉曲张，血流方向是脐以上向上，脐以下向下，颈部、胸锁乳突肌处有蜘蛛似的小红点，压之褪色，肝肋缘下未触及，脾肋下 3 cm 叩诊有移动性浊音。试分析：

（1）该患者视、触、叩诊特点及其临床意义？

（2）该患者主要的护理诊断是什么？

（3）形成腹水的原因是什么？该患者至少有多少腹水？

（一）视诊

腹部视诊时，被评估者取仰卧屈膝位，充分暴露腹部，评估者站在被评估者右侧，在光线充足的情况下，由上而下进行观察，保持视线与被评估者的腹部在同一平面，有利于观察腹部细微的变化。腹部视诊内容如下：

1. 腹部外形　观察腹部是否对称、有无隆起或凹陷、有腹水或腹部包块时，还应测量腹围的大小。

（1）正常腹部外形：健康正力型成人腹部两侧对称，外形平坦，即仰卧时前腹壁与肋缘至耻骨联合大致位于同一平面，坐位时脐以下部分稍前凸。小儿及肥胖者腹部呈圆形微隆起，高于肋缘至耻骨联合平面，称腹部饱满。老年人和消瘦者前腹壁稍内凹，低于肋缘至耻骨的水平面，称腹部低平。

（2）异常腹部外形

1）腹部膨隆（abdominal bulge）：为仰卧时前腹壁明显高于肋缘至耻骨联合的平面。① 全腹膨隆，肝硬化、心功能不全、腹膜转移癌、肾病综合征等所致的大量腹水患者仰卧时，腹壁松弛，液体下沉于腹腔两侧，称蛙状腹（frog belly），立位时腹水积于下腹部，称悬垂腹；肠梗阻、肠麻痹所致的胃肠胀气、气腹或足月妊娠者、巨大卵巢囊肿、畸胎瘤所致的腹腔内巨大包块呈球形，两侧腰部膨出不明显，外形不随体位变化；肥胖所致全腹膨隆，脐部多呈凹陷状。② 局部膨隆，见于腹内有增大的脏器、肿瘤、炎性包块、局部积液、胃或肠曲胀气，以及腹壁上的肿物和疝等。应注意局部膨隆的部位、外形、有无搏动和是否随体位改变或随呼吸运动而移位等。局部膨隆与该处脏器有关，但局部肿块亦可来自腹壁，而非腹腔内，应予鉴别。可嘱患者两手托头，从仰卧位做起坐动作，使腹部肌紧张，若肿块更明显，示肿块位于腹壁上；反之若变得不明显或消失，示肿块位于腹腔内，此即为抬头试验。

> **提示**：为了动态观察腹水的增减，应定期测量腹围大小，方法是取仰卧位，空腹及排尿后用软尺测量经脐环绕腹部一周的长度，每次测量腹围均须在同样条件下进行。

2）腹部凹陷（abdominal retraction）：为仰卧位时前腹壁明显低于肋缘至耻骨联合的平面。① 全腹凹陷，见于显著消瘦、严重脱水、恶病质等，腹部向下塌陷几乎贴近脊柱，肋弓、髂嵴和耻骨联合显露，全腹外形呈舟状，称舟状腹（scaphoid abdomen）。② 局部凹陷，多见于腹部手术后瘢痕收缩。

2. 呼吸运动　呼吸时腹壁上下起伏，称为腹式呼吸。正常时，男性及儿童以腹式呼吸为主；成年女性则以胸式呼吸为主。腹式呼吸减弱常见于腹膜炎症、大量腹水、腹腔内巨大肿块或妊娠；腹式呼吸消失可见于胆道或胃肠穿孔所致的急性腹膜炎或膈肌麻痹等。

3. 腹壁静脉　正常人腹壁静脉一般不显露，在较瘦、肤色较白的人或皮肤薄而松弛的老年人，有时可见细小的静脉网，但不迂曲怒张。当门静脉或上、下腔静脉回流受阻而形成侧支循环时，腹壁静脉可显著地扩张或迂曲，称腹壁静脉曲张。检查腹壁曲张静脉的血流方向，有利于判断静脉阻塞的部位。

检查血流方向的方法:评估者用示指和中指并拢,压迫一段不分叉的曲张静脉,向两端推挤血液使血管空虚,然后交替抬起一指,观察血液从何端流入而使血管充盈,即可判断血流方向(图4-5-4)。

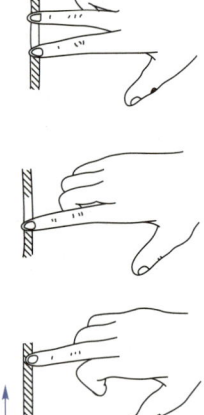

(1)门静脉阻塞引起门脉高压而形成侧支循环时,曲张的静脉以脐为中心向四周伸展,称海蛇头(caput medusae),又名水母头。血流方向为脐水平以上的向上、脐水平以下的向下,与正常的血流方向相同(图4-5-5)。

(2)下腔静脉阻塞时,曲张的静脉大多分布在腹壁两侧及背后,脐部上、下的腹壁静脉血流方向均为自下而上(图4-5-6)。

(3)上腔静脉阻塞时,脐部上、下腹壁静脉血流方向均为由上而下。

图 4-5-4　判断血流方向的手法示意图

4. 胃肠型及蠕动波　除腹壁菲薄或松弛的老年人和极度消瘦者外,正常人腹部看不到胃肠轮廓及蠕动波。当胃肠道梗阻时,梗阻上端的胃肠道因内容物积聚而膨隆,可显出各自的轮廓,称胃型或肠型,同时伴有该部位的蠕动增强,故在腹壁上可看到蠕动波(peristalsis)。如发生肠麻痹,则蠕动波消失。

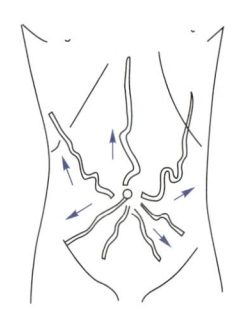

图 4-5-5　门静脉阻塞时腹壁静脉曲张及血流方向示意图

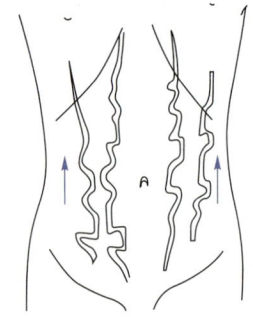

图 4-5-6　下腔静脉阻塞时腹壁静脉曲张及血流方向示意图

> 提示:有时消瘦而腹壁较薄的人,可能看到轻微的胃肠蠕动波,但在轻按时消失,相反胃肠道器质性梗阻时,用手轻弹或按摩腹壁后,微弱的蠕动波更为明显。

(二) 听诊

1. 肠鸣音(bowel sound)　当肠蠕动时,肠管内气体和液体随之流动,产生一种断断续续的咕噜声,称肠鸣音。正常情况下,肠鸣音每分钟为4~5次,全腹均可闻及,其声响和音调变异较大。临床上肠鸣音异常分为:

(1)肠蠕动活跃:肠鸣音每分钟在10次以上,但音调不特别高亢,称肠蠕动活跃,见于急性胃肠炎、服泻药后或胃肠道大出血等。

（2）肠鸣音亢进：肠蠕动次数多且响亮、高亢，甚至呈金属音，称肠鸣音亢进，见于机械性肠梗阻。

（3）肠鸣音减弱：持续 3～5 min 以上才听到一次肠鸣音者，称肠鸣音减弱，见于老年性便秘、腹膜炎、低钾血症等。

（4）肠鸣音消失：持续 3～5 min 听不到或用手轻叩腹部仍无肠鸣音者，称肠鸣音消失，见于急性腹膜炎、电解质紊乱或肠麻痹等。

2. 振水音（succussion splash） 患者取仰卧位，评估者将听诊器体件放于上腹部，同时用稍弯曲的手指在被评估者的上腹部做连续的冲击动作。若胃内有液体积存，则胃内气体与液体相撞击而发出的声音，称振水音。正常人在进食多量的液体后可出现振水音，但若在空腹或饭后6～8 h以上仍有振水音，则提示胃内有液体潴留，见于幽门梗阻或胃扩张等。

3. 血管杂音 正常腹部无血管杂音。在妊娠 5 个月以上，腹部可听到胎心音，病理性血管杂音可见于：

（1）肾动脉狭窄：在上腹部或脐水平正中线两侧可听到强弱不等的吹风样杂音，有时较粗糙，尤其是年轻高血压患者，应考虑为肾动脉狭窄所致。

（2）门静脉高压：在脐附近或胸骨剑突下部，听到连续性静脉营营音，此音可能产生于脐静脉重新开放与腹壁静脉形成侧支循环。

（3）肝血管瘤或左叶肝癌：压迫肝动脉或腹主动脉，在肿大的肝表面听到连续性血管杂音。

操作视频：腹部、肝脏叩诊检查

（三）叩诊

腹部叩诊有直接叩诊和间接叩诊，一般多采用间接叩诊法，主要用于评估腹部脏器的大小、位置和叩击痛，胃肠道充气情况以及腹腔内肿物、腹腔内积气或积液等。

1. 腹部叩诊音 正常腹部叩诊大部分呈鼓音，在肝、脾、增大的膀胱、积聚粪便的肠道以及两侧腹部近腰肌处呈浊音或实音。胃肠高度胀气、人工气腹和胃肠穿孔时，腹部呈高度鼓音。实质脏器极度肿大、腹腔内肿物或大量腹水时，病变部可出现浊音或实音，鼓音范围缩小。

2. 肝叩诊 肝是不含气体的实质性脏器，在不被肺遮盖的部分，叩诊呈实音。

叩诊肝上、下界时，一般沿右侧锁骨中线自上而下，当由清音转为浊音时，即为肝上界，确定肝下界时，也可由腹部鼓音区沿右锁骨中线向上叩诊，由鼓音转为浊音处即为肝下界。一般肝下缘较薄，叩得的肝下界比触得的肝下缘上移 2～3 cm；若肝缘明显增厚，则叩诊与触诊结果较为接近。正常匀称型成人肝上界在右锁骨中线上第 5 肋间，下界位于右肋弓下缘，肝上界至肝下界之间称肝浊音区，正常成人在 9～11 cm。

操作视频：腹水叩诊检查

> **提示：**肝下界因与胃、结肠等重叠，很难叩准，故多用触诊确定。瘦长体型者肝上、下界均可低一个肋间，矮胖体型者则可高一个肋间。

肝浊音界扩大见于肝脓肿、肝癌、肝炎、肝淤血等;肝浊音界缩小见于急性肝坏死及胃肠胀气等;肝浊音界消失代之以鼓音,主要见于急性胃肠穿孔;肝浊音界向上移位,见于右肺纤维化等;肝浊音界向下移位,见于慢性阻塞性肺疾病、右侧张力性气胸等。

3. 肝区叩击痛　评估者左手掌平放于被评估者肝区所在部位,右手握空拳,轻轻叩击左手手背。如被评估者出现疼痛,即为叩击痛。正常肝区无叩击痛。肝炎、肝脓肿等患者可出现叩击痛。

4. 腹水叩诊　评估时,嘱被评估者先取仰卧位进行叩诊,腹腔内若有较多液体潴留,因重力关系,液体积于腹部低处,叩诊腹两侧呈浊音,腹部中间因肠管内有气体而浮在液面上,故叩诊呈鼓音。然后让被评估者左侧卧位再次叩诊,因腹水积于下部而肠管上浮,故下部的左侧腹部叩诊为浊音,上部的右侧腹部呈鼓音,再让被评估者右侧卧位进行第三次叩诊,此时左侧腹部呈鼓音,而右侧腹部转为浊音。此种因体位不同而出现浊音区变动的现象,称移动性浊音(shifting dullness)。腹腔游离液体超过1 000 ml时,即可叩出移动性浊音。腹水常见于肝硬化、结核性腹膜炎、肾病综合征等。

> 提示:如果腹水量少,可采取膝胸卧位,使脐部处于最低位,叩脐部,如该部由仰卧位的鼓音转为浊音,则提示有腹水可能。

腹水应与下列情况鉴别:

(1)肠管内有大量液体潴留,患者体位移动,也可出现移动性浊音,但常伴有肠梗阻征象。

(2)巨大卵巢囊肿与腹水鉴别点:① 卵巢囊肿与腹水相反,在仰卧时,浊音区在腹中部,鼓音区在腹部两侧。这是由于肠管被卵巢囊肿压挤至两侧腹部所致。② 卵巢囊肿浊音不呈移动性。③ 尺压试验(ruler pressing test),让患者仰卧位,医生用一硬尺横置于两髂前上棘连线的腹壁上,用两手将尺下压,若有与心搏动相一致的节奏性跳动,则为卵巢囊肿。因瘤体将腹主动脉冲动导向腹壁所致。如为腹水,则压尺不跳动(图4-5-7)。

5. 脾叩诊　采用轻叩法。被评估者取仰卧或右侧卧位,沿左腋中线上进行叩诊。正常脾浊音区在左侧第9~11肋间,宽度为4~7 cm,前方不超过腋前线。脾浊音区缩小或消失见于左侧气胸、胃扩张、鼓肠等;脾大时,脾浊音区明显扩大。

6. 膀胱叩诊　当膀胱触诊不满意时,可用叩诊来判断膀胱膨胀的程度。嘱被评估者取仰卧位,用间接叩诊法在耻骨联合上方进行,当膀胱被尿液充盈时,耻骨上方叩诊呈圆形浊音区,排尿后浊音区消失,则为膀胱。以此可与妊娠的子宫、子宫肌瘤或卵巢囊肿等相鉴别。腹水时,耻骨上叩诊也可有浊音,但浊音区的弧形上缘凹向脐部,而胀大膀胱的浊音区的弧形上缘凸向脐部。

7. 肾区叩击痛　评估者将左手手掌轮流平放于被评估者的左右肋脊角,右手握

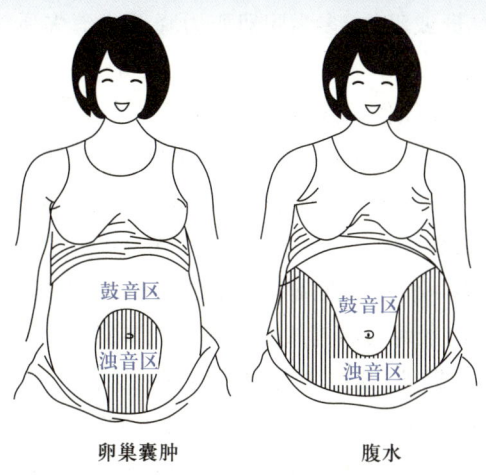

卵巢囊肿　　　　　腹水

图 4-5-7　巨大卵巢囊肿与腹水鉴别示意图

操作视频:肾区
叩击痛检查

拳用尺侧轻叩左手背,如被评估者感到疼痛即为叩击痛。正常人无叩击痛,叩击痛阳性见于肾炎、肾盂肾炎、肾结核、肾结石及肾周围炎等。

(四) 触诊

操作视频:
腹壁触诊检查

腹部评估以触诊最为重要。触诊时,被评估者一般采用仰卧位,头垫低枕,两手平放于躯干两侧,两腿并拢屈曲,使腹肌放松,做缓慢的腹式呼吸运动。检查肝、脾时,可分别向左、右侧卧位。触诊肾时可采取坐位或立位。评估者站在被评估者右侧,与其面对,检查时,手应温暖,动作轻柔。对于精神紧张的被评估者,触诊时可与其交谈,转移其注意力使腹肌放松。检查顺序应结合问诊,从健康部位开始,逐渐移向病变区域,一般常规体检先从左下腹开始,循逆时针方向,由下而上,先左后右,由浅入深进行触诊,并注意比较病变区与健康部位。触诊主要内容如下:

1. 腹壁紧张度　正常人腹壁有一定张力,但触之柔软。在某些病理情况可使腹壁紧张度增加、减弱或消失。

(1) 腹壁紧张度增加:多为腹膜炎症刺激引起反射性腹肌痉挛。

弥漫性腹肌紧张:多见于以下情况。① 胃肠道穿孔或实质脏器破裂所致的急性弥漫性腹膜炎,此时腹壁明显紧张,硬如木板,称板状腹。② 结核性腹膜炎、癌肿的腹膜转移,因腹膜慢性炎症,使腹膜增厚,全腹紧张,触诊有时如揉面团一样,称揉面感。

局限性腹肌紧张:多系局限性腹膜炎所致,如右下腹壁紧张多见于急性阑尾炎。

提示:腹肌紧张虽然是诊断腹膜炎的重要体征,但小儿腹部触诊时,因恐惧可使腹壁反应敏感;而年老体弱、腹肌发育不良者,当腹腔内有炎症时,可使腹壁反应迟钝,故在判断时应注意。

（2）腹壁紧张度减低或消失：多为腹肌张力降低或消失所致。全腹紧张度减低，见于慢性消耗性疾病或刚放出大量腹水者，也可见于身体瘦弱的老年人和经产妇。全腹紧张度消失，见于脊髓损伤所致腹肌瘫痪和重症肌无力等。

2. 压痛及反跳痛　正常人腹部在触诊时不引起疼痛，重压时可有不适感。

（1）压痛（tenderness）：由浅入深按压腹部发生疼痛，则为压痛。压痛可因腹壁或腹腔内病变引起，腹部炎症、脏器淤血、破裂、扭转、结石、肿瘤等病变均可引起。若压痛局限于一点时，称为压痛点。明确而固定的压痛点，常反映某些特定疾病。如麦氏（McBurney）点（右髂前上棘与脐连线中外 1/3 交界处）压痛多考虑阑尾炎；胆囊区（右腹直肌外缘与肋弓交界处）压痛考虑胆囊病变。

（2）反跳痛（rebound tenderness）：评估者用手指在压痛处稍停片刻，使压痛感觉趋于稳定，然后迅速将手抬起，如此时被评估者感觉腹痛加重，伴有痛苦表情，则为反跳痛，表示炎症已波及腹膜壁层。临床上把腹肌紧张、压痛及反跳痛称为腹膜刺激征，是急性腹膜炎的可靠体征。

> **提示：**当腹内脏器炎症尚未累及腹膜壁层时，可仅有压痛而无反跳痛。

3. 脏器的触诊　腹腔内脏器较多，重要的有肝、脾、胆囊、膀胱等。

（1）肝触诊：主要了解肝下缘的位置、质地、表面、边缘及搏动。

1）触诊方法：可用单手或双手触诊法。① 单手触诊，较为常用，评估者右手掌平放于被评估者右锁骨中线或前正中线，估计肝下缘的下方，右手四指并拢，掌指关节伸直，示指、中指指端指向肋缘，示指的桡侧缘对着肋缘，从右锁骨中线的延长线上，自脐水平以下开始，逐步向上移动右手，触诊时嘱被评估者做缓慢而较深的腹式呼吸，触诊的手应与被评估者的呼吸运动密切配合，呼气时，腹壁松弛下陷，右手指端逐渐向腹部加压；吸气时，腹壁隆起，右手随腹壁抬起，上升的速度要落后于腹壁抬起，并以指端桡侧向前上迎触随膈肌下移的肝。如此反复，自下而上逐渐触向肋缘，直到触及肝缘或肋缘为止。以同样的方法于前正中线触诊肝左叶。触及肝者，需分别于右锁骨中线或前正中线测量肝缘至肋缘或剑突根部的距离，并以厘米表示。② 双手触诊法在单手触诊的基础上，将左手掌与四指平放于被评估者右腰部后方，拇指张开，置于季肋上，右手下压时，左手向前托起肝便于右手触诊（图 4-5-8）。若患者有大量腹水，则用冲击触诊法。

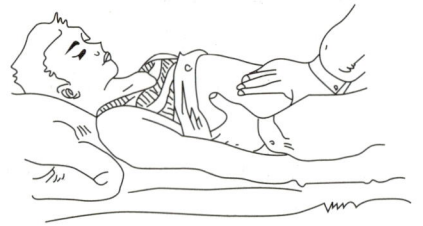

图 4-5-8　肝双手触诊示意图

2）肝触诊内容：触及肝时应注意以下几方面。① 大小，正常人在右锁骨中线肋缘下一般不能触及，但腹壁松软或体瘦的人，当深吸气时在右肋缘下可触及肝在 1 cm 以内；剑突下在 3 cm 以内，质软，表面光滑，无压痛。肝下缘超过上述标准，可能是肝大，也可能是肝下移，要结合肝上界的位置，如肝上界正常或升高，

操作视频：肝脏
触诊检查

则提示肝大,若肝上界相应降低,则为肝下移,如慢性阻塞性肺疾病、右侧胸腔积液及腹壁松弛、内脏下垂等所致的肝下移。弥漫性肝大常见于肝炎、肝淤血、脂肪肝、血吸虫病等。局限性肝大见于肝脓肿、肝肿瘤、肝囊肿等。② 质地,一般将肝质地分为三个等级:质软(如触唇感觉)、质韧(如触鼻尖)和质硬(如触额部)三种。质软见于正常肝;质韧见于急性肝炎、慢性肝炎、脂肪肝、肝淤血;质硬见于肝硬化、肝癌。③ 表面,正常肝、脂肪肝、肝淤血时表现光滑;肝硬化时表面可略不平,有时可触及小结节;肝癌时表面高低不平,有结节样隆起或大块状隆起。④ 边缘,正常肝边缘稍锐利或稍圆钝;肝硬化时边缘锐利;充血性肝大边缘圆钝;肝癌时边缘不规则。⑤ 压痛,正常肝无压痛,当肝包膜有炎症反应或肝大使肝包膜张力增加,则肝区有压痛。轻度弥漫性压痛见于急性肝炎、肝淤血,局限性明显压痛见于较表浅的肝脓肿、肝肿瘤。

> **提示:** 当右心功能不全引起肝淤血肿大时,用力压迫肝,使颈静脉怒张更明显,称为肝-颈静脉回流征阳性。

(2)脾触诊:正常脾不能触及,内脏下垂、左侧胸腔大量积液或气胸时膈肌下降,可使脾向下移位而被触及,除此之外,若能触及脾则提示脾大。

1)触诊方法:脾明显增大而位置又较表浅者,浅部触诊法即可触到。若脾位置较深或腹壁较厚,则用双手触诊法,被评估者取仰卧位,评估者左手绕过被评估者腹前方,手掌置于其后背部7~9肋处,将脾从后向前托起。右手掌平放于其左侧腹部与左肋弓垂直,配合呼吸由下而上进行,直到触及脾下缘或右肋缘弓(图4-5-9)。脾轻度增大而仰卧位不易触到时可嘱被评估者改用右侧卧位检查。

2)测量方法:当触及增大的脾,可用三线记录法(图4-5-10),用厘米表示。① 1线又称甲乙线,测量左锁骨中线与左肋弓交叉点至脾下缘的距离。② 2线又称甲丙线,测量交叉点至脾尖的最远距离。③ 3线又称丁戊线,表示脾右缘到正中线的垂直的距离。超过正中线以"+"号表示,未超过则以"-"号表示。

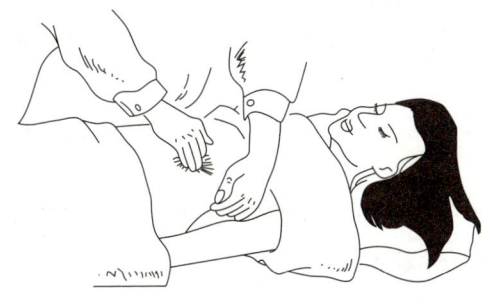

图4-5-9 脾双手触诊示意图

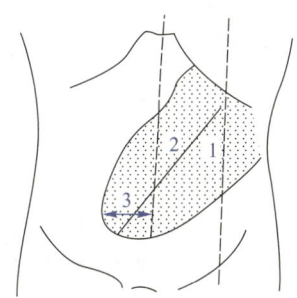

图4-5-10 脾大测量法示意图

3)脾大分度及临床意义:临床上常将增大的脾分为轻度、中度、高度。轻度为深吸气时,脾在肋下不超过3 cm,见于急性肝炎、伤寒、急性疟疾等,质软;中度为增大超过3 cm至脐水平线,见于肝硬化、慢性粒细胞性白血病、系统性红斑狼疮等,质地较硬;高度为增大超过脐水平以下,见于慢性粒细胞性白血病、淋巴瘤、血吸虫病等。

(3)胆囊触诊:可用单手触诊法或勾手触诊法,要领同肝触诊。正常人胆囊不能触及。胆囊肿大时,在右肋弓下腹直肌外缘可触及一张力较高、呈圆形或梨形的肿块,随呼吸上下移动,常见于急性胆囊炎、结石、肿瘤等。此外,触诊胆囊还要进行胆囊触痛征检查,即评估者将左手掌平放在被评估者的右肋缘部,拇指放在腹直肌与肋弓交界处(胆囊点),用中等压力按压腹壁,然后嘱被评估者缓慢深呼吸,如果深吸气时被评估者因疼痛而突然屏气,则称胆囊触痛征(Murphy征)阳性(图4-5-11),见于急性胆囊炎。

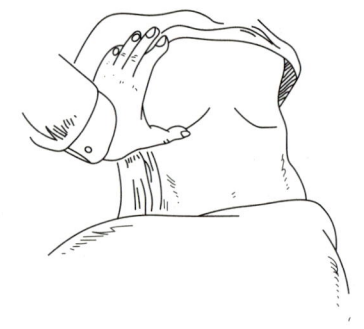

图4-5-11 Murphy征检查示意图

(4)膀胱触诊:一般采用单手滑行触诊法,被评估者取仰卧位,双下肢屈曲,评估者以右手自脐开始向耻骨联合方向触摸。正常膀胱空虚时,位于盆腔,不易触及。当膀胱积尿而充盈增大时,超过耻骨联合上缘,在下腹正中部可触到圆形、表面光滑的囊状物、排尿后包块消失,此点可与妊娠子宫、卵巢囊肿等腹部其他包块相鉴别。尿潴留常见于尿道梗阻、脊髓病、昏迷、腰椎或骶椎麻醉及手术后患者。

三、消化系统常见疾病的主要症状和体征

(一)消化性溃疡

消化性溃疡主要指发生在胃和十二指肠的慢性溃疡,食管下端及胃肠吻合术后空肠上段的溃疡也属于这一类。

1. 症状 主要表现为上腹痛,部分患者可无腹痛。其特点为:

(1)疼痛部位:胃溃疡多在上腹部正中或偏左,十二指肠溃疡则位于上腹部偏右或脐周。如溃疡较深或后壁溃疡时,疼痛常放射至腰背部。

(2)疼痛性质:可为钝痛、灼痛、胀痛、剧痛或饥饿样不适感。当溃疡穿透至浆膜层,与周围组织粘连,即呈持续性剧痛。

(3)慢性过程呈反复发作:溃疡愈合后易复发,可每年定期发作,病史可达几年甚至十几年。

(4)周期性发作:与缓解期相互交替。溃疡发作有季节性,多在秋冬和冬春之交发病,可因不良精神因素,生冷饮食及烟酒劳累而诱发。

(5)节律性:胃溃疡的疼痛多在餐后0.5~1 h出现,至下餐前消失,即进餐—疼痛—缓解。十二指肠溃疡的疼痛则多在餐后3~4 h出现,持续至下次进餐后缓解,即疼痛—进餐—缓解,故又称空腹痛,也可出现夜间痛,疼痛时服制酸药或稍进食物可缓解。

2. 体征 发作期如无并发症,可仅有上腹部压痛,与疼痛部位一致。

提示: 后壁溃疡穿孔,可有明显背部压痛。大出血时可见皮肤及结膜苍白,缓解期无明显体征。

(二)急性腹膜炎

当腹膜受到细菌感染或化学物质如胃液、肠液、胰液、胆汁等刺激时,可发生急性炎症,称为急性腹膜炎。按炎症的范围可分为弥漫性和局限性;按炎症开始时的性质分为感染性和无菌性;按病因的来源可分为继发性和原发性。绝大多数腹膜炎为继发性,常见的原发病为腹腔内脏器穿孔、损伤破裂、炎症、手术污染等。

1. 症状

(1)急性弥漫性腹膜炎:主要表现为以下几点。① 突然发生的持续性剧烈腹痛,一般以原发病灶处最显著,炎症扩散后,可延及全腹。深呼吸、咳嗽和转动体位时疼痛加重。② 恶心与呕吐,常早期出现。病初起时,恶心、呕吐为反射性,次数少,呕吐物为胃内容物,以后由于麻痹性肠梗阻,呕吐物可含有黄绿色胆汁,甚至为棕褐色粪样肠内容物。③ 全身表现为感染中毒症状,发热,重者可出现休克。

(2)急性局限性腹膜炎:先有原发病的症状,然后再逐渐出现腹膜炎征象,疼痛局限于病变部位,多为持续性钝痛。如阑尾炎时腹膜炎局限于右下腹,胆囊炎时局限于右上腹。

2. 体征　急性弥漫性腹膜炎:① 多呈急性病危面容,冷汗,表情痛苦。患者被迫采取仰卧位,两下肢屈曲,呼吸加快,体温骤升或下降,皮肤干燥,眼眶凹陷。② 腹式呼吸明显减弱或消失。③ 腹壁肌紧张、腹部压痛和反跳痛(腹膜炎三联征)遍及全腹;局限性腹膜炎三者局限于腹部的某一部位。④ 腹腔内积液较多时,可叩出移动性浊音。⑤ 溃疡穿孔时由于胃酸与胆汁的强烈刺激,腹壁肌肉呈"木板样"强直,呈板状腹。由于腹腔内有大量游离气体以及肠麻痹,叩诊肝浊音界缩小或消失,听诊时肠鸣音减弱或消失。

(三)肝硬化

肝硬化是各种病因所引起的一种慢性肝疾病。临床上以肝功能损害和门静脉高压为主要表现。

1. 症状　临床上将肝硬化分为代偿期和失代偿期。① 代偿期症状较轻,缺乏特异性,以乏力、食欲减退出现较早,且较突出,可伴有消化不良、腹胀、恶心、轻微腹泻等消化系统症状。② 失代偿期上述症状加重,主要为肝功能减退和门静脉高压症两大类临床表现,可有全身多系统症状,如食欲减退、腹胀、水肿、黄疸、牙龈或鼻腔出血、皮肤黏膜出血等。

2. 体征　患者面色黧黯无光泽,皮肤、巩膜多有黄疸,可见毛细血管扩张或蜘蛛痣、肝掌,男性患者乳房发育、压痛。肝由增大而缩小,质地变硬,表面不光滑。脾可呈轻、中度增大,下肢可出现水肿。失代偿期患者还可出现腹水、脐周及腹壁的静脉曲张、脾大及脾功能亢进等门静脉高压的表现(图4-5-12)。

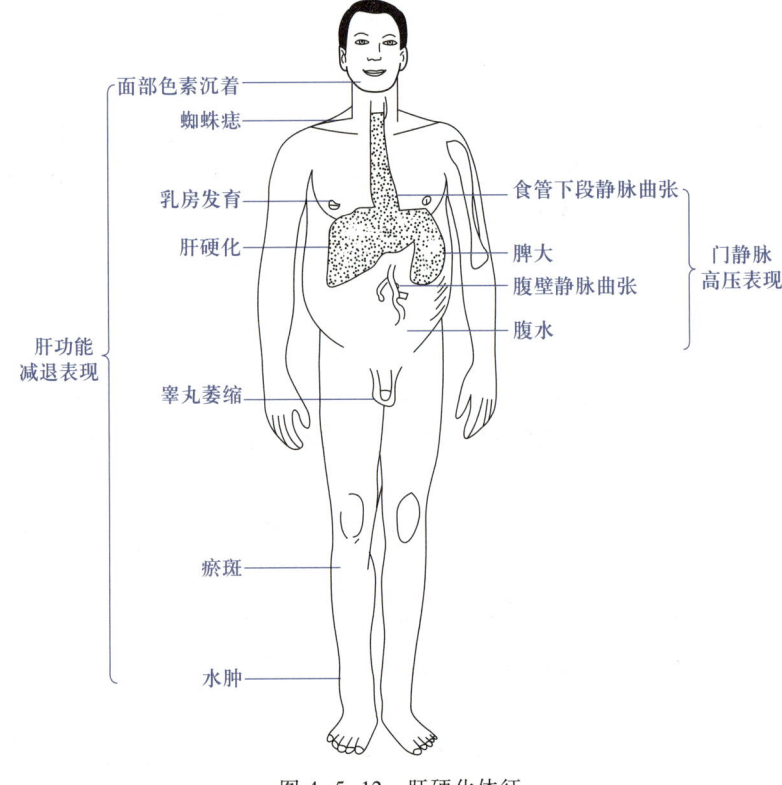

图 4-5-12　肝硬化体征

(四) 急性阑尾炎

急性阑尾炎是指阑尾的急性细菌性感染,为急腹症中最常见的疾病。

1. 症状　主要为腹痛,起始在上腹部或脐周,经数小时后,转移至右下腹部(转移性疼痛)为其特点。常伴有恶心、呕吐、便秘或腹泻、发热。

2. 体征　① 数小时后,右下腹部 McBurney 点(阑尾点)有明显而固定的压痛和反跳痛,是诊断阑尾炎的重要体征和依据。② 体温增高,一般在 37.5~38.5℃,但可随病情发展而升高。③ 腰大肌征阳性,嘱患者左侧卧位,右下肢向后过伸引起右下腹痛;提示炎症阑尾位置深(盲肠后位阑尾炎)贴近腰大肌。④ 闭孔内肌试验阳性,患者取仰卧位,右腿前屈并内旋,引起右下腹痛,提示阑尾位置较低,贴近闭孔内肌。⑤ 阑尾炎坏死、穿孔后,右下腹压痛和反跳痛更为明显,伴有局部腹壁紧张。⑥ 形成阑尾周围脓肿时,可触及有明显压痛的包块。直肠指诊可有明显的局部触痛。

(五) 肠梗阻

肠梗阻指肠内容物在肠道内不能正常运行或通过发生障碍,是临床上常见的一

种急腹症。尽管因病因不同有不同的类型及临床表现,但肠内容物在肠道内通过发生障碍则是共同具有的,表现为:

1. 腹痛、呕吐、腹胀和停止肛门排便、排气。

2. 呈重症病容,痛苦表情,脱水貌,呼吸急促,脉搏增快,甚至休克。腹部膨胀,腹壁紧张,有压痛。① 机械性肠梗阻:可见肠型及蠕动波,听诊肠鸣音明显亢进,呈金属音调。② 麻痹性肠梗阻:无肠型可见,肠鸣音减弱或消失,由于肠管膨胀,腹部可有触痛、腹壁紧张。绞窄性肠梗阻有反跳痛。

本节小结

腹部评估沿用视、听、叩、触等基本检查方法,其中以触诊最重要,尤其是腹腔脏器的触诊更为重要,其主要内容包括:腹壁紧张度、压痛及反跳痛、肝、胆、脾等脏器检查,视诊中的腹部体表标志、分区、腹部外形、腹壁静脉、胃肠型及蠕动波,叩诊中的移动性浊音、脏器叩诊亦较为重要,听诊主要内容是肠鸣音、振水音等。腹部评估的特点:① 内容多但互相联系相互补充。② 系统多且脏器交错重叠容易混淆。③ 手法难以掌握。要熟练地应用这些方法,必须不断地练习和实践。临床工作中,通过腹部检查评估,可查知许多系统的异常病理现象和各种急腹症(如腹膜炎、阑尾炎等)。某些急腹症可迅速危及生命,护理人员在观察病情中,如能有高度警觉性,熟练的评估技巧,熟悉各种腹部急症的征象,就能在紧急状况下作出判断,迅速采取适宜的护理措施,使患者早日恢复健康。

本节思考题

一、名词解释

蛙状腹 舟状腹 胃肠蠕动波 胃肠型 肠鸣音 振水音 板状腹 腹膜刺激征 胆囊触痛征 移动性浊音

二、简答题

1. 怎样听诊肠鸣音? 肠鸣音改变有何临床意义?

2. 简述腹部触诊方法。急性阑尾炎时,腹部触诊会检查到哪些体征?

3. 简述常见肝疾病触诊特点。

三、病例分析

1. 男性,30岁,拟诊断"十二指肠溃疡"入院,餐后3 h感上腹部持续性剧痛。试分析:

(1)该患者目前出现什么情况?

(2)护理查体患者的阳性体征有哪些?

2. 男性,40岁,突起呕吐鲜血800 ml,解柏油样便约300 ml,既往查体提示脾大,HBsAg阳性。试分析:

(1)估计该患者目前出现什么情况?

（2）护理查体患者的阳性体征有哪些？

3. 女性,56 岁,腹痛、腹胀,停止排便、排气 3 天。患者于 3 天前无明显诱因感到右下腹阵发性绞痛,同时伴腹胀,肛门停止排便、排气,恶心,呕吐,呕吐物始为胃内容物及部分胆汁,后呕吐物伴粪便臭味,每日呕吐数次,呕吐物 1 500 ml 左右,尿量每日约 800 ml,2 年前曾做阑尾切除术。试分析:

（1）该患者已患哪些疾病？
（2）护理查体中可能发现哪些阳性体征？

第六节　肛门、直肠和外生殖器评估

一、肛门与直肠评估

（一）检查体位

评估肛门、直肠时可根据具体病情和需要,让被评估者采用下列三种体位:

1. 膝胸卧位　被评估者背向光线,双膝跪在检查床上,弯曲上身,臀部抬高,使前胸及一侧面紧贴检查床面,评估者站在侧旁检查（图 4-6-1）。此体位最常用,适用于直肠前部、前列腺、精索及乙状结肠镜检查。

2. 左侧卧位　被评估者左侧卧位,背向光线,左下肢伸直,右下肢向腹部屈曲,评估者站在背后检查（图 4-6-2）。适用于危重患者、年老、体弱或女性患者。

3. 仰卧位或截石位　被评估者仰卧于检查床上,臀部垫高,两腿屈曲,抬高外展。适用于重症体弱的患者或膀胱直肠窝的检查,也可进行直肠双合诊以检查盆腔脏器及病变情况。

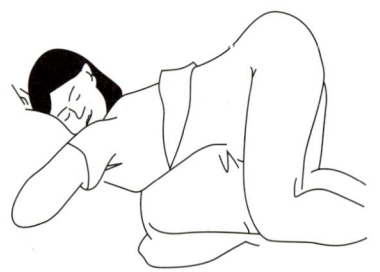　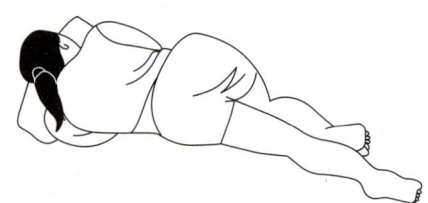

图 4-6-1　膝胸卧位示意图　　　图 4-6-2　左侧卧位示意图

（二）评估方法

评估方法以视诊、触诊为主,辅以内镜检查。评估结果及其病变部位应按顺时针方向记录并注明所采用的体位。

1. 视诊　用手分开被评估者的臀部，观察肛门及其周围皮肤颜色及皱褶。正常颜色较深，皱褶呈放射状。此外还应观察肛门周围有无脓血、外痔及脱出的内痔、肛裂、黏液、脓肿或瘘管口等。

2. 触诊　包括肛门及直肠指诊。

（1）被评估者的体位：依被评估者的具体情况，采用上述左侧卧位、膝胸卧位或仰卧位。

（2）评估方法：检查时要求保持肌肉松弛，避免紧张，评估者右手示指戴指套或手套，涂以适量润滑剂或肥皂液，先将示指置于肛门外轻轻按摩，让被评估者行深呼吸，待其肛门括约肌放松后，再将探指缓慢插入肛门、直肠内（图4-6-3），先检查肛门及括约肌的紧张度，再检查肛管及直肠的内壁，注意有无压痛，黏膜是否光滑，有无肿块及搏动感。检查完毕后取出指套，观察其上有无脓血等分泌物，必要时送检。

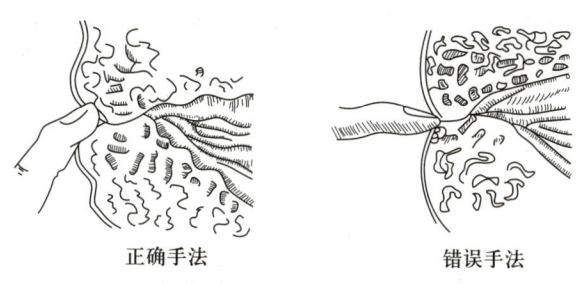

正确手法　　　　错误手法

图 4-6-3　肛门指诊示意图

（3）常见的异常改变：① 触痛明显，见于肛裂和感染。② 触痛伴波动感，见于肛门、直肠周围脓肿。③ 触及坚硬的包块，见于直肠癌。④ 触及柔软、光滑而有弹性的包块，见于直肠息肉。⑤ 指套上带有黏液、脓液或血液，提示有炎症或组织破坏，可留做涂片检查或细菌学培养。

二、男性生殖器评估

评估男性生殖器时充分暴露下身，一般取直立位，双下肢稍外展，先检查外生殖器，包括阴茎、阴囊，后检查内生殖器包括前列腺及精囊。检查方法用视诊及触诊。其内容包括：

1. 阴茎（penis）

（1）阴茎大小：正常成人长 7~10 cm。成人阴茎过小（婴儿型），见于垂体功能或性腺功能减退；儿童阴茎过大（成人型），见于各种原因所致的性早熟。

（2）包皮（prepuce）：若包皮口狭小，使龟头不能露出，则称包茎（phimosis），可由先天性包皮口狭窄或炎症后粘连造成；若包皮掩盖尿道口，但能上翻露出龟头，称包皮过长（prepuce redundant），易引起尿道外口或阴茎头感染。

（3）尿道口：正常尿道口黏膜红润、清洁、无分泌物，尿道口发红、有脓性分泌物及触痛，多见于尿道炎症。

（4）阴茎头（glans penis）及阴茎颈（neck of penis）：正常时表面光滑红润、质地柔软。如发现阴茎头部有硬结并有暗红色溃疡、易出血者疑为阴茎癌；如发现阴茎颈处单个椭圆形硬质溃疡称下疳（chancre），愈后留有瘢痕，见于梅毒。

2. 阴囊（scrotum）

（1）睾丸（testis）：评估时应注意其形状、大小、硬度、有无触痛等。检查时用单手或双手双侧同时比较触诊。正常表面光滑柔韧、有弹性。如外伤或炎症时，可引起睾丸急性肿痛；一侧睾丸肿大、坚硬并有结节应考虑睾丸肿瘤。

（2）附睾及精索（epididymis and spermatic cord）：两侧对比注意有无结节、囊肿、压痛。如附睾结核，在附睾尾部肿大、质硬，呈结节状无压痛硬块。精索静脉曲张时，在阴囊内可触及曲张的静脉如蚯蚓样感觉，站立或腹内加压时明显、平卧即消失。

（3）常见阴囊其他异常：阴囊水肿可为全身水肿的一部分，也可由局部因素，如下腔静脉回流受阻引起。阴囊内可变性肿块，为腹股沟斜疝进入阴囊所致。

3. 前列腺（prostate gland）和精囊（seminal vesicle）　评估时，被评估者排空膀胱，取膝胸卧位或左侧卧位。评估者示指戴指套，涂润滑剂，用示指在肛门处轻轻按揉后缓慢伸入肛门内，向腹侧触摸，检查前列腺和精囊。正常成人前列腺距肛门约 4 cm，质韧有弹性，无结节及压痛，两侧叶对称，中央沟稍凹陷。精囊一般不易触及。若前列腺肿大而表面光滑、质韧、无压痛，多见于老年人良性前列腺肥大；前列腺肿大且有明显触痛，多见于急性前列腺炎；前列腺肿大、质硬，触及坚硬结节，多为前列腺癌。精囊炎时，其肿大且有压痛。

本节小结

外生殖器、肛门、直肠评估是全身评估的一部分，不应省略。正确的检查结果不仅对临床诊治具有重要意义，对于做好整体护理评估、作出恰当的护理诊断、及时进行有效的护理亦十分重要。评估前，要做好器械物品准备，包括手套、润滑剂、棉签、培养皿等；告知被评估者检查步骤及应配合的体位。评估时动作要轻巧，如出现疼痛则应暂停检查。本节介绍了肛门、直肠及男性外生殖器的评估，评估方法主要是视诊和触诊，尤其肛门指诊是非常重要的。

本节思考题

一、名词解释
直肠指诊
二、简答题
简述精索静脉曲张、睾丸肿瘤、前列腺癌的查体特征。

第七节 脊柱与四肢评估

一、脊柱

> **案例 4-2**：患者，男，60 岁，患类风湿性关节炎 30 年，早年因受潮湿而患病，病情时轻时重，曾在省内外的多家医院求治，效果不佳，病情日益加重至今，生活不能自理。双肘不能伸直，双肩疼痛，双臂不能上举，双髋、双膝肿痛，不能下蹲，双踝肿痛，只能挪动走路。试分析：
>
> （1）简述该患者视、触、叩诊特点及其临床意义。
>
> （2）护理查体患者的阳性体征有哪些？
>
> （3）该患者主要的护理诊断是什么？

评估脊柱时以视诊为主，结合触诊和叩诊，应注意其弯曲度、有无畸形、活动范围是否受限及有无压痛、叩击痛等。

1. **脊柱弯曲度**　正常成人脊柱存在四个生理性弯曲：颈椎前突、胸椎后突、腰椎明显前突、骶椎后突，无侧弯。评估时，被评估者取立位或坐位，上肢自然下垂，从侧面观察其有无前凸、后凸畸形；从后面观察脊柱侧凸或评估者用手指沿脊柱的棘突以适当的压力往下划压，致皮肤出现一条红色充血痕，观察脊柱有无侧凸。脊柱病理性变形表现为：① 脊柱后凸(kyphosis)，俗称驼背(gibbus)，脊柱过度后突，多发生胸段。可见于佝偻病、类风湿性脊柱炎、脊柱结核等。② 脊柱前凸(lordosis)，脊柱过度向前弯曲，多发于腰椎。可见于妊娠晚期、大量腹水、腹腔巨大肿瘤及髋关节病。③ 脊柱侧凸(scoliosis)，脊柱偏离正中线向两侧偏曲，可发生于脊柱胸段、腰段或二者同时发生。分为姿势性侧凸和器质性侧凸。前者常见于儿童发育期坐姿不良或椎间盘突出症、脊髓灰质炎后遗症，改变体位可使侧凸得以纠正；器质性侧凸见于佝偻病、脊椎损伤、慢性胸膜粘连等，改变体位不能使侧凸得以纠正。

2. **脊柱活动度**　评估时，嘱被评估者做前屈后伸、左右侧弯及旋转运动，以观察脊柱活动情况及有无变形。正常人脊柱有一定活动度，但各部位活动范围明显不同，以颈段及腰段活动范围最大。其正常活动度为：颈段前屈 45°，后伸 55°；左右侧弯 40°，旋转约 70°；腰段在臀部固定条件下前屈 70°，后伸 30°；左右侧弯约 35°，旋转 8°。脊柱活动受限常见于软组织损伤、骨质增生、脊椎骨折或脱位、椎间盘突出症。

3. **脊柱压痛与叩击痛**　评估压痛时，被评估者取坐位，身体稍向前倾。评估者用右手拇指自上而下逐个按压脊柱棘突及椎旁肌肉，观察有无压痛。评估叩击痛时，评估者可用中指或叩诊锤直接叩击棘突，或间接地以左手掌置于被评估者头顶部,右手握空拳以尺侧叩击左手背,观察脊柱有无叩击痛。正常人脊柱无压痛及叩击痛。急性腰肌劳损者常出现椎旁肌肉压痛,脊柱结核、骨折、肿瘤时受损部位可出现压痛、叩击痛,椎间盘突出症者常有棘突间及棘突两侧压痛和向下肢放射的叩击痛。

二、四肢

对四肢的评估以视诊、触诊为主,观察四肢及其关节的形态、肢体位置、运动情况等。正常人四肢及其关节左右对称,形态正常,无肿胀及压痛,活动不受限。

(一) 形态异常

1. 匙状甲(koilonychia) 又称反甲,其特点为指甲中央凹陷,边缘翘起,指甲变薄,表面粗糙有条纹(图4-7-1)。常见于缺铁性贫血、高原疾病等。

2. 杵状指(趾)(acropachy) 其特点为手指(或足趾)末端增生、肥厚,呈杵状膨大,即末端指(趾)节明显增宽、增厚,指甲从根部到末端呈拱形隆起(图4-7-2)。常见于支气管扩张、支气管肺癌、慢性肺脓肿、发绀型先天性心脏病、亚急性感染性心内膜炎等。一般认为与肢体末端慢性缺氧、代谢障碍、中毒性损伤有关。

3. 肢端肥大症(acromegaly) 其特点为肢体末端特别粗大。常见于成人发生腺垂体功能亢进。

4. 指关节变形 包括:① 梭形关节,近端指关节增生、肿胀,呈梭形畸形,多为对称性,早期局部有红肿及疼痛,晚期明显强直、活动受限,重者手指及手腕尺侧偏斜,见于类风湿性关节炎。② 爪形手(claw hand),掌指关节过伸,指间关节屈曲,骨间肌和大小鱼际肌明显萎缩,手关节呈鸟爪样变形。见于尺神经损伤、进行性肌萎缩、脊髓空洞症、麻风病等。

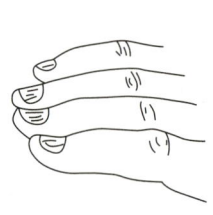
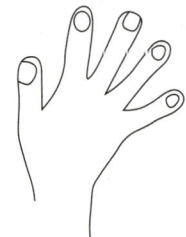

图4-7-1 匙状甲　　　　　　图4-7-2 杵状指

5. 膝关节变形 膝关节如红、肿、热、痛及功能障碍,多为急性关节炎症,常见于活动性风湿性关节炎等。如关节周围明显肿胀,当膝关节屈曲90°时,髌骨两侧的凹陷消失,多为关节腔内有过多液体积聚,称关节腔积液。

6. 膝内、外翻(genu varum, genu valgum) 正常人双脚并拢直立时,双膝和双踝可靠拢。如双踝并拢时双膝分离呈"O"形,称膝内翻(图4-7-3);如双膝靠拢时,双踝分离呈"X"形,称膝外翻(图4-7-4)。见于佝偻病和大骨节病。

图4-7-3 膝内翻   图4-7-4 膝外翻

7. 足内、外翻(foot varum,foot valgum)   正常人当膝关节固定时,足掌可向内翻、外翻35°。复原时足掌、足跟可全面着地。足内、外翻畸形者足呈固定内翻、内收位或外翻、外展位。见于脊髓灰质炎后遗症、先天性畸形。

8. 肌萎缩(muscle atrophy)   肢体的部分或全部肌肉体积缩小,松弛无力。一侧肌萎缩常见于脊髓灰质炎后遗症、偏瘫、周围神经损伤;双侧肌肉萎缩常见于多发性神经炎、横贯性脊髓炎、外伤性截瘫。

9. 下肢静脉曲张   表现为小腿静脉如蚯蚓状弯曲、怒张,久立者更明显。严重时感腿部肿胀、局部皮肤颜色暗紫红色或有色素沉着,可形成经久不愈的溃疡。见于血栓性静脉炎患者或直立工作者。

(二)运动功能障碍

四肢的运动功能是在神经的调节下,由肌肉、肌腱带动关节的活动来完成,其中任何一个环节受损,均可造成运动功能障碍。评估时嘱被评估者做主动运动(指被评估者用自己的力量活动,能达到的最大范围)或被动运动(指被评估者用外力使关节活动,能达到的最大范围)。关节的创伤、炎症、肿瘤、退行性变均可引起关节疼痛、肌肉痉挛、关节失稳以及关节囊、关节腔、肌肉肌腱的挛缩和粘连,从而影响关节的主动或被动运动范围。

本节小结

本节介绍了脊柱、四肢的评估,评估方法以视诊、触诊和叩诊为主,内容包括脊柱弯曲度、活动度、有无压痛及叩击痛,四肢形态有无异常及运动功能有无障碍。

本节思考题

一、名词解释

杵状指(趾)   匙状甲   膝内翻

二、简答题

1. 简述杵状指（趾）、匙状甲、膝内翻的临床意义。

2. 正常脊柱的形态与活动度如何？

3. 如何评估脊柱有无叩击痛？

第八节　神经系统评估

案例 4-3：患者，男性，65 岁，2 h 前在散步中突然出现头痛，继而摔倒在地，神志不清，大小便失禁，呕吐一次，为少量咖啡样物，右侧肢体不能动，无抽搐发作。既往高血压病史 15 年，最高血压为 178/120 mmHg，平时服用"复方降压片"，血压控制在 140/90 mmHg 左右。试分析：

1. 评估中可能发现哪些阳性体征？

2. 列出该患者主要的护理诊断及其相关因素。

神经系统评估包括脑神经、运动功能、感觉功能、神经反射及自主神经功能等方面的评估。

一、脑神经

脑神经共 12 对，评估时按先后顺序进行，以免重复或遗漏。

（一）嗅神经（olfactory nerve）

评估时嘱被评估者闭眼，两侧鼻孔分开试验，用手按压一侧鼻孔，然后用没有强烈刺激性的物品，如醋、酒、香皂、牙膏等分别放在另一侧鼻孔前，令其说出嗅到气味物品的名称，以了解其一侧或双侧嗅觉是否正常。一侧嗅觉障碍，提示同侧嗅神经损伤，可见于创伤、前颅窝病变等。双侧嗅觉障碍，常见于感冒或鼻黏膜本身病变。

提示：因醋酸、氨水、乙醇、甲醛等，同时刺激三叉神经末梢，故不宜使用。有鼻腔炎症或阻塞时也不能检查。

（二）视神经（optic nerve）

1. 视力（vission）　视力分为远视力和近视力。检查远视力时使用远距离视力表，患者距视力表 5 m 远，分别检查两眼，能看清"1.0"行视标者为正常视力。检查近视力使用国际标准近距离视力表，在距视力表 33 cm 处，能看清"1.0"行视标者为正常视力。

2. 视野（visual field）　是指正视前方，两眼保持不动所能看到的最大范围。应该使用视野计测定,一般粗试可用手视法,即嘱被评估者背光与评估者相对而坐,相距约 1 m。双方各自用手遮住相对的一眼、另一眼互相对视(即被评估者遮住左眼,评估者遮住右眼)片刻,保持眼球不动。评估者用手指自上、下、左、右的周边向中央移动,在二人中间距离大致相等。如视野正常、二人应同时看到移动的手指,否则视野可能有异常。视野缺损有单盲、偏盲和象限偏盲,分别提示视网膜、视神经、视交叉、视束和视中枢的病变。

(三)动眼(oculomotor nerve)、滑车(trochlear nerve)及展神经(abduct nerve)

这三对脑神经均支配眼球的运动功能。

评估时,应注意眼球的外观、瞳孔、眼球运动(见本章第三节)。

正常眼裂两侧相等。动眼神经麻痹时,除眼睑下垂外,尚有同侧瞳孔散大,眼球活动受限,眼球呈外斜位并有复视,辐辏及调节反应也消失。滑车神经麻痹时,无明显斜视,眼球向下及外展运动减弱,眼球向下注视时,复视加重,故下楼梯困难。展神经麻痹时,眼球呈内斜位,不能外展,复视显著。

(四)三叉神经(trigeminus nerve)

三叉神经系混合神经,有感觉支及运动支。主要传导头面部的痛、温、触觉,也传导面部肌肉的本体感觉。评估感觉功能时,用针刺、棉签、盛有冷热水的试管可分别检查三叉神经分布区的痛、触及温觉。自上而下,从内向外,并与对侧相应区对比,随时询问、观察有无感觉减退、消失或过敏。评估运动功能时,嘱被评估者做咀嚼动作,评估者用两手分别按压两侧咀嚼肌,注意两侧肌力是否相等。观察被评估者张嘴时,下颌有无偏斜(以上下门牙中缝为准)。

正常面部感觉灵敏,咀嚼力两侧相等,角膜反射存在。三叉神经感觉障碍可分周围型与中枢型,前者该支分布区内所有感觉均障碍,后者面部感觉障碍呈向心性分布,温、痛觉障碍,而触觉存在(节段型)。三叉神经运动支受损时,病侧咀嚼力减弱或出现肌萎缩,张口时下颌偏向患侧。三叉神经感觉支受损时,可使角膜反射消失。

(五)面神经(facial nerve)

面神经主要支配面部表情肌和分管舌前 2/3 味觉。评估时,观察被评估者的额纹、眼裂、鼻唇沟和口角是否两侧对称。再令其做蹙额、皱眉、闭眼、露牙、鼓腮、吹口哨等动作,观察两侧运动度是否相等。检查味觉时,嘱被评估者将舌伸出,用糖、盐或醋等蘸于一侧舌面的前 2/3,然后再测试另一侧,两侧对比。

正常面部两侧对称,各种表情肌动作灵活,两侧运动度相等,味觉正常,面神经瘫痪可分为以下两种:

1. 中枢型　面神经核以上受损时,表现为病变对侧面下部表情肌瘫痪,如鼻唇沟变浅,示齿时口角下垂,不能吹口哨等。见于脑血管病、肿瘤或炎症。

2. 周围型　面神经核或面神经受损害时,则引起一侧全部面肌瘫痪。病变的同侧眼裂增大,不能蹙额、皱眉、闭目、鼓腮、吹口哨,鼻唇沟变浅、口角下垂,示齿时口角歪向健侧。可见于寒风吹袭、耳或脑膜感染、神经纤维瘤等。损害侧味觉可丧失。

（六）前庭蜗神经（vestibulocochlear nerve）

前庭蜗神经由听觉的耳蜗神经及平衡觉的前庭神经组成。

1. 听力　见本章第二节。

2. 前庭功能　询问并观察被评估者有无眩晕、恶心、呕吐、眼球震颤、平衡失调等,如有则提示前庭功能受损。

（七）舌咽神经（glossopharyngeal nerve）和迷走神经（vagus nerve）

这两对神经在解剖上和功能上密切联系,且常同时受累,因此常同时检查。

注意被评估者说话时有无鼻音、嘶哑,喝水及进食时有无吞咽困难及呛咳等,张口发"啊"音时,观察其腭垂是否居中,软腭抬高时是否对称,用压舌板分别轻触两侧咽后壁,观察有无恶心反应,必要时查舌后 1/3 部位的味觉。当一侧舌咽、迷走神经受损时,发音嘶哑,带鼻音,吞咽困难及呛咳,腭垂偏向健侧,患侧软腭不能上抬及咽反射消失。

（八）副神经（accessory nerve）

副神经支配胸锁乳突肌和斜方肌的运动。评估时,观察被评估者胸锁乳突肌、斜方肌有无萎缩,有无斜颈及垂肩。嘱其耸肩、转头,比较两侧肌力是否对称,有无肌力减弱或瘫痪。一侧副神经损伤,该侧胸锁乳突肌及斜方肌收缩无力,头不能转向健侧,患侧垂肩并可有肌肉萎缩。

（九）舌下神经（hypoglossal nerve）

舌下神经支配舌肌运动。评估时,观察被评估者伸舌时有无偏斜,舌缘两侧厚薄是否相等,有无舌肌萎缩及震颤等。当一侧舌下神经中枢性麻痹时,病灶对侧舌肌瘫痪,伸舌时偏向病灶对侧;无舌肌萎缩及震颤,常见于脑血管病。当一侧舌下神经周围性麻痹时,病灶同侧舌肌麻痹,伸舌时偏向患侧,瘫痪的舌肌有萎缩及震颤,常见于颅底骨折、颏下部损伤。若双侧麻痹,则舌不能外伸,并有语言及吞咽困难。

二、运动功能

运动是指骨骼肌的活动,可分为随意运动和不随意运动两种。随意运动受大脑皮质运动区支配,主要由锥体束完成;不随意运动由锥体外系和小脑系支配。

（一）肌力（muscle power）

微课：
运动评估

肌力是指随意运动时肌肉收缩的力量。检查时嘱被评估者做肢体伸屈动作,评估者从相反方向测试其对阻力的克服力量,并注意两侧对比。

肌力分为6级(度):0级为完全瘫痪;1级可见肌肉收缩而无肢体活动;2级肢体可做水平移动,但不能抬起;3级肢体能抬起,但不能抗阻力;4级能抗阻力运动,但差于正常人;5级为正常肌力。

根据肌力减退程度不同分为不完全性瘫痪(肌力1~4级)和完全性瘫痪(肌力0级)。

根据病变的部位不同瘫痪分为上运动神经元性瘫痪(中枢性瘫痪)和下运动神经元性瘫痪(周围性瘫痪)。二者鉴别见表4-8-1。

表4-8-1　中枢性与周围性瘫痪的鉴别

鉴别点	中枢性瘫痪	周围性瘫痪
肌张力	增强	减弱或消失
肌萎缩	无	有
腱反射	增强或亢进	减弱或消失
病理反射	有	无

临床根据瘫痪形式一般将其分为四种类型:

1. 单瘫　为单一肢体的瘫痪,多见于脊髓灰质炎。

2. 偏瘫　为一侧肢体随意运动丧失,并伴有同侧中枢性面瘫及舌瘫,见于对侧大脑半球运动区或内囊部损害。

3. 截瘫　双侧下肢或四肢瘫痪,见于脊髓横贯性损害,如脊髓外伤、炎症等。

4. 交叉瘫　表现为病变侧脑神经周围性麻痹与对侧肢体的中枢性瘫痪,见于一侧脑干病变。

（二）肌张力（muscle tone）

肌张力是指肌肉在静止状态时的紧张度。评估时,触摸被评估者肌肉的硬度及伸屈其肢体时感知的阻力作判断。

1. 肌张力增高　触诊时肌肉有坚实感,被评估者被动伸屈时阻力增高。可分为两种:① 痉挛性,在被动伸屈其肢体时,起始阻力大,终末突然阻力减弱,称折刀现象,为锥体束损害现象。② 强直性,伸屈肢体时始终阻力增加,称铅管样强直,为锥体外系损害现象。在此基础上若伴有震颤,当被动伸屈患肢,有如扳齿样顿挫感,故又称"齿轮状"肌张力增强。见于帕金森病。

2. 肌张力减低　触诊时肌肉松软,被动屈伸患肢时感觉到阻力减低,关节运动范围扩大,见于周围神经病、脊髓前角灰质炎及小脑病变等。

（三）不随意运动（involuntary movement）

不随意运动亦称不自主运动，是由随意肌不自主地收缩所发生的一些无目的的异常动作。

1. 震颤（tremor）　震颤为两组拮抗肌交替收缩所引起的不自主动作。分为以下几种：

（1）静止性震颤：最常见，在静止时表现明显，做意向性动作时可减轻或暂时消失，动作如同"搓丸"样，常伴有肌张力增高，情绪紧张时加重，入睡后消失，见于帕金森病。

（2）动作（意向）性震颤：在随意运动时出现在动作终末，越接近目标越明显，静止时减轻或消失，可伴有肌张力减低，走路摇摆呈"醉汉"步态等现象，见于小脑疾病。

（3）扑翼样震颤：患者双臂向前平举，使其双手和腕部悬空，出现两手快落慢抬的动作与飞鸟扑翼相似，主要见于肝性脑病早期。

（4）其他：小震颤又称细震颤，系手指的细微震颤，闭目平伸双臂时易检出，见于甲状腺功能亢进及神经衰竭患者。

2. 舞蹈样动作（chorea）　为肢体的一种快速、不规则、无目的、不对称的运动。表现为肢体貌似舞蹈，面部如做鬼脸，精神紧张时加重，睡眠时减轻或消失，多见于风湿性脑病。

3. 手足徐动　也称指划动作，为手指或足趾一种缓慢持续的伸展扭曲动作，见于脑性瘫痪、肝豆状核变性和脑基底节变性。

4. 手足搐搦　发作时，手足肌肉呈紧张性痉挛，手腕屈曲，手指伸展，指掌关节屈曲、拇指内收靠近掌心并与小指相对，形成助产士手，见于低钙血症和碱中毒。

（四）共济运动（coordination）

机体任一动作的完成均依赖于某组肌群协调一致的运动，称共济运动。

这些肌群的协调一致主要是靠小脑的功能。此外还有前庭神经、视神经、深感觉、锥体外系均参与协调。评估时，让被评估者先睁眼完成动作，然后再闭眼重复，常用方法如下：

1. 指鼻试验　被评估者前臂伸直、外旋，以示指指尖触碰自己鼻尖，先慢后快，反复上述动作观察是否准确，双侧分别检查。

2. 对指试验　被评估者分开双上肢，使双手示指由远而近互碰指尖，观察动作是否准确。

3. 轮替动作　被评估者双手反复做旋前或旋后动作，或用双手反复做手掌和手背的快速翻转运动，观察完成是否协调或动作有无困难。

4. 跟膝胫试验　被评估者仰卧，先抬起一侧下肢，然后将足跟放在对侧膝盖上，并沿胫骨前缘徐徐向下推移直达踝部，双下肢分别进行，观察动作是否稳准。

操作视频：
指鼻试验

操作视频：
对指试验

操作视频：
轮替动作

操作视频：
跟膝胫试验

操作视频：
罗姆伯格试验

5. 罗姆伯格(Romberg)试验　被评估者睁眼直立,双足平行靠拢,双上肢向前平伸,观察是否能平稳站立。

如睁眼、闭眼均不能完成动作,称小脑性共济失调,见于小脑蚓部病变。若睁眼时动作稳准,闭眼时动作摇晃,不稳不准,则为感觉性共济失调,见于感觉系统病变。

三、感觉功能

感觉功能评估时,被评估者必须意识清醒、合作、闭目,充分暴露检查部位,将刺激物由感觉障碍区移向正常区,如感觉过敏可反向进行。要注意左、右两侧对比,明确感觉障碍的种类、性质、程度和范围。对意识不清的患者或小儿,要根据面部表情、肢体回缩动作及哭叫等抗痛反应,了解感觉功能有无障碍。

(一)浅感觉检查

浅感觉包括皮肤及黏膜的痛觉(algesia)、温觉(thalposis)及触觉(thigmesthosia)。检查痛觉用针轻刺被评估者皮肤;检查温觉用盛凉水(5~10℃)或热水(40~50℃)的试管接触被评估者皮肤;检查触觉用棉絮或软毛刷轻触被评估者皮肤或黏膜,避免暗示。

操作视频:
浅感觉检查

(二)深感觉检查

深感觉是肌肉、肌腱和关节等深部组织的感觉,包括运动觉、位置觉和震动觉。

1. 运动觉检查　嘱被评估者闭目,评估者轻轻夹住被评估者的手指或足趾两侧,上下移动,被评估者说出“向上”或“向下”。

2. 位置觉检查　嘱被评估者闭目,评估者将其肢体放于某一位置,以检测其位置觉。

3. 震动觉检查　用震动着的音叉柄置于骨突处(如内踝、外踝、手指、桡尺骨茎突、胫骨、膝盖等),询问有无震动感觉,判断两侧有无差别。

深感觉障碍常见于脊髓后索病变。

操作视频:
深感觉检查

(三)复合感觉检查

复合感觉又称皮质感觉,是经过大脑皮质的分析和综合的结果,了解大脑皮质病变,在深、浅感觉正常的情况下才做此检查,评估时嘱被评估者闭目。常用方法:

1. 体表图形觉检查　用钝物在被评估者皮肤上画出简单图形(如圆形、方形、三角形),让其辨别并回答,左、右对比,如有障碍,常为丘脑水平以上病变。

2. 实体辨别觉检查　将熟悉的某种物品(如硬币、纽扣、钥匙等)置于被评估者

操作视频:
复合感觉检查

的手中,让其单手触摸辨别,回答物品的名称、形态、大小及质地等,功能障碍为皮质病变。

3. 两点辨别觉检查　以钝脚分规同时放置于皮肤上,如被评估者有两点感觉,再将双脚规距离缩小,直至其感觉到一点为止。身体各部位对两点辨别感觉灵敏度不同,以鼻尖、舌尖、手指最敏感,四肢近端和躯干最差。当触觉正常而两点辨别觉障碍时则为额叶病变。

4. 皮肤定位觉检查　是测定触觉定位能力的检查,评估者用手指轻触皮肤某处,让被评估者用手指出被触部位,皮肤定位觉障碍见于皮质病变。

四、神经反射

反射(reflex)是通过反射弧形成的。反射弧包括感受器、传入神经、中枢、传出神经及效应器,并受高级中枢控制。反射弧的任何部分及高一级中枢的病变,均可导致反射异常,表现反射亢进、减弱或消失。

(一)浅反射

刺激皮肤黏膜引起的反应称为浅反射。

1. 角膜反射(corneal reflex)　嘱被评估者眼睛注视内上方,评估者用细棉签毛由角膜外缘处向内轻触其角膜。正常时可见其眼睑迅速闭合,称为直接角膜反射;如刺激一侧角膜,对侧也出现眼睑闭合反应,称为间接角膜反射。凡直接和间接角膜反射皆消失者为三叉神经病变;直接反射消失,间接反射存在,为同侧面神经病变。深昏迷患者角膜反射消失。

2. 腹壁反射(abdominal reflex)　被评估者仰卧,双下肢稍屈曲使腹壁放松,然后评估者用钝头竹签迅速由外向内轻划上、中、下腹部皮肤(图4-8-1),正常在受刺激的部位可见腹壁肌收缩。上部反射消失见于胸髓7~8节病损;中部反射消失见于胸髓9~10节病损;下部反射消失见于胸髓11~12节病损。上、中、下部均消失见于昏迷、急性腹膜炎患者。

3. 提睾反射(cremasteric reflex)　被评估者体位与检查腹壁相同,评估者用钝头竹签由下向上轻划其股内侧上方皮肤(图4-8-1),正常可引起同侧提睾肌收缩,使睾丸上提。双侧反射消失见于腰髓1~2节病损,一侧反射减弱或消失见于锥体束病变。

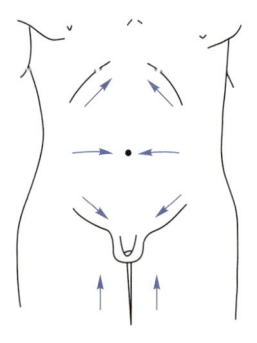

图4-8-1　腹壁反射、提睾反射

4. 跖反射(plantar reflex)　被评估者仰卧,下肢伸直,评估者手持其踝部,用钝头竹签由后向前划足底外侧至小趾掌关节处再转向拇趾侧,正常表现为足趾向跖面屈曲。

（二）深反射

刺激骨膜、肌腱引起的反射称为深反射。评估时被评估者要合作，肌肉放松，评估者叩击力量要均等，两侧对比。

1. **肱二头肌反射（biceps reflex）** 被评估者肘部半屈曲，前臂稍前旋，评估者用左手拇指按住其肘关节稍上方的肱二头肌肌腱，其余四指托住肘关节，然后用右手持叩诊锤适当用力直接叩击置于肱二头肌肌腱的左手拇指（图4-8-2），正常反应为肱二头肌收缩、前臂屈曲。其反射中枢为颈髓5~6节。

2. **肱三头肌反射（triceps reflex）** 评估者用左手托扶被评估者的肘部，被评估者前臂搭在评估者的左前臂上，上臂稍外展，然后评估者用叩诊锤直接叩击尺骨鹰嘴突上方的肱三头肌肌腱附着处（图4-8-3），正常反应为肱三头肌收缩，前臂稍伸展。反射中枢为颈髓6~8节。

操作视频：
深反射检查

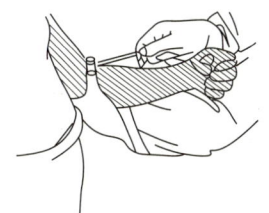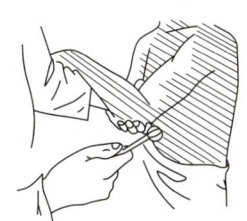

图 4-8-2　肱二头肌反射　　　　图 4-8-3　肱三头肌反射

3. **膝反射（knee reflex）** 坐位检查时，被评估者小腿完全松弛下垂，与大腿约成90°；卧位时，评估者以左手在腘窝处托起下肢，使髋、膝关节均稍屈曲，足跟不要离开床面，然后右手持叩诊锤叩击股四头肌肌腱（图4-8-4），正常反应为小腿伸展。若被评估者过于紧张，反射引不出，可嘱其双手扣起并用力拉紧再试，即可引出。反射中枢为腰髓2~4节。

4. **跟腱反射（achilles reflex）** 被评估者仰卧，髋、膝关节稍屈曲，下肢取外旋外展位，评估者用左手托被评估者足掌，使足呈过伸位，右手持叩诊锤叩击跟腱（图4-8-5），正常反应为腓肠肌和比目鱼肌收缩，足向跖面屈曲。如不能引出，可让被评估者跪于凳上，足悬凳边，再叩击跟腱；也可俯卧位，屈膝90°，评估者用左手按其足跖，右手用叩诊锤叩击跟腱，反应同前。反射中枢为骶髓1~2节。

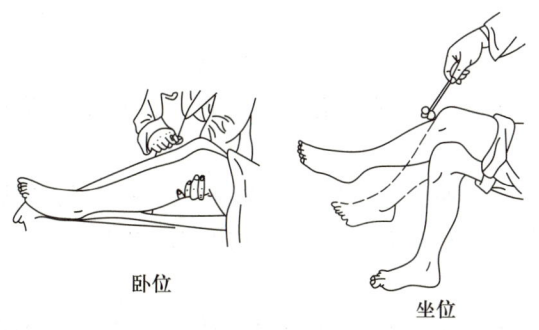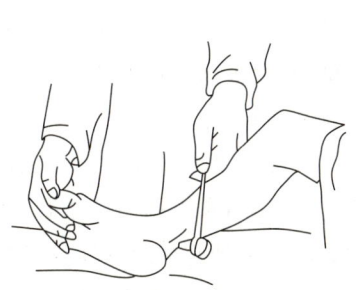

卧位　　　　坐位

图 4-8-4　膝反射　　　　　　图 4-8-5　跟腱反射

（三）病理反射

病理反射是指锥体束损害时,失去了对脑干和脊髓的抑制功能而出现踝和踇趾背伸的现象,又称锥体束征。1岁半以内的婴幼儿由于锥体束未发育完善,可出现此类反射,且多为两侧,不属于病理性。常见病理反射如下:

1. 霍夫曼(Hoffmann)征　评估者用左手持被评估者腕关节上方,使其腕关节稍背曲,右手以中指及示指挟持被评估者中指第二节,稍向上提,并用拇指向下弹刮其中指指甲,若出现被评估者拇指及其四指屈曲动作为阳性表现(图4-8-6)。

2. 巴宾斯基(Babinski)征　为最经典的病理反射。检查方法同踝反射。若踇趾背屈,其他四趾呈扇形展开为阳性表现(图4-8-7)。

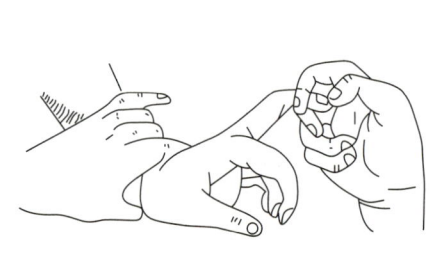

图4-8-6　Hoffmann征

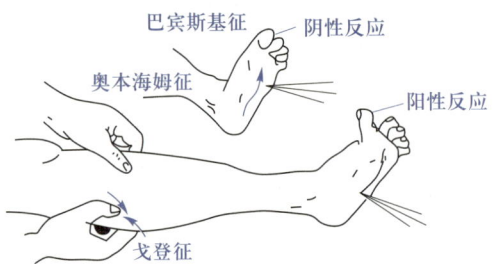

图4-8-7　Babinski征

3. 奥本海姆(Oppenheim)征　评估者用拇指及示指沿被评估者的胫骨前缘由上向下推移,阳性表现同巴宾斯基征。

4. 戈登(Gordon)征　评估者将拇指和其他四指分置于腓肠肌两侧,以适当的力量捏压,阳性表现同巴宾斯基征。

5. 查多克(Chaddock)征　评估者用钝头竹签划外踝下方及足背外缘,阳性表现同巴宾斯基征。

（四）脑膜刺激征

脑膜刺激征为脑膜受刺激的表现。常见于各种脑膜炎、蛛网膜下腔出血、颅内压增高等。

1. 颈强直　被评估者去枕仰卧,双下肢伸直,评估者左手托其枕部,用右手置于其胸前,做被动屈颈动作测试其颈肌抵抗力,若下颌不能贴近前胸且有阻力时,提示为颈强直。

2. 克尼格(Kernig)征　被评估者仰卧,评估者嘱其一腿伸直,另一腿屈髋、屈膝成直角,然后用手抬高其小腿(图4-8-8)。正常人膝关节可伸达135°以上。阳性表现为膝关节伸膝受限且伴疼痛。

3. 布鲁津斯基(Brudzinski)征　被评估者仰卧,双下肢自然伸直,评估者右手置其胸前,左手托其枕部,然后使其头部被动前屈。阳性表现为双侧膝关节和髋关节屈

曲(图 4-8-9)。

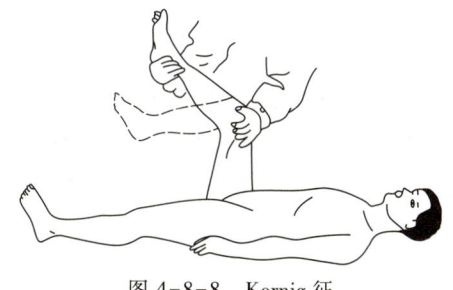

图 4-8-8　Kernig 征

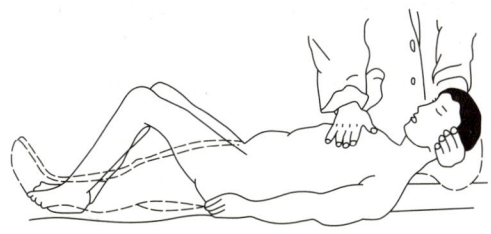

图 4-8-9　Brudzinski 征

五、自主神经功能

自主神经分交感神经与副交感神经两种,主要功能是调节内脏活动、血管舒缩及腺体分泌等活动,从而达到维持机体内、外环境的平衡。

(一)一般观察

1. 皮肤与毛发、指甲　注意皮肤与黏膜的颜色,手指有无苍白或发绀、有无水肿、有无溃疡;毛发有无过度增生或脱失、分布情况,指甲是否变脆、粗糙或增厚变形、失去光泽等。

2. 排汗与腺体分泌　观察全身排汗情况,有无局限性多汗、少汗、无汗现象,排汗与周围条件是否相符。腺体分泌包括唾液腺与泪腺的分泌情况。

3. 括约肌障碍　有无排便困难,大小便潴留或失禁。

(二)自主神经反射

1. 眼心反射　被评估者仰卧,闭目,计数其 1 min 脉率,然后评估者用拇指从眼球上部或用示指和中指置于眼球两侧,逐渐加压一侧眼球,但不能使被评估者感到疼痛,加压 20~30 s 后计数 1 min 脉搏次数,与加压前进行比较。正常人加压后每分钟脉搏减少 10~12 次。减少 12 次/min 以上者为阳性,提示迷走神经兴奋性增高;加压后脉搏不减少反而增加者,提示交感神经功能亢进,迷走神经兴奋性减低。

> **提示:**必须指出,操作时不可同时压迫两侧眼球,以防发生心搏骤停的危险。

2. 皮肤划纹试验 用棉签杆在皮肤上适度加压画一条线,经 8~12 s 后,出现白色划纹并高出皮面。正常持续 1~5 min 即自行消失。如果超过 5 min 为阳性,表示皮肤血管收缩反应增强,提示交感神经兴奋性增高。经棉签杆划压后,很快出现红色划纹且持续时间较长,表示皮肤血管扩张反应增强,提示副交感神经兴奋性增高。

本节小结

本节介绍了脑神经、运动功能、感觉功能、神经反射及自主神经功能等方面的评估。神经系统评估要求准确性很高,因此,评估前应做好充分准备并取得被评估者的合作。如果被评估者感到紧张,应给予关心并进行解释,使其放松;同时,准备好评估所用的工具或物品。

本节思考题

一、名词解释

生理反射　病理反射　浅反射　深反射　巴宾斯基(Babinski)征　偏瘫　单瘫
截瘫　交叉瘫　共济失调

二、简答题

1. 简述对光反射的评估方法及临床意义。

2. 如何评估生理反射、病理反射是否存在,有何临床意义?

3. 简述脑膜刺激征的评估方法及其临床意义。

三、病例分析(查阅资料,分析判断)

女孩,5 岁,2 个月前突然高热 39.5℃,3 天后发现左下肢不能活动,经治疗后体温虽降至正常,但左下肢的运动并未恢复,且肢体逐渐变细,需持杖行走。试分析:

(1) 查阅资料,分析判断该患者患何种疾病。

(2) 你如何设计评估程序和护理诊断方案,可能出现哪些阳性体征?

在线测试:
身体评估

赛证聚焦

请扫描二维码完成在线测试。

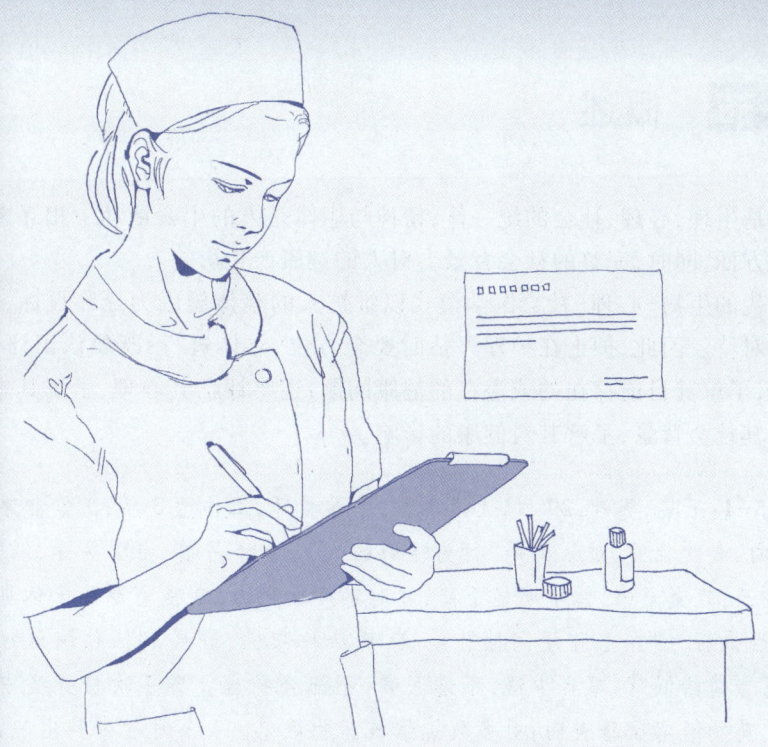

第五章 心理与社会评估

学习目标

知识目标
1. 掌握心理与社会评估的方法和内容。
2. 熟悉心理与社会评估的基本概念。

能力目标
1. 能够恰当地对被评估者进行心理与社会评估。
2. 能够根据所收集的心理、社会资料提出可能出现的护理诊断。

素养目标
1. 培养同理心及人文关怀意识。
2. 养成尊重患者、保护患者隐私的职业精神。

第一节　概述

　　人是生理、心理、社会的统一体,精神与躯体是人的生命活动中相互影响、相互依赖的两方面,同时,完整的社会背景会对人的健康产生影响。

　　现代的生物-心理-社会医学模式以维护人的整体健康为最终目标,强调三种情况同等对待。因此,护士在护理评估时要全方位、立体进行:既要认识评估对象的躯体症状,了解其目前存在的或潜在的健康问题;还要评估其心理,了解其患病体验;同时评估其社会背景,了解其对健康的影响。

> **案例 5-1**:王某,男性,29 岁,大学本科,中学教师,工作已 3 年,工作非常努力。性格内向,喜欢独处,被认为是"行为怪僻的人"。6 个月前,自觉头昏、低热、食欲减退、盗汗、轻微干咳,体重明显下降,并时感疲乏无力,常常需要卧床休息。去医院检查后诊断为"左上肺浸润性肺结核,痰涂片阳性,进展期",住院治疗。住院期间,患者情绪低落,寡言少语,不遵医嘱,不配合护理。曾多次检查痰中结核杆菌阳性,药物敏感试验表明:对多数抗结核药物敏感。1 个月后带药出院,医生告知要进行呼吸道隔离,要坚持服药。出院后 3 个月自觉症状无明显好转,复查 X 线胸片,左上肺阴影无明显消散。出院后 4 个月,突然出现脐周剧烈疼痛,继而蔓及全腹,家人送至医院时已休克。急诊手术后诊断为"结核性肠穿孔"。
>
> 　　请思考:① 该疾病的发生、发展可能与哪些因素有关? ② 患者为什么不配合医嘱? ③ 为什么该患者抗结核治疗效果不理想?
>
> 　　通过进一步与患者沟通和与家人的交流得知:患者有较高的抱负,正在积极复习报考研究生,极少参加社会活动。与领导、同事交往很少,彼此缺乏理解(社会方面)。母亲因病刚去世,母子感情深厚,还处在悲伤之中;父亲体弱多病,需要有人照顾,家庭经济拮据(家庭方面)。性格内向,不善于与他人进行沟通和交流,与医生、护士交流困难,遵医行为较差,但内心世界丰富,患病后与女朋友关系紧张,有断交的可能,考研计划被迫中止,对生活缺乏信心(心理层面)。患病后盗汗、低热、消瘦、抵抗力低下、抗结核治疗效果不理想(躯体症状)。

　　从案例 5-1 可以得知:疾病会影响个人心理;反之,个人心理、社会等方面因素又影响着疾病的发生和演变。为达到预防疾病、促进康复、保持健康的目的,护理人员必须帮助评估对象对自身行为活动作出正确的抉择,而这些都建立在对个体生理功能以及心理社会功能正确、完整的评估之上。

一、评估方法

　　1. 观察法　是通过对评估对象的行为表现直接或间接的观察和分析,探讨其心理行为变化规律的一种方法。可在自然情境中观察、记录和分析,如评估对象的着装、面容表情、姿势等;也可在特定情境下观察评估对象对特定刺激的反应(单向玻璃室、监视器)。

2. 会谈法　是心理、社会评估中最常用的一种方法。护士对交谈内容预先设计,逐项提问,以了解评估对象的心理状况。交谈是一种互动的过程,护士在过程中注意倾听、注意观察,同时通过点头、微笑、注视等非语言沟通方式表达对评估对象的关注和肯定。

3. 调查法　当有些资料不可能从评估对象处获取,就需要从相关人员或材料处得到,故调查法是一种间接、迂回的方法(查阅各种证书、履历表;咨询同学、朋友、老师、领导等)。

4. 心理测验法和临床评定量表　人的心理现象可以通过测量来反映,心理测验一般遵循标准化、数量化原则,并与常模进行比较,可以客观评定某些方面的心理现象。心理测验主要采用量表的形式进行。

5. 医学检测法　通过医学手段(护理体检、实验室评估等)获取资料,作为对心理、社会评估资料的补充,并排除器质性疾病。

6. 取样检测　用于社会评估中,对环境是否污染的评定中采用的方法。

二、注意事项

1. 使用礼貌用语,建立良好护患关系,这是心理社会评估的关键和基础。

2. 尊重评估对象,强调隐私保密原则。护士通过心理、社会评估收集的所有资料均为保密范畴。

3. 在评估过程中尽量不使用专业术语。

4. 进行心理测验者,应向其说明心理测验功能的局限性。

5. 在整个过程中护士要热情、真诚,对评估对象要尊重并积极关注。态度中立,不得采用指责或评判性语言。

6. 心理、社会评估不应与生理评估截然分开。在进行心理、社会评估时,也可以通过观察法、医学检测等了解评估对象的生理状况。如当护士评估个体焦虑水平时,要注意观察评估对象有无颤抖、快语、面红等生理改变。

> **提示**:心理评估通过与评估对象的交谈获取主观资料,同时要对评估对象进行观察,以发现相应的客观资料。因此,护士在进行心理评估时应注意进行主、客观资料的比较,不应只重视评估对象的主观陈述,而忽略对客观资料的收集。

> **经验教训**:曾有一位自发性气胸的德国籍男性患者,因受德国文化影响,认为男性必须是坚强的,而坚持向护士诉说"不是很痛,不需要镇痛药"。但护士观察到患者脸色苍白、拳头紧握、牙关紧咬、大汗淋漓,便为患者测量了血压,发现其血压下降

已接近休克水平。在护士的耐心劝说下，患者纠正了想法，并接受了镇痛治疗，避免了因剧烈疼痛而导致的休克。

第二节 心理评估

心理评估（psychological assessment）是依据心理学的理论与方法对人的心理过程和人格特征及能力所作出的鉴定。评估内容有自我概念、认知、情绪与情感、个性特征、压力及压力应对等。

心理评估的目的：① 关注与健康有关的心理现象，特别是在疾病发展过程中的心理活动。② 了解评估对象的个性特点，可作为选择护患沟通方式的依据，找出其心理特征中对健康有利或不利的因素，为制定有针对性的心理护理计划提供依据。③ 认识评估对象对压力（疾病）的反应及应对方式，有针对性地对个体开展健康教育。

一、自我概念评估

（一）基本知识

1. 概念 自我概念（self-concept）是个体对自己存在状态的认知。个体的自我概念在很大程度上取决于个体认为他人是如何"看"自己的。自我概念涉及个体对自己的身体特征、个性特征和社会角色的认识与评价，并受到价值观、信念、文化以及他人对个体评价的影响，同时可以引导个体的行为。

2. 影响因素 自我概念是个体与他人相互作用的社会化产物，并非不可变化，个体常常会因为一些特殊的情形而导致自我概念的改变（表5-2-1）。

（二）护理评估

1. 内容及方法 主要通过观察和交谈进行评估。具体方法及内容见表5-2-2和表5-2-3。

表 5-2-1 常见的引起自我概念改变的因素

因素	常见情形
因疾病或外伤失去身体的某一部分	截肢，乳房、子宫、肾等器官的切除手术，造瘘术等
生理功能的丧失或障碍	脑血管意外、冠心病、癌症、瘫痪等
疾病或创伤导致外貌改变	烧伤、关节炎、系统性红斑狼疮、多毛症、银屑病等
感知觉或沟通功能缺陷	视觉、听觉障碍，感觉异常，孤独症，学习障碍等

因素	常见情形
精神因素或精神疾病	药物依赖、精神分裂、抑郁症、酗酒、神经性厌食等
神经肌肉障碍	帕金森病、脊髓灰质炎、多发性硬化病、脊柱侧凸症等
肥胖	单纯性肥胖、继发性肥胖(胰岛素瘤、库欣综合征等)
性发育过程中的问题或生殖系统疾病	青春期、妊娠、流产、性病、性器官切除术、不孕症等
成熟因素或偶发事件、危机	衰老、角色改变、丧偶、自然灾害等

表5-2-2　自我概念的评估简要观察提纲

1. 评估对象的外表是否整洁并符合其身份特征?
2. 交谈时,评估对象是否与评估者有目光交流?
3. 评估对象是主动寻求与他人交往还是尽量避免社会交往?
4. 如果评估对象是儿童,他是否对有关自己的活动或话题表现出急切想参与的表情或行为?
5. 如果评估对象是儿童,他是活泼的,还是畏缩的?

表5-2-3　自我概念评估的简要交谈提纲

1. 请描述一下你自己:你最喜欢自己什么?你希望自己在哪些地方有所改变?别人最喜欢你哪些地方有所改变?
2. 你的生活中最重要的人有哪些?你可以和谁交流感情?他们随时可以跟你进行交流吗?
3. 哪些个人成就最让你满意?你对未来有哪些计划和打算?
4. 你对自己身体最满意的是什么?你希望做何种改变吗?你身体中的哪些部位对你来说是最重要的,为什么?
5. 哪些情况令你感到平静和安全?哪些情况令你感到不适和焦虑?
6. 针对健康状况和生活方式已有改变的个体:这些改变对你的影响有哪些?你认为这些改变使别人对你的看法出现哪些改变?
7. 针对儿童的家长:你如何描述你的孩子?你最喜欢你的孩子的哪些方面?你希望你的孩子在什么方面与众不同?你的孩子是如何与其他孩子相处的?他与成人是如何相处的?

2. 评估目的　通过评估,可得知评估对象是否有负罪感、无用感、无能为力或自我否定等心理感受。

(三) 相关护理诊断

1. 体像紊乱　与身体结构或(和)功能改变(乳房切除术、截肢术、化疗后的严重脱发、脑血管病后致残等)、情形改变(因治疗需要身上暂时携带可见的管子)、成熟因素(青春期、衰老)等有关。

2. 无能为力感　与躯体疾病进行性加重或突发性、日常生活不能自理(瘫痪、残障等)、孤立无助的生活方式、年龄(衰老)、知识缺乏等有关。

3. 长期低自尊　与疾病导致身体形象改变、严重疾病导致个体社会角色变化、长期依赖他人、事业失败、缺乏有效的社会支持、家庭关系紧张或经济困难有关。

4. 社交孤立　与疾病所致活动受限、身体残障、外表容貌的改变、精神异常、社会行为不被接受(吸毒、酗酒)、身体发出的不良气味、人际关系陌生等有关。

案例 5-2：李某，男性，65 岁，大学教师，已退休。有高血压病史 15 年，2 年前脑卒中瘫痪，经治疗后大部分生活仍需要他人协助，能借助拐杖在家缓慢行走。老人终日待在家里，隔窗望着外面，家人劝其外出活动，均被老人拒绝，认为自己身体残疾，行动不方便，担心被别人都看不起，更害怕被以前学生看到，那更尴尬。言谈中流露出自己对家人的拖累，自尊心严重受挫，感觉自己已毫无用处，只会给别人添乱。

护理诊断：

1. 体像紊乱　与身体残疾、生活不能自理有关。

2. 长期低自尊　与脑血管病导致身体形象改变、社会角色改变、生活不能自理有关。

二、认知评估

(一) 基本知识

1. 概念　认知(cognition)是心理过程中最主要和最基本的部分，是人们获得知识或应用知识的过程。

2. 影响因素　认知改变的主要因素是疾病，如脑出血患者可出现感觉障碍(感觉减退、感觉缺失等)、语言改变(语言不连贯、失语等)；各种脑病患者可出现定向力障碍(对时间、地点、人物等方面发生障碍)等。

(二) 护理评估

1. 内容及方法

(1) 浅感觉及深感觉：通过神经系统护理体检发现有无障碍。

(2) 知觉障碍：可通过与患者交谈获取。

(3) 记忆：主要通过交谈进行评估(表 5-2-4)。

表 5-2-4　瞬时记忆、短时记忆和长时记忆的评估提纲

评估项目	评估方法	评估举例
瞬时记忆	复述	向评估对象朗读一串数字，并请其立即复述一次。再请评估对象按照倒序方式将数字串背诵一次。例如，告诉他"3、7、9"，应回答"9、7、3"。正常人能按顺序背诵 5~8 个数字串，倒过来能背诵 4~6 个数字串

评估项目	评估方法	评估举例
短时记忆	回忆并说出刚刚经历过的事情	刚才您在做什么？ 您来这里的目的是什么？ 您早餐(或午餐)吃了些什么？
长时记忆	回忆并说出过去经历的事件	您在哪里出生？ 您中学时的班主任是谁？

> **提示**：对记忆的评估，必须围绕评估对象应该知道的事物进行询问，否则会导致不正确的评估结果。首先进行一般性评估，如"您觉得最近有任何记忆力减退或丧失的现象吗？""别人告诉您的事您容易记住吗？""您觉得您对最近发生的事记得比较清楚，还是对几年前的事记得比较清楚？"等。

（4）思维：是认知的高级形式，是人脑对客观事物间接的、概括的反映。思维往往借助语言来实现。包括定向力、语言能力、判断力等，主要是通过交谈并观察评估对象的表现作出初步判断(表5-2-5)。

表5-2-5　定向力的评估提纲

评估项目	评估方法	评估举例
人物定向力	选择评估对象应该认识的人或其家属进行提问	您叫什么名字？ 这个人是谁(指示评估对象应该熟悉的人)？
时间定向力	询问评估对象有关年、月、日、星期等问题	您知道今天的日期吗？ 现在是什么时间？
空间定向力	让评估对象根据某个参照物描述环境中另一件物品的位置	现在您和这张桌子的位置是什么关系？ 您的床放在房间的哪里？
地点定向力	选择评估对象应该知道的地方进行询问	您知道您现在在哪里吗？ 这是什么地方？

评估定向力时，护士应注意倾听评估对象的想法，观察其行为，再分析其行为和言语，从而判断评估对象对目前所处情形有无清晰的意识。例如，一名64岁的住院患者面对常年和自己一起生活的儿子，却告诉护士不认识这个人时，说明他发生了人物定向力障碍。

> **提示**：对于有定向力障碍的评估对象，应记录其回答的原话，以便让查阅记录者了解情况。

2. 评估目的　通过评估了解患者有无感觉减退或消失、错觉、幻觉；有无神志改变；有无定向力障碍、记忆力改变、语言能力改变；有无多疑、强迫观念、妄想等。

（三）相关护理诊断

1. **急性意识障碍/有急性意识障碍的危险/慢性意识障碍**　与感觉器官疾病、神经精神性疾病、药物副作用等有关。

2. **记忆功能障碍**　与神经精神性疾病、注意力不集中、应激事件等有关。

3. **言语沟通障碍**　与意识障碍、思维障碍、言语发育障碍等有关。

4. **知识缺乏**　缺乏相关疾病预防、治疗、康复知识。

5. **有沟通增强的趋势**　与相关疾病的好转有关。

> **案例5-3**：王某，男性，43岁，诊断为"丙型病毒性肝炎、肝硬化"已6年。近2周经常流鼻血、牙龈出血，腹部逐渐增大，尿量减少，自服利尿药3天（量不详），尿量大量增多，连续5天。1天前家属发现患者行为"怪异"：在家里上厕所会走错，晚上误将鞋当成便盆，有时会向家人询问自己在什么地方，故而入院。入院诊断：丙型病毒性肝炎、肝硬化、肝性脑病。护士对患者进行全面评估，发现患者神志恍惚，不知道自己在什么地方，不认识自己的儿子，不能判断白天和晚上。
>
> 　　护理诊断：急性意识障碍　与肝硬化、肝性脑病有关。

三、情绪、情感评估

（一）基本知识

1. **概念**：情绪（emotion）和情感（feeling）　是个体对客观事物态度的体验（即感情），是人脑对外界事物与主体需要之间关系的反映，直接反映人们的需要是否得到满足。如果外界事物符合主体需要，则产生积极情绪体验（正性情绪），如愉快、满意、高兴等，否则产生消极情绪体验（负性情绪），如苦闷、憎恨、生气等。

2. **情绪和情感的表现形式**：① 表情是人情绪变化的外部表现形式，包括面部表情、身段表情、言语表情。② 情绪、情感会引起生理变化，如脉搏加快、面色改变（激动时面色变红、害怕时面色变白）、血压升高等。这些生理变化主要通过人体内分泌腺和自主神经系统的作用来完成。

（二）护理评估

对病程长、身体形象有重大改变和否认患病的评估对象尤其要注意评估情绪状态。

1. **内容**　主要评估患者有无以下常见负性情绪，并寻找原因，尽可能帮助评估对象消除不良情绪。

（1）焦虑（anxiety）：是一种最普遍的情绪状态，是患者过分担心发生自身安全和其他不良后果的心理状态。产生焦虑的原因如下。① 疾病：诊断尚未明确、又急于想了解时；对治疗效果、疾病转归不明确时；病程长、疾病反复发作时。② 医疗检查及手术：患者不了解某种医疗检查，对其可靠性和安全性表示怀疑时；担心手术中可能出现的意外时。③ 生活环境的改变：如出差、移民、出国等；居住空间狭小、治安状况差等。④ 社会因素：被迫改变生活模式、经济困难、挫折等。焦虑常见的表现有：与处境不相称的痛苦情绪体验，如时常提心吊胆和恐惧；精神运动性不安，如表情紧张、肢体颤抖、语速变快、坐立不安、来回走动等；自主神经功能障碍，如出汗、胸闷、心悸、头痛、胃痛、腰背部疼痛、全身无力等。

（2）抑郁（depression）：是以心境低落为显著特征的一种情绪障碍。产生抑郁的原因如下。要有：① 疾病：长期疾病缠身，饱受折磨和痛苦；疾病恶化。② 社会因素：工作、生活压力过大；个人价值得不到认同；经常受到批评、诋毁。③ 神经症及精神疾病。④ 生物因素：青春期、女性分娩后、围绝经期等。抑郁表现有：面带愁容，喜欢独处，思维缓慢、注意力难以集中，过分依赖或逃避（如做白日梦、自杀等），动作迟缓，机体其他功能减退等。

（3）恐惧（fear）：是由于个体内部或外部某些因素变化导致人体产生害怕、回避等心理状态的综合。引起恐惧的因素常常是现实存在的，是个体亲身经历或亲眼所见。产生恐惧的原因如下。① 患有严重疾病，且难以治愈，如艾滋病、癌症。② 特殊医疗检查和治疗：如剖腹探查、胃镜检查、器官摘除、骨髓穿刺等。③ 特殊的环境刺激：如地震灾害、独自置身于荒原野地、医院的某些特殊科室（如抢救室、手术室等）。④ 其他：如知识缺乏。

2. 方法　由于情绪包含着个体的内部体验、外部表现，同时还出现生理变化，故情绪常通过以下方法评估。① 观察法：对评估对象的表情、说话的语气和行为等进行观察评估。② 交谈法：与评估对象交谈了解其内部体验，如"您现在感觉如何""最近心情好不好""您对人生感到满意吗"等。③ 量表评定：如焦虑自评量表、抑郁自评量表、汉密尔顿焦虑量表等（详见实训指导）。

3. 评估目的　了解评估对象的情绪状态，有无恐惧、焦虑、失望、易激动或无反应等。

（三）相关护理诊断

1. 焦虑　与健康状况改变和角色功能改变、经济状况的恶化、环境和日常生活发生改变、处境危机、人际关系冲突等有关。

2. 恐惧　与疾病晚期或濒临死亡、手术或介入性治疗、亲人或朋友分离、环境刺激、心理因素等有关。

3. 持续性悲伤　与某些疾病预后不良（急性白血病、系统性红斑狼疮、肝癌等）、家庭危机等有关。

4. 情绪失控/冲动控制无效　与疾病因素、家庭因素、社会因素等有关。

5. 有自杀的危险　与因疾病需要长期限制活动导致与社会隔绝、健康状况恶化、对治疗失去信心、缺乏有效社会支持等有关。

案例5-4：王某，男性，65岁，务农，自诉近2个月经常"胃痛"，食量减少，体重下降约6 kg，来医院就诊，医生建议进行纤维胃镜检查，患者立即出现表情紧张、大汗、心悸、头晕等症状。让家属反复询问该检查是不是一定要做？有没有危险？

听家属讲该患者身体一直很好，这是第一次住院，性格内向、胆小。

护理诊断：恐惧　与将接受纤维胃镜检查、性格内向、知识缺乏有关。

案例5-5：李某，男性，46岁，肝硬化病史12年，近半年来肝区反复胀痛，有时难以忍受，需用手按住肝区。近3个月来体重下降约10 kg，一直担心自己患肝癌。2天前经CT检查诊断为"原发性肝癌"入院。入院后患者不断问医护人员："我还能活多久？"反复表达恐惧、无助感，失去自我控制，埋怨老天不公。

护理诊断：

1. 持续性悲伤　与原发性肝癌有关。

2. 有自杀的危险　与原发性肝癌导致健康状况恶化、对治疗失去信心有关。

四、个性评估

（一）基本知识

1. **概念**　个性（personality），也称为人格，是个体具有一定倾向性的、稳定的心理特征的总和。个性心理结构由三部分构成。① 个性心理特征：包括能力、气质和性格。② 个性倾向性：包括需要、动机、兴趣、信念、世界观等。③ 自我意识：包括自我评价、自尊、自豪、自我控制等。性格是个性的核心，是个性评估的重点。

2. **影响因素**　性格是个体在社会实践中所形成的对人、对己、对客观现实所持的稳定的态度和习惯化了的行为方式。性格是在生活中逐步形成，是比较稳定的，但也是可塑的，个体生活环境的重大变化，一定会造成其性格特征的显著变化。如遭遇重大精神刺激或自然灾害，可使个体性格发生一定改变。

3. **性格类型**　性格极为复杂，其类型划分有多种。与疾病或个体压力应对有关的类型有以下几种。① 内外倾向型：内向型表现为谨慎、多虑、喜独处、交际面较窄，有时难以适应环境变化；外向型者活泼开朗、不拘小节、独立、果断、善交际，易于适应环境变化。② 场独立型和场依赖型：前者能独立发现问题和解决问题，不易受其他因素干扰，有创造性，带有支配倾向，但社会敏感性较差，不善社会交往。后者常处于被动、服从的地位，缺乏主见、易受暗示，抗应激能力差，但其社会敏感性强，善于社会交往。③ A型和B型性格：A型性格者有较强进取心，性情急躁、情绪不稳、爱发脾气，争强好胜，常怀有戒心或敌意，无论在工作或生活中均行动快捷、办事效率高，但缺乏耐性。B型性格与之相反，表现为工作生活中悠然自得，处事有耐心，容忍力强，很少有敌意,遇到阻碍反应平静、情绪稳定。

> **提示**:现已经证实,A 型性格与冠心病之间存在确定的关系;高血压患者具有怕羞、沉默、自我控制和暴发性格特征;溃疡患者可能有较强依赖感,常压抑愤怒等。现代一些医学专家通过研究,提出"C 型行为模式":他们过分谨慎、忍让、情绪不稳定又不善于排解,常表现为沮丧、抑郁、无助,该行为模式被证明与肿瘤的发生有一定关系。

(二) 护理评估

1. 内容及方法　通过观察、交谈、作品分析法(如图画、书信、日记等)、量表测评法[如艾森克人格问卷(EPQ)、明尼苏达人格问卷(MMPI)等]分析其性格特征。

2. 评估目的　主要在于了解其性格类型,以便针对个体不同的性格特征选择合适的沟通方式,并努力寻求性格与疾病之间的关系,适时为评估对象开展健康教育。

(三) 相关护理诊断

1. 社交孤立　与性格内向、喜欢独处或因各种原因身体被隔离等有关。
2. 娱乐活动减少　与性格内向、交际面较窄或医源性限制有关。
3. 应对无效　与严重躯体疾病、环境重大变化、严重感情挫折、个人处境不佳、性格脆弱、缺乏自信和缺乏有效的支持系统有关。

五、压力与压力应对评估

(一) 基本知识

1. 压力(stress)　由压力源和压力反应组成的一种认知和行为体验过程。压力具有双重的作用,它既是成长的动力,也是导致身心疾病的重要病因。人不能免除压力,但可以正确对待和处理压力。

2. 压力的应对　指个体解决压力事件和减轻事件对自己影响的各种方法。此时,个体会采取各种努力,改变自己的行为、态度去应对自身生存环境中所发生的变化,这就是应对行为(coping behavior)。

(二) 护理评估

1. 评估内容　① 压力源:如疾病、创伤、失恋、离婚、战争、家庭争执等,或由于自身原因(个体心理障碍、传染病等)造成的人际适应问题。② 压力的种类(一般性生活压力、叠加性压力、破坏性压力)。③ 压力的应对(情感式应对、问题式应对)。

2. 评估方法

（1）观察法：当个体面临压力时往往会出现生理、情绪、认知以及行为方面的改变，护士通过观察评估对象的这些改变可以了解压力对其造成的影响（表5-2-6）。

表5-2-6　评估个体压力状况的观察提纲

反应类型	主要表现
生理反应	瞳孔扩大、面色潮红或皮肤苍白、心率及呼吸增快、血压升高、食欲下降、肌张力增高、口干、尿频、睡眠障碍等
情绪反应	恐惧、焦虑、抑郁、过度依赖和失助感、自怜、愤怒等
认知反应	面对轻、中度压力时：敏感性增加、认知能力增强、思维能力增强 面对中、重度压力时：注意力分散、记忆力下降、感知混乱、判断力和定向力失误、思维迟钝、洞察力减退、自我概念偏差
行为反应	重复某一特殊动作（如来回走动、咬指甲、吸烟等）、活动次数改变（如活动次数增加或减少）、行为方式改变（如行为退化、无序，行为和时间、地点、场合不符等）

（2）交谈法：可通过以下交谈提纲了解评估对象的压力及压力应对情况（表5-2-7）。

表5-2-7　压力及压力应对交谈提纲

问题
① 您目前的生活发生了哪些变化？这些改变对您和您的家庭意味着什么？
② 让您感到有压力或紧张、焦虑的事情有哪些？
③ 您如何评价住院给您带来的压力？
④ 您是从什么时候开始感到这种压力的？
⑤ 这些压力对您以及您家人的生活造成了哪些影响？
⑥ 通常您会用什么方法来处理压力？这一次您打算如何处理这些压力？
⑦ 您认为您可以从哪些方面得到帮助？

（3）评定量表测评法：社会再适应评定量表（SRRS），日常生活中小困扰测量表，应对方式量表，生活事件评定量表（LES），社会支持评定量表等。

> 提示：每个心理测量量表都有其特定的适用范围，护士在使用时应根据需要以及量表的适用范围仔细选择。

3. 评估目的　了解评估对象近期有无压力事件发生，是如何处理的；对现实的态度，是面对现实或是逃避现实、是否认现实或是推卸责任；适应能力，是否能独立解决问题或是寻求别人帮助或依赖他人解决问题。护士帮助评估对象维护和恢复健康的过程实际上就是帮助其正确对待和处理压力的过程。

（三）相关护理诊断

1. 应对无效　与严重躯体疾病、环境重大变化、严重感情挫折、个人处境不佳、压力负担过重、性格脆弱、缺乏自信和缺乏有效的支持系统有关。

2. 无能为力感　与无能力改变生活方式、缺乏有效支持、自尊受到伤害、悲伤过程未结束等有关。

3. 社交孤立　与沟通交流障碍、缺乏有效社会支持、社会文化的不协调、治疗性隔离、环境的障碍等有关。

案例5-1分析：患者与领导、同事交往很少,彼此缺乏理解,生病后缺乏社会支持;母亲因病刚去世,母子感情深厚,还处在悲伤之中;父亲体弱多病,家庭经济拮据;性格内向,不善于与他人进行沟通和交流,与医生、护士交流困难;患病后与女朋友关系紧张,有断交的可能,考研计划被迫中止,对生活缺乏信心。

护理诊断：

1. 应对无效　与躯体疾病、严重感情挫折、压力负担过重、性格内向、缺乏自信和缺乏有效的社会支持系统有关。

2. 无能为力感　与缺乏有效支持、悲伤过程未结束有关。

3. 社交孤立　与性格内向、沟通交流不畅、缺乏可依靠的亲人和朋友、肺结核治疗需进行呼吸道隔离有关。

第三节　社会评估

　　护理的服务对象是人,人是生理、心理、社会等多个层面的结合体。要全面认识和衡量个体的健康水平,除生理和心理评估外,还需要评估他的社会状况。社会评估内容包括社会角色、文化、家庭及环境等。社会评估目的:① 通过角色及角色适应评估,了解评估对象有无角色适应不良,以协助患者尽快完成角色转换。② 通过文化评估,便于护士选择适当沟通方式,以更好地为评估对象提供符合其文化需求的护理。③ 通过家庭评估,认识家庭与疾病的关系,便于及时为评估对象及其家庭制定有效的护理计划。④ 环境与健康问题有着密不可分的关系,通过评估,找出现存的或潜在的环境危险因素,以便制定有效护理措施,适时为评估对象进行健康教育。

　　社会评估的方法与心理评估相似,有交谈法、观察法、量表评定法等。

拓展阅读：
疫情期间的
社会评估思考

一、角色和角色适应评估

（一）基本知识

1. 角色（role）　是指社会对占有某种特定社会职位的个体所期待的用以表现人的身份、地位的行为模式。人在一生中的不同阶段,可能先后或同时扮演多种角色,如一个女性,在医院里她是护士,在家里她是妻子和母亲,当生病住院时,她又成了患者。每种角色有其相应的权利和义务。

2. 患者角色(patient role) 即患者身份,是处于患病状态中,有求医要求和医疗行为的特殊社会角色。患者角色被期望采取切实行动(如休息、遵医嘱用药、接受治疗、护理等)来减轻自身的症状。患者必须寻求医学技术的帮助,必须同医护人员合作,使自己恢复健康。

3. 患者角色适应不良 人类的健康角色和患病角色是生命中的必然部分。为服务对象提供整体护理的目的,就是使个体的健康角色和患病角色都达到适应。社会要求个体按自己的角色行事。当个体的角色表现与角色期望不协调或无法达到角色期望的要求时,便可发生角色适应不良,并可因此出现各种躯体反应(如头痛、睡眠障碍)和心理反应(如紧张、伤感、焦虑等)。

常见患者角色适应不良有:

(1) 角色缺如:即没有进入患者角色,不承认自己患病或对患者角色感到厌倦,多见于初诊为严重疾病的患者。

(2) 角色冲突:指患者角色与其他角色发生心理冲突和行为矛盾。患者可能意识到自己患病,但不能承担患者角色所要求的行为,因而产生焦虑、烦恼、茫然,甚至痛苦。如一位因病住院的大学毕业生,在住院期间接到用人单位的面试通知,他想如期参加面试,但因治疗需要不能出院,因而焦虑、烦恼。

(3) 角色强化:指患者由于依赖性增强和自信心减弱,沉溺于患者角色,不愿意恢复原有的角色功能。常见于久病的老年患者和儿童,一般发生在患者逐渐康复,由患者角色向日常角色转化时。

(4) 角色消退:指个体已经适应了患者角色,但由于某种原因,使其不顾病体状况从事不应承担的角色功能,本来的患者角色行为退化甚至消失。如一位母亲因病住院,在得知年幼的女儿摔伤后,就不顾自己的病情,毅然回家照顾女儿。

4. 影响因素 ① 疾病:这是最常见的原因,凡症状重者,常促使患者及时就医,反之,则被患者漠视,而不易进入患者角色。② 年龄:老年人容易出现角色强化,年轻人则容易发生角色冲突。③ 性别:女性比男性更易于出现角色适应不良。④ 家庭及经济状况:缺乏家庭支持的患者容易发生角色适应不良;经济状况差的患者容易出现角色缺如或角色消退。⑤ 其他:如医院环境、病室氛围好,则患者容易角色适应,反之,则容易出现角色适应不良。

(二) 护理评估

1. 内容及方法 护士可以通过交谈和观察了解评估对象有无角色适应不良而导致的身心行为反应,如疲乏、经常头痛、心悸、焦虑、抑郁、忽略自己的疾病、缺乏对治疗护理的依从性等,从而认识评估对象的角色分类及患者角色适应情况。评估角色功能的交谈提纲见表5-3-1。

表 5-3-1 评估角色功能的交谈提纲

评估项目	交谈内容
1. 了解评估对象的日常角色功能	同住的人有哪些？彼此关系如何？
	平时和谁最亲近？有困难或有高兴事情时常找谁谈？
	平时谁较依赖您,有困难或有高兴事情时常找您谈？
	平时家庭中谁做决策？家中的问题如何处理？
	对家庭的责任如何？分担工作或经济的情形如何？
	有无较要好的朋友？参加社团活动吗？
	在学校或工作场所承担什么职位？
	最近一个星期您做得最多的事情是什么？
2. 了解评估对象的患者角色功能	患病住院对您有什么影响？心里有没有受挫感？
	患病后,您认为您的角色发生了哪些变化？这对您造成哪些影响？
	您现在最关心的是什么？
	您希望医护人员能为您做些什么？
	您认为您可以为自己的健康做些什么？
	目前还有什么事情使您不能安心养病和放心不下？

2. 评估目的 通过评估,可明确评估对象对自身角色的认识、对承担的角色是否满意、有无角色适应不良。护士应正确评估其角色功能,以帮助患者顺利完成角色的转换;在患者康复过程中,指导其逐渐增加活动,帮助其从身体上、心理上逐步脱离患者角色,顺利完成向正常社会角色的转换。

(三) 相关护理诊断

1. 角色行为无效 与角色否认、角色冲突、必须改变身体情况以重新担任角色、缺乏有关角色的知识等有关。

2. 关系无效 与疾病早期症状不明显、否认疾病,医患/护患关系紧张、对医院环境不满意或治疗与信仰有矛盾等有关。

3. 照顾者角色紧张 与被照顾者个性及疾病有关(自理缺陷、思维障碍、性格暴躁);与照顾者身体有病、缺乏护理知识、照顾者与被照顾者关系差、照顾者有多种角色、照顾者个人生活受到影响、缺乏休息和娱乐、经济困难等有关。

案例 5-6:患者,男性,45 岁,某公司总经理。健康体检发现:身高 173 cm,体重 90 kg,体重指数>25,血压 166/98 mmHg,血脂增高,空腹血糖 7.8 mmol/L 及餐后 2 h 血糖 15 mmol/L,均明显高于正常。了解病史得知,有吸烟史 25 年,每天 2 包,饮低度酒,每天约 5 两。平时饮食偏咸。医生告诉他已经患糖尿病,血压、血脂均不正常,但患者认为自己能吃、能睡,无任何表现,没有病。医生建议其改变生活方式,多运动,饮食不宜太咸,戒烟、限酒,生活要有规律。患者则认为:我没有哪不舒服,我工作紧张,没有时间锻炼身体,工作上的应酬根本免不了,戒烟、限酒更不可能……身不由己呀!

护理诊断:关系无效 与疾病早期无症状、知识缺乏有关。

二、文化评估

（一）基本知识

文化是特定的社会群体在长期的社会活动过程中形成的共有行为和价值模式，是一个社会及成员所特有的物质和精神财富的总和。文化的核心要素为价值观、信仰、信念、习俗，这些都与健康密切相关。

（二）护理评估

1. 内容及方法

（1）价值观、信仰和健康信念：评估时应注意不同的个体、民族、社会可有不同的价值观。了解评估对象有无宗教信仰。了解个体的健康信念，包括个体对健康的认知程度和健康管理型态、对疾病的认知程度、对康复的信心以及对医疗服务的期望等。

> **提示：**价值观评估很抽象，不能直接观察，很难评估，护士在评估时注意了解个体的人生观、行为观等，要尊重并表示理解。
> 不同的价值观在面对健康问题时会出现不同的应对。如面对癌症，是保密、还是把真相告诉患者，不同文化背景的患者会有不同的回答。面对癌症，有的乐观正视，积极配合医疗护理，与疾病顽强抗争；有的则消极回避。

（2）习俗：主要评估与健康相关的习俗：① 评估个体有无饮食戒规、主食差别、个人对食物的喜好、饮食习惯、烹调方式等。通过评估，以便为不同民族的患者提供合适的饮食指导。② 评估个体与人交流沟通的方式，包括语言沟通和非语言沟通。认识不同民族文化在沟通方式上存在差异，如称呼、表示谦虚、表示关心及谈话题材上。③ 评估个体对本民族传统医药的认识和信赖，如"刮痧""拔火罐""蜂蜜通便"等。护士对此进行评估，以适时选择患者喜欢的护理措施。

2. 评估目的　护士通过评估要认识到自己与评估对象之间的文化差异，尊重、理解其信仰和习俗，这是促进护患沟通、建立良好护患关系的基础，也是为制定更符合评估对象需求的护理计划的必要条件。

（三）相关护理诊断

1. 精神困扰　与脱离了宗教和文化的束缚、对治疗的道德和伦理方面的含义有疑问或由于强烈的病痛，必须接受某种治疗，使其信仰的价值系统面临挑战等有关。

2. 不依从行为　与对医疗方案知识缺乏、经济困难、对治疗和/或健康照顾专业人员不信任、社会支持缺乏等有关。

3. 抉择冲突　与患者价值观、健康信念有关。

4. 言语沟通障碍　与医院环境中医务人员使用医学术语过多有关。

案例5-7:患者,男性,52岁,教师,在一次运动中摔伤,X线检查示右上肢桡骨骨折,患者对西医的石膏固定深感恐惧,选择了中医治疗,医生对骨折处给予小夹板固定,并告知患肢制动。几天后,伤处肿胀消退,疼痛减轻,患者感觉夹板固定极不舒服,自行松动小夹板,家人、朋友劝其遵医嘱,他自认为没什么问题,并过早使用患肢。1个月后复查,X线提示骨折处畸形愈合,右手功能出现障碍。

　　护理诊断:不依从行为　与对医疗方案知识缺乏、价值观及健康信念有关。

三、家庭评估

　　家庭是社会的基本单位,家庭对个体的健康和疾病的发生、发展、治疗、康复有着重要影响。家庭成员的疾病也会影响家庭功能。家庭评估是发现家庭问题和家庭内、外资源的方法。

(一)基本知识

　　1. 概念　家庭是通过生物学关系、情感关系或法律关系联系在一起的社会生活基本单位。家庭关系基本上是一种终身关系,尤其是血缘关系。

　　2. 家庭对健康的影响　① 影响疾病的发生、发展。如某些遗传性疾病或一些传染性疾病在家庭成员中更易传播。② 影响疾病的治疗、转归。家庭支持对各种疾病或残疾的治疗和康复有很大的影响,如糖尿病患者的饮食控制需家人的帮助和监督。③ 相互影响健康信念。体现在生活方式、求医行为、遵医行为等方面。如饮食偏咸、偏硬,饮酒,缺乏运动的生活方式。④ 家庭环境对健康也造成一定影响。家庭过于拥挤、阴暗潮湿,不仅为疾病的传播创造条件,还导致家庭成员间无法保持适当的界限和距离,易引起心身障碍。

　　3. 疾病对家庭的影响　疾病除严重影响患者的心理、生理、社会功能外,对家庭也产生较大影响。如疾病会使家庭成员产生不同程度的焦虑情绪,疾病会影响家庭经济、家庭的正常活动和家庭成员间的关系。

(二)护理评估

　　1. 内容　主要评估家庭基本情况、家庭结构、家庭资源和压力与危机等;评估家庭功能、存在的问题及原因;评估家庭内、外资源,家庭对评估对象的支持等。

　　(1)家庭的基本情况:包括家庭环境、家庭成员及经济状况。

　　(2)家庭结构:如家庭类型(核心家庭、主干家庭、联合家庭、单亲家庭、同居家庭等),家庭成员间的相互关系与相互作用(权力结构、家庭角色、沟通类型、价值观)。

　　(3)家庭生活周期。

（4）家庭压力和危机：如离婚、家庭成员健康变化，个人重病外伤、生活环境改变，失业、退休、收入显著减少等。

（5）家庭资源：如家庭能提供的医疗处理、经济、情感支持，对个人信心、尊严、权力的维护和支持；社会能提供的支持，如亲朋好友、社会团体的支持，文化、习俗的支持等。

2. 方法 ① 与评估对象及其家人交谈了解相关信息（表5-3-2）。② 通过观察了解家庭居住环境、家庭摆设、饮食、家庭成员衣着、家庭成员之间的关系等。③ 进行家系图及家庭关怀度指数问卷调查等。

3. 评估目的 通过家庭功能评估，可以了解和预测评估对象在家庭中所扮演的角色、承担的责任，对其休养和康复可能带来的影响，以及是否拥有良好的家庭支持系统。护士可以有针对性地对评估对象采取有效的护理措施和为评估对象及家庭提供必要的健康教育。

表 5-3-2 家庭评估交谈提纲

交谈内容
1. 您有孩子吗？孩子多大了？对孩子的培养与成长是否满意？孩子跟您一块住吗？
2. 家庭生活压力大吗？经济负担重吗？您家的收入够用吗？
3. 孩子离家外出工作，您能适应吗？您经常与孩子联系吗？孩子经常回来看您吗？
4. 请问，您家里的大事小事由谁做主？
5. 您家里的人和睦吗？
6. 家里有人患病，孩子能回来照顾吗？家里的人能互相照顾吗？

（三）相关护理诊断

1. 家庭运作过程改变 与家庭成员改变（出生、结婚、死亡）、家庭成员间出现矛盾、家庭经济发生改变、家庭成员患有严重疾病等有关。

2. 父母角色冲突 与父母因病不能照顾子女、子女因病与父母分离等有关。

3. 无效性家庭应对 与照顾者需要急于处理自己情感上矛盾的痛苦，因而不能有效地满足需要照顾的人，家庭有暂时性的改组和角色改变，家庭成员可能面对情境或发展的危机，主要照顾者从被照顾者那里得不到支持，长期患病耗尽了家庭的支持能力等有关。

案例 5-8：男性，65岁，农民，因不排尿一天就医。医疗诊断"急性尿潴留"，因"前列腺增生"所致。护士对评估对象进行全面评估后得知，患者最近因儿子认为父母上了年纪，不能挣钱，遂闹分家，家庭争吵不断，终日郁闷不乐，借酒浇愁，患者因大量饮酒致前列腺在肥大的基础上充血，导致急性尿潴留。

护理诊断：家庭运作过程改变 与家庭经济发生改变、家庭成员间出现矛盾有关。

四、环境评估

（一）基本知识

环境是影响人们生存和发展的所有情况及影响,人的环境包括内环境和外环境。内环境包括人体的生理环境和心理环境,外环境包括物理环境和社会环境。现对物理环境和社会环境的评估分述如下。

1. 物理环境　① 生活与居住环境,指家庭的居住条件及所在社区的环境。② 职业及工作环境。

2. 社会环境　① 受教育情况,包括受教育的机会、文化程度、所接受的各种专业培训、所获得的有关证书等。② 经济状况,包括主要经济来源、收入状况等。③ 生活方式,包括个人在饮食、睡眠、活动、娱乐等方面的喜好和习惯以及有无吸烟、酗酒、吸毒、赌博、娼淫等不良嗜好等。④ 社会关系和社会支持,指家庭以外的人际关系情况。

（二）护理评估

1. 内容及方法

（1）交谈:了解生活及工作环境卫生状况、有无饮食、饮水、各种噪声、工业毒物接触等影响健康的因素,了解评估对象对其生活、工作环境的感受与看法,了解受教育情况,了解家庭关系、病后对家庭的影响,有无经济负担,了解评估对象的生活方式、社交状况等。

（2）观察:观察评估对象及陪伴人员的言谈、举止、人际交流情况等,必要时进行实地观察,如居住和工作环境是否窄小、是否潮湿,地面是否打滑、有无障碍物、有无可利用的康复设施等。

（3）抽样检查:必要时可进行空气取样检查、空气中有害物质浓度检查等。

> **提示:** 经济情况是较敏感的隐私问题,评估时并非要了解其准确的经济收入,而是要了解其经济收入能否满足今后的诊疗及护理需要,治疗和康复可能给家庭带来的经济问题及影响,以及评估对象的反应等。

2. 评估目的　通过评估了解生活、工作环境中对疾病的影响因素,评估对象有无不良生活方式,有无经济问题、是否愿意与人交往、有无社交障碍;了解评估对象对各种诊疗及护理服务的态度、接受能力等,以便为患者提供个性化护理和选择适宜的健康教育方式。

（三）相关护理诊断

1. 有受伤的危险　与个体活动能力障碍、环境因素、年龄因素等有关。

2. **知识缺乏** 与对所面对问题感到生疏、对健康信息误解、对健康知识缺乏兴趣等有关。

3. **社交孤立** 与沟通交流障碍、缺乏有效社会支持、社会文化的不协调、环境的障碍等有关。

4. **社区保健缺乏** 与社区缺乏保健设施、管理不到位等有关。

案例 5-6 分析: 评估对象有吸烟史 25 年,每天 2 包,饮低度酒,每天约 5 两。平时饮食偏咸。当医生告诉他已经患糖尿病,血压、血脂均不正常时,患者仍认为自己能吃、能睡,无任何表现,没有病。医生建议其改变生活方式,多运动,饮食不宜太咸,戒烟、限酒,生活要有规律,患者则不以为然,不愿意寻求或改变生活方式。

　　护理诊断:知识缺乏　与对健康知识误解、对健康知识缺乏兴趣有关。

本章小结

　　心理、社会因素对健康有着深刻的影响,因此,心理与社会评估是健康评估的重要部分。常用评估方法有交谈法、观察法、调查法、心理测验法、医学检测法、量表评定法等。为了全面、准确地收集个体的健康资料,护士常常需要使用多种评估方法,综合考虑评估对象的主、客观资料。

　　为了便于初学者记忆,图 5-4-1 列出心理、社会健康史资料的全部评估内容。

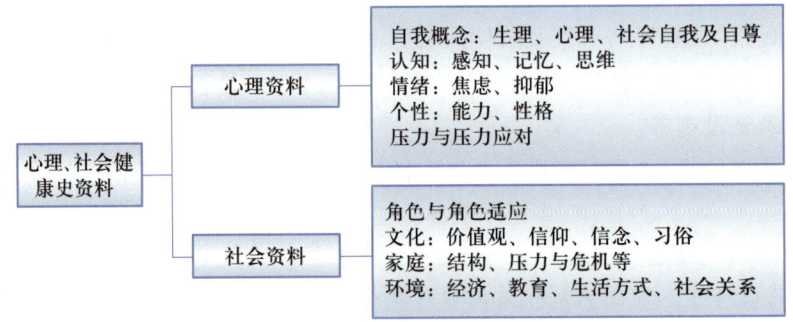

图 5-4-1　心理、社会健康史评估内容

本章思考题

一、简答题

1. 心理、社会评估的内容和注意事项是什么?

2. 与健康密切相关的习俗有哪些?

二、病例分析

1. 病例 1

王某,40 岁,长途汽车司机。慢性、周期性、节律性上腹疼痛 8 年,经胃镜检查后诊断为"十二指肠球部溃疡"已经 5 年。平时不饮酒,吸烟约一包半。本次因饮食不当诱发上消化道出血入院,经治疗后病情稳定。出院前他很担心再次发病,特别是怕开车到外地时发病,也不知道平时怎样安排饮食,所以不肯出院,要求医生、护士给他彻底治好。

分析:请写出患者目前存在的护理诊断。

2. 病例 2

王先生,61 岁,已婚,大学毕业,某企业高管,刚退休。因高热、口干、烦渴、心前区不适 6 h 急诊住院。患者一天前因感冒发热,自测体温 38.2℃,6 h 前感疲乏,皮肤发烫,测体温 40℃,烦渴,自服"感冒药"(药名不详)无好转入院。

患者 36 岁时,因工作繁忙常加班至深夜,常感疲倦、口渴不已,体重减轻,被诊断为糖尿病,医生建议住院治疗,但因事业稍有成就,又怕太太担心,因此拒绝住院,只在门诊治疗 1 个月。后自觉症状改善,即自行停药。偶感身体不适时,会到中医诊所拿药吃。3 年前因右脚大踇趾水疱,不慎磨破流血致伤口化脓,到医院求治,王太太才知道先生患有糖尿病。出院后,听朋友说某中药可根治糖尿病,常于身体不适时服用该偏方,认为糖尿病经中药偏方可完全根治。

无不良嗜好,不抽烟、不喝酒。一日三餐由太太烹调,认为家中的食物口味好,符合不太咸、不太甜的健康原则。平常无运动习惯,认为上班时的走动与搬运家中物品已足够。育有一子二女。

睡眠每天约 6 h,无不易入睡或服镇静药的情况。自觉在学习、记忆方面皆无问题,对自己事业有成、有较高的退休待遇及目前的家庭生活均甚感满意。

平时常与家人沟通,是家中的主要决策者,也是主要经济来源。

此次住院,主要由太太照顾,3 个子女常于课余、假日来医院陪伴。王先生自觉是小病住院,常阻止家人来医院探视,叮嘱太太专心照顾生意,希望子女好好读书,并嘱其不用担心。试分析:

(1) 按照图 5-4-1 所提供的提纲归纳出王先生的心理、社会资料。

(2) 讨论王先生的心理、社会状况对他的病情进展所造成的影响。

(3) 讨论此案例中还需要收集哪些资料以便进一步确认王先生的健康问题。

赛证聚焦

请扫描二维码完成在线测试。

在线测试:
心理与社会评估

第六章　实验室检查

学习目标

知识目标
1. 掌握常用实验室检查项目的内容。
2. 熟悉常用实验室检查异常结果的临床意义。
3. 了解常用实验室检查项目的参考值。

能力目标
能够正确采集和保存检查标本,并能分析常见实验室检查报告单。

素养目标
培养实事求是、严谨科学的工作态度。

实验室检查是运用物理、化学和生物学等实验室技术和方法,对患者的血液、尿液、粪便以及分泌物和排泄物等标本进行检验,以获得有关机体的功能状态、病理变化等的客观资料。

实验室检查的应用目的有:① 协助临床进行筛检疾病。② 检测疗效,为判断疾病的预后提供依据。③ 为预防疾病提供依据等。

近 20 年来,实验室检查有了飞速发展,检测方法、技术和设备不断更新。逐渐从手工检测,发展到综合运用电学、光学、细胞化学等多种检测原理制作的自动化、数字化检测仪器,如血液分析仪、尿液分析仪等。试验用的试剂逐渐形成批量化、配套化、专业化生产。当前我国已经自己研制生产或引进多种现代化精密检验仪器设备,特别是配备微型计算机的各种自动检测仪,逐步在全国各级医疗机构普及应用,实现了检测自动化。

实验室检查的结果受检测方法、机体变化、仪器的灵敏度或技术等多种因素的影响。因此,在解释检验结果时,必须结合其他资料全面考虑,必要时还需要进行动态观察,才能作出正确的判断。

第一节　血液检查

> **案例 6-1**:患者,女性,23 岁,因头晕、乏力半年,加重伴心慌 1 个月就诊。饮食正常,大小便正常,无鼻衄和牙龈出血。近 1 年月经量增多。
>
> 查体:T 36℃,P 102 次/min,R 19 次/min,BP 110/70 mmHg,贫血貌,皮肤黏膜无出血点,浅表淋巴结未触及肿大,巩膜未见黄染,心肺无异常,肝脾肋下未触及。
>
> 根据患者上述情况,考虑应做哪些实验室检查?
>
> 化验:Hb 58 g/L、HCT 20%、RBC 2.8×10^{12}/L、MCV 71fl、MCH 21pg、MCHC 210 g/L。WBC 6.2×10^9/L,分类:N 70%、L 27%、M 3%,PLT 258×10^9/L,网织红细胞 1.5%。尿液检查:尿蛋白(−),镜检(−),大便隐血(−)。
>
> 患者化验结果有哪些异常?
>
> 提示:该患者临床诊断为缺铁性贫血(慢性失血性)。

一、血液标本的采集

血液标本分为全血、血浆和血清等。全血标本主要用于血液学检查,如血细胞计数、分类和形态学检查等;血浆主要用于血浆中化学成分的测定,如生化检查;血清是离体后的血液自然凝固后析出的液体成分,除凝血因子被消耗外,其他成分与血浆基本相同,更适用于生化等检查。

血液标本的采集方法分为皮肤采血法、静脉采血法和动脉采血法。

1. 皮肤采血法 主要用于需血量很少的检查或一般常规检查。多选择手指或耳垂部位采血。

2. 静脉采血法 当所需血量较多或采用全自动血液分析仪时,通常采用静脉采血法。体表的浅静脉几乎均可作为采血部位,最常采用肘部静脉。

3. 动脉采血法 常用于血气分析,多于股动脉穿刺,也可在肱动脉或桡动脉穿刺。采集的标本必须与空气隔绝并立即送检。

> 提示:为避免采血过程中血液外溢和污染,可采用医学检验专用的真空采血装置抽血,称为真空采血法,又称负压采血法。

使用全血或血浆检查,通常采集静脉血,需要使用抗凝剂。常用的抗凝剂有:乙二胺四乙酸(EDTA)盐、草酸盐、肝素、枸橼酸盐等。

二、血液一般检查

血液一般检查又称血常规检查(blood routine test),是指对周围血中红细胞和白细胞数量和质量的实验室检查,包括红细胞计数、血红蛋白测定、白细胞计数及白细胞分类计数。血液检查不仅是诊断血液病的主要依据,对其他系统疾病的诊断和鉴别也可提供许多信息,是临床医学检验中最常用、最重要的基本检查项目。

(一)红细胞计数(red blood cell count,RBC)

红细胞计数是指计算单位容积(每升)血液内所含红细胞数目。

【参考值】 见表6-1-1。

表6-1-1 红细胞计数及血红蛋白测定参考值

	成年男性	成年女性	新生儿
红细胞计数	$(4.3\sim5.8)\times10^{12}/L$	$(3.8\sim5.1)\times10^{12}/L$	$(6.0\sim7.0)\times10^{12}/L$
血红蛋白测定	130~175 g/L	115~150 g/L	170~200 g/L

注:成人数据来源于《中华人民共和国卫生行业标准 血细胞分析参考区间》(WS/T 405—2012),下同。

【临床意义】

1. 生理性变化

(1)红细胞生理性增多:见于新生儿、高海拔地区居民等。

(2)红细胞生理性减少:妊娠中、后期的孕妇,因血浆容量增加引起血液稀释;某些老年人造血功能明显减退,导致红细胞减少,统称为生理性贫血。

2. 病理性变化

（1）红细胞增多：① 原发性红细胞增多，见于真性红细胞增多症等。② 继发性红细胞增多，常见于可引起低氧血症的疾病，如各种先天性心脏病、慢性阻塞性肺疾病、慢性肺源性心脏病等。③ 相对性红细胞增多，因血液中水分丢失致血液浓缩，如呕吐、腹泻、多汗、多尿、大面积烧伤等。

（2）红细胞减少：见于各种原因引起的贫血。① 急、慢性失血，如钩虫病、上消化道出血、痔等。② 红细胞寿命缩短，如溶血性贫血、蚕豆病等。③ 造血原料不足，如缺铁性贫血、巨幼细胞贫血等。④ 骨髓造血功能减退，如再生障碍性贫血、使用抗肿瘤药物等。

（二）血红蛋白测定（hemoglobin，Hb 或 HGB）

【临床意义】　血红蛋白测定的临床意义和红细胞计数相似，但在对贫血程度的判断上优于红细胞计数。但在发生大细胞性贫血或小细胞低色素性贫血时，红细胞计数和血红蛋白浓度不成正比，大细胞性贫血的血红蛋白浓度相对偏高；而小细胞低色素性贫血的血红蛋白浓度相对偏低，有时红细胞计数可正常。

（三）白细胞计数（white blood cell，WBC）

白细胞计数是测定单位体积血液内白细胞的总数。白细胞计数有显微镜计数法与血液分析仪计数法。

【参考值】　成人$(3.5 \sim 9.5) \times 10^9/L$（$3\ 500 \sim 9\ 500/\mu l$）；婴儿（6 个月至 2 岁）：$(11 \sim 12) \times 10^9/L$（$11\ 000 \sim 12\ 000/\mu l$）；新生儿$(15 \sim 20) \times 10^9/L$（$15\ 000 \sim 20\ 000/\mu l$）。

【临床意义】　一般将白细胞数超过$9.5 \times 10^9/L$称白细胞增多，低于$3.5 \times 10^9/L$称白细胞减低。白细胞总数主要取决于中性粒细胞数量，其次与淋巴细胞数量有关。在判断白细胞计数临床意义时，应同时参考白细胞分类结果。

1. 白细胞增多

（1）生理性增多：见于婴儿、新生儿、剧烈运动后、情绪激动、饱餐后、妊娠期等。

（2）病理性增多：① 反应性增多，如感染、出血、溶血等。② 肿瘤性增多，如白血病等。

2. 白细胞减少　见于病毒性感染、疟疾、伤寒、副伤寒、布鲁氏菌病、黑热病、中毒、粒细胞缺乏症、肿瘤放疗或化疗后。

（四）白细胞分类计数（differential count，DC）

计算血液标本中每种白细胞的比值（百分率）称为白细胞分类计数。白细胞分类计数有显微镜法与血液分析仪法。

【参考值】　见表 6-1-2。

表 6-1-2　成人白细胞分类参考值

细胞类型	百分率/%	绝对值/$(10^9 \cdot L^{-1})$
中性粒细胞(N)	40~75	1.8~6.3
嗜酸性粒细胞(E)	0.4~8.0	0.02~0.52
嗜碱性粒细胞(B)	0~1	0~0.06
淋巴细胞(L)	20~50	1.1~3.2
单核细胞(M)	3~10	0.1~0.6

【临床意义】

1. 中性粒细胞

（1）中性粒细胞增多：多同时有白细胞总数增多。

生理性增多：见于新生儿、剧烈运动、剧痛、情绪激动、妊娠及分娩、寒冷、高温等，可出现一时性增多。

病理性增多：

1）反应性增多：① 急性感染或炎症，以化脓性球菌引起的局部或全身性感染最显著。严重的全身性感染，白细胞明显增高，可达$(20\sim30)\times10^9$/L，中性粒细胞百分率也明显增高，可出现较多的杆状核细胞，甚至出现晚幼粒、中幼粒细胞，即核左移，称类白血病反应。但极严重感染者，白细胞计数可不高，反可降低，但核左移明显。② 广泛的组织损伤或坏死，如严重外伤、手术创伤、大面积烧伤、心肌梗死、冻伤等。③ 急性失血和急性溶血。④ 急性中毒，如急性化学物质或药物中毒、生物毒素中毒、尿毒症等。⑤ 恶性肿瘤，非造血系统恶性肿瘤有时可出现持续性白细胞增高。

提示：正常人周围血液的中性粒细胞以3叶核为主，而不分叶或分叶过多的较少。核左移是指周围血中出现不分叶核的幼稚粒细胞增多，常见于各种感染，特别是急性化脓性感染时，核轻度左移（杆状核粒细胞>6%）伴白细胞总数及中性粒细胞百分率增高者，表示感染较轻；核明显左移（杆状核粒细胞>10%）伴白细胞总数及中性粒细胞百分率增高者，表示感染严重；核显著左移，但白细胞总数不增高甚或降低者，表示感染极为严重。在白血病或类白血病反应，也可出现核极度左移现象。核右移是指周围血中中性粒细胞核分叶出现5叶以上的细胞百分率超过3%者，可由于缺乏造血物质或骨髓造血功能减退所致。主要见于营养性巨幼细胞贫血、应用抗肿瘤代谢类药物后等。

2）异常增生性增多：如白血病。

（2）中性粒细胞减少

1）感染：可见于某些革兰阴性杆菌感染，如伤寒、副伤寒；病毒感染，如流感。

2）血液病：如再生障碍性贫血。

3）慢性理化损伤：电离辐射（如 X 线、放疗等）、服用氯霉素、抗癌药物。

4）脾功能亢进：如门静脉性肝硬化、班替（Banti）综合征等引起脾大时。

5）自身免疫性疾病：如系统性红斑狼疮。

2. 嗜酸性粒细胞　嗜酸性粒细胞在正常人呈白天低、夜间高的变化，变化幅度可达 30 倍之多。因此应测定早晨 8 时的基础值。

（1）嗜酸性粒细胞增多

1）寄生虫病：是临床上嗜酸性粒细胞增多最常见的原因，如丝虫病、棘球蚴病、蛔虫病、钩虫病、血吸虫病等。

2）变态反应性疾病：如支气管哮喘、药物过敏、荨麻疹、血清病、血管神经性水肿等。

3）血液病：如慢性淋巴细胞白血病、嗜酸性粒细胞白血病等。

4）皮肤病：湿疹、银屑病等。

（2）嗜酸性粒细胞减少：临床意义较小。可见于伤寒、严重烧伤、大手术后、肾上腺皮质功能亢进等。

3. 嗜碱性粒细胞　增多较少见，主要见于慢性粒细胞白血病及嗜碱粒细胞白血病（罕见）等。由于嗜碱性粒细胞数量本来就很少，很难察觉到是否减少，嗜碱性粒细胞减少的临床意义不明。

4. 淋巴细胞

（1）淋巴细胞增多

1）生理性增多：见于儿童。

2）病理性增多：① 某些病毒或细菌感染，如风疹、流行性腮腺炎、百日咳、传染性淋巴细胞增多症、结核病等。② 血液病，如淋巴细胞性白血病。③ 肾移植术后排斥前期。

（2）淋巴细胞减少：主要见于接触放射线、应用肾上腺皮质激素等。

上述淋巴细胞增多或减少指绝对值增多和减少。

5. 单核细胞增多

（1）生理性增多：见于婴幼儿及儿童。

（2）病理性增多：见于某些感染，如亚急性感染性心内膜炎、活动性肺结核、疟疾、黑热病等；某些血液病，如粒细胞缺乏症恢复期、单核细胞性白血病、恶性组织细胞病等。

单核细胞减少临床意义不大。

三、血液其他检查

（一）血细胞比容测定

血细胞比容（hematocrit，HCT）又称红细胞压积（packde cell volume，PCV），指血细胞在血液中所占容积的比值，是用于计算红细胞三个平均指数的要素之一。有助于贫血诊断、分类，也有助于了解体液平衡的情况。

【参考值】 男性 0.40~0.50(40%~50%);女性 0.35~0.45(35%~45%)。

【临床意义】

1. 增加 见于各种原因引起的血液浓缩,如大量呕吐、腹泻、大面积烧伤以及红细胞增多症等。

2. 减少 见于各种贫血。由于贫血类型不同,红细胞计数减少与血细胞比容的降低不一定成比例,但可据此计算各种有关指数,作为贫血形态学分类的客观指标。

(二)红细胞平均指数

根据红细胞计数、血红蛋白测定和血细胞比容测定结果,可以算出红细胞的三种平均指数:红细胞平均容积、红细胞平均血红蛋白含量、红细胞平均血红蛋白浓度,以此进行贫血的形态学分类。

1. 红细胞平均容积(MCV) 指每个红细胞平均体积的大小,以飞升(fl)为单位。

2. 红细胞平均血红蛋白含量(MCH) 指每个红细胞内平均血红蛋白含量,以皮克(pg)为单位。

3. 红细胞平均血红蛋白浓度(MCHC) 指每升红细胞所含血红蛋白浓度(克数),以 g/L 为单位。

提示:$1\ L=10^{15}\ fl$,$1\ g=10^{12}\ pg$。

【临床意义】 正常人和各型贫血红细胞平均指数的参考值见表 6-1-3。

表 6-1-3 正常及贫血时红细胞平均指数参考值

贫血的形态学分类	MCV/fl	MCH/pg	MCHC/g·L^{-1}	病因
正常	82~100	27~34	316~354	
大细胞性贫血	>正常	>正常	正常	营养性巨幼细胞贫血
正细胞性贫血	正常	正常	正常	急性失血性贫血、急性溶血性贫血、再生障碍性贫血、白血病
单纯小细胞性贫血	<正常	<正常	正常	慢性感染、肝病、尿毒症等
小细胞低色素性贫血	<正常	<正常	<正常	缺铁性贫血、珠蛋白生成障碍性贫血

(三)网织红细胞计数

网织红细胞(reticulocyte)是晚幼红细胞脱核后到成熟红细胞的过渡细胞。网织红细胞百分率是评价红系造血有效性的最简单的方法;网织红细胞绝对值更能准确反映骨髓的造血功能。

【参考值】 成人网织红细胞百分率 0.5%~1.5%,绝对值$(24\sim84)\times10^9/L$[(2.4 万~8.4 万)/μ];新生儿 3.0%~6.0%。

【临床意义】

1. 判断骨髓红细胞造血情况

（1）增多：表示骨髓造血功能旺盛。见于溶血性贫血、失血性贫血及某些贫血患者治疗后，如缺铁性贫血患者补充铁剂后。

（2）减少：表示骨髓造血功能降低，见于再生障碍性贫血等。

2. 观察贫血治疗的效果　网织红细胞计数是贫血患者随访检查的项目之一。

> **提示：**缺铁性贫血、巨幼细胞贫血，经 1~2 天治疗后，即开始增加，1 周后达到高峰。若治疗后不增加，表明治疗无效，提示骨髓造血功能障碍，需进一步检查。

3. 监测骨髓移植后骨髓造血功能的恢复情况

（四）红细胞沉降率

红细胞沉降率（erythrocyte sedimentation rate, ESR）简称血沉，是指离体抗凝血静止后，红细胞在单位时间内沉降的速度。在正常情况下，因血液中红细胞膜的表面带负电荷致互相排斥，沉降缓慢。影响血沉的因素很多，但一般认为主要受血浆中蛋白比例改变的影响，其中清蛋白带负电荷、球蛋白和纤维蛋白原带正电荷。

【参考值】　魏氏法：成年男性 0~15 mm/h；成年女性　0~20 mm/h。

【临床意义】　血沉增快是一种缺乏特异性的试验，必须结合临床资料，才能判断临床意义。常作为疾病是否活动的监测指标。临床上常见的增快原因有：

1. 生理性　见于妇女月经期、妊娠期及老年人等。

2. 病理性

（1）感染性疾病：感染是血沉加快最常见的原因。如急性炎症、结核活动期、病毒感染。

（2）风湿热、风湿性关节炎、风湿性心脏病的活动期等。

（3）组织损伤及坏死：如范围较大的外伤、大手术、急性心肌梗死、大面积烧伤等。

（4）恶性肿瘤：恶性肿瘤血沉常明显增快。

（5）高球蛋白血症：如系统性红斑狼疮、亚急性感染性心内膜炎、肝硬化、多发性骨髓瘤、巨球蛋白血症、慢性肾炎、恶性淋巴瘤等。

（6）贫血：贫血患者血沉可轻度增快。

（7）高胆固醇血症：如动脉粥样硬化、糖尿病等。

四、止血、凝血的一般检验

（一）血小板计数

血小板计数（platelet count, PLT）是测定全血中血小板的数量，是止凝血检查中最常用、最基本的试验之一。

【参考值】 $(125\sim350)\times10^9/L$。

【临床意义】

1. 生理性波动　运动、饱餐、午后、妊娠中晚期轻度增加。月经前减低,月经后增高。

2. 病理性减少　血小板减低是引起出血的常见原因。

(1) 血小板生成障碍:如白血病、再生障碍性贫血、放射病等。

(2) 血小板破坏过多:如特发性血小板减少性紫癜、脾功能亢进、系统性红斑狼疮等。

(3) 血小板消耗增多:如弥散性血管内凝血(DIC)等。

3. 病理性增多　见于:① 骨髓增生性疾病,如慢性粒细胞白血病、真性红细胞增多症等。② 原发性血小板增多症。③ 手术后,尤其脾切除术后。④ 急性或慢性炎症。⑤ 其他,如恶性肿瘤、急性失血、肝硬化、烧伤、肾衰竭等。

(二) 出血时间测定

出血时间(bleeding time,BT)是指人工刺破皮肤后,血液自行流出到自然停止的时间。出血时间的长短主要受血小板数量和功能以及毛细血管的结构和功能等因素的影响。

【参考值】 WHO 推荐标准化出血时间测定器测定(TBT):6.9 min±2.1 min。超过 9 min 为异常。

【临床意义】

1. 出血时间延长

(1) 血小板数量减少:原发性或继发性血小板减少性紫癜等。

(2) 血小板功能缺陷:血小板无力症等。

(3) 血管壁结构异常:遗传性出血性毛细血管扩张症、维生素 C 缺乏病等。

(4) 其他:如纤溶亢进症、DIC 等。

2. 出血时间缩短　主要见于血栓形成性疾病,如心肌梗死、脑血管病、DIC 高凝期等。

(三) 凝血时间测定

凝血时间(clotting time,CT)是指血液离体后至完全凝固所需的时间。凝固时间长短与各凝血因子的含量和功能有关,主要反映内源性凝血系统有无缺陷。

【参考值】 普通试管法:5~12 min。硅管法:15~32 min。ACT 法:1.1~2.1 min。

【临床意义】

1. 延长　见于各型血友病、纤维蛋白原或凝血酶原缺乏症、抗凝物质过多、纤溶亢进等。

2. 缩短　DIC 早期、血栓性疾病等。

（四）凝血酶原时间测定

凝血酶原时间测定(prothrombin time,PT)是在体外模拟外源性凝血的全部条件，测定血浆凝固所需的时间。用于检测外源性凝血系统有无障碍，是检测止凝血功能最常用、最基本的试验之一。

【参考值】　成人 11~15 s。因影响测定结果的因素较多，每个实验室应建立所用测定方法的参考值。测定时设正常对照组，超过正常对照 3 s 即为延长。

【临床意义】　凝血酶原时间延长见于：

1. 先天性外源性凝血因子缺乏　如纤维蛋白原，凝血因子 V、VII、X 缺乏症。
2. 获得性外源性凝血因子缺乏　如严重肝病、维生素 K 缺乏、DIC 后期等。

凝血酶原时间缩短见于血液呈高凝状态时，如 DIC 高凝期、血栓性疾病、口服避孕药等。

（五）活化部分凝血活酶时间测定

活化部分凝血活酶时间测定(activated partial thromboplasting time,APPT)是在体外模拟内源性凝血的全部条件，测定血浆凝固所需的时间。可用于反映内源性凝血因子是否异常，是最常用、最基本的筛检止凝血功能的试验之一。

【参考值】　30.0~45.0 s，超过正常对照 10 s 有临床意义。因影响测定结果的因素较多，每个实验室应建立所用测定方法的参考值。

【临床意义】

1. 活化部分凝血活酶时间延长　主要用于发现轻型的血友病。
2. 活化部分凝血活酶时间缩短　见于 DIC 高凝期、血栓性疾病等。
3. 监测肝素治疗　因其对肝素的浓度很敏感，所以是目前广泛用于监测肝素治疗的首选指标。

五、血液分析仪及其临床应用

血液分析仪可进行全血细胞计数及其相关参数的测定，是临床血液一般检查最常用的仪器。根据其自动化程度可分为全自动与半自动，全自动仪器可直接使用抗凝血，半自动仪器需预先稀释血液标本。

血液分析仪具备多参数分析、精确度高、操作简单、速度快、标本用血量少、自动打印结果、具备报警功能等特点。但是，目前还没有一种血液分析仪可以完全替代人工显微镜区别形态千变万化的血液细胞。

【参考值】　血液分析仪的检验参数主要包括三大系列的血细胞：红细胞系列、白细胞系列和血小板系列。

1. 红细胞参数　包括 RBC、Hb、Hct、MCV、MCH、MCHC 及红细胞容积分布宽度（RDW）等。

RDW 反映了红细胞体积大小的变异程度，常用变异系数（CV）表示，其范围为 11.5%～14.5%。

2. 白细胞参数　包括 WBC、小细胞群（淋巴细胞）、中间细胞群、大细胞群（中性粒细胞）等。

3. 血小板参数　包括 PC、血小板平均体积（MPV）、血小板体积分布宽度（PDW）等。

MPV 指每个血小板的平均体积，其范围为 7.2～13.2 fl。

血小板体积分布宽度（PDW）反映血小板体积大小的变异程度，以 CV 表示，其范围为 14.8%～17.2%。

第二节　尿液检查

案例 6-2：患者，女，40 岁，反复尿频、尿急、尿痛 6 年，夜尿增多 1 年。体格检查：血压 158/106 mmHg，双肾叩击痛。化验：尿白细胞（++），尿蛋白（++），尿相对密度 1.010，尿培养大肠杆菌生长，血肌酐 470 μmol/L。B 超检查示：双肾不对称缩小，变形明显。

患者化验结果有哪些异常？

提示：该患者临床诊断为慢性肾盂肾炎、慢性肾功能不全（失代偿期）。

尿液是泌尿系统排泄的废物。尿液的组成成分及含量的变化可反映机体的血液循环、内分泌、肝胆功能及代谢情况；尤其能反映泌尿系统本身的病变。因此，尿液检查不仅是泌尿系统疾病的重要检测方法，也是其他系统疾病常用的检查方法。

一、尿液标本的采集与保存

（一）患者准备

为正确收集标本，医护人员应根据检验项目的要求，指导患者正确收集尿液标本。收集前应用肥皂洗手、清洁尿道口及周围皮肤；避免粪便、月经、白带、包皮垢等污染，不能从尿布、便池中采集标本；要使用合格的容器。

（二）尿液标本的主要种类

1. 晨尿　即清晨起床后第一次排尿时收集的尿液标本。此种标本尿液较浓缩，可用于肾浓缩功能的评价；而且有形成分形态结构较完整，激素（如绒毛膜促性腺激素）的浓度也较高。

2. 随机尿　指随时留取的尿液标本,适于门诊、急诊患者。其结果易受运动、饮食、用药等多种因素的影响。

3. 计时尿　按特定时间采集尿液标本。

(1) 3 h 尿:一般收集上午 6 时至 9 时尿液,多用于检查尿液中的有形成分。

(2) 24 h 尿:收集上午 8 时至次日上午 8 时的全部尿液。用于肌酐、儿茶酚胺、电解质的测定等,还常用于尿结核杆菌的检查。

(3) 12 h 尿:收集晚 8 时至次晨 8 时之间的全部尿液。

4. 中段尿　留尿前先清洗外阴,再消毒尿道口,排尿过程不间断,以无菌容器只接留中间时段的尿液。采集的为无菌尿液标本,用于尿路感染时需做细菌培养、药敏试验者。

(三) 尿液标本的保存

尿液标本一般应在采集后 2 h 内送检。如不能即刻送检时,可保存在冰箱内或冰浴中。也可加入防腐剂进行防腐,如镜检用的尿液标本中每 100 ml 尿液加入 40% 甲醛溶液 0.5 ml,可防止细菌生长,并固定尿中有形成分。

二、尿液物理学检查

尿液物理学检查一般包括:尿量、颜色、透明度、气味、相对密度等。

(一) 尿量

尿量(urine volume)一般指 24 h 内排出体外的尿液总量。

【参考值】　成人 24 h 尿量为 1 000~2 000 ml。

【临床意义】

1. 尿量增多　每日尿量持续超过 2 500 ml 者称多尿。生理性多尿见于大量饮水、进食有利尿作用的食物、应用利尿药物、输液过多时;病理性多尿见于糖尿病、尿崩症、慢性肾炎、急性肾衰竭多尿期等。

2. 尿量减少　每日尿量少于 400 ml 者称为少尿,见于休克、脱水、急性肾炎、急性肾衰竭少尿期、肾移植术后发生排斥反应、泌尿系统结石等。

(二) 尿液颜色

尿液颜色(urine color)简称尿色。

【参考值】　新鲜尿液为淡黄、透明。

【临床意义】

1. 生理性变化　其颜色的深浅随尿量及尿的 pH 而改变。尿量越多,色越淡;尿量越少,色越深;酸性尿色深;碱性尿色淡。某些食物或药物也可影响尿色。

2. 病理性变化

（1）胆红素尿（bilirubinuria）：尿内含有大量的结合胆红素。外观呈深黄色，震荡后产生的泡沫也呈黄色（若为正常尿或药物性深黄尿，震荡后泡沫呈乳白色）。多见于阻塞性黄疸或肝细胞性黄疸。

（2）血尿（hematuria）：正常人尿红细胞<3个/HPF，尿内含有一定量的红细胞时称血尿。① 肉眼血尿，每升尿液中血量达到 1 ml 以上时，尿液呈淡红色、洗肉水样，量较多时呈鲜红色、血红色、混有血凝块等。② 镜下血尿，尿液中含血量很少，外观无明显变化，镜检尿红细胞>3个/HPF。血尿提示泌尿系统有出血，见于各型肾炎、泌尿及男性生殖系统炎症、结核、泌尿系统肿瘤以及全身出血性疾病等。

（3）血红蛋白尿（hemoglobinuria）：呈酱油色或红葡萄酒色，是血管内溶血所致。镜检无红细胞，但隐血试验阳性可证实。见于阵发性睡眠性血红蛋白尿、急性溶血、恶性疟疾、蚕豆病、血型不合的输血反应等。

（4）乳糜尿（chyluria）：因尿内含有大量脂肪微粒而呈乳白色，见于晚期丝虫病或其他原因引起的肾周围淋巴管受阻时，淋巴液进入尿液内。

（5）其他颜色：铜绿假单胞菌感染呈蓝绿色，磷酸盐或尿酸盐结晶过多呈乳白色，服维生素 B_2、米帕林、呋喃类药物呈橘黄色等。

（三）透明度

【参考值】　新鲜尿清澈透明，放置一段时间后微混。

【临床意义】　新鲜尿液混浊可见于下列情况：

1. 生理性变化

（1）尿酸盐结晶：尿内含有较多的尿酸盐时，遇冷可有淡红色或白色的尿酸盐析出，此种沉淀加热至 60℃ 或加碱后可溶解，混浊消失。

（2）磷酸盐和碳酸盐结晶：见于碱性或中性尿，呈白色，加酸后可溶解，混浊消失。

2. 病理性变化　脓尿（pyuria）及菌尿（bacteriuria）。因尿内含有大量白细胞、脓细胞或细菌而呈云雾状混浊。加热、加酸、加碱后混浊加重，见于泌尿系感染。

（四）气味

【参考值】　正常尿液的气味（odor）由尿内挥发酸及酯类共同产生，具有特殊微弱的芳香气味。尿液放置较久，因尿素分解可出现氨臭味。

【临床意义】

1. 生理性变化　正常尿液的气味可受食物或药物影响。如进食葱、蒜、韭菜、饮酒等，尿液可有特殊的气味。

2. 病理性变化

（1）刚排出的尿液有氨味，见于慢性膀胱炎、尿潴留等。

（2）特征性气味异常：如糖尿病酮症酸中毒患者，尿液呈烂苹果样臭味；膀胱直肠瘘患者尿液带粪臭味;大蒜臭味见于有机磷中毒;"老鼠尿"样臭味见于苯丙酮尿症等。

（五）尿液相对密度

相对密度又称比重(specific gravity,SG),与所含溶质的浓度成正比,受入水量和出水量的影响,可相对表示肾的浓缩和稀释功能。

【参考值】 在普通饮食情况下,晨尿相对密度 1.015~1.025。随机尿 1.003~1.035。

【临床意义】

1. 高相对密度尿　见于脱水、急性肾小球肾炎、糖尿病、蛋白尿等。

2. 低相对密度尿　见于急性肾衰竭多尿期、慢性肾衰竭、尿崩症等。

三、尿液化学检查

（一）尿液酸碱度(pH)测定

【参考值】 正常饮食情况下,晨尿多呈弱酸性,pH 5.5~6.5。随机尿 pH 4.5~8.0。

【临床意义】

1. 生理性变化　尿液酸碱性常受食物、药物的影响,进食蔬菜、水果多时呈中性或弱碱性;进食蛋白质高的食物时呈弱酸性。氯化钙、氯化钾等可使尿液酸化,碳酸氢钠、碳酸镁等可使尿液碱化。

2. 病理性变化

（1）pH 增高:见于酸中毒、发热、糖尿病、痛风、慢性肾小球肾炎、白血病及服大量酸性药物等。

（2）pH 增高:见于碱中毒、严重呕吐、膀胱炎、肾盂肾炎、肾小管性酸中毒及服用大量碱性药物等。

（二）尿液蛋白质检查

【参考值】 定性试验:阴性。定量试验:<0.1 g/L,或≤0.15 g/24 h。

【临床意义】 定性与定量试验结果对照见表 6-2-1。

表 6-2-1　尿蛋白定性与定量试验结果对照表

定性试验	蛋白质含量/(g·L⁻¹)
(-)	无
(±)	<0.1
(+)	0.1~0.5
(++)	0.5~2.0
(+++)	2.0~5.0
(++++)	>5.0

1. 生理性蛋白尿　是轻度、暂时性蛋白尿,一般尿蛋白定性不超过(+),定量<0.5 g/L。

(1)功能性蛋白尿:见于剧烈运动、发热、寒冷、精神紧张、过度兴奋等。

(2)直立性蛋白尿:见于长期站立、"行军性"蛋白尿等,青少年多见。

(3)妊娠性蛋白尿:妊娠期可有蛋白尿,但应注意随访。

(4)摄入性蛋白尿:输注血浆、清蛋白等,或进食蛋白质过多时,偶然可出现蛋白尿。

2. 病理性蛋白尿　指器质性病变时,尿内持续出现蛋白。可分为以下几种:

(1)肾前性蛋白尿:如本-周(Bence-Jones)蛋白尿,多见于多发性骨髓瘤和巨球蛋白重链病;血红蛋白尿见于溶血性疾病;肌红蛋白尿见于挤压综合征、严重烧伤等。

(2)肾性蛋白尿:① 肾小球性蛋白尿,见于肾病综合征、肾小球肾炎、糖尿病肾病、狼疮性肾炎、妊娠中毒症等。② 肾小管性蛋白尿,见于肾盂肾炎、间质性肾炎、汞等重金属中毒、庆大霉素等药物中毒等。

(3)肾后性蛋白尿:尿道炎、膀胱炎、前列腺炎等泌尿道炎症产生脓、血、黏液等导致尿蛋白阳性。

(三)尿糖检查

尿糖定性检查目前常用的有试纸法、薄层层析法等。正常尿糖含量甚微,用通常的定性方法不能测出,如糖量增高,用定性方法可以测出时,称糖尿(glycosuria)。

> **提示**:糖尿一般指葡萄糖尿,尿糖检查主要用于糖尿病的筛查和病情判断。为提高诊断的准确性应同时检查血糖。

【参考值】　定性试验:阴性。定量试验:0.56~5.0 mmol/24 h。

【临床意义】

1. 血糖增高性糖尿

(1)摄入性糖尿:见于食糖过多、静脉输注高渗葡萄糖等。

(2)应激性糖尿:见于颅脑外伤、脑血管意外、精神过度紧张等。

(3)代谢性糖尿:见于糖尿病等。

(4)内分泌性糖尿:见于甲状腺功能亢进、腺垂体功能亢进、嗜铬细胞瘤、Cushing综合征等。

2. 血糖正常性糖尿　又称肾性糖尿。因肾糖阈减低,肾小管对葡萄糖重吸收能力减低所致。见于家族性肾性糖尿、慢性肾炎、肾病综合征、妊娠或哺乳期妇女等。

(四)尿液酮体检查

尿酮体(urine ketone bodies,KET)是尿液中乙酰乙酸、β-羟丁酸和丙酮的总称,是体内脂肪代谢的中间产物。当体内大量脂肪分解而氧化不全时,导致血液内酮体增多,而由尿排出,称酮尿。因乙酰乙酸和丙酮在尿内出现较早,化验简便,故临床上以此两者的检查来测定尿中有无酮体。

【参考值】 定性:阴性。定量:酮体(以丙酮计)170~420 mg/L。

【临床意义】 尿酮体阳性主要见于糖尿病酮症酸中毒、严重呕吐、禁食过久、感染性疾病、全身麻醉后等。

(五)尿液胆红素检查

血浆中非结合胆红素(UCB)与蛋白质结合不能通过肾小球滤膜,结合胆红素(CB)溶解度高可通过肾小球滤膜由尿排出,但正常时因血浆中结合胆红素含量很低,滤过量极少。

【参考值】 定性:阴性。

【临床意义】 尿液胆红素检查主要用于黄疸的诊断及黄疸类型的鉴别诊断。尿胆红素增高可见于阻塞性黄疸、肝细胞性黄疸等。

(六)尿液尿胆原及尿胆素检查

结合胆红素排入肠腔转化为尿胆原(URO),从粪便排出为粪胆原,大部分 UBG经肠道重吸收经肝转化为结合胆红素再排入肠腔,小部分 UBG 由肾排出后即为尿胆原。无色的尿胆原经空气氧化及光线照射后转变为黄色的尿胆素。

【参考值】 尿胆原定性:阴性或弱阳性。尿胆原定量:男性 0.30~3.55 μmol/L,女性 0~2.64 μmol/L,儿童 0.13~2.30 μmol/L。尿胆素定性:阴性。

【临床意义】 尿胆原检查结合血清胆红素、尿胆红素和粪胆原等,主要用于黄疸的诊断和鉴别诊断(表6-2-2)。

1. 溶血性黄疸 因胆红素形成增加,尿中尿胆原亦增加,故呈阳性。

2. 肝细胞性黄疸 尿胆原呈阳性。急性黄疸型肝炎早期,因肝细胞受损,不能将肠道吸收入血的尿胆原转化为胆红素再排进肠道,故尿中尿胆原含量增加。

3. 阻塞性黄疸 因胆道梗阻,结合胆红素不能进入肠道转化为尿胆原,故为阴性。

(七)尿淀粉酶测定

淀粉酶由胰腺分泌,进入十二指肠参与消化过程。当胰腺有炎性病变或胰液排出受阻时,胰淀粉酶由胰管或胰泡逸出,吸收入血而随尿排出,故血和尿内的淀粉酶含量均增高。

【参考值】 苏氏(Somogyi)法:840~6 240 U/L。七糖法:8.3~53.8 U/mmol Cr。

【临床意义】 急性胰腺炎一般在发病后 12~24 h 开始升高,维持 3~10 天后恢复正常;慢性胰腺炎急性发作可呈中度升高,胰腺癌、胰腺外伤、胆石症、胆总管阻塞、胆囊炎等,尿淀粉酶也轻度升高。

表 6-2-2 正常人及不同类型黄疸患者的实验室鉴别

| 黄疸类型 | 血清胆红素 | | | 尿液 | | | | 粪便 | |
	总胆红素	非结合胆红素	结合胆红素	颜色	尿胆原	尿胆素	尿胆红素	颜色	粪胆原粪胆素
正常人	<17.1 μmol/L	<17.1 μmol/L	<3.4 μmol/L	浅黄	1:20 阴性	阴性	阴性	黄褐	正常
溶血性黄疸	↑	↑	轻度↑或正常	加深	强阳性	阳性	阴性	加深	↑
肝细胞性黄疸	↑	↑	↑	加深	阳性	阳性	阳性	正常或变浅	↓或正常
阻塞性黄疸	↑	正常或轻度↑	↑	加深	阴性	阴性	阳性	变浅或呈白陶土样	↓或消失

（八）尿液人绒毛膜促性腺激素检查

人绒毛膜促性腺激素（hCG）是由胎盘合体滋养细胞分泌的一种具有促进性腺发育的激素,存在于孕妇的血液、尿液、羊水中。目前主要采用免疫学方法检测。

【参考值】 定性:阴性。半定量:<2 ng/L。

【临床意义】

1. 早期妊娠诊断 常用的检测 hCG 方法在妊娠 34~40 天后可显示阳性结果。采用高灵敏性的方法在受精卵着床 5~7 天即能检测出 hCG。

2. 滋养细胞疾病的诊断与病情观察 葡萄胎、绒毛膜癌等患者的血清及尿液中hCG 浓度往往明显大于正常妊娠月份。治疗后若 hCG 不减低或不转阴性,提示可能有残留病灶,应定期复查。

3. 其他 畸胎瘤、睾丸肿瘤、肺癌、胃癌、肝癌、卵巢肿瘤、宫颈癌等患者血液和尿液中 hCG 也明显增高。

四、尿液显微镜检查

尿液显微镜检查主要观察尿液中有形成分,如细胞、管型和结晶(图 6-2-1)。对肾和尿路疾病的诊断、鉴别分析、病情监测和预后判断有重要意义。

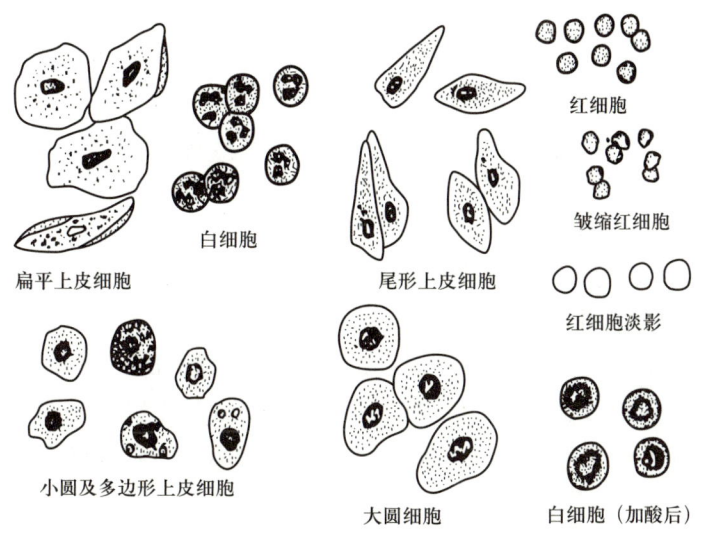

图 6-2-1 尿内常见的细胞形态

【参考值】 尿液显微镜检查的参考值见表 6-2-3。

表 6-2-3 尿液显微镜检查的参考值

检查方法	红细胞	白细胞	管型	上皮细胞
直接镜检法	(0~偶见)/HPF	(0~3)个/HPF	(0~偶见)/LPF	少见
离心镜检法	(0~3)个/HPF	(0~5)个/HPF	(0~偶见)/LPF	少见

【临床意义】

1. 红细胞 正常人尿内无或偶见红细胞,如离心沉淀后的尿沉渣在每高倍视野中平均见到 3 个以上红细胞,称镜下血尿。镜下血尿常见于急性和慢性肾小球肾炎、肾病综合征以及尿路感染、尿路结石、肾结核、肿瘤等,亦可见于出血性疾病。

2. 白细胞及脓细胞 正常尿液中可见少数白细胞。离心尿液白细胞超过 5 个/HPF,称为镜下脓尿。白细胞增多可见于急性或慢性肾盂肾炎、膀胱炎、前列腺炎、肾结核、肾移植排斥反应等。

3. 上皮细胞 一般以形态学分类:

(1)肾小管上皮细胞:来自肾小管立方上皮。形态不一,多为圆形或多边形。正常尿中无肾小管上皮细胞,一旦增多即提示肾小管病变。见于肾小管肾炎、肾病综合征、肾移植术后、肾小管间质性炎症等。

(2)移行上皮细胞:由肾盂、输尿管、膀胱和尿道近膀胱段处的移行上皮组织脱落而来。因来源部位及脱落时器官舒缩状态不同,形态多变。通常分为:大圆上皮细胞、尾形上皮细胞、小圆上皮细胞等三种。正常尿中无或偶见。尿中出现大量移行上皮细胞时,提示有相应部位的炎症或坏死性病变。大圆上皮细胞明显增多见于膀胱炎,尾形上皮细胞增多见于肾盂肾炎。

(3)鳞状上皮细胞:正常尿中少见。尿中大量出现的情况多见于尿道炎。

4. 尿液管型 管型(cast)是蛋白质、细胞及破碎产物在肾小管和集合管内凝固而形成的圆柱状体,其外形基本可反映肾小管和集合管内腔的形态。正常尿液中无管型或偶见透明管型,管型的出现提示肾有实质性损害。管型可分为:

(1)透明管型:无色半透明。可见于发热、心力衰竭等;持续大量出现提示肾病变严重,见于急性或慢性肾小球肾炎、慢性进行性肾衰竭、急性肾盂肾炎、肾淤血、肾动脉硬化、恶性高血压等。

(2)细胞管型:透明管型含有细胞,其量超过管型体积 1/3 时,称细胞管型,按细胞种类可分为以下几种。

1)红细胞管型:管型内含有退行性变的红细胞。它的出现提示肾小球疾病和肾单位内有出血。可见于急性肾小球肾炎、慢性肾炎急性发作、肾梗死等。

2)白细胞管型:管型内含有白细胞,它的出现提示肾实质有细菌感染性病变,多见于肾盂肾炎。

3)上皮细胞管型:管型内含有变性肾小管上皮细胞,常见于肾小管病变。如急性肾小管坏死、子痫、毒素反应、重金属中毒、肾淀粉样变、肾移植排斥反应等。

(3)颗粒管型:内含大小不等的颗粒物,颗粒由细胞崩解的残渣、蛋白等形成。它的出现表示肾有实质性病变。见于急性或慢性肾小球肾炎、肾盂肾炎、慢性铅中毒、肾移植急性排斥反应等。

(4)蜡样管型:其形状似受热变形的蜡烛。它的出现表示肾小管有严重的病变,预后不良。多见于重症肾小球肾炎、慢性肾炎晚期、肾功能不全、肾淀粉样变和肾移植慢性排斥反应等。

（5）脂肪管型：管型内含有大量脂肪滴，为上皮细胞脂肪变性产物。它的出现提示肾小管损伤，肾小管上皮发生脂肪变性。可见于肾病综合征、慢性肾小球肾炎、亚急性肾小球肾炎等。

尿液内常见管型见图6-2-2。

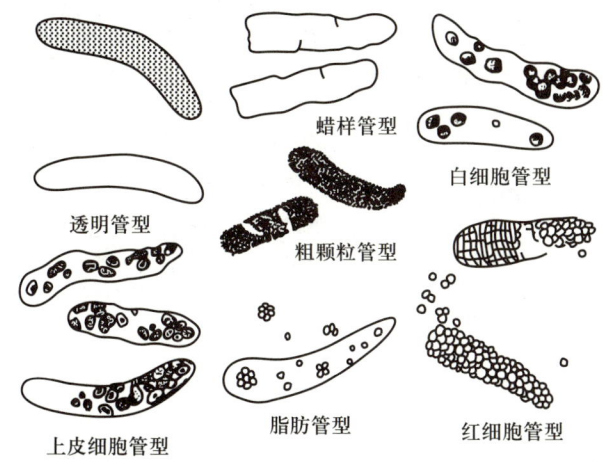

图 6-2-2　尿液内常见管型

5. 尿液结晶　结晶（crystal）是由机体产生的各种酸性产物（如硫酸、磷酸、碳酸、尿酸等）与钙、镁、铵等离子结合生成的无机盐及有机盐排入尿中形成的。结晶的形成取决于该物质在尿液中的浓度、温度和酸碱度。尿结晶多为生理性结晶。尿液结晶类型见表6-2-4。

表 6-2-4　尿液结晶类型

生理性结晶	病理性结晶
草酸盐结晶、尿酸结晶、非晶形尿酸结晶、马尿酸结晶、磷酸盐结晶、碳酸盐结晶、碳酸铵结晶	胱氨酸结晶、胆红素结晶、酪氨酸结晶、亮氨酸结晶、胆固醇结晶、磺胺类结晶、含铁血黄素

在酸性尿中可形成非晶型尿酸盐、尿酸结晶、草酸钙结晶等，若后两者大量出现，并伴有红细胞，提示有膀胱或肾结石的可能。在碱性尿中可形成非晶型尿酸盐、磷酸钙、尿酸钙等结晶（图6-2-3）。

> 提示：磺胺药物结晶在酸性尿液内更易析出，可形成尿路结石或引起尿闭，故服用磺胺药物时，应大量饮水并服用碳酸氢钠以碱化尿液。如在新鲜尿液中出现大量磺胺结晶，且伴有红细胞时，应立即停药，并予积极处理。

6. 尿沉渣计数

（1）Addis 尿沉渣计数：指12 h尿沉渣中有机物的数量。试验日除正常饮食外不再多饮水,晚7点排空膀胱后准确收集12 h尿量,计算其细胞和管型的数量。

图6-2-3　尿液中常见的结晶

参考值:红细胞<50万/12 h,白细胞<100万/12 h,管型(透明管型)<5 000/12 h。

临床意义:各类肾炎患者尿液中的细胞和管型数,可呈轻度至显著增加。肾盂肾炎、尿路感染和前列腺炎时白细胞增高更显著。

(2)1 h细胞排泄率测定:患者正常工作、学习,不限制饮食,准确留取下午3 h的全部尿液,按上法计数后除以3而得出1 h细胞排泄率。

参考值:男性红细胞<3万/h,白细胞<7万/h;女性红细胞<4万/h,白细胞<14万/h。

临床意义:肾盂肾炎时白细胞排出增多,可达40万/h;急性肾炎时红细胞排出增多,可达20万/h。

五、尿液自动化检查

临床上尿液自动化检查仪器主要有尿液干化学分析仪和尿沉渣分析仪,这些仪器具有操作简便、准确性和重复性好、速度快和多项目联检的特点,在大批量健康筛检中可替代传统的手工法检查。但是在病理情况下对尿液有形成分的鉴别,还不能完全代替人工显微镜检查。凡尿液自动化仪器测定结果异常者,必须用显微镜或其他检查方法进行复查,以提高准确性。

1. 尿液干化学分析仪　常见的尿液分析仪按尿试带的检测项目数量,分为尿八联、尿九联、尿十联和尿十一联分析仪。八联试带检测项目包括酸碱度、蛋白质、葡萄糖、酮体、胆红素、尿胆原、隐血和亚硝酸盐;九联试带增加白细胞检测;十联试带再增加比密测定;十一联试带再增加维生素C检测。

提示：维生素 C 临床应用相当广泛，可随尿液排出。尿液分析仪多通过氧化还原反应及 pH 改变的原理进行检测，维生素 C 作为强还原剂，对尿液成分干化学自动分析有明显的干扰作用，可导致尿隐血、葡萄糖、胆红素和亚硝酸盐等假阴性结果。

2. 尿沉渣分析仪　尿沉渣分析仪器可以定量检测非离心尿中的有形成分，为便于和传统的尿沉渣显微镜检查方法比较，报告形式为个/μl 或个/HPF。

第三节　粪便检查

案例 6-3：患者，女性，5 岁，发热伴腹泻一天，20~30 min 一次大便，量少。化验：血 Hb 109 g/L，WBC 23.4×10^9/L，中性杆状细胞 8%，中性分叶细胞 70%，淋巴细胞 22%，PLT 110×10^9/L，大便常规：黄色黏液脓血便，WBC（30~40）个/HPF，RBC（3~8）个/HPF。

患者化验结果有哪些异常？

提示：该患者临床诊断为急性细菌性痢疾。

粪便是食物在体内被消化吸收营养成分后剩余的产物。其主要成分有：未被消化的食物残渣、已被消化但未被吸收的食糜、消化道分泌物、分解产物、肠壁脱落的细胞及细菌等。

粪便检查的主要目的是协助诊断消化道疾病。如① 了解消化道有无感染性疾病。② 肠道寄生虫感染，粪便检查找到寄生虫或其虫卵即可确定诊断。③ 出血的鉴别、恶性肿瘤筛查，如隐血试验持续阳性提示有恶性肿瘤。④ 了解消化状况，借以粗略地判断胃肠、胰腺、肝胆的功能状况。⑤ 检查粪便中的致病菌等。

一、标本采集

（一）标本容器
容器应清洁、干燥、有盖，无吸水及渗漏。若做细菌检查应采用无菌、有盖的容器。

（二）标本采集
1. 粪便标本应新鲜，不可混入尿液。

2. 一般检查留少量粪便（3~5 g）即可，如孵化血吸虫毛蚴最好留全部粪便。应选取异常成分的粪便，如带有黏液、脓、血的部分。外观无异常时应多处取材。

3. 检查溶组织阿米巴滋养体或细菌培养时，不仅标本要新鲜，而且应注意保暖。

4. 检查蛲虫卵需用透明薄膜拭子或玻璃纸拭子于清晨排便前自肛门周围皱襞处

拭取,并立即送检。

5. 化学法隐血试验应于试验前 3 天禁食肉类、动物血等食物,并禁服铁剂及维生素 C 等药物。

6. 无粪便而必须检查时,可用肛门指诊采取,不可用灌肠后的标本。

二、物理学检查

1. 量　正常大便一日一次,排泄量为 100～250 g(干重 25～50 g)。

(1)增多:见于进食粗粮特别是多量蔬菜后,因纤维素多而粪便量增大;胃、肠、胰有炎症或功能紊乱时因分泌、渗出及消化吸收不良而粪便量增多。

(2)减少:摄取细粮及肉食为主者粪便细腻且量少。

2. 颜色与性状　正常成人的粪便呈黄褐色、软泥样、圆柱状,婴儿粪便呈黄色或金黄色。病理情况时可见如下改变:

(1)稀糊状或稀汁样便:见于各种原因引起的腹泻。常因细菌毒素、内源性促分泌物质(5-羟色胺等)、致泻物质(胆汁酸、脂肪酸等)刺激肠道,导致肠蠕动亢进或分泌增加所致。

(2)黏液脓血便:见于细菌性痢疾、阿米巴性痢疾、溃疡性结肠炎、急性血吸虫病、结肠癌、直肠癌、肠结核等。阿米巴痢疾时,粪便中血液较多,呈暗红色,有特殊臭味。细菌性痢疾时,粪便以含黏液、脓液为主,可混有少量新鲜血液。

(3)米泔样便:呈白色淘米水样。内含黏液片块,量多,见于霍乱、副霍乱。

(4)胨状便:见于过敏性肠炎、慢性菌痢,常于腹部绞痛后排出胨状、膜状便。

(5)鲜血便:见于肠道下段出血的疾病,如痢疾、直肠息肉、结肠癌、痔等。

(6)果酱样便:粪便稀糊状,色似果酱。见于肠套叠、阿米巴痢疾。食用大量巧克力、咖啡、樱桃、桑葚后也可出现。

(7)柏油样便:见于上消化道出血。粪便黑色富有光泽,呈柏油样。因血红蛋白中的铁和肠道内的硫化物结合成硫化铁呈黑色。上消化道出血 50～75 ml 即可呈黑粪,隐血试验呈强阳性反应,如见柏油样便且持续 2～3 天,说明出血量至少为 500 ml。服用活性炭、铋剂、铁剂等之后,也可排黑粪,但无光泽且隐血试验阴性。

(8)白色或灰白色(陶土样便):由于胆汁减少或缺如以致粪胆素减少所致。主要见于各种原因引起的阻塞性黄疸。胃肠检查服用硫酸钡后也可出现白色便。

(9)绿色:见于乳儿消化不良时,因肠蠕动过快,胆绿素由粪便排出所致。食用大量绿色蔬菜时粪便也可呈绿色。

(10)乳凝块:粪便中出现黄白色或蛋花样乳凝块,提示脂肪或酪蛋白消化不完全。见于婴儿消化不良、婴儿腹泻。

(11)干结便:粪便呈硬圆球状或羊粪样。见于便秘者,尤多见于老年排便无力时。

(12)细条状便:说明有直肠狭窄,见于直肠癌、直肠肛门狭窄等。

3. 气味　正常粪便因含蛋白质的分解产物吲哚、粪臭素、硫醇、硫化氢、氨等而有臭味。食肉者味重，食素者味轻。患慢性肠炎、胰腺疾病，特别是直肠癌溃烂继发感染时有恶臭。脂肪或糖类消化吸收不良时会产生酸臭味。

4. 寄生虫体　粪便中如存在较大的肠道寄生虫虫体或其片段时，肉眼即可分辨。

三、化学检查

粪便隐血试验(facal occult blood test，FOBT)

当消化道出血量较少(每日出血<5 ml)，而且红细胞被消化分解时，肉眼见不到粪便颜色改变，镜检不能发现红细胞，需用其他间接方法才能证实出血。隐血试验指用化学或免疫学的方法证实微量血液的试验。根据出血程度可表现为弱阳性(±)、阳性(+～++)、强阳性(+++～++++)三种。

【参考值】 阴性。

【临床意义】 主要用于消化道出血、消化道肿瘤的筛选检查和鉴别诊断。

消化道出血时为阳性，常见于胃、十二指肠溃疡的活动期，胃癌、钩虫病等。此外，消化道炎症和出血性疾病(如胃炎、肠结核、溃疡性结肠炎等)亦可为阳性。消化性溃疡在非活动期为阴性，胃癌多为持续阳性。故可作为两者相鉴别的方法之一。

> 提示：当口腔出血或呼吸道出血时，若咽下少量血液，粪便隐血试验呈阳性反应，临床上应予注意。有人建议，将隐血试验作为胃癌筛选检查的首选方法，对50岁以上的人群，每年做一次隐血试验，对早期发现消化道恶性肿瘤有重要价值。

四、显微镜检查

一般用生理盐水涂片即可，涂片后覆盖玻片镜检。

1. 食物残渣　正常粪便中的食物残渣为已充分消化后的无定形的细小颗粒。未经充分消化的食物残渣常见的有以下几种：

(1) 淀粉颗粒：大量出现时见于糖类消化不良者。如腹泻、慢性胰腺炎、胰腺功能不全等。

(2) 脂肪滴：大量出现见于脂肪消化不良。如急、慢性胰腺炎，胰头癌、吸收不良综合征、儿童腹泻等。

(3) 肌肉纤维：大量出现时，表示蛋白质消化不良。主要见于胰腺功能不全，也可见于腹泻时。

(4) 植物纤维及植物细胞：可呈螺旋状、网状、花边状、扁平状、条状等，应注意与寄生虫卵区别。见于腹泻等。

2. 细胞

（1）红细胞：正常粪便中无红细胞。上消化道出血时因消化作用红细胞被破坏，粪便中难以见到红细胞。主要见于下消化道炎症（如结肠炎、痢疾）、出血（痔、结肠癌）等。

（2）白细胞：正常粪便中无或偶见白细胞。大量出现见于细菌性痢疾、溃疡性结肠炎等。

（3）上皮细胞：正常粪便中可有少量扁平上皮细胞，大量出现常见于慢性结肠炎等。

（4）巨噬细胞：正常粪便中无巨噬细胞。出现巨噬细胞主要见于急性细菌性痢疾、急性出血性肠炎，偶见于溃疡性结肠炎患者。

3. 寄生虫卵　粪便中可检出的寄生虫卵有蛔虫卵、钩虫卵、蛲虫卵、鞭虫卵、血吸虫卵、华支睾吸虫卵、卫氏并殖吸虫卵、绦虫卵、姜片虫卵等（图 6-3-1）。

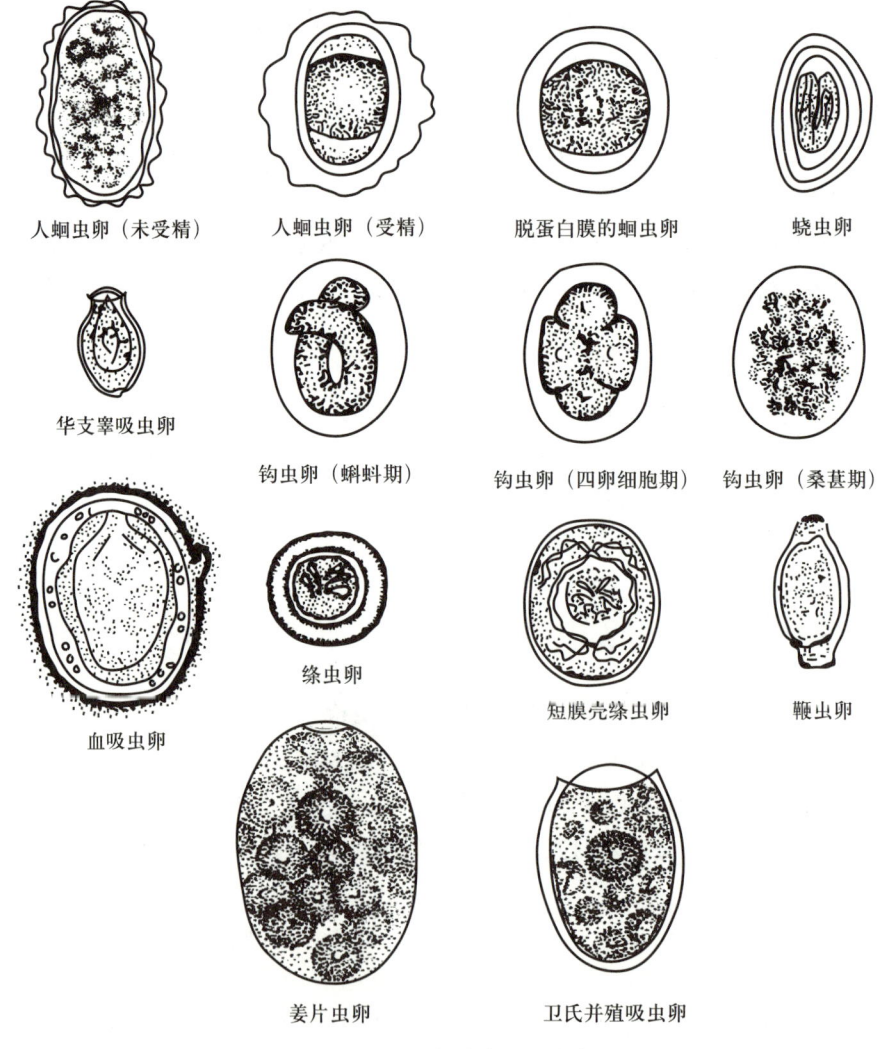

人蛔虫卵（未受精）　　人蛔虫卵（受精）　　脱蛋白膜的蛔虫卵　　蛲虫卵

华支睾吸虫卵　　钩虫卵（蝌蚪期）　　钩虫卵（四卵细胞期）　　钩虫卵（桑葚期）

血吸虫卵　　绦虫卵　　短膜壳绦虫卵　　鞭虫卵

姜片虫卵　　卫氏并殖吸虫卵

图 6-3-1　粪便中常见的虫卵

4. 各种滋养体及包囊　粪便中可查到溶组织阿米巴、结肠阿米巴、梨形鞭毛虫的滋养体及包囊。

5. 结晶

（1）夏科-莱登结晶：正常粪便中无夏科-莱登结晶。主要见于阿米巴痢疾、钩虫病、过敏性肠炎等，常与嗜酸性粒细胞同时出现。

（2）菱形结晶：见于肠道出血性疾病。

五、微生物学检查

粪便中细菌较多，约占干重的 1/3，大部分为正常菌群。通过粪便细菌培养，可以查到多种肠道感染性病原体，如沙门菌属、志贺菌属、变形杆菌、伤寒、副伤寒、霍乱、结核分枝杆菌、真菌等。用免疫学或电镜等方法还可查出轮状病毒和腺病毒等。

第四节 痰液检查

痰液是气管、支气管、肺泡所产生的分泌物。正常情况下痰量很少，呈透明、水样，含黏液和少量白细胞。当呼吸道黏膜和肺泡受到理化、感染、过敏等因素的刺激时，痰量增加、性质发生改变。痰液检查对肺结核、肺癌、卫氏并殖吸虫病等有确诊的价值，对支气管炎、支气管哮喘、支气管扩张症等可作为辅助诊断的手段。

一、标本采集

标本采集主要采用自然咳痰法，也可经气管或支气管镜抽吸。

1. 自然咳痰收集法　采集前先用清水漱口，然后用力咳出气管深处的痰，盛于灭菌容器内。根据实验目的不同，选用不同的收集时间和痰量。

（1）一般检查以清晨第一口痰为宜。

（2）做细胞学检查以上午 9~10 时留痰最好。

（3）浓集法查抗酸杆菌留取 12~24 h 痰，且痰量不少于 5 ml。

（4）测定 24 h 痰量或观察分层现象，留取 24 h 痰于无色广口瓶内，必要时加少量石炭酸防腐。

2. 超声雾化吸入引痰法　适用于不能自然咳痰者，雾化吸入可起到促咳、促分泌的效果，可获取较好的痰液标本，尤其适合于细胞学检查。

3. 纤维支气管镜收集法　用无菌生理盐水对肺泡进行灌洗，收集支气管肺泡灌洗液，主要用于细胞学检查、生物化学及免疫学检查。

4. 环甲膜穿刺吸痰　可避免痰液受口、咽部杂菌的污染，细菌培养结果较可靠，但不作为常规使用。

二、物理学检查

1. 量 排痰量以 ml/24 h 计。健康人无痰或有少量泡沫或黏液痰。急性呼吸道感染时痰量较慢性炎症患者少;病毒性感染较细菌性感染痰量少。痰量多者见于肺脓肿、支气管扩张、肺水肿、空洞型肺结核和慢性支气管炎等。痰量多少与病情相关,可作为判断病情变化的指征。

2. 颜色

(1) 黄色、黄绿色:因大量脓细胞所致。见于肺炎、肺脓肿、支气管扩张、肺结核和慢性支气管炎。黄绿色常为铜绿假单胞菌感染的特征表现。

(2) 红色、棕红色:因呼吸道出血时痰中含有红细胞或血红蛋白所致。

痰中带鲜红血见于肺癌、肺结核、支气管扩张症等;铁锈色痰见于大叶性肺炎、肺梗死等;粉红色泡沫痰见于左心功能不全。

(3) 咖啡色:见于阿米巴肺脓肿。

(4) 灰色、黑色:见于长期吸烟、矿工等大量吸入烟雾或粉尘者。

3. 性状

(1) 黏液性痰:呈黏稠、无色或半透明灰白色。见于支气管炎、支气管哮喘、早期肺炎等。

(2) 浆液性痰:呈稀薄、泡沫状,混有血液时呈粉红色。见于肺水肿、肺淤血。

(3) 黏液脓痰:呈混浊黏稠状。见于支气管扩张、肺脓肿、肺结核等。

(4) 浆液脓性痰:痰液静置后可分为三层。上层为泡沫和黏液,中层为浆液,下层为脓细胞及坏死组织碎片。见于支气管扩张、肺脓肿。

4. 气味 正常痰无味。肺脓肿及支气管扩张伴厌氧杆菌感染有恶臭,肺癌、肺结核有血腥味。

5. 病理性有形成分

(1) 支气管管型:为纤维蛋白、黏液和白细胞等在支气管内凝集而成。新咳出时常呈灰白色或红色团块状,置水中展开后呈树枝状。常见于支气管炎、肺炎球菌肺炎、白喉等疾病。

(2) 干酪块:为肺组织坏死崩解的产物,呈干酪或豆腐渣样。见于肺结核。

三、显微镜检查

1. 直接涂片检查 此法简便、快捷。镜检时,选取新鲜痰液的异常部分少许,直接涂片或加生理盐水混合后涂片。有意义的成分如下:

(1) 红细胞:正常人痰中无红细胞。痰中有红细胞可见于肺结核、肺癌、支气管扩张咯血及呼吸道炎症。

(2) 白细胞:正常人痰涂片中可见少量中性粒细胞。痰中有大量成堆的脓细胞表示呼吸系统有化脓性感染。支气管哮喘、过敏性气管炎时痰中可见嗜酸性粒细胞增多。

（3）寄生虫及虫卵：如阿米巴肺脓肿可找到阿米巴滋养体，卫氏并殖吸虫病可找到虫卵等。

（4）癌细胞：可见到形态异常细胞，难以辨认时应染色鉴别。

2. 革兰染色　多用于一般细菌涂片检查。若检出肺炎球菌、链球菌、葡萄球菌、白喉杆菌、肺炎杆菌等，结合临床对呼吸道感染的诊断有参考意义。

3. 抗酸染色　用于抗酸杆菌检查，如肺结核的诊断。

4. 瑞特染色　用于各种血细胞、上皮细胞、肿瘤细胞的检查，疑为癌细胞时可进一步做巴氏染色法检查。

四、细菌培养及药敏试验

细菌培养及药敏试验可确定感染的病原体，为诊断及治疗用药提供可靠的依据。

第五节　脑脊液检查

案例 6-4：患儿，男，6 个月，发热伴呕吐 8 天。查体：T 38.6℃，P 130 次/min，R 42 次/min，BP 82/64 mmHg，体重 9.6 kg，身长 70 cm，头围 42 cm，神清，精神差，前囟张力稍高，双瞳孔等大等圆，对光反射存在，颈项稍有抵抗，克尼格征（+），巴宾斯基征（-）。血液检查：Hb 110 g/L，WBC 28.5×10^9/L，PLT 160×10^9/L。腰椎穿刺脑脊液检查：压力 260 mmH$_2$O，血性微混浊；常规：细胞总数 560×10^6/L，白细胞数 360×10^6/L；生化：糖 1.8 mmol/L，蛋白质 1 200 mg/L，氯化物 110 mmol/L。

提示：该患者临床诊断为急性化脓性脑膜炎。

脑脊液（CSF）主要由脑室脉络丛主动分泌和超滤作用产生，循环于脑室和蛛网膜下腔，具有保护脑和脊髓、维持渗透压、清除代谢产物、调节颅内压等作用。脑脊液检查对中枢神经系统器质性病变的诊断、治疗、病情观察和预后判断有重要的价值。脑脊液在正常及常见中枢神经系统疾病时的特点见表 6-5-1。

一、标本的采集

1. 适应证及禁忌证

（1）适应证：① 有脑膜刺激征。② 疑颅内出血。③ 中枢神经系统肿瘤。④ 原因不明的剧烈头痛、昏迷、抽搐及瘫痪。⑤ 脑膜白血病及中枢神经系统感染性疾病等情况。

表 6-5-1　正常及常见中枢神经系统疾病的脑脊液特点

	压力	外观	凝固	细胞数/ ($10^6 \cdot L^{-1}$)	主要细胞	蛋白增高	糖	氯化物
正常值	7.84~17.64 kPa (80~180 mmH$_2$O)	水样透明	(-)	0~10	淋巴细胞	200~400 mg/L	2.5~4.4 mmol/L	120~130 mmol/L
化脓性 脑膜炎	↑↑	混浊	凝块	>200	中性粒细胞	↑↑	↓↓	↓
结核性 脑膜炎	↑或↑↑	透明或 混浊	形成 薄膜	<200	早期为中性粒细胞,中 晚期为淋巴细胞为主	↑	↓	↓↓
病毒性脑炎	↑	透明	(-)	轻度增高	早期为中性粒细胞,晚 期以淋巴细胞为主	轻度↑	正常	正常
新型隐球菌 脑膜炎	↑	透明或 微浊	(±)	轻度增高	淋巴细胞	↑	↓	↓
脑瘤	↑	透明	(-)	正常或轻度↑	淋巴细胞	轻度↑	正常	正常

（2）禁忌证：① 疑有颅内高压或视盘水肿者，以避免引起脑疝的危险。② 穿刺部位有感染者。③ 颅后窝有占位病变者。

2. 采集标本方法　脑脊液常用腰椎穿刺术取得。穿刺成功后应先测压力，正常人脑脊液压力为 7.84~17.64 kPa（80~180 mmH$_2$O），超过 19.6 kPa（200 mmH$_2$O）为颅内压增高。然后收集脑脊液于 3 支无菌试管中，每管各 1~2 mL。第 1 管做细菌培养，第 2 管用于化学及免疫学检查，第 3 管用做理学及显微镜检查。标本采集后应立即送检，不得超过 1 h，以免细胞破坏及化学成分被分解。

二、物理学检查

1. 颜色　正常脑脊液为无色透明液体。病毒性脑炎、脊髓灰质炎和脑梅毒等脑脊液亦可无色。

（1）红色：常见于穿刺损伤或出血性疾病。穿刺损伤时仅前几滴为血性，以后逐渐转为无色透明，脑出血或蛛网膜下腔出血为均匀红色。

（2）黄色：常见于陈旧性蛛网膜下腔或脑室出血、椎管梗阻、脑肿瘤、重症黄疸。

（3）白色或灰白色：见于急性化脓性脑膜炎，因白细胞增多所致。

（4）绿色：见于铜绿假单胞菌性脑膜炎。

（5）黑色或褐色：见于脑膜黑色素瘤。

2. 透明度　正常脑脊液清晰透明。病毒性脑炎、神经梅毒时可呈透明；结核性脑膜炎呈毛玻璃样混浊；急性化脓性脑膜炎时明显浑浊。

3. 凝固性　正常脑脊液静置 24 h 不发生凝固。化脓性脑膜炎放置 1~2 h 可形成凝块或沉淀物；结核性脑膜炎的脑脊液静置 12~24 h，表面形成膜状物，取此膜涂片查结核杆菌阳性率高。蛛网膜下腔梗阻时，脑脊液可呈黄色胶胨状。

4. 相对密度测定　正常相对密度为 1.006~1.008。增高见于颅内炎症，降低见于脑脊液分泌过多。

三、化学检查

（一）蛋白质检查

【参考值】　正常脑脊液蛋白总量为 200~400 mg/L、蛋白定性试验（Pandy 试验）为阴性。

【临床意义】　脑脊液蛋白含量增高，主要见于：① 脑膜炎，如化脓性脑膜炎和结核性脑膜炎。② 出血性脑病，如脑出血、蛛网膜下腔出血。③ 脑部肿瘤和椎管梗阻。

（二）葡萄糖测定

【参考值】　葡萄糖定量（氧化酶法）：成人 2.5~4.4 mmol/L。

【临床意义】　脑脊液糖含量与血糖浓度、血脑屏障的通透性和脑脊液内糖酵解速度有关。

1. 降低　见于:① 中枢神经系统感染,如急性化脓性脑膜炎、结核性脑膜炎和真菌性脑膜炎,尤以化脓性脑膜炎减低最显著。② 中枢神经系统肿瘤,脑膜瘤时明显降低。③ 脑寄生虫病,如脑囊尾蚴病等。

2. 增高　主要见于脑出血、下丘脑损伤、糖尿病等。

(三) 氯化物测定

脑脊液氯化物含量较血清高 1.2~1.3 倍,这是因为其蛋白含量较血清低,为维持脑脊液与血浆渗透压平衡之故。

【参考值】　成人 120~130 mmol/L。

【临床意义】

1. 降低　见于细菌性脑膜炎和真菌性脑膜炎,尤以结核性脑膜炎明显。

2. 病毒性脑(膜)炎、脊髓灰质炎、脑肿瘤等往往不减低。

3. 增高　见于尿毒症、呼吸性碱中毒等。

四、显微镜检查

(一) 细胞计数和分类

【参考值】　正常脑脊液无红细胞,仅少量白细胞,成人 $(0~10) \times 10^6/L$,儿童 $(0~15) \times 10^6/L$。分类以淋巴细胞为主。

【临床意义】

1. 白细胞增高　化脓性脑膜炎时白细胞明显增高,以中性粒细胞为主;结核性脑膜炎中度增高,中性粒细胞、淋巴细胞同时存在;病毒性脑膜炎轻度增高,以淋巴细胞为主。

2. 红细胞增高　脑室及蛛网膜下腔出血可见大量红细胞。

(二) 病原学检查

正常脑脊液无病原体,用革兰氏染色可查找金黄色葡萄球菌、溶血性链球菌和脑膜炎奈瑟菌、大肠杆菌、变形杆菌等;用抗酸染色可查找结核杆菌;用墨汁染色可查找新型隐球菌。除上述直接涂片做病原体检查外,还可以做脑脊液细菌培养检查,以提高病原体的阳性检出率并根据药敏试验选择治疗药物。

第六节　浆膜腔积液检查

人体浆膜腔包括胸腔、腹腔、心包腔、关节腔等,正常仅含少量浆液,起润滑的作用。在病理情况下,浆膜腔内液体增多,称为浆膜腔积液。因积液部位不同分为胸腔积液(胸水)、腹腔积液(腹水)、心包腔积液、关节腔积液。区分积液的性质,对某些疾病的诊断和治疗有重要意义。按积液的性质分为漏出液和渗出液。

漏出液(transudate)是通过毛细血管滤出的非炎症性组织液,主要原因有:① 毛细血管流体静压增高,如充血性心力衰竭、门静脉高压症等。② 血浆胶体渗透压降低,如营养不良、肾病综合征等。③ 淋巴回流受阻,如丝虫病等。④ 水钠潴留。

渗出液(exudate)多为炎性积液,因毒素等致血管通透性增高,使血液中大分子物质和细胞从血管内渗出形成积液。多见于细菌性感染,也可见于肿瘤、外伤及消化液等化学刺激,现在肿瘤所致积液的病例逐渐增多。

浆膜腔积液检查的目的,一是鉴别积液的类型,二要寻找引起积液的病因。

一、标本采集

积液标本需行相应部位的穿刺术采集。穿刺成功后,留取中段液体于无菌的容器内,物理学检查、化学检查、细胞学检查各留取 2 mL。物理学检查和细胞学检查标本宜加 EDTA-K$_2$ 抗凝,化学检查宜加肝素抗凝,另留取一份不加抗凝剂的标本用于观察积液的凝固性。

二、检查项目及意义

1. 物理学检查　包括积液量、颜色、透明度、凝块及相对密度等。

2. 化学检查　包括酸碱度、蛋白质定量、葡萄糖定量、酶学检查等,如乳酸脱氢酶(LDH)检查。

3. 显微镜检查　包括红细胞计数、白细胞计数及分类等。

4. 病原生物学检查　可行细菌培养等。

5. 免疫学检查　C 反应蛋白(CRP)对鉴别渗出液和漏出液有重要价值。肿瘤标志物:如癌胚抗原、甲胎蛋白等。

漏出液和渗出液可根据上述检查加以鉴别(表 6-6-1)。但是单项检查有时难下结论,应根据病因、临床症状及各项检查综合分析加以判断。

表 6-6-1　漏出液与渗出液鉴别要点

鉴别要点	漏出液	渗出液
原因	非炎症	炎症、肿瘤、理化刺激
外观	淡黄、浆液性	不定、黄色、血性、脓性
混浊度	透明或微混	多混浊
相对密度	<1.015	>1.018
凝固性	不自凝	能自凝

鉴别要点	漏出液	渗出液
蛋白质定量	≤25 g/L	≥30 g/L
积液/血清总蛋白比值	<0.5	>0.5
葡萄糖定量	与血糖相近	低于血糖
有核细胞总数	$<100×10^6/L$	$>500×10^6/L$
有核细胞分类计数	以淋巴和间皮细胞为主	急性感染以中性粒细胞为主、慢性感染以淋巴细胞为主、肿瘤性可找到肿瘤细胞
细菌检查	无	可找到病原菌
CRP	<10 mg/L	>10 mg/L
乳酸脱氢酶(LDH)活性	减低	增高

提示:区别积液的性质对某些疾病的诊断和治疗均有重要意义,既往认为测定积液的相对密度和蛋白质定量是最有价值的指标。现在的研究表明,使用积液/血清总蛋白的比值、积液/血清 LDH 的比值和 LDH 三项检测,可做出 100%的正确分类。若为渗出液还要区别是肿瘤性还是炎症性积液,应选用细菌学和细胞学检测。

第七节 常用血液生化检查

一、血液电解质检查

微课:血液
电解质检查

(一)血清钾测定

钾是维持细胞生理活动的主要阳离子,98%位于细胞内,只有 2%位于细胞外液。细胞外液的钾主要起维持神经肌肉功能的作用。钾由肠道吸收,约 90%随尿排出。血清钾为细胞外液的钾离子。

【参考值】 成人 3.5~5.5 mmol/L。

【临床意义】

1. 增高 见于:① 肾排钾减少,如急、慢性肾衰竭。② 细胞内钾转移至细胞外,如严重溶血、组织损伤、代谢性酸中毒等。③ 摄钾过多,如静脉补钾过多等。

2. 减低 见于:① 钾摄入不足,如长期禁食、低钾饮食、大量输无钾盐液体等。② 钾丢失过多,如严重呕吐、腹泻、胃肠减压、十二指肠引流、大量应用利尿药等。③ 分布异常,细胞外钾转移至细胞内,如注射胰岛素及低钾性周期性麻痹等。

（二）血清钠测定

体内的钠主要以氯化钠的形式存在于血液中,是细胞外液中含量最高的阳离子,细胞内含量很少。钠离子的主要功能是维持渗透压和酸碱平衡。食物中的钠经肠道吸收入血,大部分从尿中排出,小部分从汗腺排出。

【参考值】 135～145 mmol/L。

【临床意义】

1. 增高 见于输入过多含钠盐的液体、肾上腺皮质功能亢进、原发性醛固酮增多症等。

2. 降低 常见于下列原因:

（1）严重呕吐、腹泻、胃肠造瘘、大面积烧伤、出汗过多等,丢失钠过多。

（2）慢性肾炎并发尿毒症或糖尿病酮症酸中毒,均可有大量钠从尿液排出。

（3）大量应用呋塞米或噻嗪类排钠利尿药。

（三）血清氯化物测定

体内氯化物主要以氯化钠的形式存在于血浆中,以氯化钾的形式存在于细胞内,氯是细胞外液的主要阴离子,在维持体内酸碱平衡、渗透压及水电解质平衡方面起重要作用。氯化物主要来源于饮食中的食盐,经肠道吸收入血,经肾随尿排出体外。

【参考值】 98～106 mmol/L。

【临床意义】

1. 增高 常见于:① 排泄减少,如急、慢性肾炎少尿期,心力衰竭等。② 摄入过多,摄食盐或输入氯化钠过量等。

2. 减少 常见于:① 丢失过多,如剧烈呕吐、腹泻、胃肠造瘘、长期应用利尿药等。② 摄入过少,如长期无盐饮食等。

（四）血清钙的测定

人体内99%的钙存在于骨骼中。血清中的钙55%是游离钙,其余为结合钙。钙主要在小肠上段吸收,大部分从粪便中排泄,小部分从尿排出。

【参考值】 2.25～2.75 mmol/L。

【临床意义】

1. 增高 见于甲状旁腺功能亢进、维生素 D 使用过多等。

2. 减低 见于甲状旁腺功能减退、维生素 D 缺乏症、急性坏死性胰腺炎、慢性肾炎、尿毒症和大量输血等。

（五）血清无机磷测定

血液中的磷主要有两种形式:一种为无机磷,大部分存在于血浆中;另一种为有机磷,位于细胞内。食物中磷酸盐主要在小肠上段吸收,60%~80%的磷在尿中排泄,其余随粪便排出。

【参考值】 成人 0.96~1.62 mmol/L;儿童 1.45~2.10 mmol/L。

【临床意义】

1. 增高 见于甲状旁腺功能减退、骨折愈合期、肾衰竭磷酸盐排泄减少等。

2. 减少 见于甲状旁腺功能亢进、佝偻病、胰岛素过多症等。

(六)血清镁测定

血浆内的镁约 2/3 呈游离状态,其余与蛋白质或氨基酸结合,镁在小肠吸收,从肾排出。

【参考值】 0.8~1.2 mmol/L。

【临床意义】

1. 增高 常见于肾功能不全、甲状腺或甲状旁腺功能减退等。

2. 降低 常见于镁摄入不足,如长期禁食、呕吐、腹泻等。

二、血脂测定

血液中的脂质称为血脂,主要包括胆固醇、甘油三酯、磷脂及脂肪酸等。血脂部分由食物经消化道吸收而来,部分由人体内自行合成。脂质物质不溶于水或微溶于水,因此,血脂在血浆中与载脂蛋白(球蛋白)结合成脂蛋白形式运输。其测定对高脂血症和冠心病的诊断及发病机制的研究有一定意义。

(一)血清总胆固醇测定

血清中存在游离胆固醇和胆固醇酯,两者合称总胆固醇(total cholesterol,TC)。胆固醇与动脉粥样硬化有一定关系,因此胆固醇测定是目前最常用的实验室检测项目之一。

【参考值】 3.10~5.70 mmol/L。

【临床意义】

1. 增高 常见于高脂血症、动脉粥样硬化、糖尿病、肾病综合征、胆管阻塞、甲状腺功能减退等。

2. 降低 可见于严重贫血、甲状腺功能亢进、长期营养不良等。

(二)血清甘油三酯(triglyceride,TG)测定

【参考值】 0.56~1.70 mmol/L(随年龄而升高)。

【临床意义】

1. 增高 见于原发性高脂血症、动脉粥样硬化、肥胖、糖尿病、肾病综合征、甲状腺功能减退等。

2. 减少　见于甲状腺功能亢进、严重肝功能下降等。

（三）血清脂蛋白测定

脂蛋白（lipoprotein）按分子大小和密度不同,可分为乳糜微粒（CM）、极低密度脂蛋白（VLDL）、低密度脂蛋白（LDL）及高密度脂蛋白（HDL）;按照在电场中电泳速度不同,其与电泳区带的对应关系如表6-7-1所示。

表6-7-1　脂蛋白分类

按密度分类	电泳区带
HDL	α 脂蛋白
LDL	β 脂蛋白
VLDL	前 β 脂蛋白
CM	原点

临床观察证明,血清高密度脂蛋白胆固醇（HDL-Ch）和血清低密度脂蛋白胆固醇（LDL-Ch）含量与冠心病发病率有明显关系。前者有抗动脉粥样硬化作用,而后者增高是冠心病危险因素之一。

【参考值】　高密度脂蛋白胆固醇 0.78~2.2 mmol/L。

　　　　　　低密度脂蛋白胆固醇 1.56~5.72 mmol/L。

【临床意义】　高密度脂蛋白胆固醇降低、低密度脂蛋白胆固醇增高与冠心病发生有关。

三、血糖测定

血液中的糖称为血糖,主要指葡萄糖。生理状态下,其浓度相当恒定,临床上将空腹血糖（fasting blood glucose,FBG）浓度超过 7.0 mmol/L,称为高血糖,当血糖浓度超过 8.9 mmol/L 时,由于超过了肾糖阈可出现糖尿。

微课:血糖及其代谢相关检查

> 提示:空腹血糖是诊断糖代谢紊乱最常用、最主要的指标,是目前诊断糖尿病的主要依据,也是判断糖尿病病情和控制程度的主要指标。但标本不同,其检测结果也不同,以血浆葡萄糖检测结果最可靠,也较为方便。

动画:糖尿病和血糖

【参考值】　3.9~6.1 mmol/L。

【临床意义】　血糖浓度受神经系统和激素的调节而保持相对稳定,当这些调节失去原有的相对平衡时,出现高血糖或低血糖。

1. 高血糖

（1）生理性高血糖:见于饭后1~2 h、情绪紧张、注射肾上腺素后、输入葡萄糖后等。

（2）病理性高血糖:见于糖尿病、肾上腺皮质功能亢进、垂体前叶功能亢进、甲状腺功能亢进等。

2. 低血糖

（1）生理性低血糖：见于饥饿和剧烈运动。

（2）病理性低血糖：见于胰岛 B 细胞瘤、甲状腺功能减退、肾上腺皮质功能减退、腺垂体功能减退、长期营养不良、严重肝病等。

四、血清酶类测定

（一）丙氨酸氨基转移酶（ALT）测定

正常时，ALT 主要存在于各组织细胞中，其中以肝细胞中含量最多，心肌细胞含量也较多，只有极少量释放入血液中，所以血清中此酶活力很低。

【参考值】 5~25 卡门（kamen）单位。

【临床意义】 当含有 ALT 的组织发生病变时，细胞坏死或通透性增加，细胞内的酶即可大量释放入血液中。在各种肝炎急性期、中毒性肝细胞坏死等疾病时，血清 ALT 活力明显增高，肝癌、肝硬化、慢性肝炎、心肌梗死等疾病时中度增高，阻塞性黄疸、胆管炎等疾病时轻度增高。

（二）门冬氨酸氨基转移酶（AST）测定

AST 在心肌细胞内含量较多，在肝细胞中主要存在于肝细胞线粒体中。

【参考值】 8~28 卡门单位。

【临床意义】 当心肌梗死时，血清 AST 活力增高，发病 6~12 h 之内明显增高，48 h 达到高峰，3~5 天恢复正常。各种肝病也可引起 AST 升高，而且当肝细胞损伤影响到线粒体膜时，血清 AST 显著增高，预后比单独 ALT 增高更差。另外，肌炎、胸膜炎、肾炎、肺炎等也可引起血清 AST 轻度增高。

（三）γ-L-谷氨酰转肽酶（GGT）测定

【参考值】 成年男性 3~17 U/L，成年女性 2~13 U/L。

【临床意义】 GGT 主要用于诊断肝胆疾病。原发性肝癌、胰腺癌时，血清 CCT 活性明显增高，在急性肝炎、慢性肝炎活动期、胆石症、胆道感染、急性胰腺炎时也可升高。

（四）血清淀粉酶（AMS）测定

【参考值】 80~180 U。

【临床意义】 患流行性腮腺炎、急性胰腺炎时，血清 AMS 明显增高，超过 500 U 对急性胰腺炎有诊断意义，超过 350 U 时应怀疑急性胰腺炎。患肠梗阻、胆石症、胰腺癌、溃疡病穿孔等时，轻度增高。

（五）碱性磷酸酶（ALP）测定

正常人血清中的 ALP 主要来源于骨骼，由成骨细胞产生，因此正在生长的儿童，血清 ALP 活性较高。此酶由肝排泄，而且部分酶来自肝，所以肝胆系统疾病也影响此酶活性。

【参考值】 成人 3~13 金氏单位,儿童 5~30 金氏单位。

【临床意义】

1. 增高 见于:① 骨骼系统疾病,如骨折修复期、恶性肿瘤骨转移、佝偻病等。② 肝胆疾病,如阻塞性黄疸、黄疸型肝炎、肝癌等。③ 其他,如甲状旁腺功能亢进、甲状腺功能亢进、妊娠后期等。

2. 降低 见于重症慢性肾炎、儿童甲状腺功能减退、贫血等。

(六)乳酸脱氢酶(LDH)测定

LDH 广泛存在于各种组织中,尤以肝、心肌、肾、骨骼肌、胰腺和肺最多。组织中此酶活性比血清中约高 1 000 倍,所以当有少量组织坏死时,血液中 LDH 活性即可增高。但是此酶分布广泛,所以特异性较差,逐渐被同工酶测定所取代。

【参考值】 <450 U/L。

【临床意义】 增高可见于心肌梗死、肝炎、肝硬化、肾疾病、恶性肿瘤等。目前常用于诊断心肌梗死、肝病等。

(七)乳酸脱氢酶同工酶测定

同工酶存在于同一机体的不同组织或同一细胞的不同亚细胞结构中,同工酶的测定为解决临床诊断的组织特异性提供了有力帮助。

【参考值】 下列数据供参考,具体需根据各实验室标准判断。

LDH_1 14% ~ 26%,LDH_2 29% ~ 39%,LDH_3 20% ~ 26%,LDH_4 8% ~ 16%,LDH_5 6% ~ 16%。

【临床意义】 当脏器组织损伤时,其所含同工酶释放入血,引起同工酶活性改变。心肌中以含 LDH_1 为主,急性心肌梗死早期血清中 LDH_1 和 LDH_2 活性均增高,但 LDH_1 增高更早、更明显。急性肝炎早期 LDH_5 升高,慢性肝炎可持续升高;肝硬化、肝癌、手术后等 LDH_5 也可升高。阻塞性黄疸时 LDH_4 与 LDH_5 均升高,但以 LDH_4 升高多见。

第八节 肝功能检查

案例 6-5:患者,男,50 岁。上腹饱胀不适、食欲缺乏、乏力 1 个月。患者 10 年前发现有乙肝病史。入院体检:肝肋下 5 cm,质硬,表面呈结节状。血常规:WBC 12.5×10^9/L,RBC $3.1×10^{12}$/L,PLT $38 × 10^9$/L。肝功能:STP 57.0 g/L,A 24.0 g/L,G 33.0 g/L,A/G 0.73,总胆红素 95.6 μmol/L,直接胆红素 46.50 μmol/L。HBsAg(+)、HBeAg(+)、抗 HBc(+)。甲胎蛋白(AFP)>1 000 μg/L(正常值<20 μg/L)。B 超:肝右叶内见 8 cm×11 cm 强回声光团。该患者临床诊断为原发性肝癌、慢性乙型肝炎、肝硬化。

肝是人体重要的器官之一,很多营养物质(如糖、蛋白质、脂质)的新陈代谢、酶的合成、胆汁的分泌与排泄、有害物质的解毒与排除等重要生理功能均与肝有关。

临床上,肝功能检查(liver function test)的主要目的是:

1. 帮助了解有无肝细胞的损害及损害的程度。

2. 帮助了解肝功能有无异常或障碍及其程度。

3. 帮助了解有无黄疸及黄疸的程度,鉴别黄疸的类型。

4. 帮助了解患者对某些治疗措施的耐受性,如确定患者能否耐受手术,或观察某些药物对肝的损害情况等,以决定是否继续服药。

> 提示:肝功能试验是一种功能性试验,因为肝有很强的代偿能力和再生能力,只有当肝细胞损害达到一定程度时,才能通过肝功能试验反映出来,所以肝功能试验结果正常时不能完全排除肝细胞被损害;而且肝功能试验的特异性不高,阳性结果不都是肝病所特有的,所以肝功能试验异常时,也不一定表示肝细胞有损害。

肝具有复杂的代谢功能,血糖、血脂、血清酶学检查等均可反映肝功能,下面主要介绍蛋白质、胆红素等方面的试验。

一、蛋白质代谢功能检查

血浆蛋白分为清蛋白(albumin,A)和球蛋白(globulin,G)两大类,其中,球蛋白又分为 α_1 球蛋白、α_2 球蛋白、β 球蛋白和 γ 球蛋白四种。正常人每天可合成 15 g 左右血浆蛋白质,其中,清蛋白及大部分 α_1、α_2、β 球蛋白由肝合成,γ 球蛋白主要来源于浆细胞。

(一) 血清总蛋白及 A/G 比值测定

血清总蛋白量(serum total protein,STP)减去清蛋白量即为球蛋白的含量,据此求出 A/G 比值。

【参考值】 血清总蛋白 60~80 g/L,清蛋白(A)40~55 g/L,球蛋白(G)20~30 g/L,A/G 为(1.5~2.5):1。

【临床意义】

1. 总蛋白 增高见于以下情况。① 血液浓缩,如重度脱水者。② 血浆蛋白质合成增加,主要因球蛋白增高所致,见于多发性骨髓瘤等。降低见于以下情况。① 血液稀释,如水中毒者。② 长期蛋白质摄入不足。③ 合成障碍,如慢性肝病者。④ 丢失蛋白质,如大面积烧伤、肾病综合征等。

2. 清蛋白 增高见于重度脱水致血液浓缩者。降低与总蛋白降低原因相同。肝病时为肝硬化失代偿期特征,多示预后不良,肝实质损害越重,清蛋白减少越甚,减少至 25 g/L 以下时,常出现水肿或腹水。

3. 球蛋白 增高见于慢性肝炎、肝硬化、多发性骨髓瘤、结核病、血吸虫病、疟疾、系统性红斑狼疮等。降低见于 γ 球蛋白缺乏症、原发性低球蛋白血症、严重营养不良等。

4. A/G 倒置 见于肝功能严重损伤，如慢性活动性肝炎、肝硬化，病情好转时清蛋白回升，A/G 也趋向正常。

提示：血清总蛋白降低时一般有清蛋白降低，而升高时有球蛋白同时升高。肝具有强大的代偿能力，而且清蛋白半衰期较长，因此只有当肝疾病达到一定程度和一定时间后才出现 STP 的改变。急性或局灶性肝损伤时，STP、A、G、A/G 多正常。所以血清总蛋白主要用于慢性肝损伤的检测。

（二）血清蛋白电泳

血清中各种蛋白等电点不同，所带电荷量及相对分子质量也不同，所以在同一电场中泳动的速度不同，使血清蛋白在电泳滤纸上形成各自单独区带，从正极到负极依次为清蛋白、α_1、α_2、β、γ 球蛋白。经染色可计算出各区带蛋白质的百分含量。

【参考值】 各实验室采用的电泳条件不同，参考值可能有差异，因此各实验室应根据自己的条件作出参考范围（表 6-8-1）。

表 6-8-1 血清蛋白电泳结果（醋酸纤维素薄膜法）

蛋白质组分	绝对含量/$(g \cdot L^{-1})$	占总蛋白百分数/%
清蛋白	35.0~52.0	57.0~68.0
α_1 球蛋白	1.0~4.0	1.0~5.7
α_2 球蛋白	4.0~8.0	4.9~11.2
β 球蛋白	5.0~10.0	7.0~13.0
γ 球蛋白	6.0~13.0	9.8~18.2

【临床意义】

1. 清蛋白减少 见于慢性肝炎、肝硬化、肝癌等。

2. α_1 球蛋白增高 见于急性发热、恶性肿瘤等。

3. α_2 及 β 球蛋白变化 增高见于高脂血症、肾病综合征、糖尿病等。降低见于暴发型肝炎。

4. γ 球蛋白变化 增高见于慢性肝炎、肝硬化、肝胆疾病。降低见于丙种球蛋白缺乏症、部分化疗患者。

二、血清胆红素测定

血清胆红素包括非结合胆红素（unconjugated bilirubin，UCB）与结合胆红素（conjugated bilirubin，CB），两者合称总胆红素（serun total bilirubin，STB）。结合胆红素能直接与重氮试剂反应，一般在 1 min 左右可全部生成偶氮胆红素，故也称直接胆红素。

血清胆红素测定主要用于判断黄疸程度及鉴别黄疸类型。

【参考值】 总胆红素 1.7~17.1 μmol/L;结合胆红素 0~6.8 μmol/L;非结合胆红素1.7~10.2 μmol/L。

【临床意义】

1. 判断黄疸程度 总胆红素在 17~34 μmol/L 为隐性黄疸;超过 34 μmol/L 时,皮肤、黏膜、巩膜出现黄染,称临床黄疸。34~170 μmol/L 为轻度黄疸;170~340 μmol/L 为中度黄疸;>340 μmol/L 为重度黄疸。

2. 判定黄疸类型 完全阻塞性黄疸时总胆红素>340 μmol/L;不完全阻塞性黄疸为170~265 μmol/L;肝细胞性黄疸为 17~200 μmol/L;溶血性黄疸<85 μmol/L。

3. 结合胆红素分类判断黄疸类型 总胆红素和非结合胆红素增高为溶血性黄疸,总胆红素和结合胆红素增高为阻塞性黄疸,总胆红素、结合胆红素及非结合胆红素皆增高为肝细胞性黄疸。

三、乙肝五项指标（两对半）检查

【参考值】 乙肝表面抗原(HBsAg)阴性、乙肝表面抗体(HBsAb)阴性、乙肝 e 抗原(HBeAg)阴性、乙肝 e 抗体(HBeAb)阴性、乙肝核心抗体(HBcAb)阴性。

> 提示:HBsAb 是保护性抗体,提示机体有一定的免疫力,一般在发病 3~6 个月才出现并可持续多年。注射过乙肝疫苗或 HBsAb 免疫球蛋白者,HBsAb 可呈阳性反应。

【临床意义】 检测结果见表 6-8-2。

表 6-8-2 乙肝五项指标测定结果

	1	2	3	4	5	6	7	8	9	10	11	12
HBsAg	+	+	+	-	-	-	-	-	+	+	+	+
抗 HBs	-	-	+	-	-	+	+	-	-	-	-	-
HBeAg	+	-	-	-	-	-	-	-	-	-	+	+
抗 HBe	-	+	+	+	-	+	-	-	+	+	-	+
抗 HBc	+	+	+	+	+	+	-	-	+	-	-	+

测定结果需结合临床综合分析:

1. 俗称大三阳,说明患者是慢性肝炎,病毒复制快,有传染性,处于活动期。

2. 急性乙肝感染阶段或是慢性乙肝表面抗原携带者,传染性较弱。

3. 俗称小三阳,病毒复制相对较慢,传染性相对较小,属于慢性携带者。

4. 既往感染过乙肝,现仍有免疫力,属于不典型恢复期。也可能为急性乙肝感染期。

5. 既往有乙肝感染,属于急性感染恢复期,少数人仍有传染性。

6. 过去有乙肝感染或现在正处于急性感染。

7. 以前注射过乙肝疫苗或以前感染过乙肝,有保护性抗体。

8. 急性乙肝恢复期,以前感染过乙肝。

9. 急性感染早期或者慢性乙肝表面抗原携带者,传染性弱。

10. 慢性乙肝表面抗原携带者,易转阴;或者是急性感染趋向恢复。

11. 早期乙肝感染或者慢性携带者,传染性强。

12. 急性乙肝感染趋向恢复,或者为慢性携带者。

第九节　常用肾功能检查

肾的基本功能是排泄废物,调节水、电解质和酸碱平衡,此外还制造一些重要的生理活性物质,如肾素和促红细胞生成素等。当肾功能受到损害时,正常代谢的终产物不能有效地排出而导致它们在血液中的浓度升高,临床上常测定这些代谢终产物以判断肾功能。由于肾功能有很大的储备,当血液中尿素氮和肌酐水平升高时,往往提示肾实质细胞损害已超过50%。目前对于早期肾病变的诊断方法还需进一步研究。

一、浓缩-稀释试验

肾通过肾小球滤过、肾小管重吸收以调节水及电解质的平衡。当饮水量少时,肾小球滤过减少,肾小管重吸收功能加强,尿量少而相对密度增高,这是肾的浓缩功能;当大量饮水时,肾小球滤过增加,肾小管重吸收减少,尿量增多,相对密度降低,此为肾的稀释功能。当肾功能减退时,对水分调节能力下降,尿相对密度和尿量以及相互关系发生改变。浓缩-稀释试验(concentration dilution test)主要反映了肾小管的功能,其中浓缩试验更敏感,临床上多采用昼夜尿量及比重测定法。

【参考值】

1. 日间尿量与夜间之比为(3~4)∶1。

2. 12 h 夜间尿量不应超过 750 ml。

3. 尿液最高相对密度应超过 1.020。

4. 最高相对密度与最低相对密度之差不应少于 0.009。

【临床意义】

1. 早期肾功能不全,夜尿量>750 ml,夜尿量超过日尿总量。

2. 肾浓缩功能不全,最高尿相对密度小于1.020,相对密度差小于0.009。

3. 稀释功能不全,日尿量相对密度恒定在1.018以上。常见于急性肾小球肾炎、出汗过多等。

二、酚红排泄试验

酚红是一种对人体无害的染料,经静脉注射后,大部分与血浆蛋白结合,除20%被肝清除、经胆道排出外,其余则由肾排出,可反映肾有效血浆流量。

> 提示:酚红排泄试验较简单,但误差较大,目前临床应用逐渐减少。采用放射性核素或其标志物(如^{131}I-邻碘马尿酸钠)测定方法,其优点是灵敏、无创、简便、安全,但仪器设备要求较高。

【参考值】 见表6-9-1。

表6-9-1 成人酚红排泄率正常参考值

时间/min	酚红排泄率	平均值
15	0.28~0.51	0.35
30	0.13~0.24	0.17
60	0.09~0.17	0.12
120	0.03~0.10	0.06
总排泄率	0.63~0.84	0.70

临床上常以15 min排泄率在25%以上,每小时总排泄率在55%以上作为健康成人的正常界限。儿童的排泄率较成人高,老年人偏低。

【临床意义】

1. 排泄率降低

(1)肾疾病:常见有慢性肾盂肾炎、慢性肾炎、肾动脉硬化等。

(2)肾前因素:常见有心力衰竭、休克、显著水肿、妊娠后期等。

(3)肾后因素:常见于尿路梗阻或膀胱功能障碍时,因排尿困难,酚红排出减慢。

2. 排泄率增高

(1)肝胆病变时对酚红排泄产生障碍,尿中排出酚红增多,2 h总排泄率可高达85%以上。

(2)血浆清蛋白过低时,酚红与清蛋白结合减少,可加快酚红排出速度,使排泄率加快。

(3)甲状腺功能亢进时,血液循环加快,排泄率可加快。

三、血尿素氮测定

血尿素氮(blood urea nitrogen,BUN)主要经肾小球滤过而随尿排出,当肾实质受损害时,肾小球滤过率降低,致使血中浓度增加,主要检查肾小球的滤过功能,但无早期诊断价值,对氮质血症和尿毒症有诊断意义。

【参考值】 成人 3.2~7.1 mmol/L,婴儿、儿童 1.8~6.5 mmol/L。

【临床意义】 血尿素氮增高见于:

1. 肾前因素　如脱水、心力衰竭、大出血、腹泻等。

2. 肾疾病　如肾炎、肾动脉硬化、肾盂肾炎、肾结核和肾肿瘤的晚期等。

(1)氮质血症期:血尿素氮正常或轻度增高至 7.1~14.2 mmol/L。

(2)尿毒症前期:血尿素氮可增高至 14.2~21.3 mmol/L。

(3)尿毒症期:血尿素氮增高至 21.3 mmol/L 以上。

3. 肾后因素　如前列腺增生、尿路结石或肿瘤等。

四、血清肌酐（serum creatinine，Scr）测定

肌酐主要由肾小球滤过排出体外,而且不被肾小管吸收。肌酐生成的速率是恒定的,基本不受正常饮食的影响,所以肾功能正常时,尿中每天排泄的肌酐量比较恒定。当肾实质受损害时,肾小球滤过率降低到临界点后,血中肌酐浓度急剧上升。测定肌酐比测定尿素氮对肾疾病的诊断及预后的判断更有价值。

【参考值】 男性 53~106 μmol/L,女性 44~97 μmol/L。

【临床意义】

1. 急、慢性肾炎　肾小球受损的早期或轻度损害时,血中浓度可正常。在正常肾血流条件下,血清肌酐升至 177 μmol/L 以上时,提示为中度以上的肾功能损害。

2. 肾源性与非肾源性血清肌酐增高程度的区别　如肾衰竭患者由肾源性疾病所致者,血肌酐常超过 200 μmol/L,心力衰竭所致者,血肌酐不超过 200 μmol/L。

3. 同时测定血尿素氮和肌酐对诊断更有帮助　如两者同时增高,表示肾功能已严重受损。如仅有尿素氮升高,而血肌酐在正常范围内,则可能为肾外因素所致,如消化道出血或尿路梗阻等。

五、内生肌酐清除率

肌酐是肌酸的代谢产物,血液中肌酐的生成可有内、外源性两种,如在严格控制饮食条件和肌肉活动相对较稳定的情况下,其含量的变化主要受内源性肌酐的影响。肾在单位时间内把若干毫升血浆中的内生肌酐全部清除出去,称为内生肌酐清除率(endogenous creatinine clearance rate,Ccr)。

> **提示:**清除率＝某物质每分钟在尿中排出的总量/某物质血浆中的浓度。目前多采用留取 4 h 的尿及空腹一次性抽血进行测定,先计算出每分钟尿量,再用公式计算。

【参考值】 成人 80~120 ml/min。

【临床意义】

1. 内生肌酐清除率降低 见于急、慢性肾小球肾炎。血尿素氮、肌酐测定仍在正常范围时,Ccr 即可降低,故该试验是较早反映肾小球滤过功能的敏感指标。

2. 可初步估计肾功能的损害程度 轻度损害 Ccr 在 51~70 ml/min;中度损害在 31~50 ml/min;小于 30 ml/min 为重度损害。慢性肾衰竭患者若清除率在 11~20 ml/min 为早期肾衰竭,6~10 ml/min 为晚期肾衰竭;小于 5 ml/min 为终末期肾衰竭。

3. 指导治疗 血清肌酐清除率为 30~40 ml/min,应限制蛋白质摄入;小于 30 ml/min 噻嗪类利尿药治疗常无效;小于 10 ml/min 应结合临床进行透析治疗。

第十节 骨髓细胞学检查

骨髓细胞学检查在许多疾病尤其是血液系统疾病的诊断中有重要价值。其方法是骨髓片经染色后,用显微镜观察细胞的发育、形态、成分的改变及有无异常细胞出现,对了解造血功能、疾病的诊断、鉴别诊断、疗效观察和预后判断等具有重要意义。

一、骨髓细胞学检查的适应证与禁忌证

凡遇不明原因的发热、骨痛、恶病质、体重锐减及不明原因的肝、脾和淋巴结肿大、末梢血某种细胞有数量和质量的异常等均为骨髓检查的指征。

1. 诊断造血系统的疾病 可以确诊各种白血病、再生障碍性贫血、巨幼细胞贫血、恶性组织细胞病、多发性骨髓瘤、骨髓转移癌等,并可通过复查来评价疗效和判断预后。

2. 协助某些疾病的诊断 如缺铁性贫血、溶血性贫血、脾功能亢进、原发性血小板减少性紫癜等。

3. 提高某些疾病的阳性诊断率 利用骨髓液查疟原虫、黑热病小体、狼疮(LE)细胞或做细菌培养、染色体检查、分子生物学检验、干细胞培养等,可提高相应疾病的阳性诊断率。

血友病患者禁忌做骨髓穿刺;晚期孕妇慎做骨髓穿刺,小儿及不合作者不宜做胸骨穿刺。

二、标本取材与送检

检查结果是否准确可靠,与标本采集、涂片及染色关系极大。

1. 穿刺部位 在成人,以髂前上棘、髂后上棘处为最宜。

2. 标本吸取量　应控制在 0.1～0.2 ml(针嘴见红即止),否则会导致稀释而影响结果。

3. 涂片要求　载玻片应清洁、干燥,抽取骨髓后,应立即选取骨髓小粒进行涂片,以免凝固。涂成血膜片要薄厚适宜,膜面占全玻片 1/2,置空气中自干。

4. 标本送检　为保证做各种细胞化学染色或院外会诊的需要,应尽可能多制作几张涂片(不少于 4 张)并全部送检;在制作骨髓片的同时要制作血涂片(2～3 张)送检;骨髓片、血涂片应做好标记,如涂片的类型、患者姓名、编号及抽吸时间等,并送病历摘要(申请单)一份。

5. 判断骨髓取材好的标准　① 抽吸骨髓液的瞬间,患者有特殊痛感。② 骨髓液和涂片均有骨髓小粒和脂肪滴。③ 显微镜下观察可见到骨髓特有细胞,如巨核细胞、浆细胞、肥大细胞、成骨细胞、破骨细胞、组织细胞、纤维细胞和大量的红系、粒系幼稚细胞,粒系统杆状核>分叶核。

三、骨髓细胞检查步骤和结果分析

1. 骨髓涂片的低倍镜检查

(1)判断标本是否满意。

(2)判断增生程度:一般按骨髓涂片中有核细胞与成熟红细胞的比例进行判断(表 6-10-1)。

(3)观察巨核细胞:计数全片内的巨核细胞数。

(4)观察有无特殊细胞:如转移癌细胞等。

表 6-10-1　骨髓增生程度五级评估标准

增生程度	有核细胞:成熟红细胞	常见病例
增生极度活跃	1:1	各种白血病
增生明显活跃	1:10	各种白血病、增生性贫血
增生活跃	1:20	正常、某些贫血
增生减低	1:50	造血功能低下
增生极度减低	1:200	再生障碍性贫血

2. 骨髓涂片的油镜检查

(1)有核细胞的分类计数:要求计数至少 200 个有核细胞,同时注意有无质的改变。

(2)观察各系统细胞的形态:① 粒系有无大小和胞核异常、有无毒性变等。② 红系有无形态异常,如大小是否均匀、有无巨幼样变,有无异常红细胞等。③ 巨核细胞形态大小是否正常,同时要注意血小板数量、形态。④ 其他增生系列细胞的形态观察。

（3）有无血液寄生虫和其他病理异常细胞。

3. 血片的观察　在进行骨髓片观察时，亦应对血液涂片进行白细胞分类计数及血细胞形态的观察。

4. 总结分析骨髓象并发出骨髓报告。

四、正常骨髓象特征

正常成人骨髓象变化较大，但符合以下基本特征：

1. 有核细胞增生程度为增生活跃。

2. 各系统、各阶段比例正常，相互间的比例正常。

（1）粒系：在骨髓有核细胞中所占比例最大，为 50%～60%，其中原粒细胞<2%，早幼粒细胞<4%，中性粒细胞的以后阶段，除分叶少于杆状核外，均依次增多。嗜酸性粒细胞<5%，嗜碱性粒细胞<1%。

（2）红细胞系统：幼红细胞占骨髓有核细胞分类的 20% 左右，其中原红细胞<1%，早幼红细胞<3%，中晚幼红细胞各为 10% 左右。

（3）淋巴细胞系统：约占 20%，小儿偏高可达 40%，为成熟淋巴细胞，原始淋巴细胞，幼稚淋巴细胞罕见。

本章小结

血液检查一般包括红细胞计数、血红蛋白测定、白细胞计数及白细胞分类计数。尿液检查一般包括尿量、颜色、蛋白质检查、尿糖、胆红素检查、管型和结晶等。粪便检查的主要目的是协助诊断消化道疾病，包括量、性状、粪便隐血试验等。痰液检查主要用于呼吸道疾病的诊断。脑脊液检查在中枢神经系统疾病诊治中有重要作用。浆膜腔积液的检查对于区分浆膜腔积液性质有重要意义。肝、肾功能检查主要用于判断有无肝、肾损害及其程度等。骨髓检查主要用于血液系统疾病的诊断。

本章思考题

一、名词解释

血细胞比容　出血时间　糖尿　尿液管型　隐血试验　内生肌酐清除率

二、填空

1. 血液标本分为_____、_____、_____等。

2. 红细胞三种平均指数是_____、_____、_____。

3. 浆膜腔积液按产生的原因和性质分为_____、_____、_____。

4. 血清胆红素包括_____、_____，两者合称_____。

三、简答题

1. 简述血液一般检查的参考值及临床意义。

2. 叙述尿液、粪便标本采集的方法。

3. 简述尿液、粪便检查的参考值及其临床意义。

4. 简述痰液颜色、性状异常的临床意义。

5. 简述脑脊液、浆膜腔积液检查的意义。

6. 简述常用血液生化检查的参考值及其临床意义。

7. 简述肝功能、肾功能检查的参考值及其临床意义。

赛证聚焦

请扫描二维码完成在线测试。

在线测试：
实验室检查

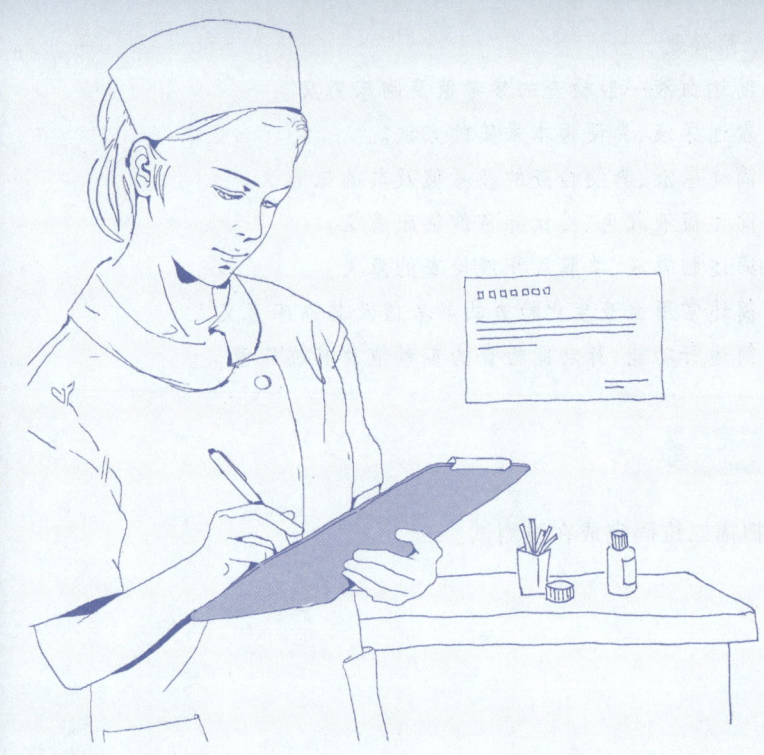

第七章　心电图检查

学习目标

知识目标

1. 掌握心电图各波、段、间期的名称和意义。掌握正常心电图的特点。

2. 熟悉心电图导联的连接方法和心电图的描记操作。熟悉心房肥大及心室肥大、心肌缺血与心肌梗死、常见心律失常的心电图的特点。熟悉心电图的分析方法与临床应用价值。

3. 了解心电图产生原理。

能力目标

能够正确进行心电图描记操作，并能分析常见异常心电图。

素养目标

1. 培养持之以恒、不畏困难的精神。

2. 培养批判性思维和解决问题的能力。

心脏机械性收缩之前,心肌先发生电激动,心肌的电激动可经人体组织传到体表。通过心电图机从体表记录心脏每一心动周期所产生的电活动变化的曲线,即心电图(electrocardiogram,ECG)。观察该曲线的变化规律及其与临床疾病的关系是本章需学习的内容。

第一节　心电图基本知识

一、心电产生的原理

细胞的生物电变化是由细胞膜对其两侧的 K^+、Na^+、Cl^-、Ca^{2+} 等的选择性通透及各种离子的定向流动引起的,心肌细胞也是如此。根据心肌细胞电变化规律可将其电静止与电变化的过程分为三个阶段。

(一) 极化阶段

心肌细胞在静息状态下,细胞膜外带正电荷,膜内带同等数量的负电荷,这种电荷稳定的分布状态称为极化状态。静息状态下细胞内、外的电位差称为静息电位。极化状态细胞表面和细胞内、外没有电流活动,此时探查电极描绘出一水平线[图 7-1-1 (a)]。

(二) 除极阶段

当心肌细胞膜的一端受到刺激达到一定阈值时,细胞内和细胞外正、负离子分布发生逆转,使得接受刺激处的细胞膜内电位增高,并扩展到整个细胞,从而导致细胞膜外正内负的状态迅速转变为外负内正,这一过程称为心肌细胞的除极过程,除极后细胞离子呈外负内正的状态即除极状态[图 7-1-1 (b)、(c)]。

(三) 复极阶段

心肌除极后,由于细胞的代谢作用,细胞膜内、外的离子分布逐渐恢复至极化状态时的情况,这一过程称为复极过程,此时细胞处于复极状态[图 7-1-1(d)、(e)]。

心肌细胞在除极和复极过程兴奋时所发生的电位变化称为动作电位,此时探查电极描绘出一组上、下变化的曲线。

拓展阅读:
中国心电图
领域永远的
榜样——
黄宛教授

二、心电向量概念

(一) 心电向量

物理学上将既有数量大小,又有方向性的量叫作向量。心肌细胞各部位在除极和复极的过程中不同步,从受刺激处一端开始向另一端扩展,这个过程中细胞的两端之间会产生电位差和局部电流,并随着除极和复极的过程扩展到整个细胞,该电流既有数量大小,又有方向性,即为单个心肌细胞的心电向量。向量可用箭头来表示,箭杆的长度表示向量的大小,箭头表示向量的方向(正极),箭尾代表负极。

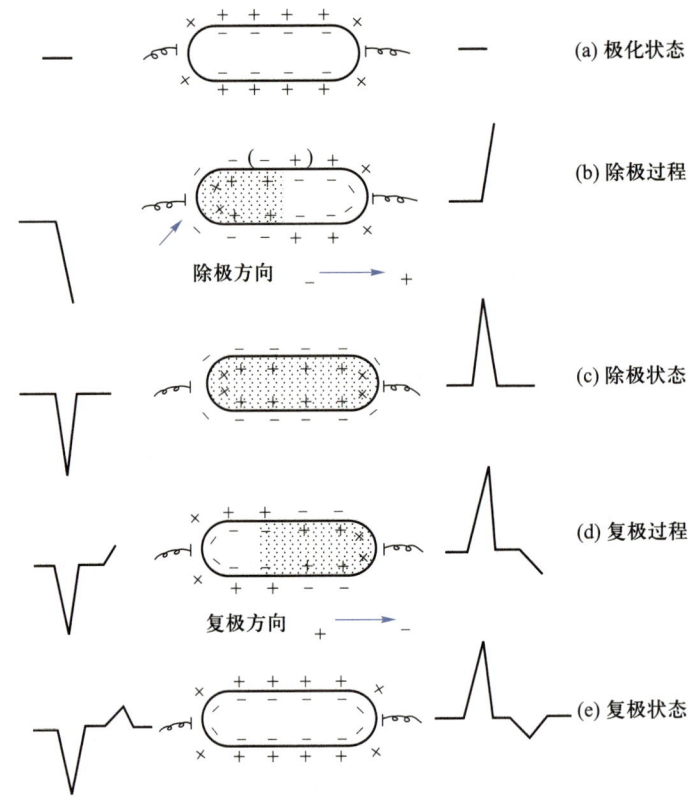

图 7-1-1　心肌细胞除极与复极过程电位变化示意图

(二)瞬间综合心电向量

　　一块心肌是由多个心肌细胞所组成,除极与复极时会产生很多个心电向量,把它们按平行四边形法叠加在一起成为一个总的向量,这就是综合心电向量(图 7-1-2)。综合心电向量的大小和方向随心动周期不断发生改变。在某一瞬间又有众多的心肌细胞产生方向不尽相同的心电向量,把这些心电向量按平行四边形法依次加以综合,这个最后综合而成的向量称为瞬间综合心电向量。

(三)空间心电向量环

　　在整个心电周期中随着时间的推移,把各瞬间综合心电向量的箭头尖端连接起来,便形成一环状曲线,即为心电向量环。由于心脏是立体器官,它产生的心电向量环也是立体的,占有三维空间,称为空间心电向量环。空间心电向量环的轨迹变化代表一个心动周期中心房除极、复极的电活动规律。

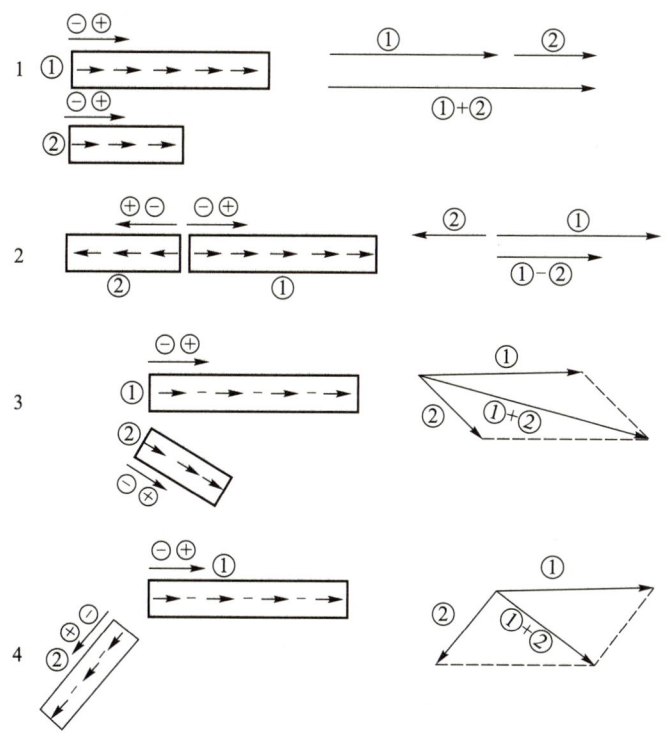

1. 方向相同的向量综合;2. 方向相反的向量综合;3、4. 方向成角的向量综合。

图 7-1-2 向量的综合方法

心脏一个心动周期有三个主要的心电向量环产生(图7-1-3),即:

P 向量环:代表心房肌除极过程心电向量的变化情况,其综合向量的方向(P 电轴)指向左下稍偏前。该环小,变化小,心电图上表现为 P 波。

QRS 向量环:代表心室肌的除极过程心电向量的变化情况,其综合向量的方向(QRS 电轴)指向左后。该环变化复杂,运行快,心电图上表现为 QRS 波群。

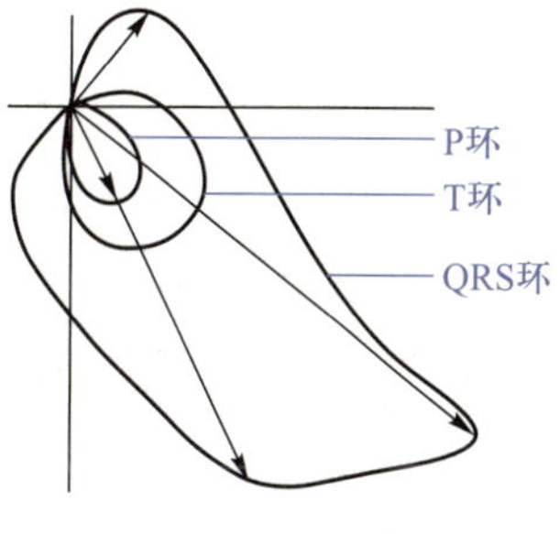

图 7-1-3 P、QRS、T 向量环示意图

T 向量环:代表心室肌的复极过程心电向量的变化情况,其综合向量的方向指向左前,与 QRS 环电轴方向基本一致。该环小而宽,在心电图表现为 T 波。

心室复极过程与心肌的代谢功能有密切关系,心包脏层(又称心外膜)温度高,压力小,供血好,复极快。由于心包脏层早于心内膜复极,这样,其心电向量的正极在心包脏层侧,负极在心内膜侧,即心室复极的向量指向心包脏层,所以心室除极与复极的方向一致。

三、心电图的导联

心脏除极、复极过程中产生的电流传至身体各部,并产生电位差,将两电极置于人体的任何两点与心电图机连接,就可描记出心电图,这种放置电极并与心电图机连接的线路,称为心电图导联。国际上对体表心电图的导线连接方式已作出了统一规定,称为常规12导联体系。

(一)常规心电图导联

1. 标准导联　亦称双极肢体导联,反映两个肢体之间的电位差(图7-1-4)。

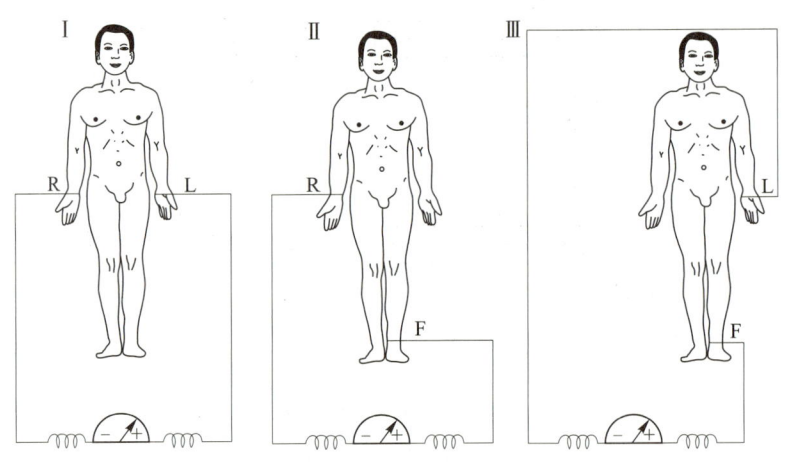

图7-1-4　标准导联的连接方式

Ⅰ导联:将左上肢电极与心电图机的正极端相连,右上肢电极与负极端相连,反映左上肢(L)与右上肢(R)的电位差。当 L 的电位高于 R 时,便描记出一个向上的波形;当 R 的电位高于 L 时,则描记出一个向下的波形。

Ⅱ导联:将左下肢电极与心电图机的正极端相连,右上肢电极与负极端相连,反映左下肢(F)与右上肢(R)的电位差。当 F 的电位高于 R 时,描记出一个向上波;反之,为一个向下波。

Ⅲ导联:将左下肢电极与心电图机的正极端相连,左上肢电极与负极端相联,反映左下肢(F)与左上肢(L)的电位差。当 F 的电位高于 L 时,描记出一个向上波;反之,为一个向下波。

2. 加压单极肢体导联　把心电图机的负极接在零电位点上(无关电极),把探查电极接在人体任一点上,就可以测得该点的电位变化,这种导联方式称为单极导联。加压单极肢体导联属单极导联,基本上代表检测部位的电位变化。探查电极连接分别在人体的右上肢、左上肢和左下肢,分别得出加压单极右上肢导联(aVR)、加压单极左上肢导联(aVL)和加压单极左下肢导联(aVF)(图7-1-5)。

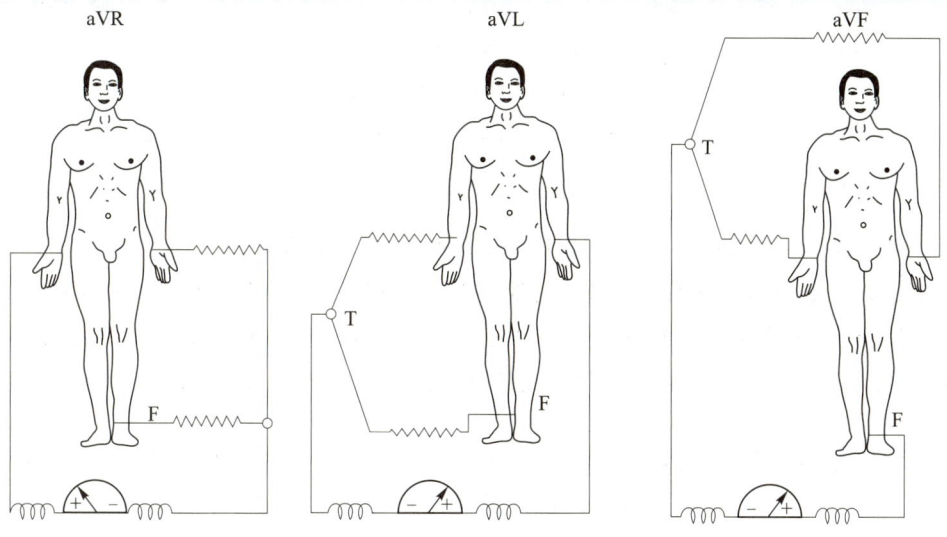

图 7-1-5　加压单极肢体导联的连接方式

3. 胸导联　亦是一种单极导联,把探查电极放置在胸前的一定部位就是胸导联。这种导联方式的探查电极离心脏很近,只隔着一层胸壁,因此心电图波形振幅较大。常规胸导联连接方式和探查电极位置见图 7-1-6 及表7-1-1。

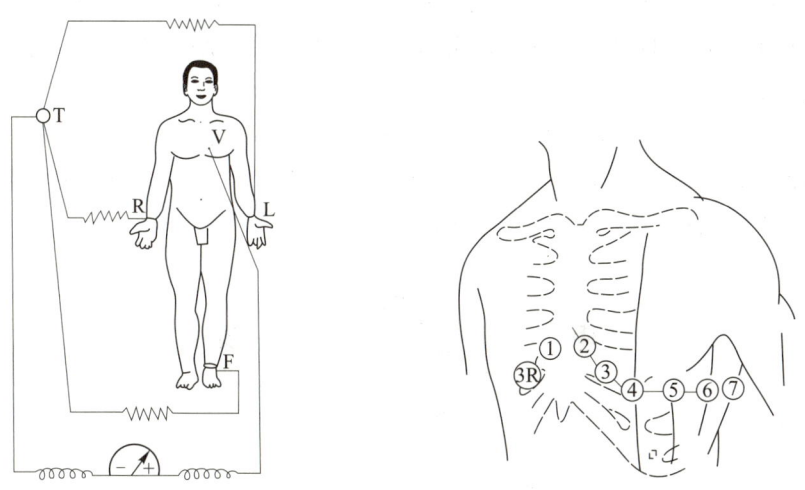

图 7-1-6　胸导联连接方式和探查电极位置

表 7-1-1　常规胸导联探查电极位置与作用

导联	探查电极位置	主要作用
V_1	胸骨右缘第 4 肋间	右室壁改变
V_2	胸骨左缘第 4 肋间	右室壁改变
V_3	V_2 与 V_4 连线的中点	室间隔改变

导联	探查电极位置	主要作用
V_4	左第5肋间与锁骨中线相交处	室间隔改变
V_5	左腋前线与 V_4 导联水平线相交处	左室壁改变
V_6	左腋中线与 V_4 导联水平线相交处	左室壁改变

在常规心电图检查时,通常应用以上导联即可满足临床需要,但在个别情况下,如疑有右室肥大、右位心或特殊部位的心肌梗死等情况,还可以添加若干导联,如右胸导联 $V_3R \sim V_5R$,相当于 $V_3 \sim V_5$ 相对应的右侧部位;V_7 导联在左腋后线与 V_4 水平线相交处,V_8 导联在左肩胛线与 V_4 水平线相交处,V_9 导联在左脊柱旁线与 V_4 水平线相交处。

> **提示:** 心电图机上的肢体导联线有红、黄、绿、黑四种颜色,分别与右上肢、左上肢、左下肢、右下肢相连,导线连接位置必须准确无误。不同的导联反映心脏相应部位电位变化,为疾病诊断提供依据。

(二) 导联轴

某一导联正、负电极之间假想的连线,称为该导联的导联轴,方向由负指向正。标准导联的导联轴可以画一个等边三角形来表示(图7-1-7),等边三角形的三个顶点 L、R、F 分别代表左上肢、右上肢和左下肢,L 与 R 的连线代表 Ⅰ 导联的导联轴,RL 中点的 R 侧为负,L 侧为正;同理 RF 是 Ⅱ 导联的导联轴,R 侧为负,F 侧为正;LF 是 Ⅲ 导联的导联轴,L 侧为负,F 侧为正。等边三角形的中心 O 相当于零电位点或中心电端,RR′、LL′、FF′分别是 aVR、aVL、aVF 的导联轴,其中 OR、OL、OF 段为正,OR′、OL′、OF′段为负(图7-1-8)。以上六个肢体导联的六条导联轴在额面形成了额面六轴系统(图7-1-9)。

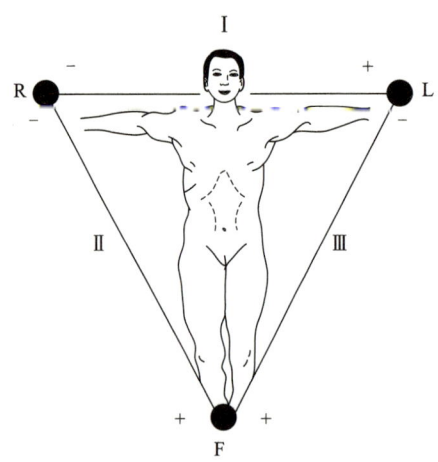

图 7-1-7　标准导联导联轴

胸导联各探查电极放置位置基本在同一水平面上(横面),用同样的方法可以获得胸导联导联轴系统(图7-1-10)。

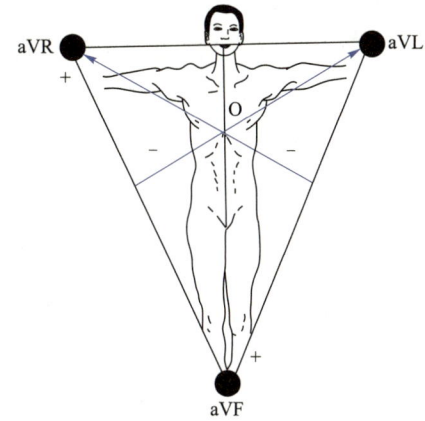

图7-1-8　加压单极肢导联导图

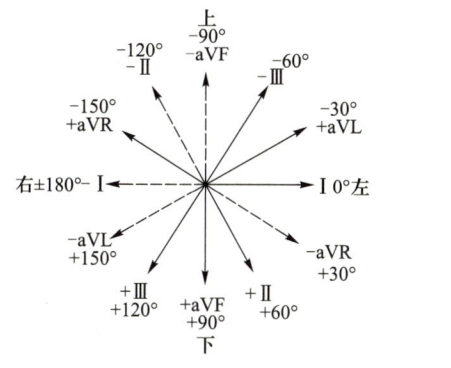

图7-1-9　额面六轴系统

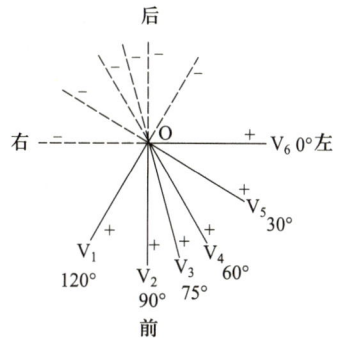

图7-1-10　胸导联导联轴

四、心电图产生的原理

空间心电向量环是一个立体图形,将空间心电向量环投影到三个不同的互相垂直的平面(额面、横面、侧面)即得三个平面心电向量环(图7-1-11),心电图就是平面心电向量环在各导联轴上的投影。额面向量环投影在六轴系统各导联轴上,形成肢体

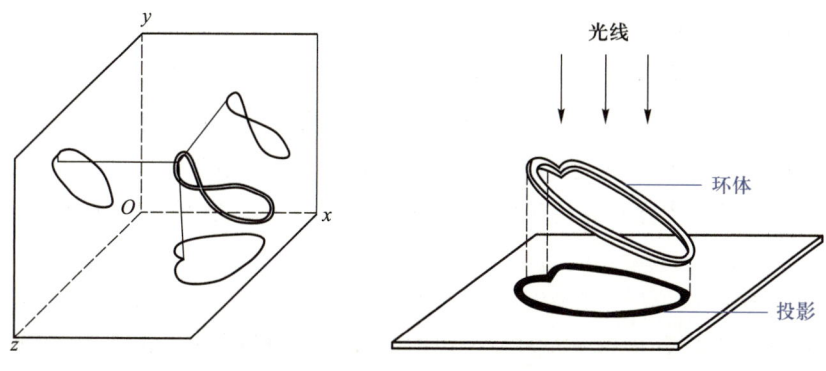

图7-1-11　空间心量向量环投影

导联心电图(图 7-1-12),横面向量环投影在胸导联的各导联轴上就是胸导联的心电图(图 7-1-13)。环体投影在导联轴的正侧形成向上的波,投影在导联轴的负侧形成向下的波。波幅的大小取决于环体在导联轴上投影量的大小。

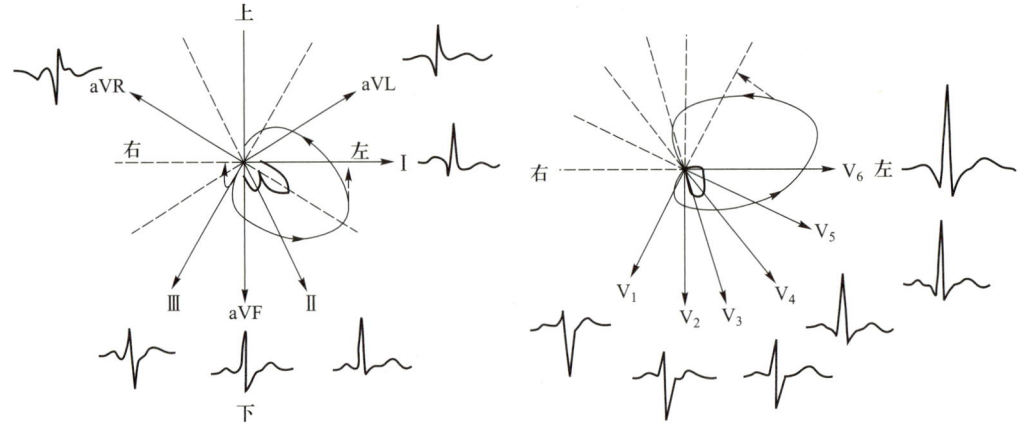

图 7-1-12　额面向量环在投影肢体　　　　图 7-1-13　横面向量环在胸导联轴上的投影
导联轴上的投影

第二节　心电图检测

一、心电图各波段的命名

心电图由一系列不相同的"波组"构成。一个典型的心电图包括下述各波及波段(图 7-2-1)。

P 波:反映左、右心房的电激动过程电位和时间的变化。前 1/3 代表右心房除极,中 1/3 代表右、左心房共同除极,后 1/3 代表左心房除极。

P-R 间期:从 P 波起点至 QRS 波群起点间的水平距离,代表心房开始除极至心室开始除极的时间。

QRS 波群:反映左、右心室除极过程电位和时间的变化。典型的 QRS 波群包括三个相连的波,命名原则是:第一个向下的波为"Q"波,继之向上的波为"R"波,继 R 波之后的向下波为"S"波;可根据波的相对大小分别用英文字母的大、小写表示,如:qRs、rS、RS 等;如果它们后面还有正向或负向波出现,分别称为 R′或 S′波;单一的负向波称为 QS 波,其中,R 波顶点的垂线距 QRS 波起点的距离称为室壁激动时间(VAT)(图 7-2-2)。

ST 段:从 QRS 波群终点到 T 波起点的线段,反映心室早期复极过程电位和时间的变化。

T 波:是 QRS 波群后一个较宽的平缓波,反映心室晚期复极过程电位的变化。

U 波:是在 T 波后 0.02~0.04 s 出现的小波,发生机制尚不清楚,可能是心肌活动的"激后电位"。

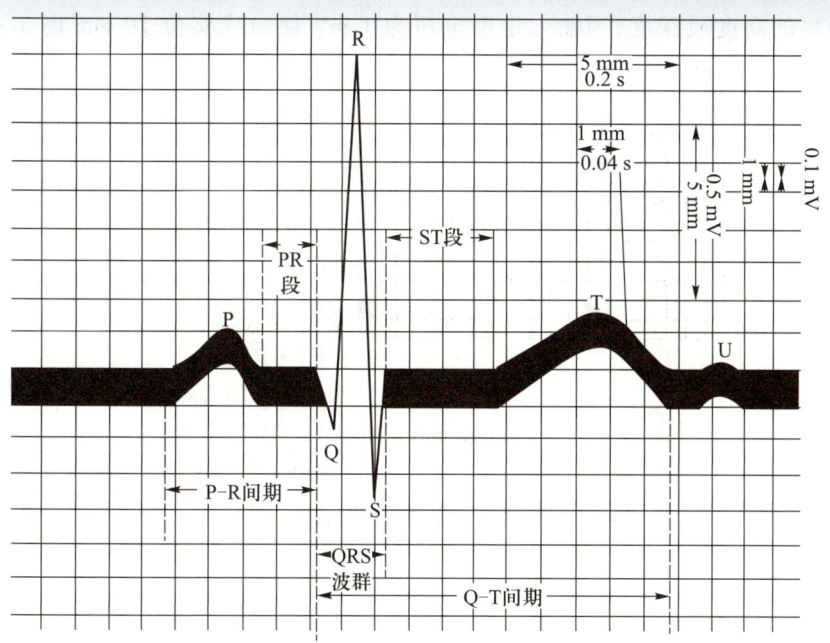

图 7-2-1　心电图各波和波段示意图

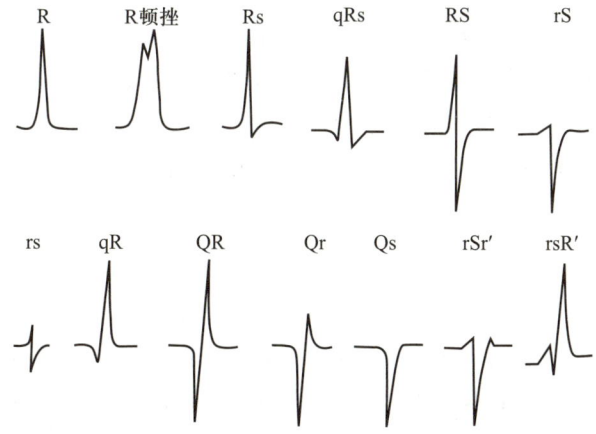

图 7-2-2　常见 QRS 波群形态及其命名

Q-T 间期:从 QRS 波群起点到 T 波终点的时间,反映心室除极和复极的总时间。

二、心电图的测量方法

(一)心电图记录纸的组成及代表意义

心电图通常描记在印有许多纵线和横线交织而成的小方格纸上,小方格的各边细线间隔均为 1 mm,纸上的横向距离代表时间,用以计算各波和间期所占的时间,因为心电图纸移动的速度一般为每秒 25 mm,所以每 1 mm(1 小格)代表 0.04 s;粗线间隔内有 5 小格,故每两条粗线之间代表 0.2 s。纸上的纵向距离代表电压,用以计算各波振幅的高度或深度,当输入定准电压为 1 mV 使曲线移位 10 mm 时 1 小格为 1 mm,代表 0.1 mV(图 7-2-3)。

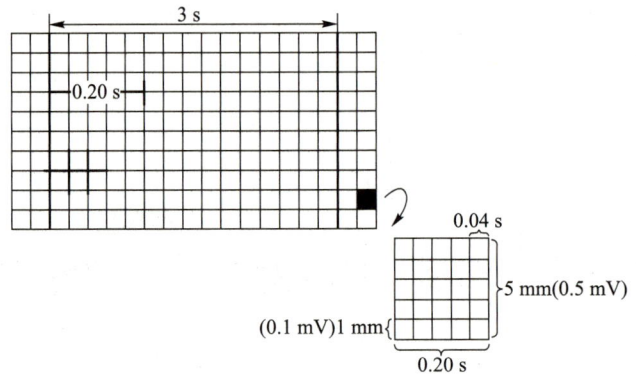

图 7-2-3　心电图记录纸的组成及代表意义

(二)心率的计算

1. 计算法

(1)心律整齐时:心率＝60/P-P 或 R-R 间期(s);

心律不整齐时:心率＝60/5 个 P-P 或 R-R 间期(s)的平均值。

(2)数 30 大格(相当于 6 s)距离中 P 或 R 波的数目,乘以 10,便得出 1 min 心房或心室率,此法常用于计算心律不齐者的平均心率。

2. 查表法　为了节省时间,亦可在求得 R-R 间期平均值后,直接自表 7-2-1 查出心率。

表 7-2-1　自 R-R 间期推算心率表

1	2	1	2	1	2	1	2	1	2	1	2
77.5	77.5	67	89.5	56	107	45	133	34	176	23	261
77	78	66	91	55	109	44	136	33	182	22	273
76	79	65	92.5	54	111	43	139	32	187	21	286
75	80	64	94	53	113	42	143	31	193	20	300
74	81	63	95	52	115	41	146	30	200	19	316
73	82	62	97	51	117.5	40	150	29	207	18	333
72	83	61	98.5	50	120	39	154	28	214	17	353
71	84.5	60	100	49	122.5	38	158	27	222	16	375
70	86	59	101.5	48	125	37	162	26	230	15	400
69	87	58	103	47	127.5	36	166.5	25	240	14	428
68	88	57	105	46	130	35	171.5	24	250	13	461

注:1. 表中 R-R 间期为小数点以下的秒值(平均值),例如,R-R 间期为 0.80 s,心率为 75 次/min;R-R 间期为 1.5 s,心率为 40 次/min。

2. 表中两项乘积均为 6 000 左右,故两者可以互用,即以其中一项为 R-R 间期,另一项为心率次数。

（三）各波振幅及时间的测量

1. **波宽的测量**　测量各波的时间应选择波形比较清晰的导联，从波形的起始部内缘测量至波形终末部分的内缘。

2. **波幅的测量**　测量向上波形的高度应从基线的上缘垂直量至波的顶端，测量向下波形的深度应从基线的下缘垂直量至波的最低处（图7-2-4）。

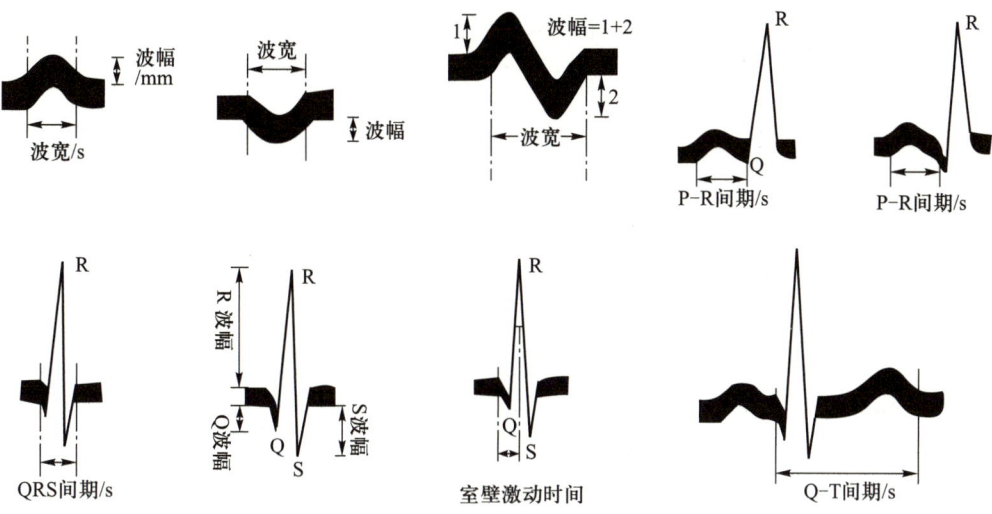

图 7-2-4　心电图各波及间期的测量方法

三、平均心电轴与钟向转位

（一）平均心电轴

心室除极过程中产生的多个瞬间综合心电向量，各自再综合成一个主轴向量，即称为平均心电轴，简称心电轴，包括 P、QRS、T 平均心电轴。其中，代表心室除极的额面 QRS 平均心电轴在心电图诊断中更为重要，因而通常所说的平均心电轴就是指额面 QRS 平均心电轴而言，它与心电图 I 导联正侧段所构成的角度表示平均心电轴的偏移方向。

（二）平均心电轴的测定方法

1. **目测法**　一般通过观察 I 与 III 导联 QRS 波群的主波方向，可以大致估计心电轴的偏移情况（图7-2-5）。如 I 与 III 导联的主波都向上，心电轴在 0°~90°，表示电轴不偏；如 I 导联的主波向上，III 导联的主波向下，为电轴左偏；如 I 导联的主波向下，III 导联的主波向上，则为电轴右偏。

> **记忆技巧**：I 导联与 III 导联 QRS 波群的主波方向"尖并尖、轴不偏，尖对尖、轴右偏，口对口、轴左走"。

2. 振幅法　分别测出 Ⅰ、Ⅲ 导联 QRS 波群振幅的代数和，在该导联轴上找到此代数和的位置 A、B，自 A、B 两点各作一垂线，两垂线相交于 C 点，将原点 O 点与 C 点相连，OC 即为所求的心电轴，如图 7-2-6 所示。

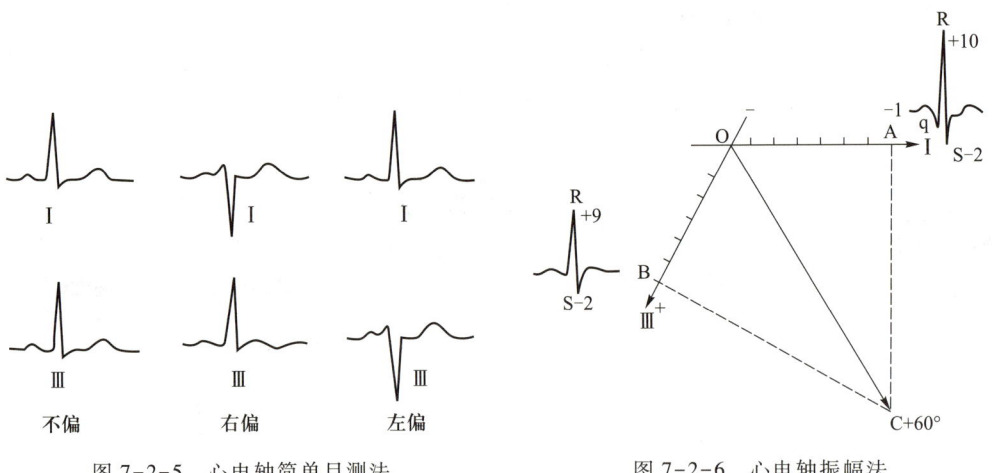

图 7-2-5　心电轴简单目测法　　　　图 7-2-6　心电轴振幅法

3. 查表法　根据测出的 Ⅰ、Ⅲ 导联 QRS 波群振幅的代数和，从专用心电轴表中可直接查出相应的心电轴（表略）。

（三）心电轴偏移及其临床意义

心电轴的正常变动范围较大，在 -30°~110°，一般在 0°~90°，正常心电轴平均为 60°。30°~-90° 为电轴左偏，30°~-30° 属电轴轻度左偏，常见于正常的横位心脏（肥胖、腹水、妊娠等）、左室肥大等。90°~+110° 属电轴轻度右偏，常见于正常的垂直位心脏和右室肥大等；越过 110° 的电轴右偏，多见于严重右室肥大等（图 7-2-7）。

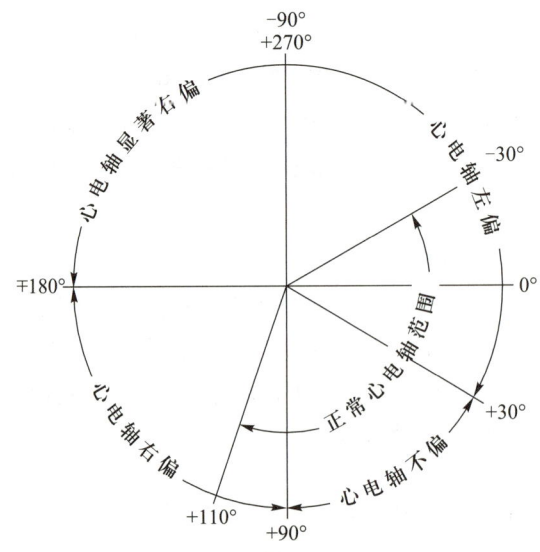

图 7-2-7　心电轴正常范围与偏移

（四）心脏钟向转位

心脏钟向转位是指从心尖向心底观察时,心脏沿其长轴作顺钟向或逆钟向转位。可通过$V_1 \sim V_6$导联 R/S=1 的位置来判断。正常 R/S=1 出现在 V_3、V_4,当 $V_4 \sim V_6$ 导联 R/S=1 时,提示心脏顺钟向转位,多见于右心室肥厚;当 $V_1 \sim V_2$ 导联 R/S=1 时,提示心脏逆钟向转位,多见于左心室肥厚(图 7-2-8)。

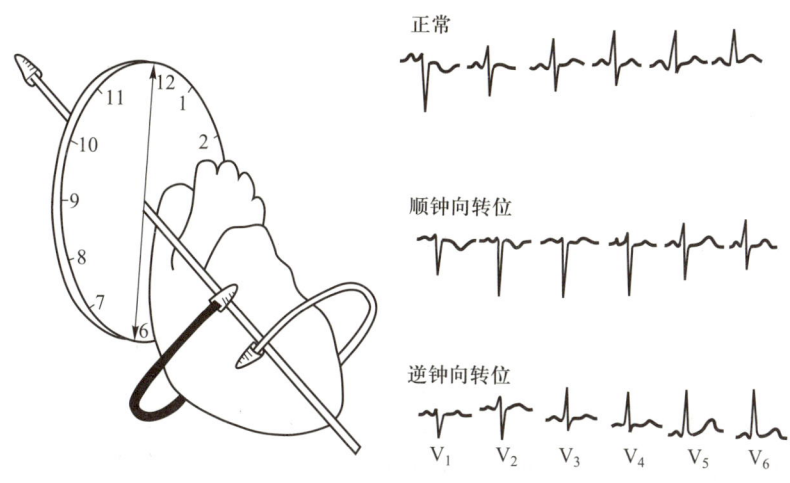

图 7-2-8　钟向转位示意图

第三节　正常心电图

正常心电图如图 7-3-1 所示。

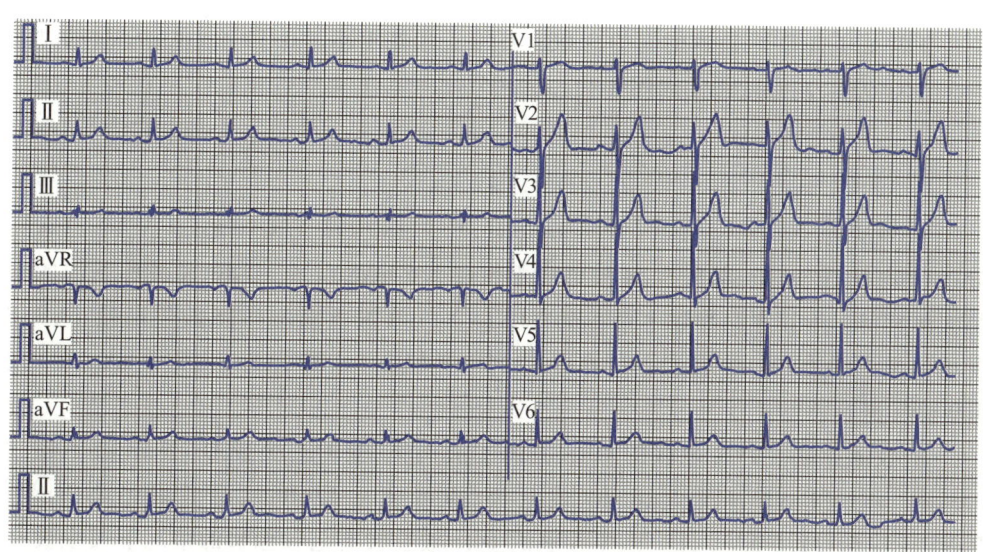

图 7-3-1　正常心电图

一、P 波

（一）形态

P 波呈钝圆形,可有轻度切迹。由于额面 P 环的电轴多在 60°左右,故 P 波在 Ⅰ 、Ⅱ 、aVF、V$_4$ ~ V$_6$ 直立,在 aVR 导联倒置,其余导联可呈双向、倒置或低平。

（二）时间

P 波一般不超过 0.11 s。

（三）振幅

P 波肢体导联不超过 0.25 mV,胸导联不超过 0.2 mV。

二、P-R 间期

P-R 间期又称房室传导时间,是 P 波开始至 QRS 波开始的一段时间,表示心房开始除极至心室开始除极的时间。心率在正常范围时,成年人的 P-R 间期为 0.12 ~ 0.20 s。它与年龄及心率快慢有关,幼儿及心动过速时 P-R 间期相应缩短,老年人及心动过缓时 P-R 间期可略延长,但不超过 0.22 s。

三、QRS 波群

（一）时间

正常成年人 QRS 波群时间为 0.06 ~ 0.10 s,最宽不超过 0.11 s。右室壁激动时间 VAT$_{V1}$<0.03 s,左室壁激动时间 VAT$_{V5}$<0.05 s。

（二）波形和振幅

1. 胸导联　正常人 V$_1$、V$_2$ 导联呈 rS 型,V$_1$ 导联 R 波一般不超过 1.0 mV;V$_5$、V$_6$ 导联可呈 qR、qRs、Rs 或 R 型,R 波最高不超过 2.5 mV;V$_3$、V$_4$ 导联,R 波和 S 波的振幅大体相等。所以在胸导联上自右至左(V$_1$ ~ V$_6$) R 波逐渐增高,S 波逐渐减小,R/S 的比值逐渐增大:V$_1$ 导联<1,V$_5$ 导联>1,V$_3$ 导联 ≈ 1。RV$_5$+SV$_1$ ≤ 3.5 mV(女)或 4.0 mV(男)。

2. 肢体导联　aVR 导联的 QRS 波的主波向下,呈 QS、rS 或 Qr 型,R 波不超过 0.5 mV;aVL 和 aVF 导联呈 qR、Rs 或 R 型,也可呈 rS 型,RaVL 不应超过 1.2 mV,RaVF 不应超过2.0 mV。Ⅰ 、Ⅱ 、Ⅲ 导联的 QRS 波在没有电轴偏移的情况下其主波一般向上。

若肢体导联的每个 QRS 波群(R+S 或 Q+R)电压的绝对值都小于 0.5 mV 或每个胸导联 QRS 波群电压的绝对值都不超过 0.8 mV,称为低电压,常见于心包积液、慢性阻塞性肺疾病、甲状腺功能低下和肥胖者。

3. Q 波　正常 Q 波振幅不超过同导联 R 波的 1/4,时间不超过 0.04 s。V_1、V_2 导联不应有 q 波,但可以呈 QS 型,V_5、V_6 导联经常可见到正常范围的 q 波。aVR 导联可呈 QS 或 Qr 型,如在其他导联出现超过正常范围的过深、过宽的 Q 波,称为异常 Q 波,常见于心肌梗死。

四、J 点

QRS 波群的终末部分与 ST 段起始之交接点,称为 J 点。通常 J 点上下偏移不超过 1 mm,大多在等电位线上。J 点可随 ST 段的偏移而上下移位。

五、ST 段

测定 ST 段要在 J 点后 0.04 s 处,正常的 ST 段为一等电位线,可有轻度向上或向下偏移。ST 段压低在任何导联不应超过 0.5 mm(即 0.5 mV);ST 段抬高在 V_1、V_2 导联不超过 0.3 mV,V_3 导联不超过 0.5 mV,V_4~V_6 导联不超过 0.1 mV。

六、T 波

(一) 形态

T 波低圆而宽大,其近肢(T 波起始点至波峰或波谷)的坡度较远肢(波峰或波谷至 T 波终末)为小,使波形不对称。如两肢对称,是异常现象(图 7-3-2)。

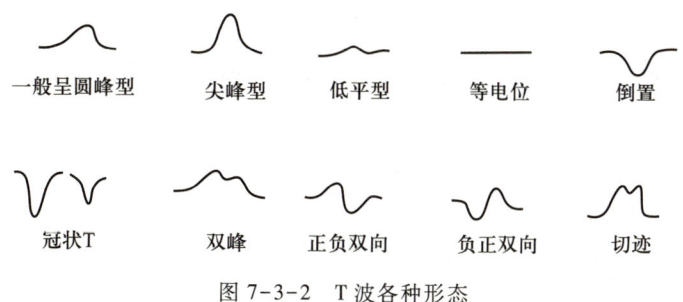

图 7-3-2　T 波各种形态

(二) 方向

正常时 T 波的方向与同导联 QRS 波群的主波方向一致,在 I、II、V_4~V_6 直立,aVR 向下。III、aVL、aVF、V_1~V_3 导联可以直立、双向或倒置,但若 V_1 导联直立,V_3 导联就不应向下。

（三）振幅

在正常情况下，除Ⅲ、aVL、aVF、$V_1 \sim V_3$ 导联外，T 波的振幅一般不应低于同导联 R 波的1/10，T 波在胸导联上振幅有时可高达 $1.2 \sim 1.5$ mV，仍属正常。

七、Q-T 间期

Q-T 间期的长短与心率的快慢有密切关系，心率越快，Q-T 间期越短，反之则越长。心率在 $60 \sim 100$ 次/min 时，Q-T 间期的正常范围是 $0.32 \sim 0.44$ s。由于 Q-T 间期受心率的影响很大，所以常用校正的 Q-T 间期，即 Q-Tc = Q-T/R-R。Q-Tc 就是 R-R间期为 1 s（心率 60 次/min）时的 Q-T 间期。

八、U 波

U 波一般在胸导联（尤其在 V_3）较清楚，可达 $0.2 \sim 0.3$ mV，U 波方向与 T 波方向一致。U 波明显增高常见于血钾过低，U 波倒置可见于高钾血症和心肌缺血等。

> 提示：掌握正常心电图的特征是识别各种异常心电图的基础，尤其是快速识别常见异常危重心电图。

第四节　异常心电图

一、心房、心室肥大

心房、心室肥大系由心房、心室负荷过重致心肌肥厚与心腔扩大，是器质性心脏病的常见结果。

（一）心房肥大

主要表现为 P 波的形态、时间与电压改变。

1. 左心房肥大

（1）P 波时间≥0.12 s，P 波顶端常呈双峰型，峰距≥0.04 s，其中以Ⅰ、Ⅱ、aVL 导联改变最为明显，又称"二尖瓣 P 波"（图 7-4-1）。

（2）V_1 导联上 P 波常呈先正后出现深宽的负向波。将 V_1 负向 P 波的时间乘以负向波的振幅，称为 P 波的终末电势（Ptf）。左心房肥大时 V_1 导联 Ptf≤−0.04 mm·s（图 7-4-2）。

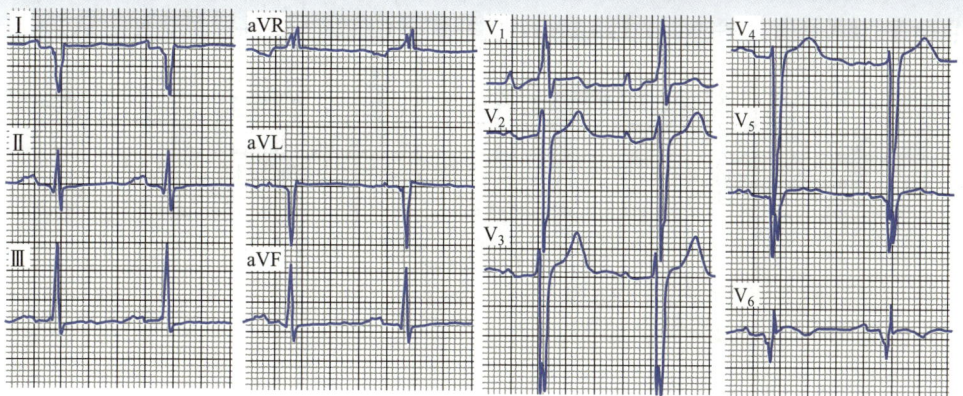

图 7-4-1　左心房肥大

2. 右心房肥大

（1）P 波高而尖，肢体导联电压≥0. 25 mV，以Ⅱ、Ⅲ、aVF 导联改变最明显，又称"肺性 P 波"（图 7-4-3）。

（2）胸导联电压≥0. 2 mV。

（3）P 波时间正常。

3. 双侧心房肥大　双侧心房肥大时，可见既异常高大又增宽呈双峰型的 P 波（图 7-4-4）。

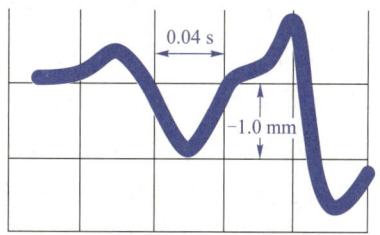

-1.0 mm×0.04 s=-0.04 mm·s

图 7-4-2　左心房肥大时 P 波的终末电势

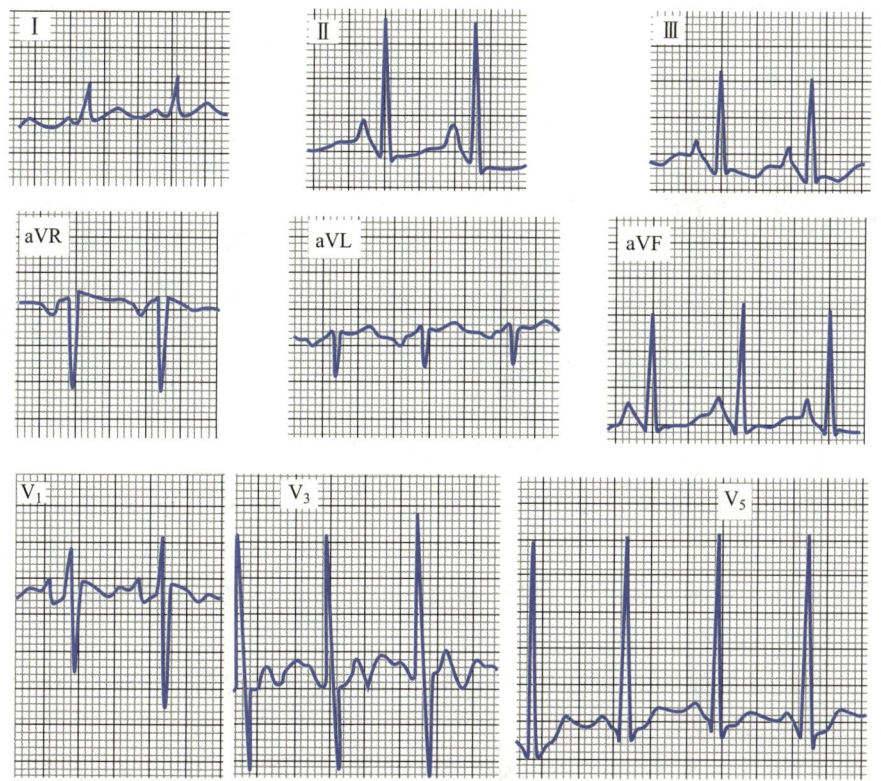

图 7-4-3　右心房肥大

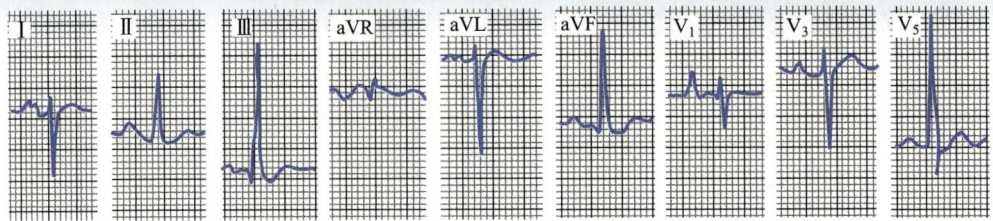

图 7-4-4　双侧心房肥大

（二）心室肥大

心室肥大主要表现为 QRS 波的形态、时间与电压改变。

1. 左心室肥大　多见于高血压、缺血性心肌病、风湿性心脏病及某些先天性心脏病。因为左心室位于右心室的左后方，左心室壁比右心室壁厚 3~4 倍，故在正常情况下，左心室除极向量即明显占优势。左心室肥大时，左心室除极向量加大，优势明显更为突出，表现为 QRS 波的电压增高。心电图特点如下（图 7-4-5）：

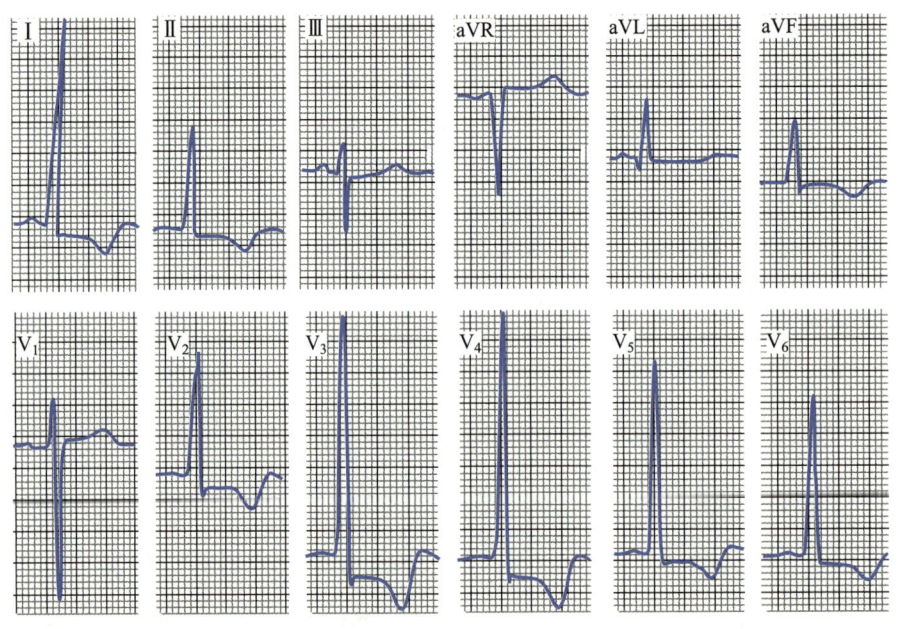

图 7-4-5　左心室肥大

（1）左心室高电压的表现：① R_{V_5}（或 R_{V_6}）>2.5 mV，$R_{V_5}+S_{V_1}$>3.5 mV（女）~4.0 mV（男）。② R_{aVL}>1.2 mV 或 R_{aVF}>2.0 mV。③ R_I>1.5 mV，R_I+S_{III}≥2.5 mV。

（2）额面心电轴左偏，但一般不超过 -30°，对左心室肥大的诊断只有参考价值。

（3）QRS 波时间延长，可达 0.10~0.11 s，V_5 室壁激动时间（VAT_{V_5}）>0.05 s，对左心室肥大的诊断仅有参考价值。

（4）ST 和 T 波改变：在以 R 波为主的导联 ST 段下降超过 0.05 mV，T 波低平、双向或倒置。提示左心室肥大时产生相对性心肌供血不足。

2. 右心室肥大　正常时,右心室壁厚度只有左心室壁的1/3,轻微的右心室肥大时,左心室的除极电势仍然占优势,综合心电向量的改变不明显。只有当右心室肥大相当明显时,才会较显著地影响心电综合向量的方向,这也是心电图诊断早期右心室肥大不够敏感的原因。右心室肥大多见于慢性肺源性心脏病、二尖瓣狭窄、房间隔缺损等。心电图特点如下(图7-4-6):

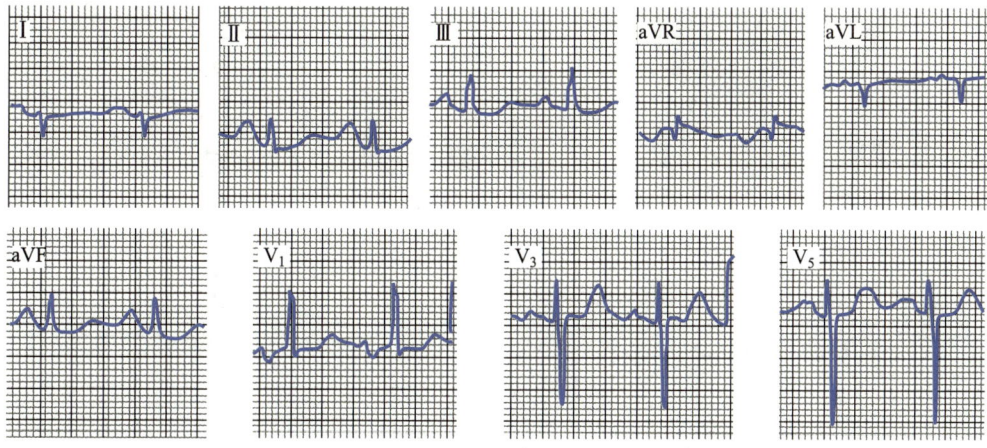

图 7-4-6　右心室肥大

(1) 右心室高电压的表现:① V_1(或 V_3R)$R/S \geq 1$, $Rv_1 > 1.0$ mV 或 $Rv_1 + Sv_5 > 1.05 \sim 1.2$ mV, Sv_5 较正常深。V_5 $R/S < 1$,均为诊断右心室肥大的可靠指标;② aVR 导联 $R > 0.5$ mV 或 $R > q$ 或 $R/S > 1$。

(2) 额面心电轴右偏可达+110°,对诊断右心室肥大有较大意义。

(3) QRS 波时间正常,V_1 的室壁激动时间(VAT_{V_1})> 0.03 s。

(4) ST 段和 T 波改变:V_1、V_2 的 ST 段下降,T 波倒置。

3. 双侧心室肥大　左、右心室同时肥大时,心电图可出现以下几种现象。

(1) 大致正常心电图,由于两侧心室的电压同时增高,互相抵消所致,有时仅有 QRS 波的增宽,切迹及 T 波低平。

(2) 只表现一侧心室肥大的特征而另一侧心室肥大常被掩盖。左心室壁原比右心室壁厚,因此,双侧心室肥大时仅显示左心室肥大者为多。

(3) 同时出现双侧心室肥大图形(图7-4-7)。

二、心肌缺血

某一部分心肌缺血时,心肌的复极就不能正常进行,从而导致 ST-T 向量的改变,心电图上与缺血区相关导联上出现 ST-T 异常。

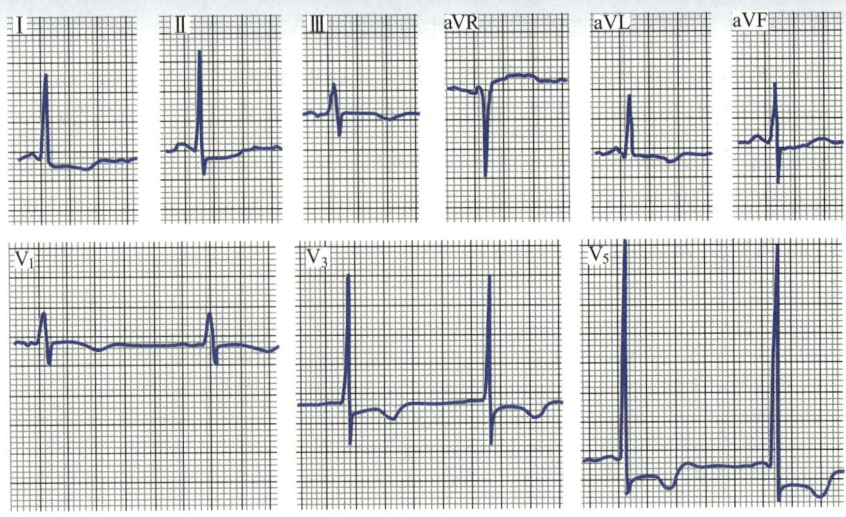

图 7-4-7 双心室肥大

（一）T 波改变

由于正常心室的复极从心包脏层开始向心内膜方向进行,故心肌缺血受累的层次不同时,T 向量发生改变的类型也不同,可大致出现以下两种类型的 T 波改变(图 7-4-8)。

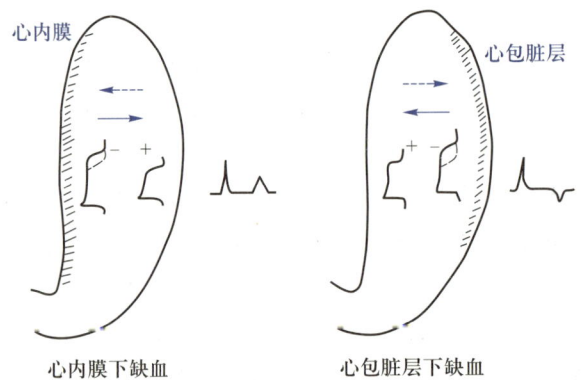

心内膜下缺血　　　　　心包脏层下缺血

图 7-4-8　心肌缺血与 T 波变化的关系

（虚线箭头示复极方向,实线箭头示 T 波向量方向）

1. 心内膜下心肌缺血　　此时心内膜下缺血的心肌复极较正常时更为推迟,以至于最后的心内膜下心肌复极时已没有其他与之抗衡的心电向量存在,致使 T 波向量增加,出现与 QRS 波主波方向一致的高大直立 T 波。如下壁心内膜下心肌缺血时,Ⅱ、Ⅲ、aVF 导联上可出现高大的正向 T 波。

2. 心包脏层下心肌缺血　　此时心肌复极顺序发生逆转,心内膜复极在先,心包脏层复极在后,出现了与正常方向相反的 T 向量,心电图表现为 T 波与 QRS 波主波方向相反。如下壁心包脏层下心肌缺血时,Ⅱ、Ⅲ、aVF 导联上可出现深而倒置的 T 波。

（二）ST 段改变

当心肌持续缺血时，心肌细胞的除极速度会减慢，表现为除极尚未结束时复极即已开始，出现 ST 段移位，表现为 ST 段下移或抬高。心肌缺血时 ST 段的移位较 T 波改变的意义更为重要。

心内膜下心肌缺血时，ST 段压低；心包脏层下心肌缺血时（包括透壁性心肌缺血），ST 段抬高（图 7-4-9）。

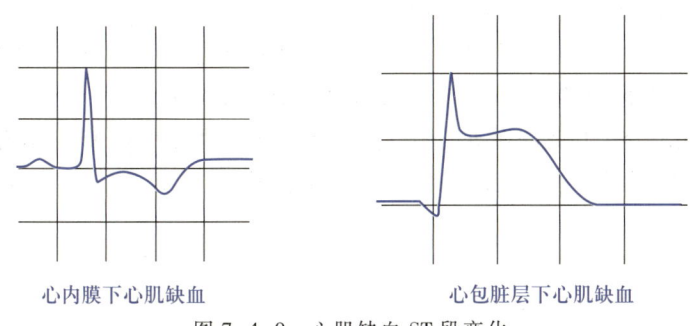

心内膜下心肌缺血　　　　　　心包脏层下心肌缺血

图 7-4-9　心肌缺血 ST 段变化

一般心肌缺血时（如典型心绞痛），缺血部位导联上表现为 ST 段压低；当发生严重心肌缺血时（如变异型心绞痛），缺血部位导联上表现为 ST 段抬高。

ST 段上抬和下移有多种形态（图 7-4-10），其中下移以水平型下移（即 R 波的顶点垂线与 ST 段的夹角 = 90°，下移持续时间超过 0.08 s 以上）和下斜型下移（即 R 波的顶点垂线与 ST 段的夹角 > 90°）对诊断心肌缺血意义更大；而上移时以弓背向上型单向曲线最有意义。

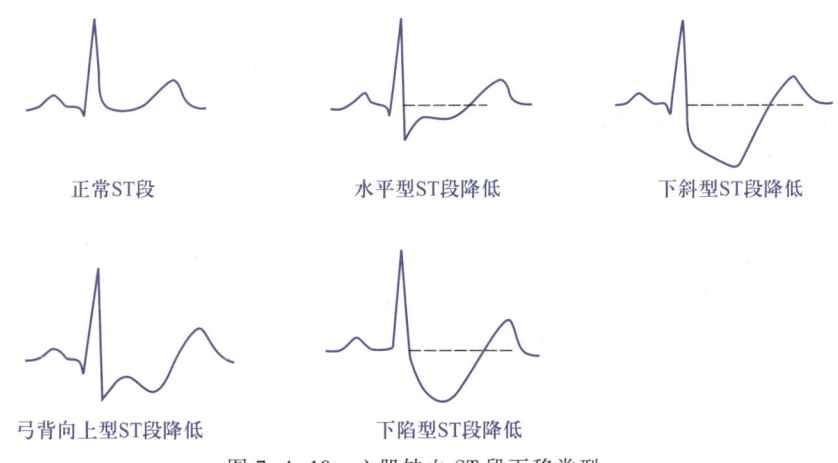

正常ST段　　　　　　水平型ST段降低　　　　　　下斜型ST段降低

弓背向上型ST段降低　　　　　　下陷型ST段降低

图 7-4-10　心肌缺血 ST 段下移类型

三、心肌梗死

急性心肌梗死是冠状动脉供血突然中断所引起的供血区心肌缺血、损伤和坏死，是临床常见的心血管危重急症。除临床表现外,心电图特征性改变及其演变规律是心肌梗死确诊和判断病情的主要依据。

(一)三种基本心电图变化

当某支冠状动脉供血突然中断时,心肌相继发生缺血、损伤、坏死,引起相应的心电图改变。

1. 缺血型改变 冠状动脉血流中断初始,T波逐渐出现缺血型改变,表现为T波对称型倒置,逐渐加深,形成"冠状T波"。

2. 损伤型改变 缺血时间进一步延长,缺血程度进一步严重,出现损伤型改变,表现为ST段弓背向上抬高,甚至与T波融合形成一单向曲线。

3. 坏死型改变 心肌缺血进一步严重,导致心肌变性、坏死、修复,在相应导联上的QRS波群出现坏死型Q波(Q波宽度>0.04 s、深度>同导联R波的1/4)或变为QS波。

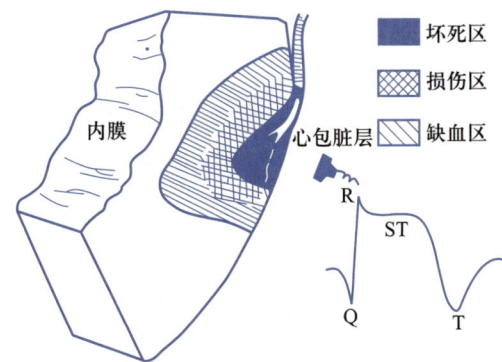

图 7-4-11 急性心肌梗死的混合型图形

在体表心电图上,可同时记录到上述三种类型的混合型图形,即坏死型Q波、ST段抬高呈单向曲线及T波倒置,即急性心肌梗死的基本图形(图7-4-11)。ST段的抬高呈单向曲线对诊断急性心肌梗死最有意义。

(二)心肌梗死心电图的演变及分期

急性心肌梗死时,除上述特征性心电图改变外,其图形演变也具有一定的特征性(表7-4-1、图7-4-12),且对诊断具有重要意义。

表 7-4-1 心肌梗死各期心电图特点

分期	图形	持续时间	变化特点
正常			
早期(超急性期)		数分钟至数小时	T波增高或倒置 R波降低 ST段渐高与T波融合成单向曲线

分期	图形	持续时间	变化特点
急性期		数小时至数天	坏死型 Q 波出现且逐渐加深 R 波降低至消失 ST 段开始回降 T 波由直立再逐渐变浅倒置
近期 （亚急性期）		数月左右	坏死型 Q 波持续存在，由深变浅 ST 段逐渐恢复至基线 T 波对称型倒置且逐渐加深，然后 再逐渐变浅
陈旧期 （愈合期）		6 个月至 1 年以上	坏死型 Q 波保留或变得不典型 T 波由浅倒置逐渐直立（有的仍有 低平双向等）

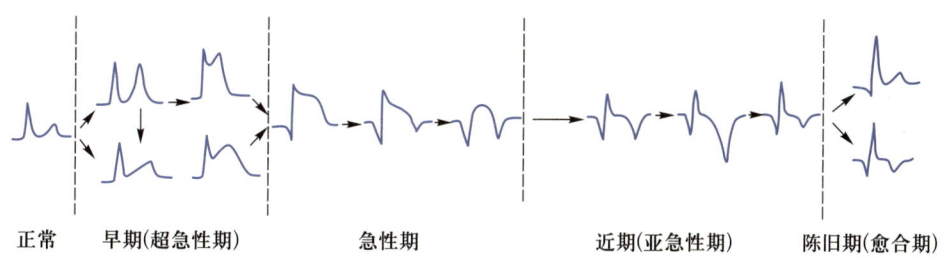

正常　早期(超急性期)　　　急性期　　　近期(亚急性期)　陈旧期(愈合期)

图 7-4-12　急性心肌梗死心电图演变规律示意图

1. 早期（超急性期）　在冠状动脉闭塞10 min到数小时内，发生心肌缺血和损伤的心电图改变，表现为巨大高耸的 T 波或 ST 段呈斜上型升高。此期不出现坏死型 Q 波，但心肌电生理状态极不稳定，易发生心室颤动。

2. 急性期　梗死后数小时至数天，持续数周，是一个演变过程。在高耸的 T 波开始降低后即可出现坏死型 Q 波，同时 R 波降低，ST 段弓背向上抬高与 T 波连接成单向曲线，继而逐渐下降；直立的 T 波开始倒置，并逐渐加深。坏死型 Q 波、损伤型的 ST 段抬高和缺血型的 T 波倒置在此期内可同时并存。

3. 近期（亚急性期）　梗死后数周至数月，此期以坏死及缺血图形为主要特征。表现为 ST 段基本恢复至基线；坏死型 Q 波持续存在，由深变浅；T 波逐渐恢复。

4. 陈旧期（愈合期）　梗死后 3~6 个月或更久，坏死型 Q 波保留或变得不典型；如为小面积的心肌梗死，可不遗留坏死型 Q 波。

（三）心肌梗死的定位诊断

心肌梗死部位的诊断是根据心电图探查电极朝向梗死区时记录的基本图形来确定的（表7-4-2）。发生心肌梗死的部位与冠状动脉分支闭塞部位相关，因此心电图的定位基本与病理一致（图7-4-13~图7-4-15）。

表 7-4-2　左心室心肌梗死定位诊断

	前壁	前侧壁	前间壁	高侧壁	下壁	正后壁
I	±	+	±	+	-	-
II	-	-	-	-	+	+
III	-	-	-	-	+	+
avR	-	-	-	-	-	-
avL	±	+	±	+	-	-
avF	-	-	-	-	+	+
V_1		-	+	-	-	+
V_2	±	±	+	-	-	+
V_3	+	+	±	-	-	±
V_4	+	+	-	-	-	-
V_5	±	+	-	±	-	-
V_6	-	+	-	+	-	-
V_7	-	±	-	-	-	±
V_8	-	-	-	-	-	+
V_9	-	-	-	-	-	+

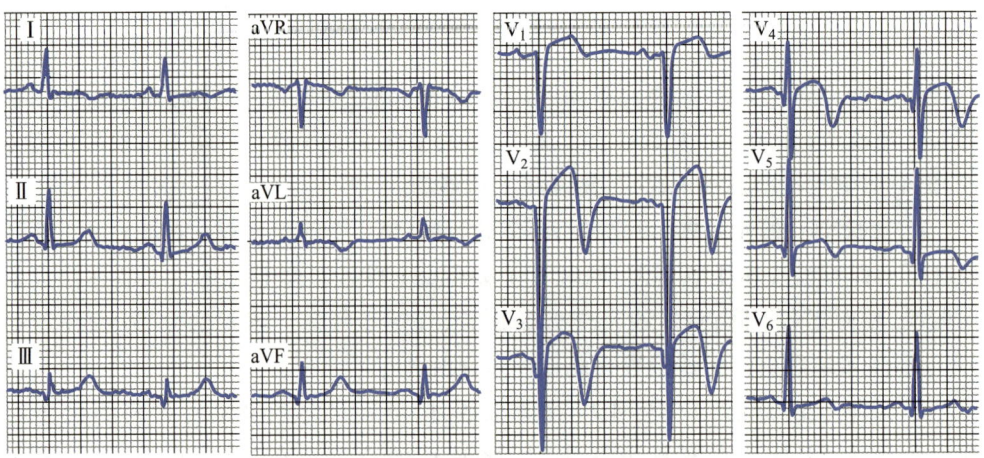

图 7-4-13　急性前间壁心肌梗死

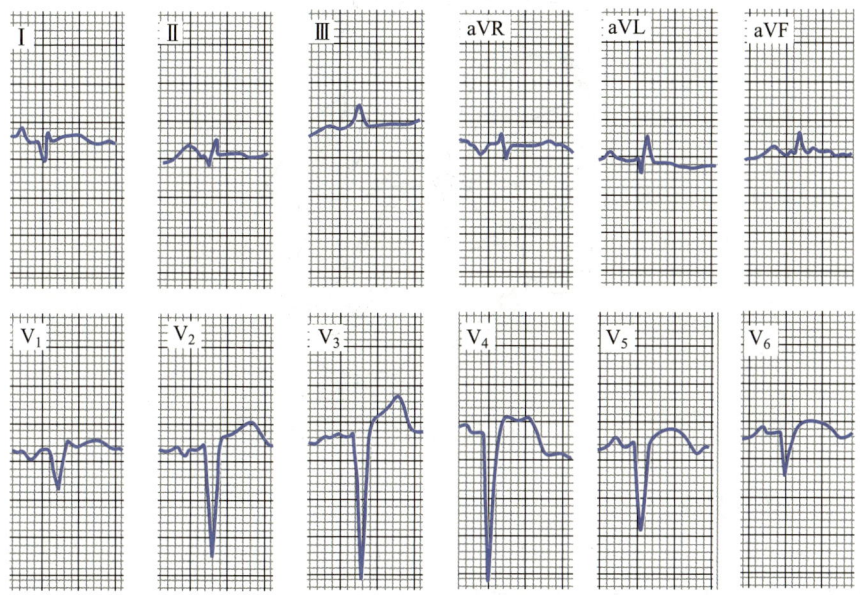

图 7-4-14　急性前侧壁心肌梗死

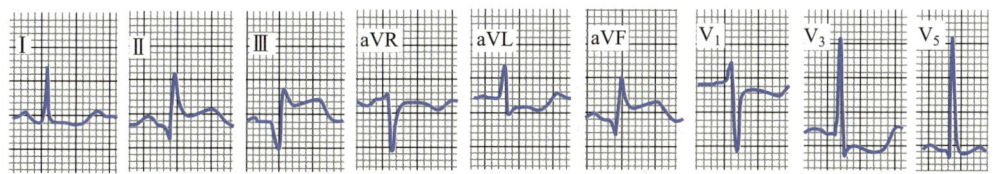

图 7-4-15　急性下壁心肌梗死

四、心律失常

　　心脏冲动的起源、节律和频率、传导顺序及速度任何一个环节发生异常称为心律失常(arrhythmia)。正常心脏的冲动起源于窦房结,按一定的频率和节律发出冲动,并按一定的传导速度和顺序下传到心房、房室交界区、房室束、浦肯野纤维,最后至心室肌而使之除极(图 7-4-16)。

(一)心律失常分类

1. 激动起源异常

(1)窦性心律失常:① 窦性心动过速。② 窦性心动过缓。③ 窦性心律不齐。

(2)异位心律失常:① 被动性,包括房性、交界性、室性逸搏及自搏心律。② 主动性,包括期前收缩、阵发性及非阵发性心动过速、心房扑动与颤动、心室扑动与颤动。

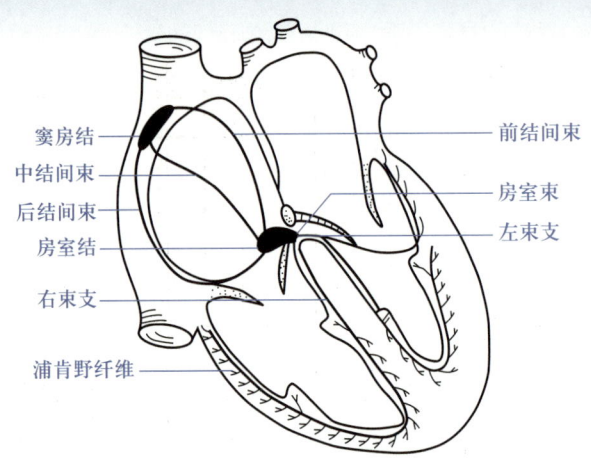

图 7-4-16　心脏传导系统示意图

2. 激动传导异常

（1）传导阻滞：① 生理性，包括干扰与脱节。② 病理性，包括窦房传导阻滞、房内传导阻滞、房室传导阻滞、束支传导阻滞。

（2）异常传导途径：如预激综合征。

（二）常见心律失常的心电图特征

1. 窦性心律失常　窦房结是心脏的正常起搏点，起源于窦房结的心律称为窦性心律。正常窦性心律特征是：① P 波在 Ⅱ、Ⅲ、aVF、V_4 ~ V_5 直立，aVR 倒置。② P 波规则出现，频率 60 ~ 100 次/min。③ P-P 间隔之差小于 0.12 s。④ P-R 间期为 0.12 ~ 0.20 s（图 7-4-17）。

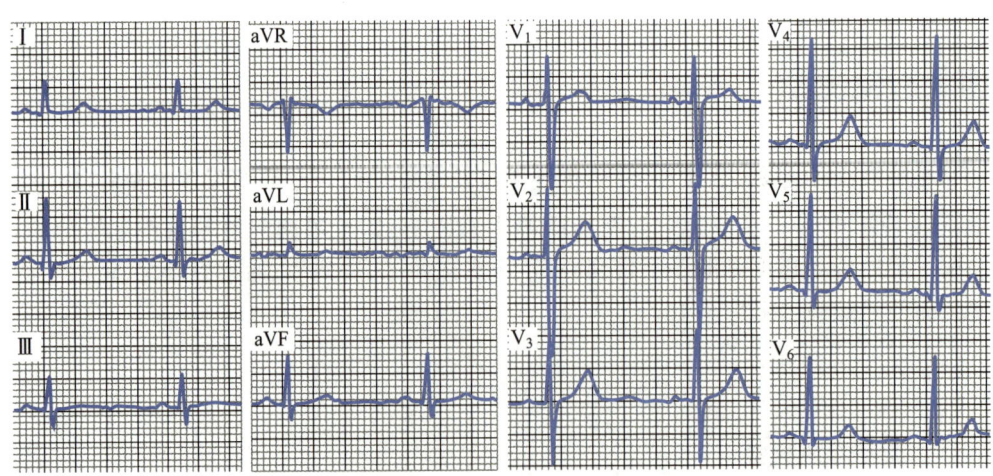

图 7-4-17　正常窦性心律

（1）窦性心动过速：符合窦性心律特征，但心率>100 次/min（成人），一般不超过160 次/min。窦性心动过速可发生在正常人运动或情绪激动，过量吸烟，饮酒、浓茶及咖啡后。病理情况见于发热、贫血、甲状腺功能亢进、休克、心力衰竭、心肌炎或应用肾上腺素、阿托品、硝酸甘油等药物后（图 7-4-18）。

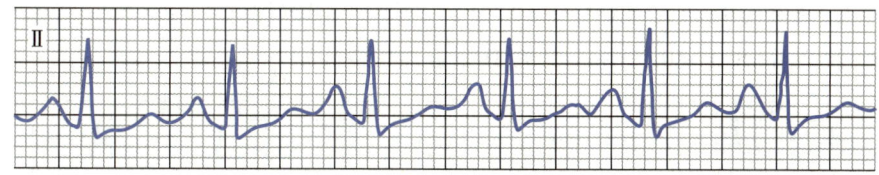

图 7-4-18　窦性心动过速

（2）窦性心动过缓：符合窦性心律特征，但心率<60 次/min（成人），一般不低于 40 次/min，常与窦性心律不齐同时存在。窦性心动过缓是由于迷走神经兴奋性增高或窦房结受抑制所致。常见于运动员、老人、低温麻醉、梗阻性黄疸、颅内压增高、垂体或甲状腺功能减退、洋地黄过量及应用 β 受体阻滞药等（图 7-4-19）。

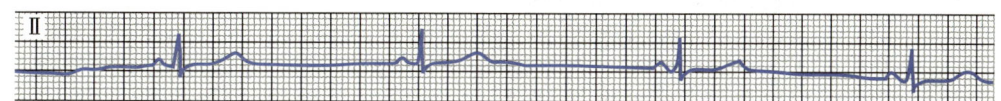

图 7-4-19　窦性心动过缓

（3）窦性心律不齐：符合窦性心律特征，但 P-P 间隔之差>0.12 s。常与呼吸周期有关，吸气时稍快，呼气时稍慢。多见于青少年、感染后恢复期及自主神经功能不稳定的人，一般无重要临床意义（图 7-4-20）。

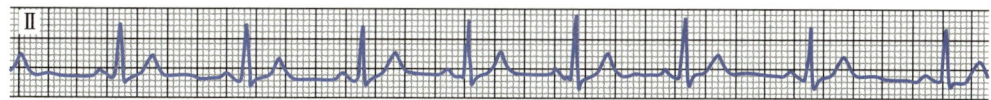

图 7-4-20　窦性心律不齐

2. 期前收缩　又称过早搏动，简称早搏。多由异位起搏点自律性增高，抢先发出冲动或形成折返所致，是一种最常见的心律失常。按起源部位的不同可分为房性、房室交界性及室性期前收缩，以室性最常见，房性次之。

（1）房性期前收缩（图 7-4-21）：① 提前出现的 P′波，其形态与窦性 P 波稍有差异。② P′-R 间期≥0.12 s。③ P′波后的 QRS 波群通常正常（呈室上性型），如在 P′波后未继之出现 QRS 波群，即为房性期前收缩未下传；如 P′-R 间期延长和/或 QRS 波群宽大畸形，称为房性期前收缩伴室内差异性传导。④ 多有不完全性代偿间歇（即提前 P′波的前后两个 P-P 间隔之和较两个正常的 P-P 间隔之和为短）。

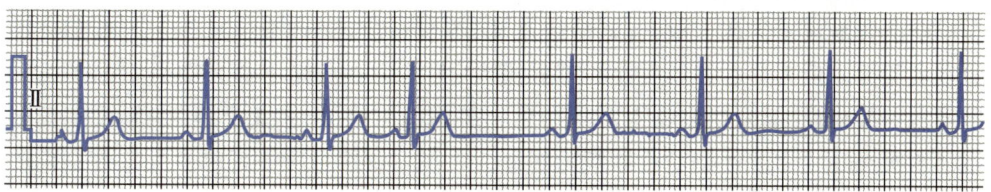

图 7-4-21　房性期前收缩

（2）房室交界性期前收缩（图 7-4-22）：① 提前出现的 QRS-T 波群,其形状与窦性心律中的 QRS 波形基本相同。② 提前的 QRS-T 波群前无直立 P′波,若有 P′波则为逆行,可在 QRS 波之前（P′-R<0.12 s）、可埋于 QRS 波之中（P′-R 间期为零）或在 QRS 波之后（R-P′<0.20 s）。③ 常有完全性代偿间歇。

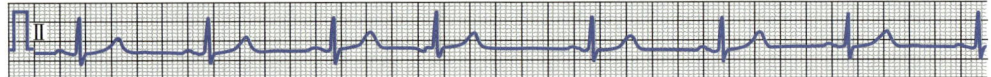

图 7-4-22　房室交界性期前收缩

（3）室性期前收缩［图 7-4-23（a）、（b）］：① 提前出现 QRS 波群及 T 波,其前无 P 波。② 提前出现的 QRS 波群呈宽大畸形,时间>0.12 s,并有继发性 T 波改变（T 波方向与 QRS 波的主波方向相反）。③ 常有完全性的代偿间歇（即提前的 QRS 波群前后两个 R-R 间隔之和等于两个正常的 R-R 间隔）。

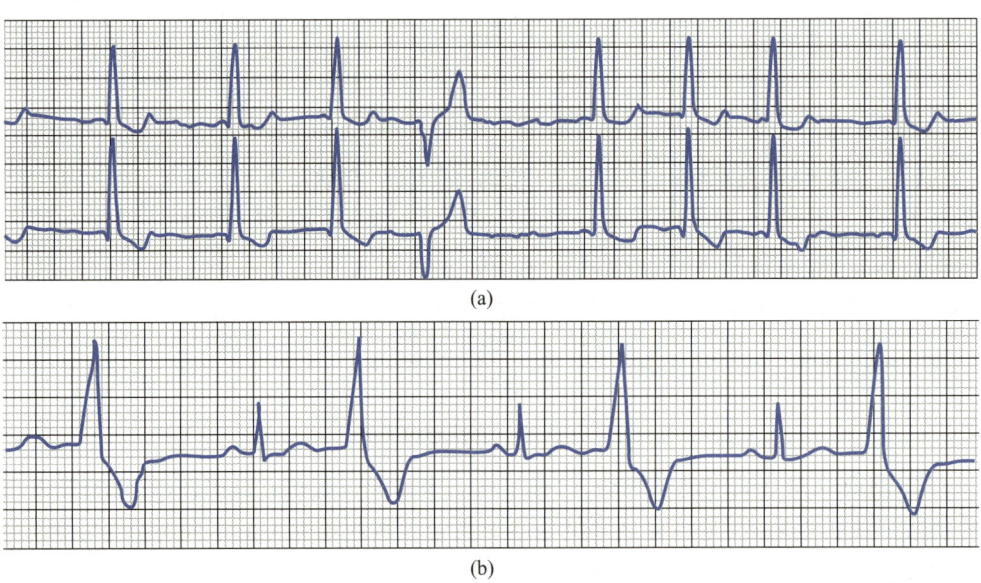

(a)

(b)

图 7-4-23　室性期前收缩(a)和室性期前收缩呈二联律(b)

期前收缩可呈规律性出现,每一个窦性搏动后出现一个期前收缩,连续发生三次者,称二联律［图 7-4-23（b）］；每两个窦性搏动后出现一个期前收缩,称为三联律。连续两个期前收缩称为成对的期前收缩。在同一导联中出现两种或两种以上形态及联律间期互不相同的期前收缩,称为多源性室性期前收缩。

期前收缩可发生在正常人,如情绪激动、饱餐、过劳和烟茶过量是引起期前收缩的常见原因。但若发生在器质性心脏病患者,尤其是心功能不全者则易引起严重的后果。一般来说,偶发期前收缩发生在无心脏病的年轻人,多无严重性；频发期前收缩（>5 次/min）、多源性期前收缩常为病理性表现。急性心肌梗死时发生室性期前收缩常是室性心动过速与心室颤动的预兆。频发而多源的房性期前收缩常是心房颤动的前奏。

3. 阵发性心动过速　期前收缩连续发生三次或三次以上形成快速的心律,称为阵发性心动过速。其特点为:① 突然发作,突然停止。② 发作时心率一般在 160~220 次/min,心律大多规则。③ 发作持续时间短,一般为数秒,数分至数小时,但也有少数患者持续数天。根据冲动起源部位不同分为房性、房室交界性与室性,由于房性和房室交界性心动过速在发作时心率过快,P 波不易辨认,故将二者统称为室上性心动过速。

（1）阵发性室上性心动过速（图 7-4-24）:① 心律绝对规则,心率在 150~240 次/min。② QRS波群为室上性型,常伴继发性 ST-T 改变。③ P 波不易辨别。

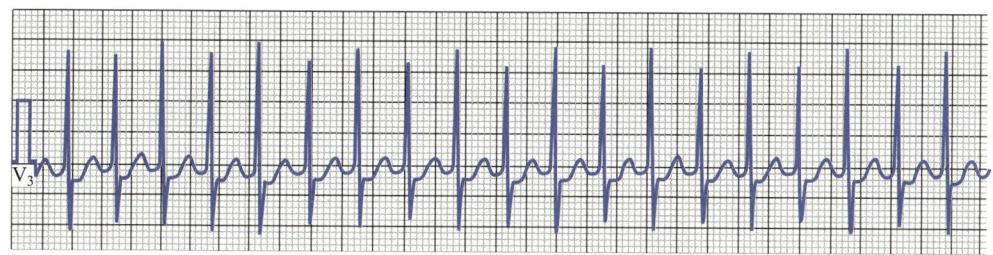

图 7-4-24　阵发性室上性心动过速

（2）阵发性室性心动过速（图 7-4-25）:① 心室率 150~200 次/min,心律大致规则,略有不齐。② QRS 波群呈宽大畸形,伴有继发性 ST-T 波改变。

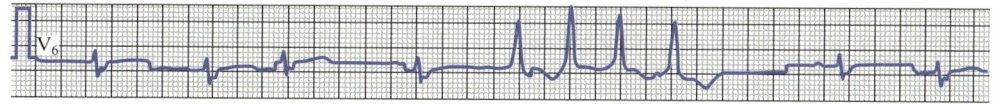

图 7-4-25　阵发性室性心动过速

阵发性室上性心动过速多见,常发生在无器质性心脏病者;阵发性室性心动过速绝大多数发生在有器质性心脏病者,如急性心肌梗死、心肌病等。

4. 扑动与颤动　当心房或心室异位起搏点发生的冲动,在心房或心室内形成折返激动,使心房或心室一部分心肌连续地进行除极及复极活动,便形成扑动或颤动。

（1）心房扑动（图 7-4-26）:① P 波消失,代之以一系列大小相同、形态如锯齿样的扑动波（F 波）,频率 250~350 次/min,节律整齐。② F 波间无等电位线,大多不能下传,如以固定比例下传,如 2∶1、3∶1、4∶1、5∶1 等传导,则心室律规则。③ QRS 波群多正常。

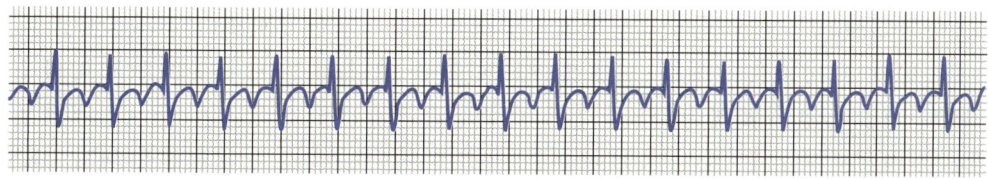

图 7-4-26　心房扑动

（2）心房颤动（图7-4-27）：① P 波消失，代之以一系列大小不同、形态各样、间隔极不规则的颤动波（f 波），频率 350～600 次/min。② R-R 绝对不规则。③ QRS 波群形态多正常，如引起室内差异性传导，可使 QRS 波群增宽。

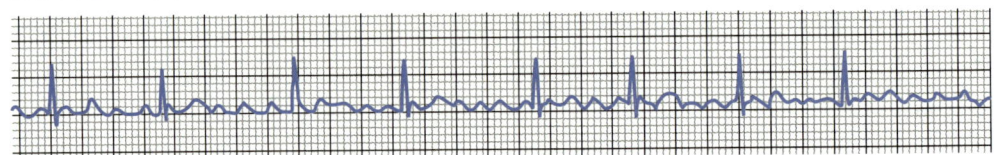

图 7-4-27　心房颤动

心房颤动较心房扑动常见，两者多发生在已有器质性心脏病的患者，如冠心病、风湿性二尖瓣狭窄、甲状腺功能亢进性心脏病等。少数心房颤动找不到任何原因。

（3）心室扑动（图7-4-28）：QRS 波群及 T 波不能辨认，代之为快速、规则、连续的大波动，频率在 200～250 次/min。

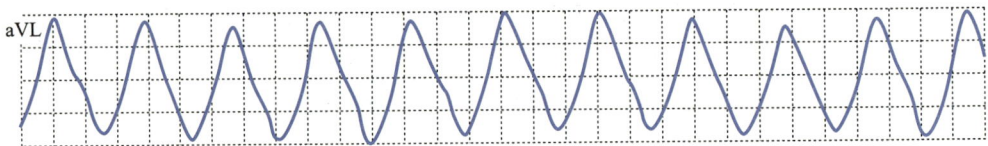

图 7-4-28　心室扑动

（4）心室颤动（图7-4-29）：QRS-T 波群完全消失，代之以形状不同、大小各异、极不均匀的波群，频率在 250～500 次/min。

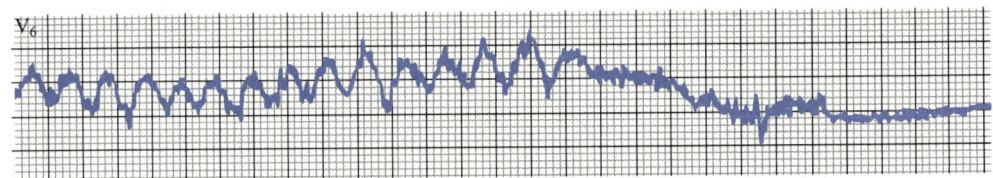

图 7-4-29　心室颤动

心室扑动与颤动常掺杂或先后出现，其对血液循环功能的影响相当于心室停搏。如不及时抢救，患者可在几分钟内死亡。常见于各种严重事件或疾病（触电、中毒、急性心肌梗死等），亦常为心脏病和其他疾病患者临终前的一种心律失常。

5. 房室传导阻滞　是指激动自心房向心室传播的过程中，发生传导速度延缓或部分甚至全部激动不能下传的现象，是最常见的一种传导阻滞现象，多为器质性心脏病所致，少数见于迷走神经张力增高的正常人。根据传导障碍的轻重程度可分为一度（传导延缓）、二度（部分激动传导发生中断）、三度房室传导阻滞（传导完全中断）。

（1）一度房室传导阻滞：房室传导时间延长，但每个来自心房的激动均可下传至心室。心电图表现为：P-R 间期>0.20 s（14 岁以下儿童为 0.18 s），或前后两次心电图检查比较，心率大致相同而 P-R 延长>0.04 s，每个 P 波后均有 QRS 波（图7-4-30）。

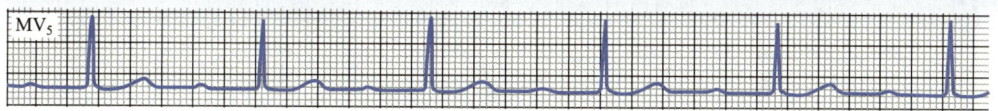

图 7-4-30　一度房室传导阻滞

（2）二度房室传导阻滞:部分心房的激动不能下传心室。分为两种类型:① 二度Ⅰ型,亦称莫氏Ⅰ型,即文氏现象。P 波规律出现,P-R 间期依次呈进行性延长,直至 P 波不能传入心室,发生心室漏搏一次,P 波后脱落一个 QRS 波群,心室漏搏后,P-R 间期缩短,以后又依次逐渐延长,这种周而复始的现象称为文氏现象(图 7-4-31)。② 二度Ⅱ型,亦称莫氏Ⅱ型,表现为 P 波规则地出现,P-R 间期固定不变,部分 P 波后有 QRS 波脱漏(图 7-4-32)。房室传导比例为 2:1、3:1、4:3 等,可固定或不固定。一般认为连续两次或两次以上的 QRS 波脱漏称为高度房室传导阻滞。

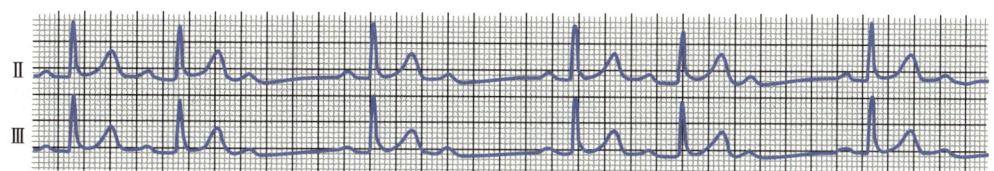

图 7-4-31　二度Ⅰ型房室传导阻滞(文氏现象)

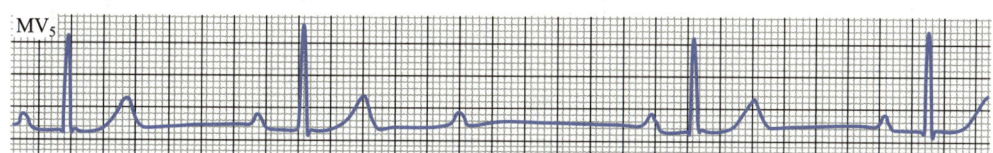

图 7-4-32　二度Ⅱ型房室传导阻滞

（3）三度房室传导阻滞:所有来自心房的激动都不能下传至心室而引起房室脱节,心房与心室的活动分别由各自的起搏点控制。完全性房室脱节,心房率快于心室率,表现为 P 波频率较 QRS 波群高,两者之间无固定关系;心室率慢而整齐,心室起搏点如位于房室束分叉以上,则 QRS 波群形态正常,频率常在 40 次/min 以上。若起搏点位于房室束分叉以下,则 QRS 波群呈宽大畸形,频率常在 40 次/min以下(图 7-4-33)。

一般说来,阻滞程度越高,心肌损害越重。它的预后取决于病因、心功能状态、阻滞部位、持续时间等因素,其中阻滞部位尤为重要。一度或二度Ⅰ型房室传导阻滞的阻滞部位多在房室束分叉以上,程度轻,多可恢复;二度Ⅱ型或三度房室传导阻滞的阻滞部位大多在房室束分叉以下,预后较差。

6. 预激综合征　系由于正常传导途径之外,尚存在着一额外的特殊传导途径,称为旁路或副传导束。当正常房室传导途径下传的激动尚未到达之前,激动通过各副传导束预先激动了心肌的一部分,故命名为预激综合征。心电图上表现为 P-R 间期

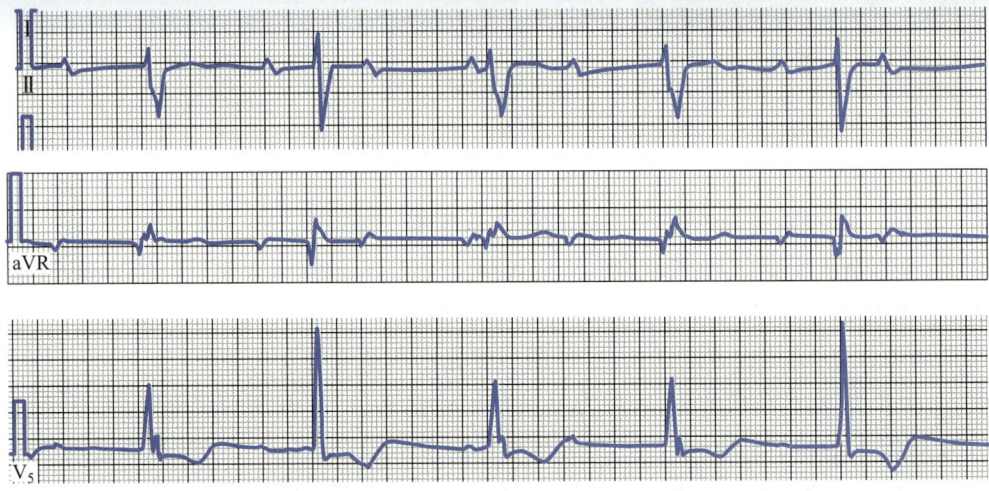

图 7-4-33　三度房室传导阻滞

缩短,QRS 波群起始部粗钝、增宽,形成 δ(delta)波(即预激波),QRS 波增宽,可有继发性 ST-T 改变(图 7-4-34)。预激综合征多发生于无器质性心脏病者,常有心动过速反复发作的病史,一般预后良好。

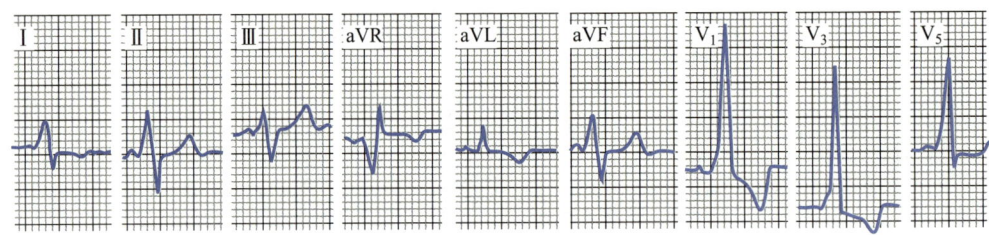

图 7-4-34　预激综合征

第五节　心电图描记注意事项、分析方法与临床应用

一、心电图描记注意事项

1. 了解患者是否曾做过心电图检查,如系第一次检查,检查前护士应向患者介绍此项检查的重要性,并向患者说明该项检查属无痛性检查,消除患者恐慌心理,告知患者检查前避免情绪激动和劳累。

2. 患者在检查前应取下金属饰品和手表,以防产生干扰。

3. 让患者取仰卧位,肢体勿接触铁床杆,并暴露上、下肢及胸前安置电极部位。

4. 保持心电图检查室温度适宜,以免影响检查结果。

5. 擦去放置电极部位皮肤上的汗液和污垢,用乙醇或盐水棉球涂擦后,安置电极。

6. 打开心电图机电源开关,检查定标电压与走纸速度,按常规导联顺序描记心电图。

7. 描记中出现基线不稳或干扰时,应检查电极接触是否良好及患者呼吸情况。

8. 描记完毕关闭心电图机电源,取下电极,并将患者的局部皮肤擦干净,帮助患者整衣下床。

二、心电图分析方法和步骤

熟记正常心电图的标准范围及常见异常心电图的诊断标准,经过实践即可分析心电图。阅读时可按以下步骤进行。

1. 将各导联的心电图大致浏览一遍,注意导联线与体表连接是否正确,走纸速度、定准电压是否准确,并排除伪差和干扰。

2. 找出 P 波,根据 P 波的形状和规律,判断心律是否正常;测量 P-P 或 R-R 间隔,计算心率。

3. 观察各导联的 P 波、QRS 波群、ST 段和 T 波的形态、方向、电压和时间是否正常。

4. 测量心电轴。

5. 测量 P-R 间期和 Q-T 间期。

6. 结合临床资料,作出心电图检查结论。

三、心电图的临床应用

(一) 有决定性诊断价值

1. 心律失常。

2. 急性心肌梗死,并能估计梗死部位、范围,观察其演变过程。

3. 传导阻滞。

(二) 有较大诊断意义

1. 心脏肥大,能分辨左或右心肥大。

2. 心肌缺血。

3. 心包炎、心肌炎。

4. 血钾过高或过低,洋地黄、奎尼丁等药物中毒。

(三) 心电图对心脏病诊断的局限性

1. 心电图主要反映心脏电兴奋过程,不能反映心脏功能及瓣膜情况。

2. 某些心脏病变心电图可以正常,故正常心电图并不能排除心脏病变的存在。

3. 一些心电图改变并无特异性,同样的心电图改变可见于多种心脏病。

总之,心电图在疾病的诊断上有一定价值,但也有局限性,在作心电图诊断时,必须结合其他临床资料,方能作出比较正确的判断。

本章小结

心电图是通过心电图机从体表记录的心脏每一心动周期电活动变化的一组曲线。将两电极置于人体的任何两点与心电图机连接,就可描记出心电图,电极与心电图机连接的线路,称为心电图导联。国际上统一规定采用常规 12 导联体系。心电图由一系列不相同的"波组"构成。一个典型的心电图包括 P 波、P-R间期、QRS 波群、ST 段、T 波、U 波、Q-T 间期。正常情况各波、段及间期均在一定的范围,即心电图的正常值范围。心房或心室肥大主要表现为 P 波或 QRS 波的形态、时间与电压改变;心肌缺血时出现 ST-T 异常;急性心肌梗死时出现坏死型 Q 波、ST 段抬高呈单向曲线及 T 波倒置;各种心律失常心电图特点各异。描记心电图时应注意相关事项;心电图的分析应按步骤进行。心电图检查是临床应用最广泛的检查手段之一,对各种心律失常的分析有肯定价值;特征性心电图改变和动态演变是诊断急性心肌梗死可靠而实用的方法;可协助心脏肥大、心肌缺血、心包炎、心肌炎、血钾过高或过低、洋地黄和奎尼丁等药物中毒的诊断;但不能反映心脏功能及瓣膜情况,作心电图诊断时必须结合其他临床资料。

本章思考题

一、名词解释

心电轴　导联轴　窦性心律　二尖瓣 P 波　肺性 P 波　冠状 T 波　坏死型 Q 波　文氏现象

二、简答题

1. 简述心电图各波、段、间期的名称及意义。

2. 简述心电图的正常值范围。

3. 简述心电图描记的注意事项。

4. 简述心电图检查的临床应用。

赛证聚焦

请扫描二维码完成在线测试。

在线测试:
心电图检查

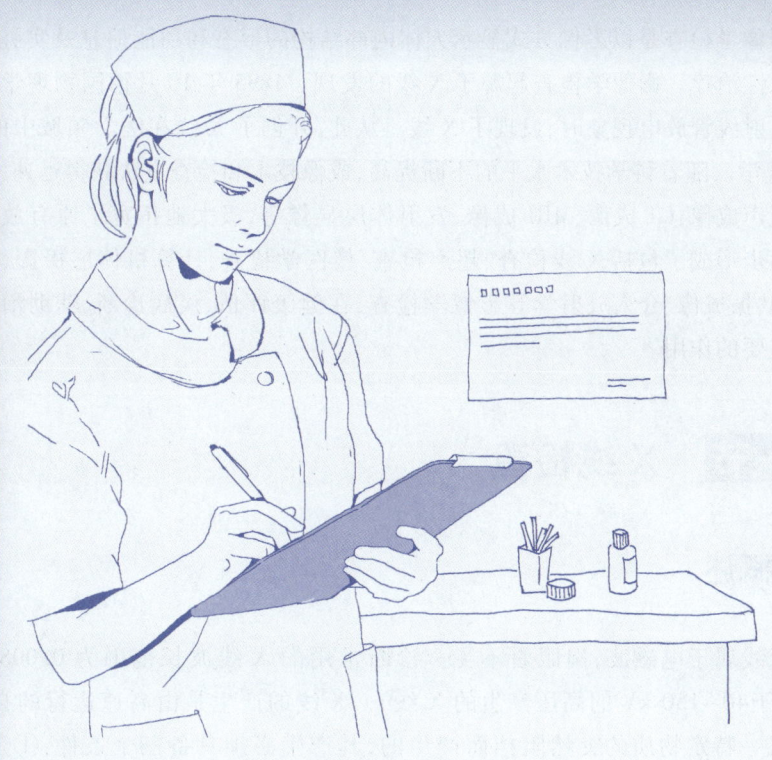

第八章　影像学检查

学习目标

知识目标

1. 掌握各影像学检查适应证和禁忌证,以及检查前的准备。

2. 熟悉常见病的基本 X 线检查、CT、MRI、超声等影像学表现。

3. 了解影像学检查的基本原理。

能力目标

能对影像学检查资料进行分析。

素养目标

培养认真负责、实事求是的工作态度。

影像学检查是以影像方式显示人体内部结构的形态和功能信息及实施以影像导向的介入性治疗。影像学检查起源于 X 线的发现。1895 年 10 月德国物理学家伦琴在研究阴极射线管放电现象时,发现了 X 线。从此,开创了 X 线在医学领域中的应用,形成了 X 线学。随着科学技术水平的不断提高,成像技术和检查方法获得迅速发展,相继出现了超声成像、CT 成像、MRI 成像、发射体层显像等,极大地拓宽了原有放射诊断学领域。逐步形成了包括 X 线检查、超声检查、核医学检查、计算机体层摄影、数字血管造影、磁共振成像、介入放射学等影像学检查,在健康评估、疾病诊断、辅助治疗等方面发挥着重要的作用。

第一节 X 线检查

一、概述

拓展阅读:
伦琴发现
X 线的故事

X 线属于电磁波,肉眼看不见。诊断常用的 X 线波长范围为 0.008 ~ 0.031 nm(相当于 40~150 kV 的高压产生的 X 线)。X 线的产生是由高速运行的自由电子群,受到某一特定物质的突然阻挡而产生的,其产生必须具备三个条件:① 自由运动的电子群。② 电子束的高速运行。③ 高速运动的电子束在运动中被突然阻挡。以上三个条件的产生均由 X 线机来完成。

(一) X 线成像的基本原理

1. X 线的特性 X 线具有以下几方面与 X 线成像和检查相关的特性:

(1)穿透性:X 线波长短,具有很强的穿透力,能穿透一般可见光不能穿透的各种不同密度的物质,并在穿透过程中受到一定程度的吸收即衰减。X 线的穿透性是 X 线成像的基础。

(2)荧光效应:X 线能激发荧光物质(如硫化锌镉及钨酸钙等)产生肉眼可见的荧光。即 X 线作用于荧光物质,使波长短的 X 线转换成波长长的荧光,这种转换叫作荧光效应。荧光效应是进行透视检查的基础。

(3)感光效应:X 线可使胶片感光,涂有溴化银的胶片,经 X 线照射后胶片中的溴化银放出银离子(Ag^+),产生潜影,经显影、定影处理,在胶片上呈黑色。而未感光的溴化银,在定影及冲洗过程中,从 X 线胶片上被洗掉,因而显出胶片片基的透明本色。因金属银沉淀多少不同,产生了黑和白的影像。感光效应是 X 线成像的基础。

(4)电离效应:X 线通过任何物质都可产生电离效应。空气的电离程度与空气所吸收 X 线的量成正比,因而通过测量空气电离的程度可计算出 X 线的量。X 线进入人体,也产生电离作用,使人体产生生物学方面的改变,即生物效应。生物效应是放射防护学和放射治疗学的基础。

2. X线成像的基本原理　X线之所以能使人体在荧屏上或胶片上形成影像,一方面是基于X线的特性,即其穿透性、荧光效应和感光效应;另一方面是基于人体组织有密度和厚度的差别。由于存在这种差别,当X线透过人体各种不同组织结构时,它被吸收的程度不同,所以到达荧屏或胶片上的X线量即有差异。这样,在荧屏或X线上就形成黑白对比不同的影像。

(1) 自然对比:人体组织结构存在着密度差异。按密度从高到低可分为骨组织、软组织与液体、脂肪组织、气体等四类。当强度均匀的X线穿透厚度相等的不同密度组织结构时,由于吸收程度不同,在X线片上(或荧屏上)显出具有黑白(或明暗)差异的X线影像。这种人体组织结构自然存在的密度差别,称为自然对比(图8-1-1)。

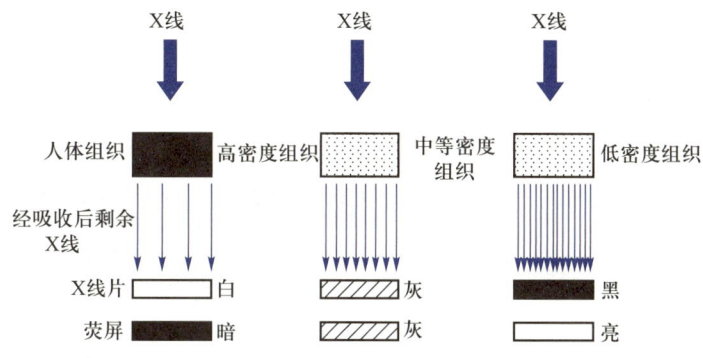

图8-1-1　组织密度差异与X线成像的关系

人体许多部位存在着这种自然对比,胸部最明显。胸廓的肋骨密度最高,对X线吸收多,使X线胶片感光少,经光化学反应还原的金属银少,X线片上呈白影(荧光屏产生荧光少,荧光屏上呈黑影);肺部含气体密度低,对X线吸收少,使X线胶片感光多,经光化学反应还原的金属银多,故X线胶片呈黑影(荧光屏产生荧光多,荧光屏上明亮)。

病理变化也可使人体组织密度发生改变,不同组织密度的病理变化可产生相应的病理X线影像。例如,肺结核病变可在原属低密度的肺组织内产生中等密度的纤维性改变和高密度的钙化灶。在胸片上,于肺影的背景上出现代表病变的白影。

(2) 人工对比:人体有些组织器官与周围组织无明显密度差异,缺乏自然对比(如腹部脏器),需要用人为的方法,通过各种途径向体内引入高于或低于组织器官的物质(人工对比剂或称造影剂),造成人工密度差,即人工对比或造影检查,如胃肠钡餐检查。

(二) 常用 X 线检查方法

1. 普通检查

(1) 透视(fluoroscopy):使X线透过人体被检查部位并在荧光屏上形成影像,称为透视。多用于胸部及胃肠检查。透视的优点是经济,操作简便,能立即得出检查结果;可同时观察器官的形态和功能(如可观察心脏、横膈及胃肠等活动情况);可转动被评估者体位,进行多方位观察,以显示病变及其特征。缺点是荧光影像较暗。细微病变和厚度较大的部位(如头颅、脊椎等)显示不清楚;不能留下永久性影像资料,复查时不易作精确的比较。

(2)X线摄影(radiography):即X线透过人体被检查的部位并在胶片上形成影像。胶片曝光后须经显影、定影、水洗及晾干(或烘干)等步骤。其优点是影像比透视清楚,可用于头颅、脊椎及腹部等部位检查,可留下永久影像记录,便于分析对比、集体讨论和复查比较。缺点是不能显示脏器活动状态。

2. 造影检查 造影检查是指检查缺乏自然对比的人体器官与组织时,引入对比剂,使之产生对比以显影的X线检查方法。

(1)常用的造影剂:如图8-1-2所示。

(2)造影剂引入方式:分直接引入与间接引入两种方式,如表8-1-1所示。

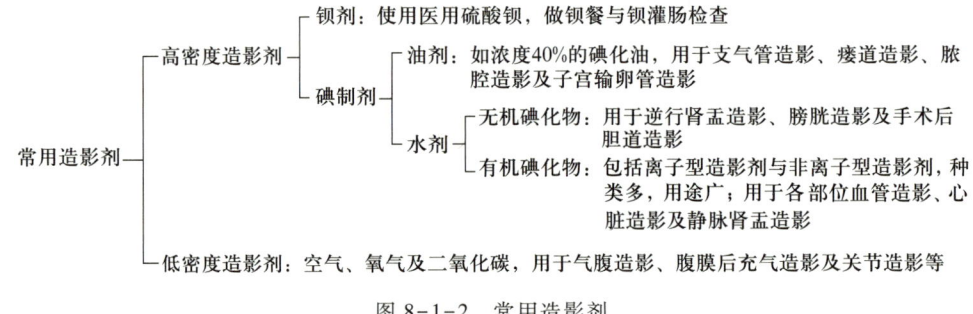

图 8-1-2 常用造影剂

表 8-1-1 造影剂引入方式

引入方式		用途
直接引入	经自然通道口引入至相应的某器官	胃钡餐或钡灌肠检查;支气管造影;尿道和/或膀胱造影,逆行肾盂造影;子宫输卵管造影;瘘管造影或术后胆管造影等
	经皮肤穿刺,引入与外界隔离的腔道或器官内	血管造影、心脏造影、气脑造影及脑室造影等
间接引入(生理积聚或生理排泄法)		口服胆囊造影,静脉肾盂造影等

3. 其他X线检查 包括钼靶软X线摄影、体层摄影、放大摄影和高千伏摄影等。自CT等现代技术出现以来,只有钼靶软X线摄影(molybdenum target radiography)还在应用。

钼靶软X线摄影是采用能发射软X线,即长波长的钼靶X线球管,用以检查软组织,主要用于乳腺的检查,适用于乳腺癌的普查。

（三）特殊 X 线检查

1. 数字 X 线成像

（1）数字 X 线成像的简介：数字 X 线成像（digital radiography，DR）是将普通 X 线摄影装置或透视装置同电子计算机相结合，使 X 线信息由模拟信息转换为数字信息的数字图像成像技术。数字 X 线的优点是图像处理系统可调节对比，故能达到最佳的视觉效果；摄照条件的宽容范围较大；被评估者接受的 X 线量减少；图像信息可由磁盘或光盘储存，并进行传输。

（2）数字 X 线成像的临床应用：数字 X 线成像在骨结构、关节软骨及软组织、纵隔结构如血管和气管、肺结节性病变、肠管积气、气腹和结石等病变的图像优于普通 X 线图像；数字 X 线造影图像优于传统的 X 线造影，如胃肠双对比造影在显示胃小区、微小病变和肠黏膜皱襞等检查上的检出率高于传统的 X 线成像。

2. 数字减影血管造影（digital subtraction angiography，DSA）　DSA 是新一代血管造影的成像技术，是利用计算机处理数字化的影像信息，以消除骨骼和软组织影的减影，使血管显影清晰的技术。根据将造影剂注入动脉或静脉而分为动脉 DSA（IADSA）和静脉 DSA（IVDSA）两种。

（1）DSA 检查程序：IADSA 操作是将导管插入动脉后，经导管注入肝素 3 000～5 000 U，将导管尖插入欲查动脉开口，导管尾端接压力注射器，快速注入造影剂。于造影前及整个造影过程中，以每秒 1～3 帧或更多的帧频，摄像 7～10 s。经操作台处理即可得减影的血管图像。

IVDSA 可经导管或针刺静脉，向静脉内注入造影剂，再进行减影处理。

（2）DSA 的临床应用：DSA 可显示直径200 μm以下的血管及小病变，可观察血流动态图像。适用于心脏大血管、冠状动脉、颈动脉和颅内动脉、颅内肿瘤供血动脉、腹主动脉及其分支以及肢体大血管的检查（图 8-1-3）。

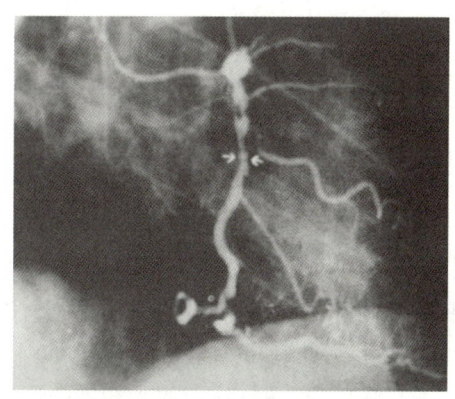

图 8-1-3　DSA 冠状动脉造影

二、胸部 X 线检查

（一）肺与纵隔

1. 正常 X 线表现　正常胸部 X 征象是胸部组织前后叠加形成的复合影像，由胸廓、气管、支气管、肺、胸膜、纵隔和膈肌等形成。

（1）胸廓：由软组织及骨骼构成。

1）软组织：① 胸锁乳头肌及锁骨上皮肤皱褶，胸锁乳头肌在两肺尖内侧形成清晰、密度均匀的带状阴影。② 胸大肌,肺中野外带扇形、下缘锐利的致密影,呈斜行与腋前皮肤皱襞连续,多见于肌肉发达的男性,右侧常较明显。③ 女性乳房与乳头,乳房可在两肺下野形成下缘清晰,上缘欠清晰的半圆致密影。乳头在大约第5前肋处形成小圆形致密影,有时男性亦可见(图8-1-4)。

2) 胸部骨骼:① 肋骨,共12对,后肋呈水平向外走行,前肋自外上向内下倾斜,后肋较前肋厚,故显影较前肋致密。② 肩胛骨,投照时若肩胛骨未能全部躲开肺野时,其内缘与肺中上野重叠,不要误认为胸膜肥厚。③ 胸骨及胸椎,胸骨及胸椎与纵隔阴影重叠,胸骨柄和上位胸椎横突可凸于纵隔阴影之外。④ 锁骨,锁骨横贯胸腔上部,呈外高内低状,其内端与胸骨柄形成胸锁关节,位于第1肋骨前端水平。

(2) 肺:肺投影在胸片上,表现为肺野、肺门和肺纹理。

1) 肺野:肺泡内充满气体,表现为均匀一致的透明阴影,称为肺野。肺野透明度与含气量成正比,吸气时透明度增强,呼气时减低。为了便于指明病变的位置,通常将肺野纵向分成三等份,称为内、中、外带;自两侧2、4肋骨前端下缘各画一条横线,又将肺野分成上、中、下三野(图8-1-5)。

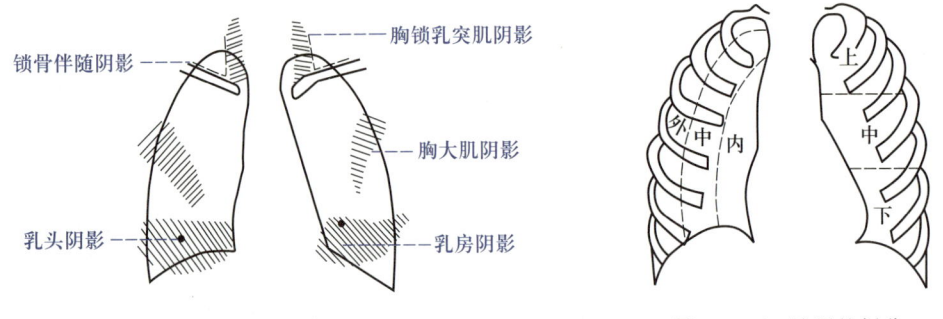

图 8-1-4　胸壁软组织影　　　　　图 8-1-5　肺野的划分

2) 肺门:由肺动脉、肺静脉、支气管及淋巴结所组成,但主要是肺动脉阴影。肺门位于两侧肺野内带第2~4前肋骨之间,左侧较右侧约高1 cm。因肺动脉走行不同,故两侧肺门形态不完全一样。右肺门区可见右下肺动脉阴影,成人正常宽度不超过1.5 cm,肺动脉压升高时可增宽。

3) 肺纹理:肺纹理主要为肺动脉分支所组成,肺静脉、支气管及淋巴组织亦参与其中,在胸片上表现为自肺门向周围肺野呈放射状分布的树枝状阴影,逐渐变细、变多,肺野外带消失。肺下野纹理较上野明显,尤其是右下肺野,因无心影遮盖,又与肺脉影相交叉,故显纹理多而粗,不可误认为肺纹理增强。

(3) 气管及支气管:气管及支气管在高千伏胸片上可清楚地显示,普通胸片成像不清晰。

(4) 胸膜:胸膜分为两层,脏层覆盖于肺表面,壁层附着于胸壁,两层之间的间隙为胸膜腔。胸膜很薄,一般不显影,只有在胸膜反褶处 X 线与胸膜走行平行时可显影,呈薄层线状致密阴影。正位胸片常可见横裂显影,侧位常见斜裂及横裂显影。纵隔胸膜在过度曝光的正位胸片上可见到一条致密阴影与脊柱平行。

（5）纵隔:位于两肺之间,上为胸腔入口,下为横膈,前界为胸骨,后界脊柱。纵隔影由心脏、大血管、食管、气管及支气管、淋巴组织、神经及结缔组织等组成。气管及支气管由于含气可以分辨,其余结构无明显对比,只能观察其外形轮廓,纵隔在纵向分为前、中、后纵隔,在横向分为上、中、下纵隔,形成九个区(图8-1-6)。

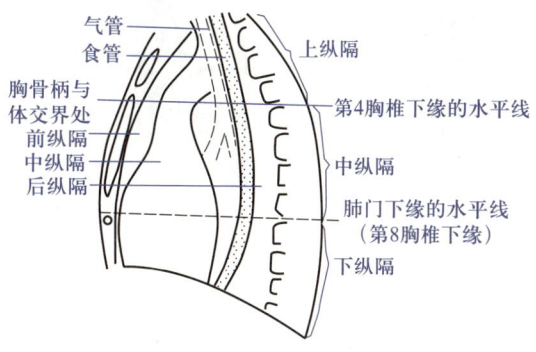

图 8-1-6　纵隔的分区

（6）膈肌:膈肌呈圆顶形,为肺野下界。膈肌与胸壁之间的夹角叫肋膈角,与心脏之间的夹角叫心膈角。正常位于第9~11后肋水平,右侧比左侧略高 1~2 cm。呼吸时两膈上下呈对称运动,活动范围为 1~3 cm,深呼吸时可达 3~6 cm。

> 提示:胸片的位置及投照条件良好的标准:① 两侧锁骨在同一水平线上,其内端与中线距离相等。② 两侧肩胛骨位于肺野之外。③ 1~4 胸椎隐约可见,其余胸椎辨认不清。④ 膈肌处于吸气位。

2. 胸部疾病的基本 X 线表现　不同病因的疾病在其发展过程中,可出现共同的 X 线表现,即基本 X 线表现。

（1）肺内片状阴影:肺内片状阴影的基本形态是肺内出现密度增高阴影,从各种体位观察都呈片状。片状阴影可见于多种疾病。要根据其临床表现,对 X 线特征加以分析判断。

1）肺内炎症:肺内各种炎症均表现为片状阴影。

大叶性肺炎:为大片状密度均匀阴影,占据一个肺段或肺叶,常见为一个肺叶,由于受叶裂限制边界可十分锐利,其他则边缘模糊(图8-1-7)。

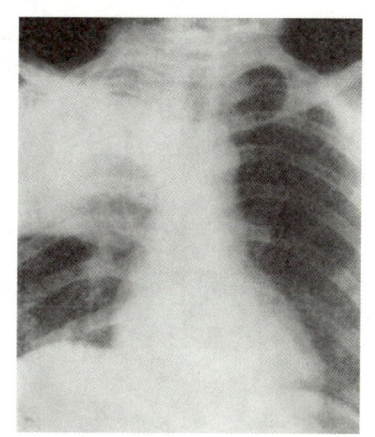

图 8-1-7　右肺上叶肺炎球菌肺炎

支原体肺炎:多为片状阴影,阴影大小不一,密度相对低而均匀,边缘模糊(图8-1-8)。

过敏性肺炎:为单发或多发的小片阴影,其形态和位置多变。

支气管肺炎:表现为沿支气管分布的小片状模糊阴影(图8-1-9)。

2）肺结核:肺结核的片状模糊阴影大小不一,往往密度不均,或有空洞形成,多发生在两上肺野,肺内其他部位常伴有增生、纤维化、钙化等病灶(图8-1-10)。

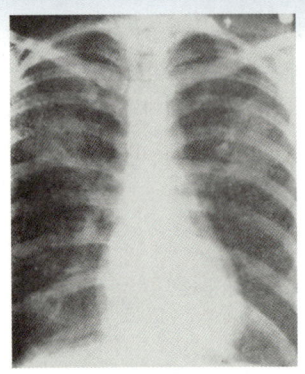
图 8-1-8　肺炎支原体肺炎

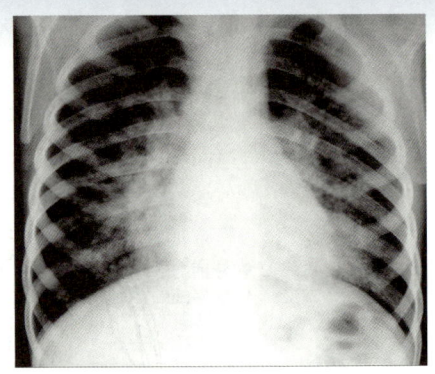
图 8-1-9　支气管肺炎

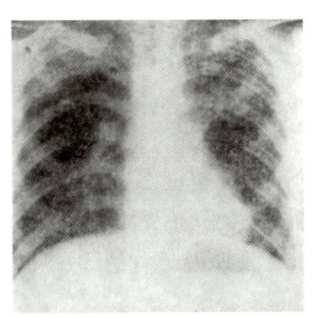

浸润性肺结核

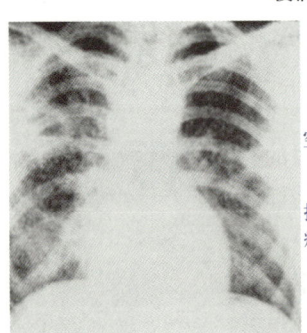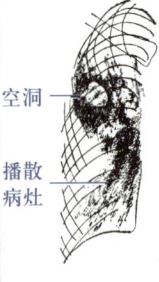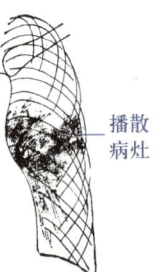

浸润性肺结核合并双肺空洞

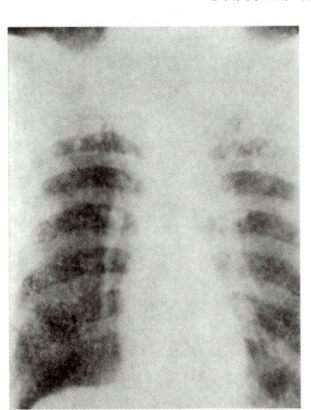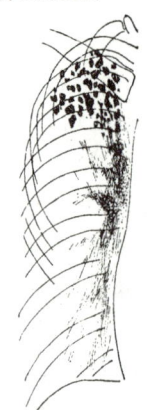

肺结核硬结钙化

图 8-1-10　肺结核

3）实质性肺水肿：见于急性左心衰竭或急性吸入性中毒。肺内的大片状阴影多位于肺门区，边缘模糊，密度均匀，形似蝴蝶翅膀，称之为"蝶翼状"（图8-1-11）。经过恰当的治疗后，阴影能够很快消失。

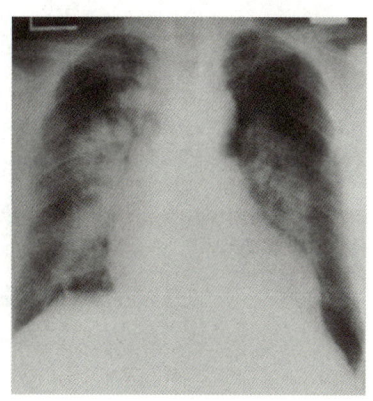

图 8-1-11　肺水肿"蝶翼状"阴影

4）胸膜腔积液：积液 300 ml 以上，正位胸片表现为肋膈角变钝，透视下随呼吸活动。中等量积液表现为中、下肺野密度增高阴影，其上呈外高内低、凹面向上的弧形边缘（图8-1-12）。大量积液时，除上纵隔旁稍透亮外，其余肺野呈均匀性密度增高阴影，纵隔健侧移位，肋间隙增宽。包裹性积液在切线位表现为自胸壁向肺野内突出的半圆形阴影，边缘锐利基底宽，与胸壁夹角钝角。叶间积液表现为在位于叶间的部位带状、致密阴影，边缘锐利。

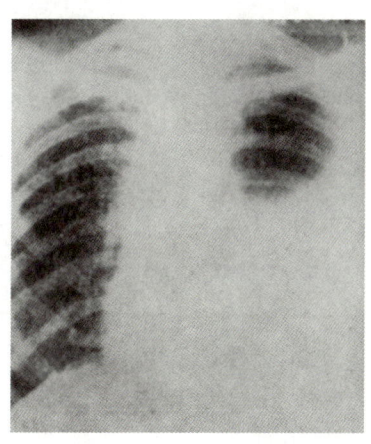
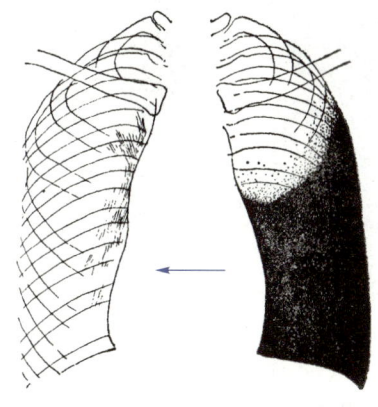

图 8-1-12　左侧中等量胸腔积液

5）肺不张：在 X 线上的表现因部位而异，但总的规律是不张的肺组织仍在原解剖部位，肺体积变小，密度均匀增高，叶间裂向其靠拢，周围的组织器官向患侧移位，肋间隙变窄。

（2）肺内块状阴影：肺内块状阴影是指直径 1 cm 以上近似球形的密度增高，边界清楚的阴影（图8-1-13），肺内块状阴影可为肺内多种病变的表现，但又各具特征。

1）良性肿瘤：边界清楚，边缘光滑，多数密度均匀一致，少数有钙化。几个月内无明显增大。

2）恶性肿瘤：边缘不规整，呈分叶状，有短毛刺，1～2 周内即可有增大。肺转移癌的边缘可光滑，常为多发病灶。

3）结核球：边缘光滑，其内可见空洞或钙化灶，其附近常有多个小的高密度阴影，称"卫星灶"。

（3）肺内空洞阴影：肺内病变组织坏死、液化、咳出后形成空洞。

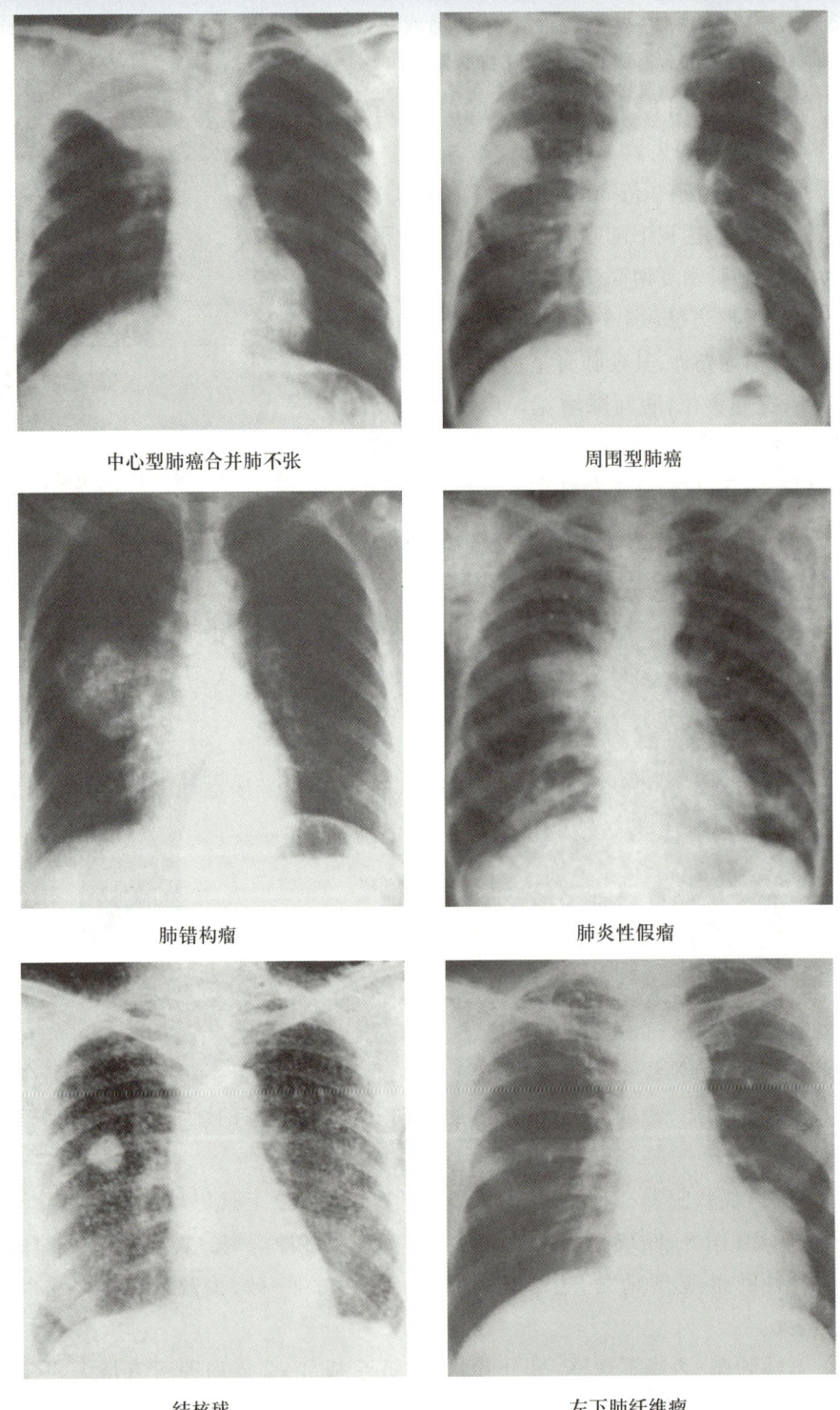

中心型肺癌合并肺不张 周围型肺癌

肺错构瘤 肺炎性假瘤

结核球 左下肺纤维瘤

图 8-1-13 肺内块状阴影

1）肺结核空洞：在结核病灶内或结核球内。洞壁厚薄不等，大小不等，形态也多种多样，其特点是以上肺居多，常伴有空洞以外的肺内播散病灶，表现为大的片状或团块状阴影。

2）肺脓肿空洞：脓肿为大的片状阴影，常为单发，以中、下肺野居多，其内较大空洞、内壁光滑，并且有大的气液平面（图8-1-14）。

3）肺癌空洞：较大的肺癌肿块内可出现不规则空洞，内壁多不规则，有结节影，很少有气液平面。

4）肺囊肿：肺囊肿表现为薄壁（1～2 mm）透光区，大而光滑；囊状支气管扩张可有蜂窝状透光区，其内可有气液平面。两者均称为空腔，不是空洞。

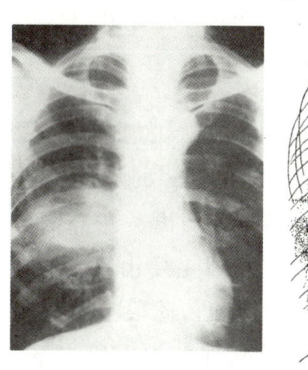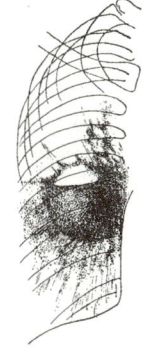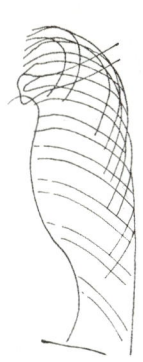

图8-1-14　右下肺脓肿

（4）肺野透光度增强

1）慢性阻塞性肺疾病：表现为肋间隙增宽，双肺透光度增强，肺纹理稀疏，纵隔阴影细长，膈肌下降（图8-1-15）。

2）气胸：胸膜脏层或壁层破裂均可产生气胸。其X线特征为肺野出现无肺纹理的高度透光区，有时可见被压缩肺组织的边缘。纵隔可向健侧移位。液气胸时，X线立位胸片可见气液平面，其上方可见萎陷的肺组织及透亮区（图8-1-16）。

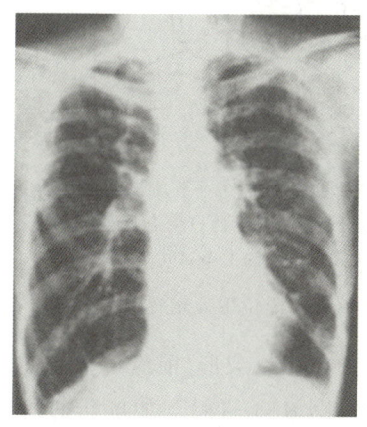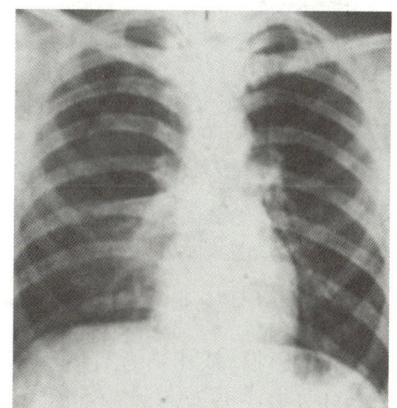

图8-1-15　慢性阻塞性肺疾病　　　　图8-1-16　右侧气胸

（二）心脏与大血管X线检查

心脏与大血管X线检查能清楚地显示心脏及其大血管的大小、形态和搏动以及肺血管的情况,但不能显示内在结构。随着介入放射技术的开展,心血管造影可显示心血管的解剖结构、运动及血流情况,而且能够直接进行治疗。

1. 正常心脏、大血管的 X 线表现

(1)心脏大血管 X 线投影:心脏各房室在平片上的投影相互重叠,因此必须通过多种位置的观察,才能对各个房室及大血管的形态得出比较完整的立体概念。常用的位置有后前位、右前斜位和左前斜位。

> **提示:**摄片时靶片距要求为 2 m,可减少放大率(不超过 5%)。不能达到上述要求时,评价影像时应考虑到放大因素的影响。

1)后前位:即心脏大血管的正位(图 8-1-17)。心脏 1/3 投影位于中线的右侧,2/3 位于中线的左侧。右心缘分上、下两段,中间有一切迹。上段略平直,为上腔静脉及升主动脉的复合影,下段为右心房,呈弧形向右凸出。左心缘分三段,上段由主动脉弓降部所构成,形成半球形影,即主动脉结;中段主要由肺动脉干所构成,称肺动脉段或心腰;下段最长,为左心室阴影,呈明显的降凸,此段上部为左心耳所占据,长约 1 cm,与左心室间一般无明显分界。由大血管构成的上中段与下段(左心室)搏动相反,两者相接处称为相反搏动点。

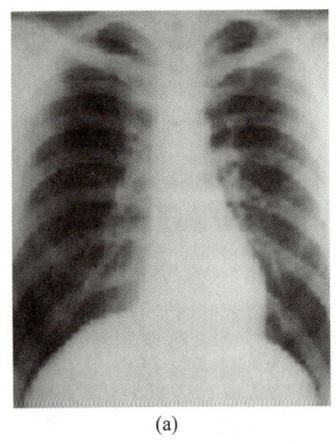 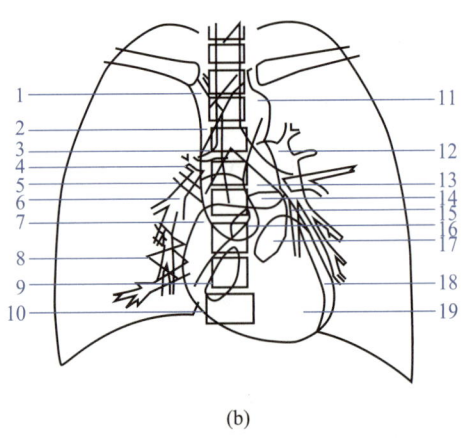

(a)　　　　　　　　　　　(b)

1. 右无名静脉;2. 上腔静脉;3. 奇静脉;4. 右上肺动脉;5. 右上肺静脉;6. 右下肺动脉;7. 右心房;
8. 右下肺静脉;9. 三尖瓣口;10. 下腔静脉;11. 主动脉弓;12. 左肺动脉;13. 右肺静脉;
14. 肺动脉瓣口;15. 左心房;16. 主动脉瓣口;17. 二尖瓣口;18. 左心室;19. 右心室。

图 8-1-17　正常心脏后前位(a)和正常心脏大血管后前位影像示意图(b)

2)右前斜位:被评估者自后前位向左旋转 45°。心影呈梨形,前缘自上而下为升主动脉、肺动脉干及右心室漏斗部和右心室的前壁(图 8-1-18)。如旋转的角度较小,则最下部为左心室。心后缘上段由气管、上腔静脉组成并相互重叠,下段大部分由左心房构成。常同时行吞钡检查,以使食管显影,确定左心房有无增大。

3)左前斜位:被评估者向右后旋转 55°~70°。心前缘自上而下为升主动脉、右心房和右心室。心后缘上部为左心房,下部为左心室所占据,明显向后降凸,右心室一般应位于脊柱之前。左房上方可见到升主动脉、主动脉弓及降主动脉所围绕成的一透亮区,称为主动脉窗,窗内有左侧主支气管的阴影(图8-1-19)。

(2)心脏大血管的搏动:在透视下观察心脏大血管的搏动有重要诊断意义。正常情况下,左心缘的搏动代表左室搏动,较右心缘的搏动强而有力。心脏收缩时左心缘向内收缩,舒张时向外扩张,其搏动的平均幅度为2~5 mm。

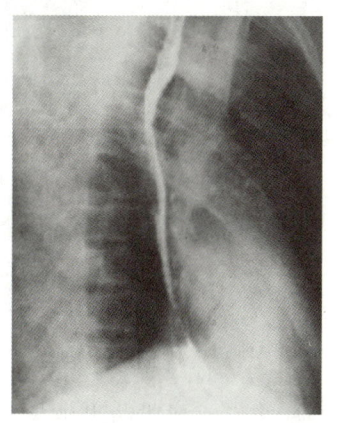 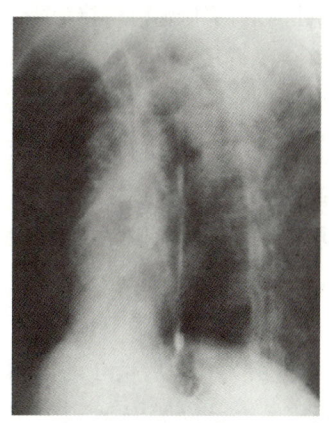

图8-1-18　正常心脏右前斜位　　　　图8-1-19　正常心脏左前斜位

2. 心脏、大血管病变的基本X线表现

(1)心脏增大:心脏增大是心脏大血管疾病的重要征象,包括心壁肥厚和心血管腔的扩大,且二者常并存。普通X线检查很难将壁的肥厚和腔的扩大区分,因此常统称为增大。根据X线片上心脏大小、形态的变化,可以辨认出某一心腔或整个心脏增大。

提示:确定心脏增大与否的最简单方法是测量并计算心胸比率(图8-1-20)。临床上以0.5为正常上限,0.51~0.55为轻度增大,0.56~0.60为中度增大,0.6以上为重度增大。

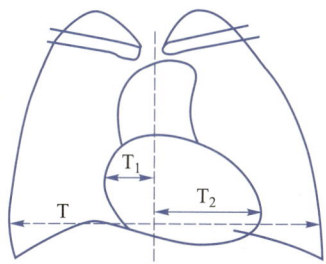

图8-1-20　心胸比率测量图

1)左心室增大:① 后前位显示左心缘下段向左下延伸,相反搏动点上移。② 左前斜位显示左心室向后向下延伸与脊柱重叠,室间沟向前下移位。

左心室增大的常见原因为原发性高血压、主动脉瓣关闭不全或狭窄、二尖瓣关闭不全及部分先天性心脏病,如动脉导管未闭等。

2)右心室增大:① 后前位显示右心缘下段向右膨突,最凸点偏下,心尖圆隆上翘,肺动脉段膨凸,相反搏动点下移。② 右前斜位心前缘下段膨隆,心前间隙变窄。③ 左前斜位心室隔段增大,室间沟向后上移位。

右心室增大的常见原因是二尖瓣狭窄、慢性肺源性心脏病、肺动脉高压、心内间隔缺损、肺动脉瓣狭窄、法洛四联症等。

3）左心房增大:① 右前斜位上可见食管中段有局限性向后的压迹和移位(图8-1-21)。② 后前位显示可有增大的左心房形成心右缘的"双弧阴影"和心左缘左心耳向左心缘凸出形成的第三弓影。③ 左前斜位左主支气管受压向上移位。

左心房增大的常见原因为二尖瓣病变、左心衰竭及某些先天性心脏病,如动脉导管未闭、室间隔缺损等。

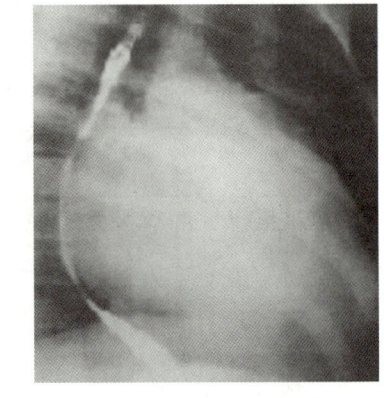

图 8-1-21　左心房增大食管压迹及移位

4）右心房增大:① 后前位心右缘下段向右扩展、膨隆,最突点位置偏高。② 左前斜位心前缘右心房段凸出延长并可与心室段成角。③ 右前斜位时,心后区下部可因右心房增大而闭塞。

右心房增大常见于右心衰竭、房间隔缺损、三尖瓣病变、肺静脉异位引流和心房黏液瘤。

5）心脏增大的形态变化及分型:因心脏各个房室增大程度不同,所以在 X 线片上常表现出各种不同形状。X 线检查中常将其划分为二尖瓣型、主动脉型及普遍增大型三型。

二尖瓣型:心脏向两侧扩大,心腰饱满或呈弧形突出,主动脉球缩小。此型心脏外形呈梨形。这种心型多见于二尖瓣狭窄或狭窄伴有关闭不全、慢性肺源性心脏病以及房、室间隔缺损等以右心室增大为主的心脏疾病。

主动脉型:主动脉阴影增宽,主动脉球突出,心腰凹陷,左室向左隆凸。心外形呈靴形。这种心形常见于主动脉瓣膜病、高血压、主动脉缩窄等以左心室增大为主的心脏疾病。

普遍增大型:心脏普遍性增大即心脏各个心腔都有增大。常见于严重的心力衰竭、扩张型心肌病或心包积液等。

（2）心脏血液循环障碍所引起的肺血管变化:心脏疾患与肺血管的变化有密切关系,并可互为因果,即心脏疾患可引起肺血管的变化,反之,肺血管的变化亦可引起心脏增大。常见的肺部血管变化现分述如下:

1）肺淤血:是由于肺静脉血液回流受阻引起,常见于二尖瓣狭窄、左心衰竭、缩窄性心包炎等。其 X 线表现为以下几点:① 肺门阴影增大并较模糊。② 肺门周围血管扩张。③ 肺纹理增多、增粗,边缘模糊,有时可蔓延至肺野外带。④ 肺透亮度减低。⑤ 胸腔及叶间可有积液。

2）肺充血:由于肺循环血流量增多引起,常见于左向右分流的先天性心脏病,如房间隔缺损、室间隔缺损、动脉导管未闭等。其 X 线表现为以下几点:① 两侧肺门阴影增大,肺血管纹理增粗、增多,边缘清楚。② 右下肺动脉干扩张(成人超过 1.5 cm),透视下有时可见扩张性搏动,即"肺门舞蹈"。③ 肺动脉段凸出,搏动增强。④ 肺野透亮正常,同肺淤血有明显不同。

3)肺水肿:X 线表现分为实质性肺水肿及间质性肺水肿两种。实质性肺水肿表现为两肺中、下野有片状致密阴影,自肺门向外呈蝶翼状。间质性肺水肿可见肺门周围纹理增多,边缘模糊,呈索条状向外延伸,肺野透亮度减低。

4)肺血流量减少:常见于肺动脉狭窄及法洛四联症等肺循环血量减少的疾病。X 线表现为肺血管纹理普遍变细、稀少,肺野透亮度增加。

5)肺动脉高压:常见于二尖瓣狭窄。某些先天性心脏病及慢性肺源性心脏病亦可引起肺动脉高压。X 线表现为以下几点:① 显著的肺动脉凸出。② 肺门及周围的血管阴影明显扩张,外周血管细、稀少,肺外带透明度增加。③ 右心室不同程度扩大。

三、腹部 X 线检查

(一)腹部平片异常 X 线表现

1. 腹腔积气　腹膜腔内积气,且随体位改变而游动,称游离气体。立位时,气体可上浮到膈与肝或胃之间,显示为透明新月形气影(图 8-1-22)。常见于胃肠穿孔、腹腔术后或合并感染。

2. 管腔器官积气、积液并有管腔扩大　最常见于梗阻性病变,也见于炎症和外伤。十二指肠降段梗阻,其近侧的胃和十二指肠

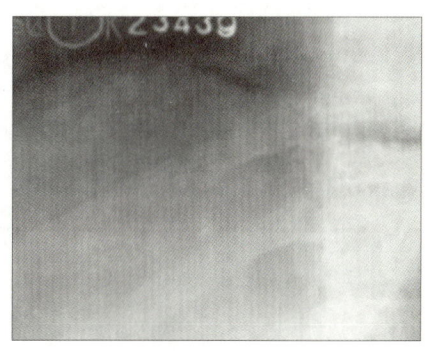

图 8-1-22　膈下游离气体

壶腹部明显胀气扩大,表现出"双泡征"。小肠和结肠段梗阻,梗阻以上肠管胀气、积液而扩张,立位时可见高低不等,长短不一的气液平面(图 8-1-23)。麻痹性肠梗阻引起肠管普遍胀气扩张。

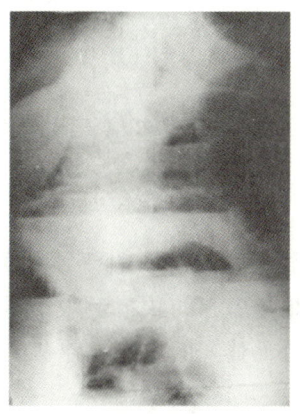
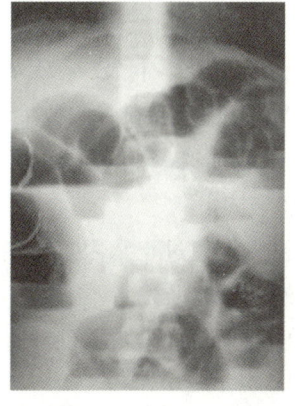

图 8-1-23　肠梗阻

3. 腹内高密度影　主要为阳性结石、钙斑和异物,钙斑包括胎粪性腹膜炎、扭转的卵巢畸胎瘤等。阳性结石包括泌尿系结石、阑尾粪石和部分阳性胆结石(图8-1-24)。肾结石多数位于肾盂或肾盏内,表现为肾区类圆形、桑葚状或鹿角状致密影;输尿管结石常为黄豆大或米粒大的致密影,其长轴与输尿管走向一致,易停留在生理狭窄处;阑尾粪石常呈分层同心环状,居右下腹。

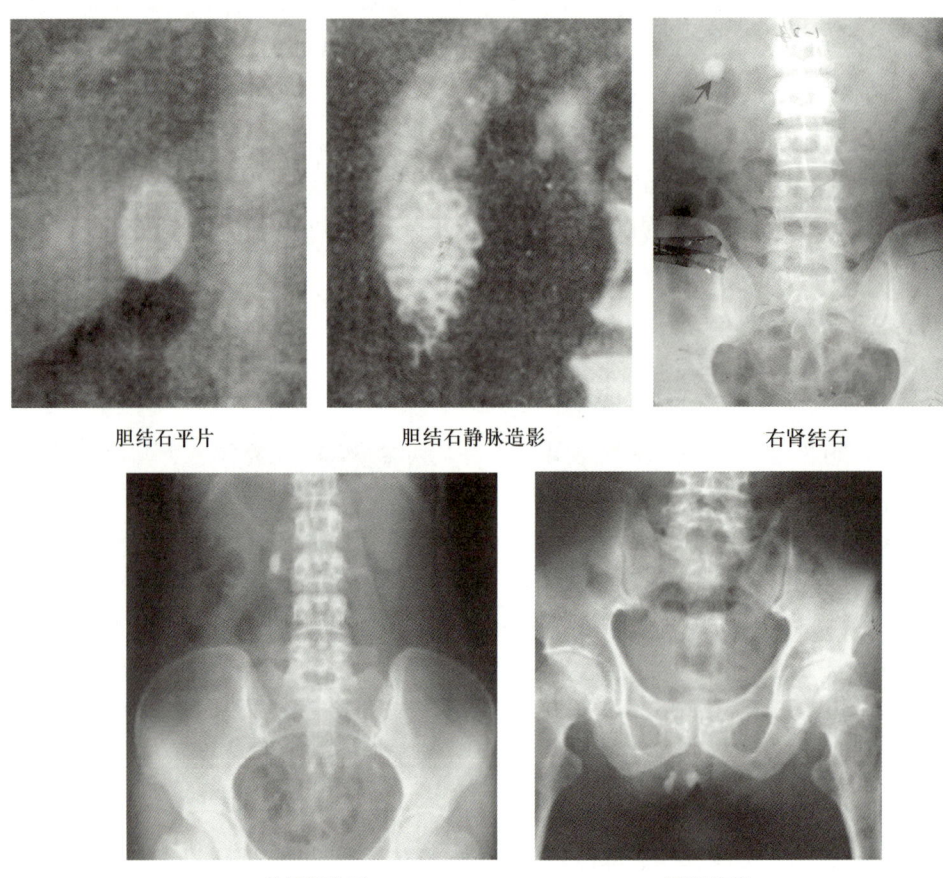

胆结石平片　　　　　　胆结石静脉造影　　　　　　右肾结石

输尿管结石　　　　　　　　尿路结石

图 8-1-24　结石 X 线征象

(二) 胃肠造影基本病变 X 线表现

当胃肠道病变引起黏膜和管腔改变时,可由钡剂造影检查显示胃肠肿瘤、溃疡、炎症造成的形态和功能改变。

1. 管腔狭窄与扩张

(1) 狭窄:狭窄指超过正常限度的持久性管腔缩小。见于消化道炎症、肿瘤、瘢痕、粘连、痉挛、外在压迫及发育不全等。肠粘连引起的狭窄形状较不规则,肠管移动受限。外在压迫引起的狭窄多在管腔一侧,可见整齐的压迹或伴移位,肿瘤浸润则管壁僵硬不规则(图8-1-25)。

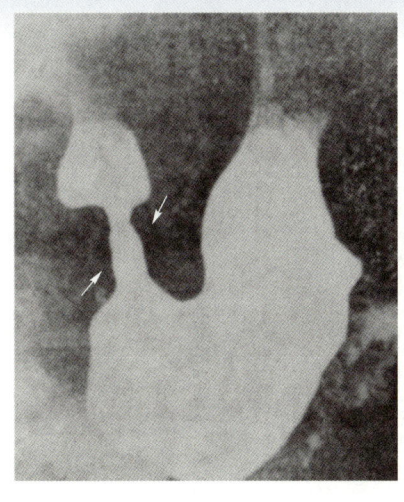
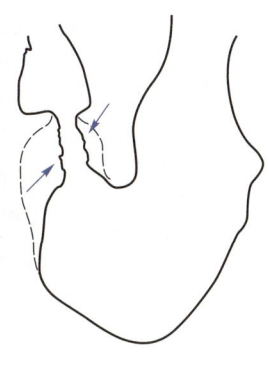

图 8-1-25　胃窦部浸润型胃癌

（2）扩张：扩张指超过正常限度的持久性管腔增大，多由远端有狭窄、梗阻或肌张力降低所致。肠梗阻引起梗阻点以上的管腔扩张，如幽门梗阻引起胃扩张，食管癌引起狭窄以上食管扩张。

2. 轮廓改变　胃肠道壁上的病变，可使其轮廓发生改变。

（1）龛影：某些病变致消化道壁局限性溃疡，造影剂充填于其中，切线位显示向腔外突出的影像称为龛影，此系溃疡性病变的 X 线征象。胃溃疡在龛影对侧位置可见痉挛切迹［图8-1-26（a）］。溃疡在轴位投影则呈火山口状，钡斑与胃肠道重叠，无胃轮廓表现［图8-1-26（b）］。

（2）充盈缺损：充盈缺损是病变向腔内突出使局部不能被钡剂充盈，充钡胃肠轮廓局部向内凹陷的 X 线征象（图 8-1-27）。多见于肿瘤，也见于胃肠炎性肉芽肿和异物。

3. 黏膜皱襞的改变　黏膜的异常表现对发现早期病变和鉴别诊断有重要意义。可有黏膜皱襞迂曲、紊乱、平坦、消失、破坏、纠集等 X 线征象。见于消化道炎症、肿瘤、瘢痕、溃疡等病变。

4. 形态与功能改变

（1）紧张力：是指消化道平滑肌收缩与舒张的程度，由消化道本身病变或神经功能障碍所致。紧张力增高表现为管腔变窄，局部持续性收缩称为痉挛；紧张力降低表现为松弛无力、管腔扩张、运动减弱。

（2）蠕动：是消化道肌肉节律性收缩使内容物前进的动力。蠕动增强表现为蠕动波加深、频率加快，见于局部炎症或远端梗阻；蠕动减弱或消失表现为蠕动波变浅、速度变慢或长时间无蠕动波出现，见于癌肿浸润或梗阻晚期肌张力低下；逆蠕动表现为蠕动方向逆上行性，造成内容物反流，见于胃肠道梗阻。在无局部痉挛或梗阻的情况下，蠕动增强则排空加快，蠕动减弱则排空延迟。局部排空加快，该处无造影剂停留，造影剂呈跳跃式通过，称为激惹征，是局部炎症、溃疡的表现。

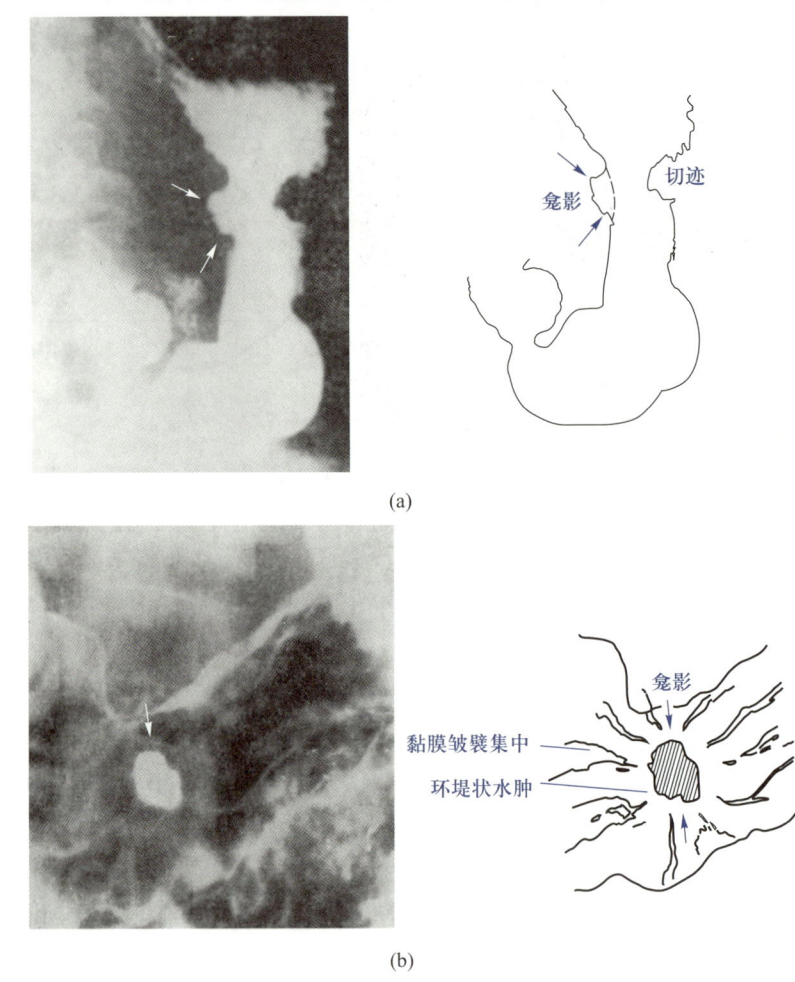

(a)

(b)

图 8-1-26　胃体小弯侧溃疡龛影,对侧大弯切迹(a)和胃溃疡龛影的正面观(b)

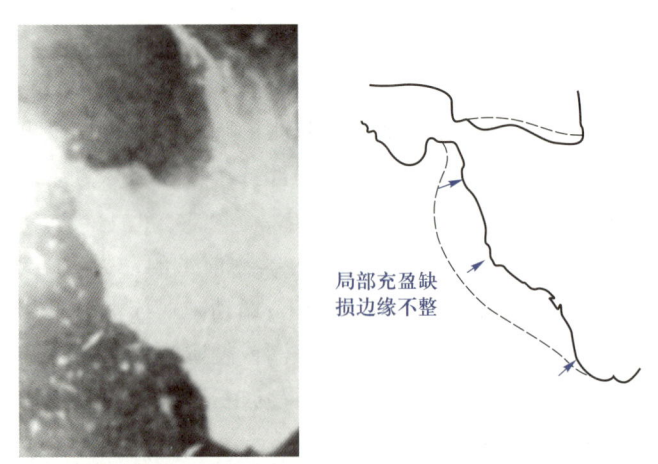

图 8-1-27　胃癌(胃窦部充盈缺损)

（三）泌尿系统造影基本病变 X 线表现

1. **肾位置的改变** 肾位置上、下移动范围应在 1~3 cm，过高、过低或肾轴的改变多为先天畸形、肾本身病变或肿块压迫移位所致。下移超过 5 cm 即为肾下垂。

2. **肾大小、轮廓的改变**

（1）一侧肾影改变：明显缩小常见于单肾发育不全或肾萎缩；增大可能为肾盂积水、肾囊肿、肾肿瘤或代偿性增大。

（2）双侧肾影改变：增大多见于多囊肾。缩小见于双侧肾萎缩。

（3）肾轮廓改变：局部凹陷见于慢性肾盂肾炎或肾缺血引起的局部萎缩。局部隆起多见于肾肿瘤或囊肿。

3. **破坏性改变** 肾实质的破坏常见于结核病变或恶性肿瘤，在造影片上表现为局部边缘模糊、不规则以及密度不均的小腔或窦道，多出现在肾盂、肾盏附近。肾盂、肾盏的破坏则表现为肾小盏边缘不规则、变形等。

4. **充盈缺损** 见于肿瘤、前列腺增生、阴性结石或血块等。病变在尿路内占据一定的空间，使造影剂不能充满，出现缺损，表现为大小和形态不定的局部透光区。

5. **梗阻性改变** 多因结石、血块嵌顿或局部狭窄等出现尿路梗阻。发生在输尿管下段时，则表现为肾盂、肾盏和输尿管的扩张，形成肾积水。若梗阻严重且病程长，可出现肾轮廓增大，皮质萎缩变薄，功能受损，常规静脉尿路造影可延缓显影或不显影。

6. **排泄功能改变** 在静脉尿路造影时，可以从肾盂、肾盏出现显影的时间及其密度高低估计肾排泄功能。若一侧显影的时间较对侧延迟且密度低，提示该侧排泄功能障碍或供血不足。但影响显影和密度的因素很多，如输尿管压迫及反射性抑制等均可致显影时间和密度的改变。

四、骨骼关节基本病变 X 线检查

（一）骨骼的基本病变

1. **骨质疏松** X 线表现为骨皮质变薄，骨髓腔增宽，骨小梁稀少、间隙增宽，骨质密度减低。广泛性骨质疏松可见于老年人、绝经期后的妇女、营养不良、代谢疾病或内分泌障碍以及长期使用激素等。局限性的骨质疏松多见于炎症、结核、局部活动受限等。

2. **骨质软化** X 线表现为骨密度减低，与骨质疏松不同的是骨小梁和骨皮质边缘模糊，系骨组织内含大量未钙化的骨样组织所致。由于骨质软化，承重骨骼常发生各种变形，常见于佝偻病和骨软化症。

3. 骨质破坏 X线表现为骨质局限性密度减低,骨小梁稀疏或形成骨质缺损,其中呈现局部骨质缺损区(图8-1-28),常见于骨肿瘤、炎症、结核等疾病。骨质破坏是骨骼疾病的重要X线征象,观察破坏区的部位、数目、大小、形状、边界和邻近骨质、骨膜、软组织的反应等,进行综合分析有利于病因诊断。破坏区边缘清晰锐利,常为慢性、修复性或良性疾病。边缘模糊及不规则时,常为急性、进展性或恶性疾病。

4. 骨质坏死 骨质坏死是指骨局部血液供应中断,代谢停止,形成死骨。X线表现为骨质局限性密度增高(图8-1-29),骨质坏死多见于化脓性骨髓炎、骨结核和骨缺血性坏死等。

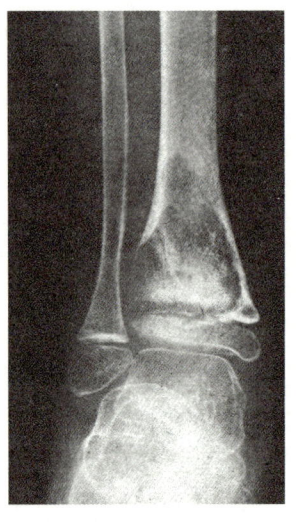

图8-1-28 骨质破坏

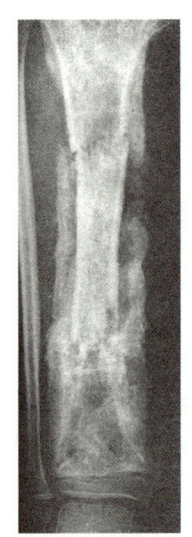

图8-1-29 骨质坏死

5. 骨质增生硬化 是指单位体积内骨量增多。X线表现为骨皮质增厚,轮廓粗大,髓腔变窄,骨小梁增粗或失去其结构,整个骨质密度增高。可以是局限性或多骨性,一般见于慢性炎症、骨病的修复期、成骨性肿瘤等(图8-1-30)。

6. 骨折 骨折是骨骼发生断裂、骨的连续性中断。表现为不规则的透明线,称为骨折线,于骨皮质显示清楚整齐,在骨松质则表现为骨小梁中断、扭曲、错位。根据骨折的程度可分为完全性和不完全性。前者骨折线贯穿骨骼全径,后者则不贯穿全径。根据骨折线的形状和走向,可将骨折分为线形、星形、横形、斜形、螺旋形、T形和Y形等(图8-1-31)。

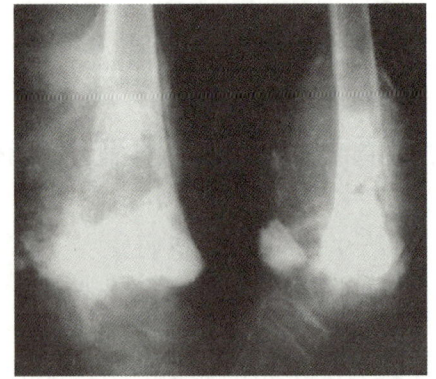

图8-1-30 骨肉瘤

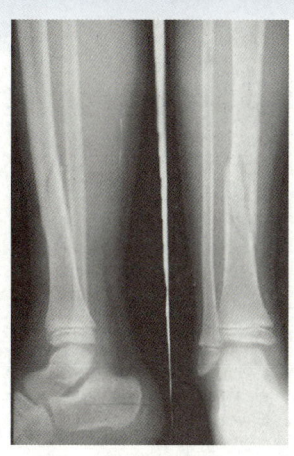
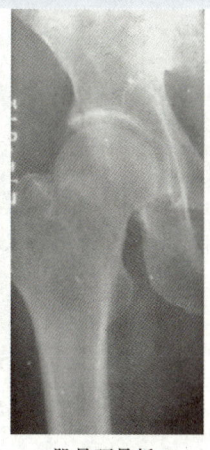
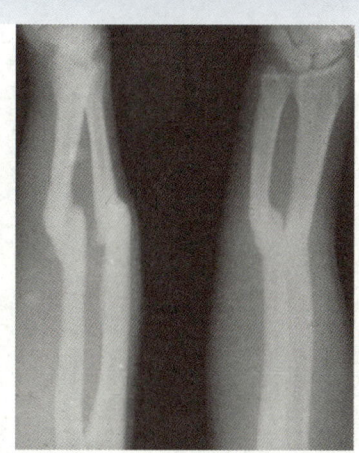

胫骨下段骨折　　　　　　　股骨颈骨折　　　　　　　尺桡骨骨折畸形愈合

图 8-1-31　骨折

（二）关节的基本病变

1. 关节肿胀　X 线表现为关节周围软组织阴影增厚、密度增高,各软组织层次变模糊,关节间隙正常或增宽,见于各种关节炎的早期改变。

2. 关节破坏　单纯软骨破坏见于病变的早期,可无 X 线表现或仅表现为关节间隙稍变窄。出现软骨下骨质破坏时,X 线表现为关节面局部骨质缺损,骨小梁消失。破坏者关节间隙更加狭窄,并可出现脱位或关节融合等畸形。

3. 关节退行性变　多见于老年、运动员和搬运工人,由于慢性创伤和长期承重所致。早期 X 线表现主要是骨性关节面模糊、中断、消失。中晚期表现为关节间隙狭窄、软骨下骨质囊变和骨性关节面边缘骨形成,无明显骨质破坏及骨质疏松。

4. 关节强直　关节强直是慢性关节疾病的后果,可分为骨性强直和纤维性强直。骨性强直为关节破坏严重,关节两骨端靠近、融合,其间有骨小梁贯穿致关节间隙消失。多为化脓性关节炎的后遗症,亦可见于关节融合术后。纤维性强直是临床上关节功能丧失,X 线表现为关节间隙存在,但变狭窄。

5. 关节脱位　关节脱位是构成关节的骨骼脱离、错位(图 8-1-32)。由外伤、炎症、肿瘤或先天性等原因引起。根据脱位的程度又分为完全性脱位和半脱位。

五、放射防护的方法和措施

X 线检查应用很广,接触 X 线的人也越来越多。因此,应该重视 X 线检查中的防护问题,了解放射防护的意义、方法和措施。

（一）放射防护的意义

X 线穿透人体将产生一定的生物效应。若接触的 X 线量过多,超过容许曝射量,

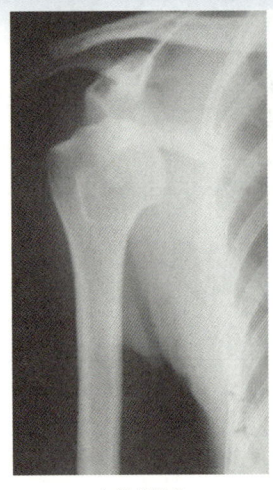
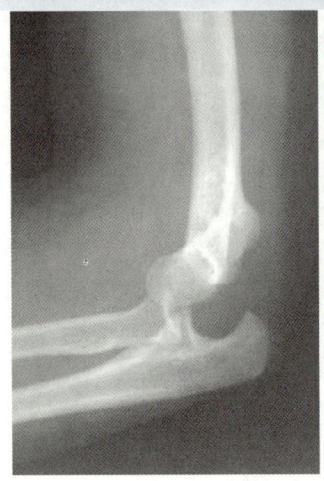

肩关节脱位　　　　　　　　　　　　　　　肘关节脱位

图 8-1-32　关节脱位

就可能产生放射反应,甚至产生一定程度的放射损害。故应强调和重视防护,如控制 X 线检查中的曝射量并采取有效的防护措施,安全合理地使用 X 线检查,尽可能避免不必要的 X 线曝射,以保护被评估者和评估者的健康。

随着 X 线设备的改进,高千伏技术、影像增强技术、高速增感屏和快速 X 线感光胶片的使用,使 X 线曝射量已显著减少,产生放射损害的可能性也越来越小。但是仍不能掉以轻心(尤其对孕妇、小儿和长期接触射线者),特别应注意介入放射的射线防护问题。

(二)放射防护的方法和措施

1. 技术方面　可以采取屏蔽防护和距离防护原则。通常采用 X 线管壳、遮光筒和光圈、滤过板、荧屏后铅玻璃、铅屏、铅橡皮围裙、铅手套以及墙壁等,进行屏蔽防护。增加人体与 X 线源的距离以进行距离防护。

2. 被评估者方面　为了避免不必要的 X 线曝射和超过容许的曝射量,应选择恰当的 X 线检查方法,设计正确的检查程序。每次 X 线检查的曝射次数不宜过多,也不宜在短期内做多次重复检查(这对体层摄影和造影检查尤为重要)。在投照时,应当注意投照位置、范围及曝射条件的准确性。对照射野相邻的性腺,应用铅橡皮加以遮盖。

3. 放射线工作者方面　应遵照国家有关放射防护卫生标准的规定制定必要的防护措施,正确进行 X 线检查的操作,认真执行保健条例,定期监测射线工作者所接受的剂量。透视时要戴铅橡皮围裙和铅手套,并利用距离防护原则,加强自我防护。

六、X 线检查的护理

X 线检查的护理配合工作对保证被评估者安全,保证检查质量,获得满意的检查结果有重要意义。

（一）X线一般检查的护理

检查前应详细阅读申请单，了解检查目的、方法及体位，并向被评估者说明，以取得配合，嘱其除去被摄部位体表不透X线的膏药、辅料及可显影的物品等。向对X线检查产生疑虑或恐惧者解释X线曝射量在容许范围内，不会影响身体健康，消除其顾虑。

1. **胸部X线检查**　摄影前教会深呼吸和屏气方法，嘱被评估者身着薄层、易穿脱的衣服，除去衣服上的金属饰物、文胸上的金属挂钩、上衣口袋内的硬币、打火机及钥匙等。

2. **腹部X线检查**　除急腹症及孕妇外，摄影前均应先清除肠腔内容物。

（1）自洁法：摄影前一日晚睡前服轻泻药，如蓖麻油20～30 ml或番泻叶5～10 g，摄影次日晨禁食，摄影前先行腹部透视，确定肠腔内清洁方可摄影。

（2）灌肠：摄影前2 h用肥皂水或生理盐水清洁灌肠，清除肠腔内容物。

3. **脊柱X线检查**　腰椎、骶尾椎摄影前，应询问被评估者近期有无服用高原子序数的药物，是否做过消化道钡餐检查，骶尾椎摄影前应先行排便。

4. **骨盆X线检查**　摄影前应清除肠腔内容物，排空膀胱内尿液。

5. **头颅X线检查**　除去被评估者头部的发卡、饰物和活动的义齿等物品。

（二）X线造影检查护理

1. **常规检查前准备**

（1）向被评估者说明造影目的、解释造影的程序，以取得配合。

（2）询问被评估者有无造影的禁忌证，如严重心、肾疾病和过敏体质等。

（3）造影剂过敏试验：目前应用碘造影剂较多，而且造影反应中，以碘造影剂过敏较常见并较严重，故着重介绍碘过敏试验。静脉注入将拟用的造影剂1.0 ml，观察15 min内有无不良反应，如出现周身灼热感、荨麻疹、胸闷、咳嗽、气促、恶心、呕吐等，即为阳性，不宜行造影检查。但应指出，尽管无上述症状，造影中也可发生反应。因此，关键在于应有抢救过敏反应的准备与能力。

（4）做好抢救准备：严重反应包括周围循环衰竭和心脏停搏、惊厥、喉头水肿、肺水肿和哮喘发作等。遇此情况，应立即终止造影并进行抗休克、抗过敏和对症治疗。呼吸困难应给氧，周围循环衰竭应给肾上腺素，心脏停搏则需立即进行心脏按压。

2. **各造影检查的准备与护理**

（1）上消化道钡餐

检查前：① 检查前3天禁服影响胃肠功能的药物和含重金属的药物。② 检查前禁食10 h以上，禁水6 h。③ 嘱被评估者穿舒适服装（取下义齿、金属物品、腰带等）。④ 幽门梗阻者检查前应抽出胃内容物。

检查后：① 被评估者可进一般饮食。② 嘱被评估者多饮水，以促进钡剂排出，便秘者事先给轻泻药。③ 使用交感神经阻滞药时，应注意其不良反应。④ 使用泛影葡胺易出现腹泻，需观察。

（2）钡灌肠

检查前：① 造影前3天内不服用影响胃肠功能和含重金属的药物。② 检查前1天摄入少渣半流质饮食，睡前服番泻叶或硫酸镁制剂50 ml，使肠内排空，检查当日晨清洁灌肠2次，造影前禁食至少6 h。③ 充分排便、身着舒适衣服（去掉腰带）。

检查后：① 协助拭净臀部，有困难者协助更衣。② 嘱检查后可以进食，多次饮水，以促使钡剂排出。

（3）静脉胆道造影

检查前：① 检查前晚服液状石蜡20~30 ml。② 做碘过敏试验，并记录。③ 检查当日晨禁食。④ 备好检查中用脂肪餐。

检查中：① 协助医师静脉注射碘造影剂，注射速度宜慢，或用静脉滴注。② 观察被评估者血压，是否出现恶心、呕吐、头晕、皮肤瘙痒等症状，发现异常立即报告医师。③ 胆囊显影后协助进食高脂肪饮食，半小时后再摄片。

检查后：① 告知被评估者排尿时可能出现刺痛感，不必紧张。② 嘱大量饮水，加快碘造影剂的排泄。

（4）静脉肾盂造影

检查前：① 做碘过敏试验。② 检查前2~3天内禁服铋剂、碘剂和钡剂等，前日晚进少渣、不产气饮食，睡前服轻泻药或在造影前1~2 h做清洁灌肠。③ 造影前3~6 h禁水、禁食。④ 造影前排空膀胱。

检查中：① 协助医师及技术员静脉注射造影剂，注意剂量准确，开始注射1 ml观察反应，如无不良反应继续注射3~5 min完毕，记录时间。② 注射中观察有无碘剂过敏反应。③ 注射完毕立即告知操作者，压迫双侧输尿管，根据时间要求拍片。

检查后：① 观察有无荨麻疹、腹痛等延迟碘过敏反应。② 嘱多饮水，加快造影剂的排泄。

（5）肾动脉造影

检查前：① 备皮（双侧腹股沟及会阴部）。② 做碘过敏试验；③ 检查前一天晚上清洁灌肠。④ 检查当日晨禁食，备齐肝素、造影剂及抢救药物等。

检查中：① 协助医师常规消毒皮肤，局麻下行股动脉穿刺，插入导管抽出导管丝，在X线监护下导管抵达肾动脉，注入造影剂并摄片，完全显影满意后拔出穿刺针，加压包扎。② 检查中注意观察有无碘过敏反应。

检查后：① 严密观察出血情况，每30 min测血压1次。② 局部加压30 min以上，卧床制动12 h。③ 观察术侧下肢渗血及足背动脉搏动情况。

（6）心导管造影

检查前：

1）环境要求：导管室空气消毒，保证操作在无菌状态下进行。

2）用物准备：① 多导生理记录仪。② 全套诊断用心导管（心导管、导引钢丝、穿刺针）。③ 测量与记录压力装置、测血氧含量装置。④ 急救药、心肺复苏有关设备。⑤ 压迫止血用沙袋。

3）患者准备：① 做碘过敏试验，并记录。② 检查前 1 天根据插管部位，给予备皮，如右心导管常用股静脉穿刺。③ 术前行心理护理，消除顾虑。④ 检查前 4 h 禁食、禁水。⑤ 检查前 2 h 测生命体征，有异常通知医师。⑥ 检查前半小时肌内注射地西泮，嘱患者排便。

检查中：① 协助患者仰卧于造影诊断床上，系好固定带，如果旋转检查应事先向患者说明。② 连接固定监护电极，防止电极或导线出现在造影视野内。③ 建立静脉通路，测量并记录血压、心率、呼吸，行左心导管术时记录术中肝素用量和时间。④ 协助医师进行皮肤消毒、铺无菌巾、穿手术衣。⑤ 及时递送所需要的器械。⑥ 协助医师连接压力换能器、测压管、注液器、采集血氧标本。

检查后：① 密切观察生命体征及临床征象，如有无胸痛、剧烈咳嗽、呼吸困难等。② 切口包扎处压迫止血 4~6 h，左心导管术后切口应压迫 8~12 h。③ 观察切口渗血、渗液以及切口以下肢体皮肤温度、色泽、感觉、肢体远端动脉搏动。④ 绝对卧床 8~12 h，无特殊情况 12 h 后可下床活动。

第二节　CT 检查

电子计算机断层摄影（computer tomography）简称 CT，是电子计算机和 X 线结合的诊断技术。CT 是通过 X 线管环绕人体某一层面的扫描，测得该层面中各点吸收 X 线的数据，然后利用计算机的高速运算和图像重建原理，获得该层面的横断面图像。其主要特点是具有高密度分辨率，比普通 X 线片高 10~20 倍，能准确测出某一平面各种不同组织之间的放射衰减特性的微小差异，以图像或数字显示，极其精细地分辨出各种软组织的不同密度，从而形成对比。CT 检查扩大了疾病的诊断范畴，提高了诊断正确率。

一、CT 的基本设备及基本原理

（一）CT 的基本设备

CT 设备由 X 线管、探测器（前两者统称为扫描部分）、电子计算机、图像显示器、记录图像的多帧照相机和操作台等部分组成（图 8-2-1）。

（二）CT 成像的基本原理

1. X 线扫描数据的收集和转换　X 线射入人体，就会被人体吸收而衰减，其衰减的程度与受检层面组织、器官的密度有关，密度越高，对 X 线衰减越大。

探测器收集到衰减后的 X 线信号（X 线光子）时，借助闪烁晶体将看不见的光子转变为可见光线；然后借助光电倍增管将可见光线转变为电信号并放大。再借助模拟/数字转换器将输入的电信号转变为相应的数字信号(又称原始数据),送入计算机。

2. 图像重建　用原始数据经过复杂运算而得出显示数据的过程称为图像重建过程。

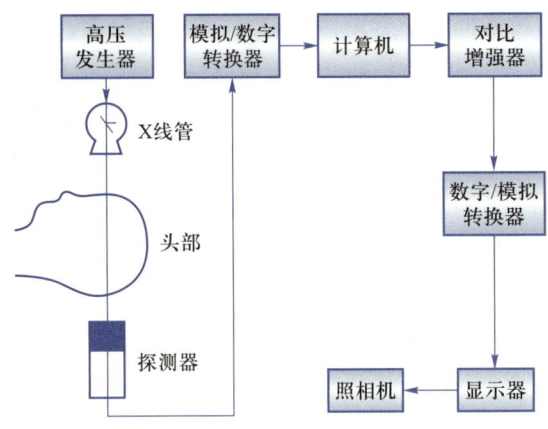

图 8-2-1　CT 装置示意图

3. 图像的显示及储存　将得出的显示数据经过数字/模拟转换器,转变为不同灰暗度的光点,形成图像。可由荧光屏显示,亦可以拍成照片,也可录入软盘或光盘中永久保存。

(三) CT 图像特点

1. CT 图像的构成　CT 图像是由一定数目不同灰度的像素按矩阵排列所构成。像素反映的是相应体素的 X 线吸收系数。不同 CT 装置所得图像的像素大小(1.0 mm×1.0 mm 或 0.5 mm×0.5 mm)及数目(256×256 或 512×512)不同。像素越小,数目越多,构成图像越细致,即空间分辨力越高。

2. CT 图像的表示　CT 图像以不同的灰度来表示。灰度反映器官和组织对 X 线的吸收程度。CT 图像与 X 线图像所示的黑白影像一样,黑影表示低吸收区,即低密度区,如肺部;白影表示高吸收区,即高密度区,如骨骼。但是 CT 的密度分辨力高,即有较高的密度分辨力(density resolution)。

3. CT 值　CT 值是表达组织密度的统一尺度,单位为 HU(hounsfield unit)。X 线穿过人体过程中会被吸收而衰减,计算出每个单位容积的 X 线吸收系数,然后再将其换算而成为 CT 值。

水的吸收系数为 10,CT 值定为 0 HU,人体密度最高的骨皮质吸收系数最高,CT 值定为 1 000 HU,而空气密度最低,定为 -1 000 HU。人体中密度不同的其他各种组织的 CT 值则经过换算而得,居于 -1 000~1 000 HU 的 2 000 个分度之间(图 8-2-2)。

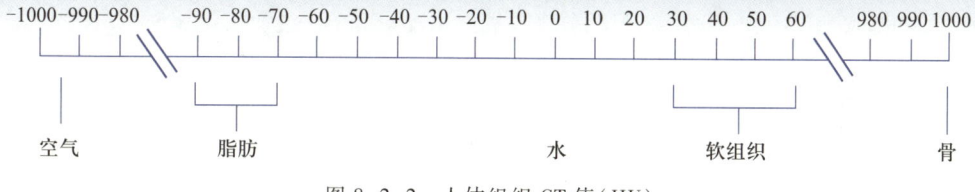

图 8-2-2　人体组织 CT 值(HU)

> **提示:** 人体软组织的 CT 值多与水相近,但由于 CT 有较高密度分辨力,仍形成对比而显影。CT 值的使用,使某一组织影像的密度,不仅可用不同灰度显示,而且可用 CT 值来说明密度高低的程度。

4. CT 图像　是断层图像,常用的是横断面[图 8-2-3(a)]。为了显示整个器官,需要多个连续的层面图像。通过 CT 设备上图像的重建程序的使用,还可重建冠状面、矢状面的层面图像[图 8-2-3(b)]以及三维图像[图 8-2-3(c)]。

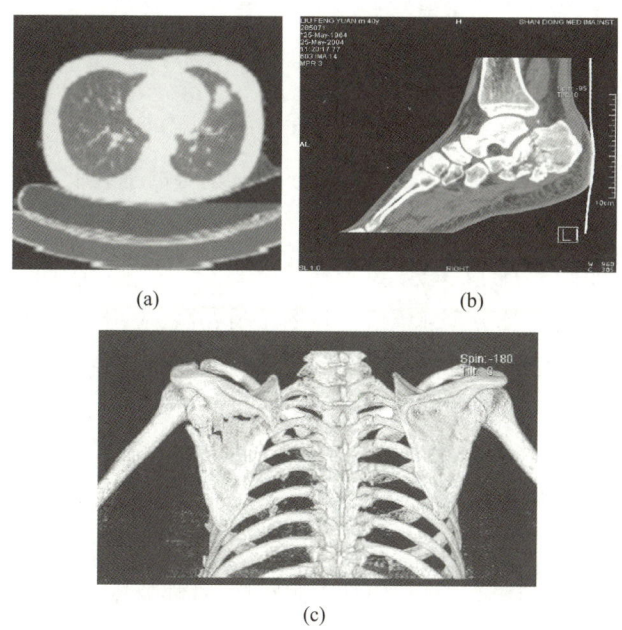

(a)　　　　　　　　(b)

(c)

图 8-2-3　横断面图像左肺肺癌(a)、矢状面图像跟骨骨折(b)
和三维图像肩胛骨骨折(c)

二、CT 检查方法

被评估者卧于检查床上,摆好位置,选好层面厚度与扫描范围,并使扫描部位伸入扫描架的孔内,即可进行扫描。大都用横断面扫描,层厚用 5 mm 或 10 mm,特殊需要可选用 2 mm 的薄层。

CT 检查分平扫(plain CT scan)、对比增强扫描(contrast enhancement, CE)和造影扫描。

（一）平扫

平扫是指不用血管内注射对比增强剂或造影剂的扫描。一般都是先做平扫。

（二）增强扫描

增强扫描是经静脉注入水溶性有机碘对比剂后再行扫描的方法。目的是提高病变组织同正常组织的密度差，以显示平扫上未被显示或显示不清的病变；通过病变有无强化或强化类型，对病变作出定性诊断。常用的方法为团注法（在二十几秒内将全部对比剂迅速注入）。

（三）造影扫描

造影扫描是在对某一器官或结构进行造影的基础上再行 CT 扫描的方法，可清晰显示其结构和发现病变，如脑池造影 CT 扫描。现临床应用较少。

三、CT 诊断的临床应用

CT 诊断已广泛应用于临床。但也应在了解其优势的基础上，合理地选择应用。

（一）中枢神经系统及头颈部疾病

CT 对中枢神经系统及头颈部疾病的诊断价值较高，应用普遍（图 8-2-4）。

1. 对颅内肿瘤、脓肿、肉芽肿、寄生虫病、外伤性血肿、脑损伤、脑梗死、脑出血以及椎管内肿瘤、椎间盘突出等病的诊断。

2. 螺旋 CT 可获得比较清晰的血管重组图像，即 CT 血管造影（CTA），用以诊断颅内动脉瘤、血管发育异常和脑血管闭塞，以了解脑瘤的供血动脉，有希望取代常规的脑血管造影。

3. 眶内占位病变、鼻窦早期癌、中耳小胆脂瘤、听骨破坏与脱位、内耳骨迷路的轻微破坏、耳先天发育异常以及鼻咽癌的早期发现等。

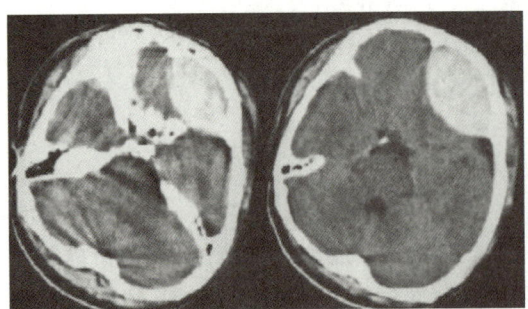
硬膜外血肿

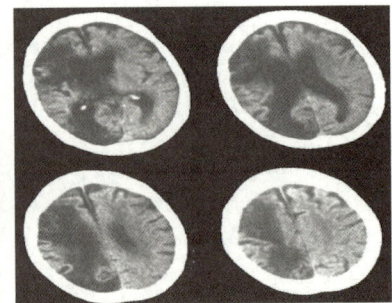
陈旧性脑梗死

图 8-2-4　头颅疾病的 CT 检查

（二）胸部疾病

随着高分辨率 CT 的应用,对胸部疾病的诊断日益显示出它的优越性(图 8-2-5)。

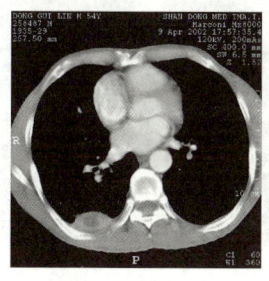 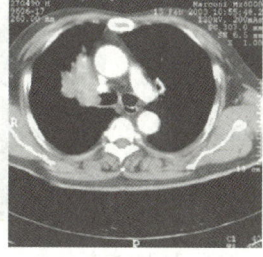 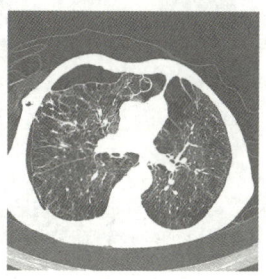

肺脓肿 　　　　　中心性肺癌 　　　　　肺气肿合并气胸

图 8-2-5　胸部疾病的 CT 检查

1. 增强扫描用以明确纵隔和肺门有无肿块或淋巴结增大、支气管有无狭窄或阻塞,对原发和转移性纵隔肿瘤、淋巴结结核、肺癌等的诊断。

2. 肺内间质、实质性病变也可以得到较好的显示。

3. 对胸膜、膈、胸壁病变的诊断。

（三）心脏及大血管检查

1. 心包病变的诊断。

2. 冠状动脉多层螺旋 CT 扫描能够检出冠状动脉软斑块,能够显示心腔及心壁、冠状动脉及心瓣膜的钙化、大血管壁的钙化,对于诊断冠心病有很大帮助。

3. 心血管造影 CT 对先天性心脏病,如心内、外分流和大血管狭窄以及瓣膜疾病有诊断价值。

（四）腹部及盆部疾病

1. 主要用于肝、胆、胰、脾,腹膜腔及腹膜后间隙、肾上腺、泌尿和生殖系统的疾病诊断,尤其是占位性病变（良性及恶性肿瘤）、炎症性、外伤性和血管性病变等(图 8-2-6)。

2. 胃肠病变向腔外侵犯以及邻近和远处转移的诊断等,CT 检查也有很大价值。

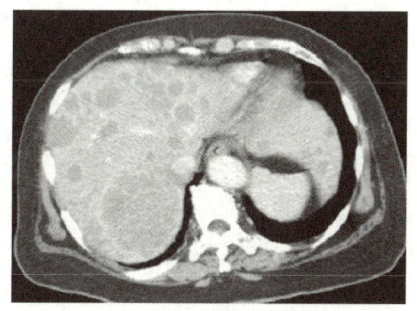

（五）脊柱 CT 扫描适应证

图 8-2-6　肝转移瘤

1. 各种原因引起的椎管狭窄及椎管内占位性病变。

2. 椎间盘病变。

3. 脊柱外伤,如骨折、脱位等。

4. 脊柱骨病,如结核,良、恶性肿瘤等(图 8-2-7)。

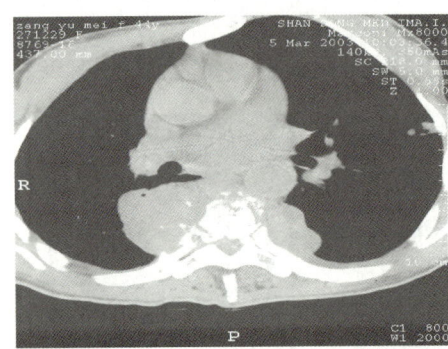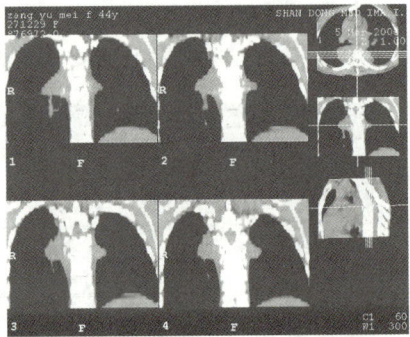

图 8-2-7　胸椎结核

5. 脊柱及脊髓先天性变异。

(六) 骨关节疾病

骨关节疾病多数情况可通过简便、经济的常规 X 线检查确诊,因此使用 CT 检查相对较少。但对显示骨变化,如骨破坏与增生的细节优于 X 线成像。

四、CT 检查的护理

CT 检查的护理工作相当重要,关系到检查的效果和扫描图像的质量。包括如下两方面:

(一) 一般准备

1. 对被评估者做好耐心的解释工作,以消除其顾虑和紧张情绪。

2. 备好被评估者多种检查结果,如携带 X 线检查、B 超检查、放射性核素检查及化验结果等,以便于扫描时和诊断时参考。

3. 认真检查并除去检查部位的金属饰物和异物,防止产生伪影。

4. 对于胸、腹部扫描者,要指导其做好呼吸训练,以减少移动伪影和提高扫描层面的准确性。

5. 凡需做增强扫描的被评估者,扫描前 4 h 禁食,在检查前做完碘过敏试验,试验阴性者可行增强扫描检查。

6. 腹部扫描前一周不要做胃肠造影,扫描前 4 h 禁饮食。

7. 对躁动不安或不合作的被评估者,可根据情况给予镇静药。

(二) 特殊准备

检查部位的不同,扫描前准备各有不同。

1. 上腹部　通常上腹部的检查都要口服稀释的阳性对比剂,作用是使胃肠道充盈,能使所观察的部位与胃肠道区分开来。对比剂按 1%～2% 的比例调制,检查前口服 500～1 000 ml。

2. 腹部、腹膜后腔　扫描前 90 min 起口服 1%～2% 阳性对比剂,总量约 1 000 ml,每30 min口服 250 ml,服完后即可扫描。

3. 盆腔　检查前 5 h 起口服 1%～2% 阳性对比剂,总量 1 500 ml。方法是每隔 1 h口服 300 ml,直至检查,并且要多饮水使膀胱充盈。对已婚妇女,还应在阴道内放置阴道塞,以显示阴道和宫颈的位置。

4. 泌尿系统　若需观察泌尿系有无结石,则应注意不能先做碘过敏试验,以防少量的对比剂与微小的结石混淆。

5. 脊柱　除去扫描部位的金属饰物及皮带、金属扣、拉链等。要求被评估者在扫描期间保持体位不动,颈椎扫描时应避免做吞咽动作。

第三节　磁共振成像检查

微课:磁共振成像检查

磁共振成像是利用原子核在磁场内共振所产生信号经重建后成像的一种技术。

核磁共振(nuclear magnetic resonance,NMR)是一种核物理现象。早在 1946 年 Block 与 Purcell 就报道了这种现象并应用于波谱学。1973 年 Lauterbur 发表了 MR 成像技术,使核磁共振不仅用于物理学和化学,也应用于临床医学领域。近年来,核磁共振成像技术发展十分迅速,日臻成熟。检查范围基本上覆盖了全身各系统。为了准确反映其成像基础,避免与核素成像混淆,现改称为磁共振成像(magnetic resonance imaging,MRI)。参与 MRI 的因素较多,信息量大,而且不同于现有各种影像学成像,在诊断疾病中有很大优越性和应用潜力。

一、MRI 成像的基本原理

(一) 磁共振现象与弛豫时间

含单数质子的原子核,如人体内广泛存在的氢原子核,其质子有自旋运动,带正电,产生磁矩,有如一个小磁体。小磁体自旋轴的排列无一定规律。当处于均匀的强磁场中时,小磁体的自旋轴将按磁场磁力线的方向重新排列。在这种状态下,用特定频率的射频脉冲进行激发,作为小磁体的氢原子核吸收一定量的能而共振,即发生了磁共振现象。停止发射射频脉冲,则被激发的氢原子核把所吸收的能逐步释放出来,其相位和能级都恢复到激发前的状态。这一恢复过程称为弛豫过程,恢复到原来平衡状态所需的时间则称为弛豫时间。纵向弛豫时间称 T_1,横向弛豫时间称 T_2。

（二）MRI 的基本成像原理

人体不同器官的正常组织和病理组织的弛豫时间是相对恒定的，而且有一定差别，这种组织间弛豫时间的差别是 MRI 成像的基础。MRI 不像 CT 只有一个成像参数，即吸收系数，而是有 T_1、T_2 和质子密度（P）等几个参数，其中 T_1 和 T_2 尤为重要。因此，获得选定层面中各种组织的 T_1（或 T_2）值，就可获得该层面中包括各种组织影像的图像。

MRI 的成像系统包括 MR 信号产生、数据采集与处理及图像显示两部分。MR 信号的产生来自大孔径、具有三维空间编码的 MR 波谱仪，数据处理及图像显示部分则与 CT 扫描装置相似（图 8-3-1）。

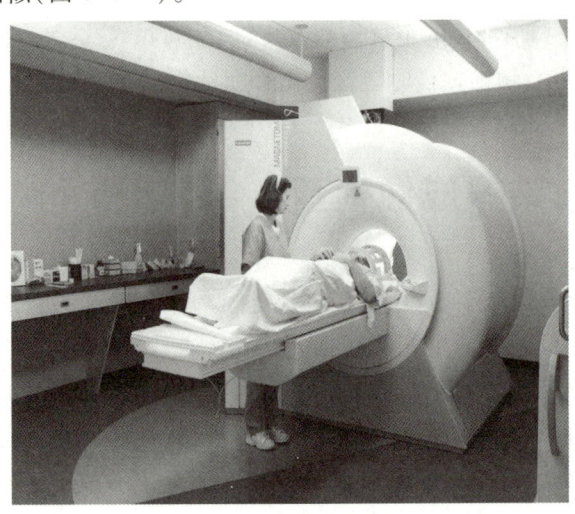

图 8-3-1　磁共振扫描装置

MRI 的成像方法也与 CT 相似。如把检查层面分成 N_x，N_y，N_z，…一定数量的小体积，即体素，用接收器收集信息并数字化后输入计算机处理，获得每个体素的 T_1 值（或 T_2 值），继而进行空间编码，通过转换器将每个 T 值转为模拟灰度，从而重建图像。

（三）MRI 的特点

MRI 的特点：① 可获得人体横断面、冠状面、矢状面及任何方向断面的图像，有利于病变的三维定位。② 多参数成像［T_1、T_2 和自旋核密度（P）］，可以获得高度清晰逼真的组织解剖结构，便于正常与病变组织比较参照。③ 可血流成像，不用对比剂即可使血管及血管病变成像。④ 可利用强磁场，使体内微量元素成像和进行频谱分析，提示被检组织的代谢过程和功能变化。⑤ 可行造影增强，常用的造影剂为钆-二乙三胺五乙酸（Gd-DTPA），有利于肿瘤、非肿瘤的病变和中枢神经系统疾病的鉴别。⑥ MRI 可拍摄电视、电影，主要用于心血管疾病的动态观察和诊断。⑦ 无电离辐射损害。

二、MRI 的临床应用

（一）MRI 检查的适应证

MRI 检查的特点决定了它特别适合于中枢神经系统、头颈部、肌肉关节系统以及心脏等部位的检查。

1. 神经系统　MRI 对脑干、幕下区、枕大孔区、脊髓与椎间盘的显示明显优于 CT。对脑脱髓鞘疾病、多发性硬化、脑梗死、脑与脊髓肿瘤、血肿、脊髓先天异常与脊髓空洞症的诊断有较高价值（图 8-3-2～图 8-3-7）。

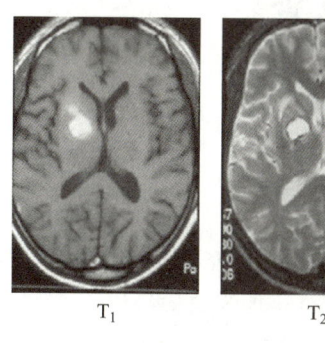

T₁　　　　T₂

图 8-3-2　脑出血

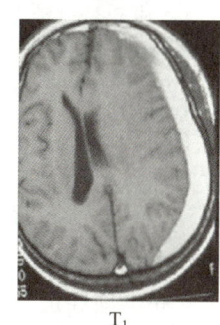

T₁　　　　T₂

图 8-3-3　硬脑膜外出血

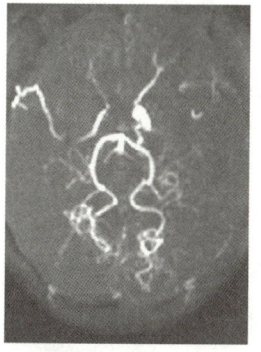

图 8-3-4　烟雾病

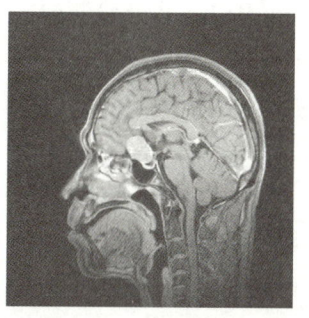

图 8-3-5　鞍区脑膜瘤

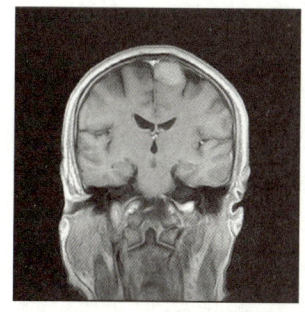

图 8-3-6　矢状窦旁脑膜瘤

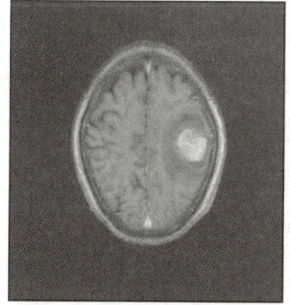 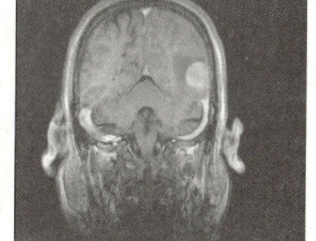

图 8-3-7　颞叶星形细胞瘤

2. 纵隔　MRI 易于观察纵隔肿瘤，对肺门淋巴结与中心型肺癌的诊断帮助也较大。

3. 心脏大血管　MRI 可无创伤地显示心脏大血管的形态与动力的情况（图8-3-8）。

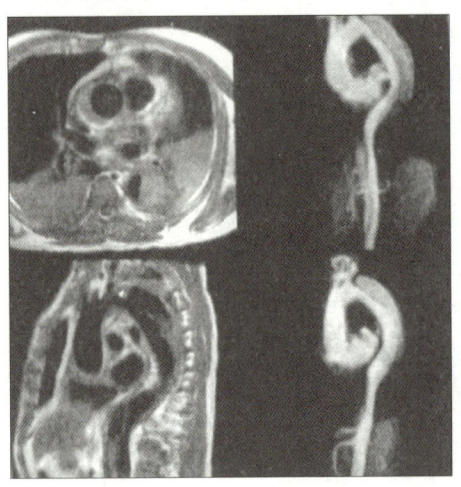

图 8-3-8　降主动脉夹层瘤

4. 骨和关节　MRI 对骨肿瘤造成的软组织肿块观察理想,能提供有关肿瘤与血管神经束之间的关系,可使微细结构如神经、肌腱、血管和软骨等结构得以良好显示。但 MRI 对病灶的钙化、骨化、骨皮质破坏以及骨膜反应等的了解都不及 X 线平片和 CT。

5. 骨髓　MRI 对侵及骨髓的病变,如肿瘤、感染及代谢疾病都可清楚显示。

6. 其他　MRI 对颈部、乳腺、腹部与盆部器官,如肝、肾、膀胱、前列腺和子宫的检查有相当价值。MRI 在显示胃肠方面受到限制。

（二）MRI 检查的禁忌证

MRI 是一种非损伤性检查。但因 MRI 设备昂贵,检查费用高,检查所需时间长,对某些器官和疾病的检查还有限制,故需要严格掌握适应证。以下情况严禁做 MRI 检查。

1. 带有心脏起搏器者。

2. 手术后体内动脉夹存留者。

3. 体内有铁磁性异物如弹片、眼内金属异物存留者。

4. 换有人工心脏金属瓣膜者。

5. 有金属假肢、金属关节者。

6. 体内置有胰岛素泵或神经刺激器者。

7. 妊娠 3 个月以内者。

8. 危重症被评估者（必须做 MRI 检查时,应有临床医师陪同并做好抢救准备）。

三、MRI 检查的护理

1. 认真仔细询问被评估者,确定其是否有禁忌证。

2. 预先让被评估者了解检查过程,消除其恐惧心理。训练被评估者平静呼吸,并在扫描时听语言提示屏气。

3. 不配合者或 5 岁以下儿童可使用镇静药。

4. 接受腹部及盆腔部位检查者,应做好胃肠道准备;宫腔内置有金属避孕环而又必须接受 MRI 检查者,应嘱先取出避孕环后再行 MRI 检查。

5. 进入检查室之前,应除去被评估者身上一切金属物品(发夹、钥匙、皮带等)、磁性物品(磁卡、银行卡等)及电子产品(手机、手表等),以免引起伪影和其他危险发生。

6. 复诊者应嘱携带老片,以便对照。

第四节　超声检查

超声是超过人耳听觉阈值上限的声波,振动频率在每秒 20 000 赫兹(Hertz,Hz)以上。超声检查是利用超声的物理特性和人体器官组织声学性质上的差异,以波形、曲线或图像的形式显示和记录,借以进行疾病诊断的检查方法。

一、超声成像基本原理

(一)超声的物理特性

超声是机械波,由物体机械振动产生。具有波长、频率和传播速度等物理量。用于医学上的超声频率为 2.5~10 MHz,常用的是 2.5~5 MHz。超声需在介质中传播,其速度因介质不同而异,在固体中最快,液体中次之,气体中最慢。在人体软组织中约为 1 540 m/s。介质有一定的声阻抗,声阻抗等于该介质密度与超声速度的乘积。

超声在介质中以直线传播,有良好的指向性。这是可以用超声对人体器官进行探测的基础。当超声传经两种声阻抗不同的相邻介质的界面时,会发生反射、折射或散射,并在传播中衰减。反射回来的超声为回声。声阻抗差越大,反射越强。超声还有多普勒效应(Doppler effect),即活动的界面对声源做相对运动可改变反射回声的频率。这种效应使超声能探查心脏活动和胎儿活动以及血流状态。

(二)超声成像的基本原理

人体结构对超声而言是一个复杂的介质,各种器官与组织,包括病理组织均有其特定的声阻抗和衰减特性,因而构成声阻抗上的差别和衰减上的差异。超声射入体内,由表面到深部,将经过不同声阻抗和不同衰减特性的器官与组织,从而产生不同的反射与衰减。这是构成超声图像的基础。根据接收到的回声强弱,以明暗不同的光点依次显示在荧屏上,则可显示人体的断面超声图像,称之为声像图。

人体器官表面有被膜包绕,被膜同其下方组织的声阻抗差大,形成良好界面反射,声像图上出现完整而清晰的周边回声,从而显示器官的轮廓。根据周边回声可以判断器官的形状与大小。

(三) 人体组织的声学类型

根据组织内部声阻抗及声阻抗差的大小,将人体组织器官分为四种类型(表 8-4-1)。声像图是以明(白)暗(黑)之间不同的灰度来反映回声之有无和强弱,无回声则为暗区(黑影),强回声则为亮区(白影)。

表 8-4-1　人体组织器官声学类型

反射类型	组织器官	二维超声图像表现
无反射型	血液等液性物质	液性暗区
少反射型	心肌、肝、脾等实质脏器	低亮度、低回声区
多反射型	心瓣膜、肝被膜等	高亮度、高回声区
全反射型	肺气、肠气等	极高亮度、高回声区,后伴声影

二、超声诊断设备的类型

超声诊断设备类型较多。有 A 型、B 型、M 型和 D 型,各型的基本结构类似,主要由超声换能器即探头(probe)、主控电路、发射电路、接收电路、扫描电路、显示器、记录器等部分组成。超声检查示意图见图 8-4-1。

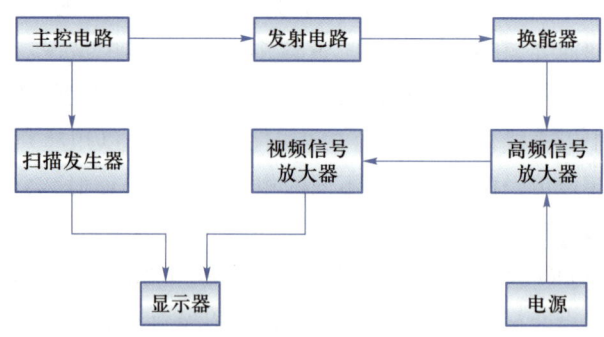

图 8-4-1　超声检查示意图

A 型　以波幅变化反映回波情况,目前很少使用。

B 型　以灰度不同的明暗光点反映反射回声强弱,可获得器官任意方位的断面声像图,目前应用最广泛。

M 型　以单声束取样获得活动界面发射波,再以慢扫描方式将某一取样线上的活动界面展开获得"距离-时间"曲线,此类仪器主要用于活动器官特别是心脏的检查。

D 型　系多普勒超声检查技术,包括频谱(脉冲波式和/或连续式)多普勒和彩色多普勒超声,可动态显示血流的方向、速度及血流状态。

三、超声检查的临床应用

(一)超声成像的优点

1. 成像快,诊断及时,无痛苦与危险,无电离辐射影响,属于非损伤性检查。

2. 改变探头位置可获得器官任意断面图像。

3. 对活动器官可做动态的实时切面成像。

4. 可形象直观地显示血流的方向、速度及血流状态,其功能可接近于"无创性血管造影"。

5. 对软组织器官内的小病灶有良好显示能力。一般无须使用对比剂,因此已成为许多内脏、软组织器官病变首选的影像学检查方法。

(二)超声成像的缺点

1. 超声图像容易受气体和皮下脂肪的干扰,影响图像的质量。

2. 超声图像显示范围较小,不能像 X 线、CT 或 MRI 那样同时显示多器官或结构的整体关系。

3. 图像的对比分辨力和空间分辨力不如 CT 和 MRI 高。

4. 由于骨、空气等介质与软组织形成的交界面,对超声波的透射率太低,在骨关节、颅脑、胸壁、肺和胃肠道等部位的应用受到了一定的限制。

(三)超声检查应用范围

1. 超声声像图能清晰地显示肝、胰、脾、肾、子宫等实质性器官和胆囊、膀胱等含液体器官的正常结构及病理解剖,能准确地鉴别囊性和实性病变(图 8-4-2)。

2. 超声声像图能清晰地显示从早孕到分娩前的整个妊娠过程。因此,超声检查能观察胎儿发育过程,判断胎儿成熟程度及有无先天性畸形,了解胎盘及脐带的状况等。

3. 超声声像图可以全面、直观、实时地显示心脏和大血管的解剖结构以及心脏、瓣膜的运动状态和血流状况,用于先天性心脏病、心脏瓣膜病、心肌病及冠心病等心脏病的诊断(图 8-4-3)。

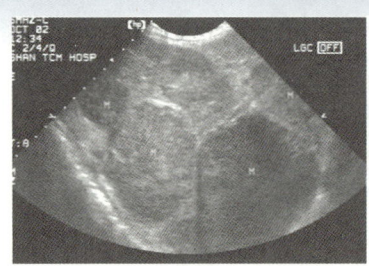
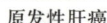
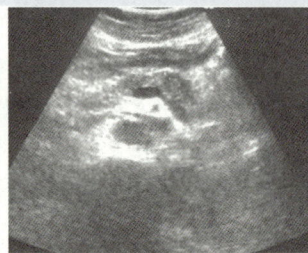
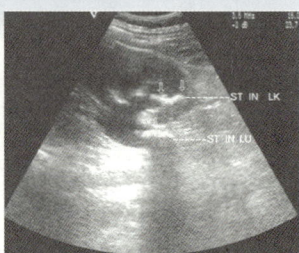

原发性肝癌　　　　　　　　　　胰腺癌　　　　　　　　肾输尿管结石伴积水

图 8-4-2　实质性器官和含液体器官的超声检查

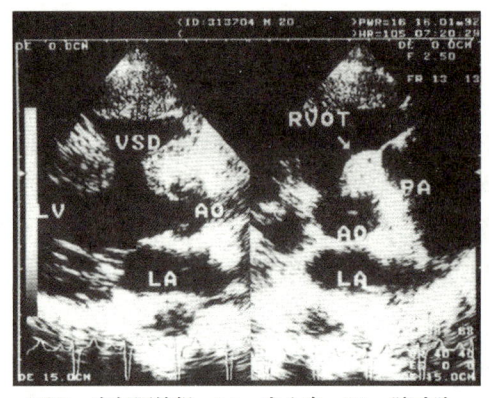
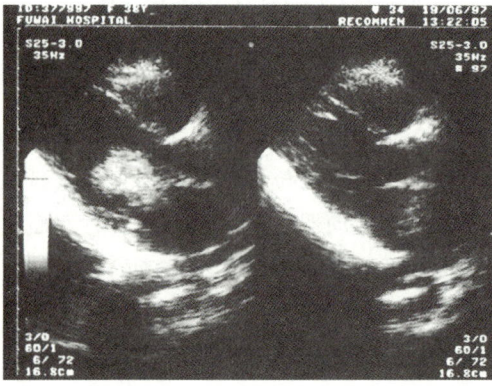

VSD：室间隔缺损；LA：左心房；PA：肺动脉；
RVOT：右室流出道；AO：主动脉。

(a) 室间隔缺损　　　　　　　　　　(b) 左心房黏液瘤

图 8-4-3　心脏病的超声检查

4. 腔内超声通过食管、直肠或阴道等探查,提高了对深部器官疾病的诊断能力。

5. 超声引导定位穿刺技术可进一步提高临床诊断与治疗水平(如包裹性积液的定位)。

6. 利用多种腔内探头、术中探头,有助于某些微小病变的早期发现、肿瘤侵犯范围的精确定位、有无周围淋巴结的转移等,有利于肿瘤的分期和制定合理的治疗方案。

四、超声检查的护理

为了取得清晰的超声检查图像,达到满意的诊断效果,必须做好检查前准备工作。

1. 常规肝、胆囊、胆道及胰腺检查　一般应在空腹时进行,嘱检查前 1 天晚餐后禁食。为使胃后方的胰腺及腹部血管充分显示,有时检查时需遵医嘱饮水使胃充盈作为声窗。故在胰腺及腹部血管检查前要备好温水 400~500 ml。上午检查,嘱当日晨禁食使胃排空。午后检查,早晨少吃,午间禁食。因肠道内容物会妨碍检查,故便秘者应先服轻泻药或灌肠,使其排便,除去结肠内容物。

2. 早孕、妇科、膀胱及前列腺的检查　检查前 2 h 饮水使膀胱充盈。

3. 心脏、大血管及外周血管、浅表器官及组织和颅脑检查　一般不需特殊准备。

4. 婴幼儿或不合作者　可予镇静药,待安静入睡后再行检查。

5. 超声引导定位检查　应协助摆放体位,尽可能使被评估者舒适,准备好穿刺物品。

本章小结

X 线具有穿透性、荧光效应、感光效应和电离效应。X 线检查是常用的影像检查方法,包括:普通检查、造影检查和特殊检查。各种检查的目的和要求各不相同。特别应注意 X 线检查前注意事项、造影前准备、护理配合和造影反应的处理。

CT 检查技术包括平扫、对比增强扫描和造影扫描。其突出优点是具有较高密度的分辨率,可以清晰显示由软组织构成的器官(如脑、脊髓、纵隔、肺、肝、胆、胰以及盆部器官等),并在良好的解剖图像背景上显示出病变的影像。扩大了疾病的诊断范围,提高了诊断正确率。CT 诊断的临床应用范围非常广泛,对中枢神经系统及头颈部疾病(特别是对中耳疾病有独特价值)、心脏及大血管检查、腹部及盆腔疾病、脊柱和骨、关节疾病以及胸部疾病的诊断日益显示出它的优越性。为保证检查的质量与效果,特别应注意 CT 检查的护理合作。

磁共振成像技术发展已日臻成熟,检查范围基本上覆盖了全身各系统。参与MRI 的因素较多,信息量大,无电离辐射损害,在诊断疾病中有很大优越性和应用潜力。MRI 检查的特点决定了它特别适合于中枢神经系统、头颈部、肌肉关节系统以及心脏等部位的检查。

超声检查是利用超声的物理特性和人体器官组织声学性质上的差异,以波形、曲线或图像的形式显示和记录,借以进行疾病诊断的检查方法。它可获得器官的任意断面图像,还可观察运动器官的活动情况,成像快,诊断及时,无痛苦与危险,属于非损伤性检查。因此,在临床上应用已普及,是医学影像学中的重要组成部分。超声检查的护理配合情况直接影响检查效果,需认真对待。

本章思考题

一、名词解释

自然对比　人工对比　肺野　龛影　充盈缺损　CT 值

二、填空题

1. X 线检查方法有_____、_____、_____及_____。

2. CT 检查分_____、_____和_____。

3. MRI 尤其适用于_____、_____、_____和_____的检查。

4. 常规肝、胆囊、胆道及胰腺的超声检查应在_____情况下进行,腹部超声检查前_____天禁忌行_____检查,腹部 CT 检查前_____天禁忌行_____检查。

三、简答题

1. X 线有哪些与 X 线成像和检查相关的特性?

2. 简述 X 线胃肠钡餐检查的准备。

3. 叙述碘剂造影过敏试验的方法及过敏反应的处理。

4. 简述以下 X 线造影检查的护理准备与配合:静脉肾盂造影、心导管造影。

5. 列出 CT、MRI、超声检查前注意事项。

6. 简述 B 型超声检查的护理。

7. 列出 MRI 检查的禁忌证。

8. 试述超声诊断的临床应用。

在线测试:
影像学检查

赛证聚焦

请扫描二维码完成在线测试。

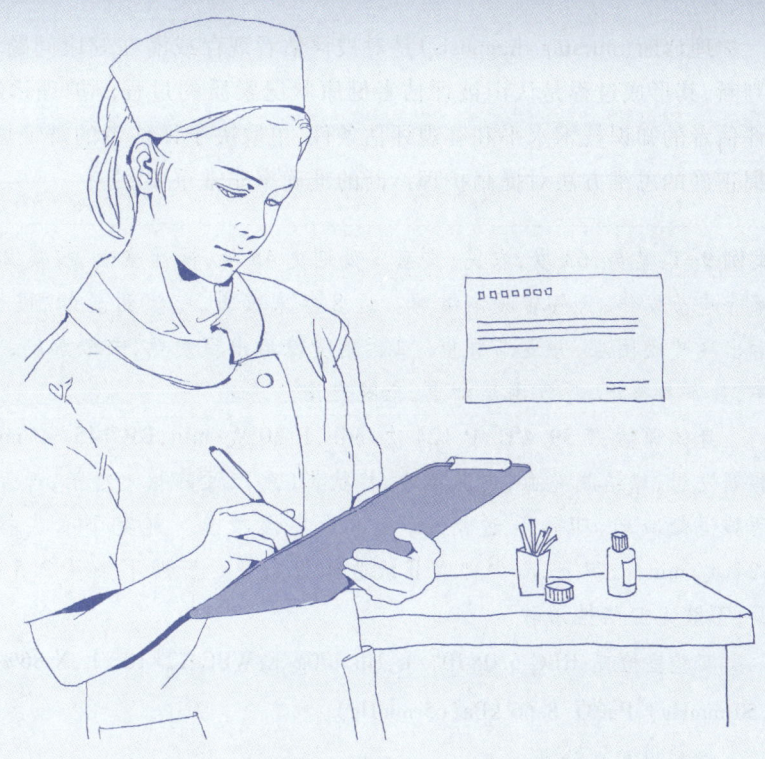

第九章 护理诊断的思维方法和步骤

学习目标

知识目标

1. 掌握护理诊断的概念及护理诊断的三大要素。
2. 熟悉常用护理诊断名称。

能力目标

能整理、归纳所收集的健康资料,并确定正确的护理诊断。

素养目标

培养客观严谨的评判性思维。

护理诊断(nursing diagnosis)是对被评估者现存或潜在健康问题和生命过程状态的判断,其形成过程是认识被评估者健康状况素质的过程。护理诊断正确与否取决于评估者的知识技术水平和客观评估条件,更取决于评估者的辩证思维能力。因此,掌握正确的思维方法对提高护理诊断的准确率非常重要。

案例 9-1:某男,63 岁,农民,文盲。吸烟史 45 年,慢性咳嗽、咳痰 28 年,每至冬春寒冷季节发作,天气转暖渐缓解。近 8 年来咳嗽、咳痰明显加剧,长年不断,活动后出现呼吸困难,并逐渐加重。2 天前受凉后出现发热,咳嗽加剧,咳黄黏痰,量较多,且不易咳出,呼吸困难加重,来院就诊。

身体评估:T 39.4℃,P 124 次/min,R 30 次/min,BP 145/90 mmHg。半卧位,唇颊发绀,球结膜充血,皮肤湿冷,杵状指(趾),颈静脉无怒张,气管居中,桶状胸,两肺语颤减弱,叩诊呈过清音,双肺散在湿啰音。剑突下心尖搏动明显,心率 124 次/min,心律齐,心尖部有 Ⅱ 级收缩期杂音。肝肋下触及 2.5 cm,质软;脾未及;下肢无凹陷性水肿。

实验室检查:RBC $5.0×10^{12}$/L,Hb 170g/L;WBC $12×10^9$/L,N 86%,PaO_2 6.67 kPa(50 mmHg),$PaCO_2$ 8.66 kPa(65 mmHg)。

请列出护理诊断。

第一节　护理诊断概述

护理诊断是护理程序的核心,护士熟练掌握和正确应用护理诊断是做好整体护理、提高护理质量的基础,同时也是反映护士业务水平的指标。因此,护理人员都应掌握护理诊断相关知识。

一、护理诊断的定义

北美护理诊断协会(North American Nursing Diagnosis Association,NANDA)将护理诊断定义为:护士针对个体、家庭、社区中现存的或潜在的健康问题或生命过程的反应所做的临床判断。护理诊断为护士在其职责范围内选择护理措施提供了依据,是护士为达到预期的结果选择护理措施的基础,这些预期结果应由护士负责。

护理诊断的定义表明护理的内涵和实质是诊断和处理人类对现存和潜在的健康问题的反应,护理服务对象不仅是患者,也包括健康人,范围从个体扩展到家庭和社区。另外,护理诊断不仅关注服务对象现有的问题,同时也关注尚未发生的潜在问题,反映出护理的预见性。

二、护理诊断的种类

护理诊断分为现存性护理诊断、危险性护理诊断、健康促进护理诊断和综合征四种(NANDA,2015年)。

(一)现存性护理诊断

现存性护理诊断是护士对服务对象(个体、家庭或社区)已出现的健康问题或生命过程的反应所做的描述。问题已呈现,有症状及体征。

(二)危险性护理诊断

危险性护理诊断是护士对易感的服务对象(个体、家庭或社区)健康状况或生命过程出现的反应所作的临床判断,一般应有导致易感性增加的危险因素存在。

(三)健康促进护理诊断

健康促进护理诊断是指对服务对象(个体、家庭或社区)从特定的健康水平向更高层次健康水平发展的护理诊断。健康促进护理诊断仅包含名称一个部分而无相关因素。

(四)综合征

综合征是一组特定的且同时发生的,最好采用相似措施干预的现存的或有危险的护理诊断,如老年综合征,有失用综合征的危险。

三、护理诊断的陈述

(一)护理诊断的组成

护理诊断书写一般包括三个部分:健康问题、病因、症状与体征。

1. 健康问题(problem,P)　健康问题即护理诊断的名称,是对被评估者的健康状态或疾病反应的概括性描述,如体温过高、焦虑、体像紊乱等。护理诊断所述健康问题的内容涉及生理、心理、社会文化、发展及精神等方面。

> 提示:① 健康问题必须是属于护理职责范围以内,能用护理方法解决的。如果患者的健康问题是护士无法采取措施解决的,就不能作为护理诊断。② NANDA 制定的护理诊断,每一个诊断名称均有特征性的定义,即使有些护理诊断从名称上看很相似,但仍可从它们各自的定义上发现彼此的差别。

2. 病因(etiology,E)　病因即相关因素,是指促成护理诊断成立和维持的原因或情境。相关因素包括疾病、治疗、心理、情境、发展等方面。

> **提示：**相关因素应从六方面分析。
>
> （1）疾病方面：如"体液过多"的相关因素可以是右心衰竭；"体液不足"的相关因素可以是呕吐、腹泻。
>
> （2）与治疗有关：如骨髓移植期间可出现"有感染的危险"。
>
> （3）心理方面：如"活动耐力下降"可以因病后处于较严重的抑郁状态而导致。
>
> （4）情境方面：涉及环境、有关人员、生活经历、生活习惯、角色等方面的因素。如"营养失调：低于机体需要量"的相关因素可以是不良的饮食习惯，如节食减肥、服轻泻药或饮食结构不合理、长期低热量饮食或工作压力大、长期精神紧张、睡眠差、无食欲等。
>
> （5）发展方面：是指与年龄相关的各方面，但比单纯年龄因素所包含的内容更广，包括认知、生理、心理、社会、情感的发展状况。

3. 症状与体征（signs and symptoms，S）　症状与体征包括辅助检查结果等被评估者的主观和客观资料，是护理诊断的诊断依据。

> **举例：**如某患者的护理诊断为"气体交换受损"，诊断依据是：患者的主观症状有呼吸困难、张口呼吸、疲劳、紧张不安等；客观体征有口唇发绀、呼吸费力、呼气时间延长；辅助检查示动脉血气分析 PaO_2 下降，$PaCO_2$ 升高；肺功能检查肺泡通气量下降、时间肺活量下降、残气量增加等。

（二）护理诊断陈述法

护理诊断的陈述有三种方式，即三部分陈述法、二部分陈述法和部分陈述法等。

1. 三部分陈述法　即 PES，由 P、E、S 三部分组成，一般用于现存性护理诊断的叙述。

> **举例：**皮肤完整性受损（P）：压疮（S）　与长期卧床有关（E）。
>
> 营养失调：低于机体需要量（P）　消瘦（S）　与食欲不振、摄入量减少有关（E）。
>
> 活动无耐力（P）：活动后气急、心悸、头晕（S）　与心功能不全、心输出量减少有关（E）。

2. 二部分陈述法　即 PE，只包含诊断名称和相关因素，一般适用于危险性护理诊断叙述。因危险目前尚未发生，没有症状和体征。此类诊断的描述一般为"有……的危险""有……的趋势。"

> **举例：**有体液不足的危险（P）　与腹泻有关（E）。
>
> 有自我认同紊乱的危险（P）　与化疗后脱发有关（E）。
>
> 有自理能力改善的趋势（P）　与疾病逐步好转有关（E）。

描述相关因素时应注意：

（1）陈述时一般用"与……有关"。如"急性疼痛　与心肌缺血、缺氧有关"，"睡眠型态紊乱　与环境突然改变有关"。

（2）具体、准确、有针对性。如"体温过高:体温（T）40.1℃　与疾病有关"应改为"体温过高:体温（T）40.1℃　与细菌感染有关"。

（3）同一护理诊断名称可以有不同的相关因素。相关因素不同所采取的护理措施亦不同，故提出护理诊断时应认真分析判断。

> **举例**:如"体温过高:体温39.8℃"的相关因素，可以有"与细菌感染有关""与免疫缺陷有关""与体温调节中枢功能失调有关"等多种。

（4）避免将疾病名称作为相关因素。

> **举例**:如针对某冠心病患者胸痛提出的护理诊断:"急性疼痛　与冠心病有关"，冠心病是疾病名称，并非原因，该护理诊断显然是错误的，应为"急性疼痛:胸痛　与心肌缺血、缺氧有关"。

（5）避免使用易引起医疗纠纷的语言，以免引起不必要的医疗纠纷。

> **举例**:如某一护理诊断为"体温过高:体温40℃　与大剂量应用化疗药物有关"，其相关因素之中隐含医嘱不当，化疗药物用量大了。应为"体温过高:体温40℃　与细菌感染和免疫缺陷有关"。

3. 部分陈述法　该陈述法只有问题(P)，用于综合的护理诊断的陈述。如"老年综合征""创伤后综合征"等。

四、与合作性问题及医疗诊断的区别

（一）与合作性问题的区别

合作性问题又称潜在并发症(potential complication,PC)，是指护士无法独立预防的一些由疾病、治疗、检查所引起的并发症，需要医生、护士共同干预，护理措施较为单一，重点在于监测。其陈述方式为:"潜在并发症:××××"或"PC:××××"。如潜在并发症:窒息;PC:心律失常。

护理诊断是护士需要做出一定处理以求达到预期的结果，是护士独立采取措施能够解决的问题，并非所有并发症都是合作性问题。如果是护士能够独立处理和预防的并发症，则属于护理诊断。

> **举例**:
>
> 1. 急性心肌梗死患者，在发病的24 h内最易出现心律失常，如频发室性期前

收缩、室性心动过速甚至心室颤动,护理措施无法干预,只能通过心电监测及时发现。其诊断即为:"潜在并发症:心律失常"。

2. 高位截瘫患者,长期卧床导致皮肤受压,有发生压疮的可能。护士可以通过采取保持皮肤和床单的清洁干燥,每2 h协助翻身一次,局部皮肤按摩,增进患者营养等措施来预防。其诊断即为"有皮肤完整性受损的危险"。

(二) 与医疗诊断的区别

护理诊断与医疗诊断有本质的区别(表9-1-1)。

表 9-1-1　护理诊断与医疗诊断的区别

	护理诊断	医疗诊断
中心	人	疾病
描述内容	对疾病的状态、进程的反应	某一特殊病理变化,疾病进程
适应范围	个体、家庭或社区	个体
决策者	护士	医生
职责范围	护理职责范围	医疗职责范围
变化情况	随病情变化而变化	在疾病过程中保持不变
一种疾病	可有多个护理诊断	一般只有一个医疗诊断
解决方式	采用护理措施	采用药物或手术治疗
分类系统	尚无被广泛认可的分类系统,正逐步完善发展中	有被同行认可的发展完善的分类系统

案例 9-1 分析:医疗诊断:慢性支气管炎(单纯型)急性发作期,慢性阻塞性肺疾病,慢性肺源性心脏病,心功能Ⅲ级,呼吸衰竭(Ⅱ型)。

护理诊断:

1. 气体交换受损:气急,唇发绀,R 30 次/min,PaO_2 6.67 kPa(50 mmHg),$PaCO_2$ 8.0 kPa(60 mmHg) 与呼吸道阻塞、呼吸面积减少引起肺通气、换气功能障碍有关。

2. 清理呼吸道无效:痰量多且不易咳出 与呼吸道炎症、痰液黏稠有关。

3. 体温过高:T 39.4℃ 与支气管、肺部感染有关。

4. 潜在并发症:肺性脑病。

在整个住院过程中上述医疗诊断不会发生改变,但护理诊断随病情变化而改变。如通过抗炎、吸氧、改善通气等治疗措施和通过护士做好基础护理、采取适当的体位、保持适宜的病室环境、物理降温、翻身拍背、遵医嘱给氧、雾化吸入等护理措施,3天后体温恢复正常,痰液稀薄易咳出。因此体温过高、清理呼吸道无效的护理诊断就不存在了。

第二节　护理诊断的步骤与思维方法

护士通过交谈、身体评估及辅助检查评估，获得了被评估者健康状况的大量主观和客观资料，这只是完成了健康评估的第一步。根据这些临床资料得出正确的护理诊断，还需要对所收集的资料进行整理归纳、综合分析、推理判断等一系列临床思维过程。护理诊断过程一般包括收集资料、整理资料、分析资料和确定护理诊断四个步骤。

一、收集资料

收集资料是护士全面系统了解被评估者身心健康状况的过程，是作出护理诊断的基础。

二、整理资料

收集的资料是否全面系统、真实可靠，直接影响护理诊断的正确程度。故应认真整理核实、归纳分类。

（一）核实资料

在完成收集资料的过程后首先要做的就是对资料进行核实，以确保资料的全面、真实、准确无误。

1. 资料的全面性　逐项检查所收集资料的内容有无忽略和遗漏。对于缺漏的资料及时补充。

2. 资料的真实性和准确性　评估者应逐一核实所收集的资料，对资料的真实性和准确性作出恰当的判断。一旦发现存在资料相互矛盾和不真实，应及时予以纠正。

提示：影响收集资料的真实性和准确性的原因

（1）主观资料：造成主观资料不真实、不准确的可能原因来自三个方面。① 被评估者理解力或语言表达能力差；出于某种原因有意夸大病情或隐瞒病情。② 代述者不完全了解病情或对被评估者痛苦、感受及心理动态不能真实体会。③ 评估者在收集主观资料时采取主观臆断及先入为主的态度。

（2）客观资料：造成客观资料不真实、不准确的可能原因主要是评估者。表现在三方面：① 责任心不强，未能对被评估者进行全面、细致的评估。② 技术与经验不足，身体评估的方法不正确、不熟练，未能发现异常体征；医学知识及临床经验不足，对异常体征视而不见，辅助检查结果不真实或错误。③ 客观条件受限不能对被评估者进行满意的检查。

（二）资料的分类

在核实资料的基础上对其进行分类。常用的分类方法有生理、心理和社会系统模式、功能性健康型态模式、需要层次模式、人类反应型态模式等四种模式，以前两种较为常用，本节重点介绍。

1. 生理、心理和社会系统模式　将资料按生理系统、心理系统和社会系统进行分类组织。该系统模式源于传统的医生诊断疾病的常用模式——身体系统模式，按组织器官的功能，将身体分为呼吸系统、消化系统、循环系统等不同系统模式来组织资料。随着医学模式的转变，在身体系统模式中又增加了心理、社会内容，便形成了目前国内护理评估较常用的生理、心理和社会系统模式。

2. 功能性健康型态模式　按照 Marjory Gordon 的 13 个功能性健康型态对资料进行分类组织。该分类方法与临床上常用的护理诊断分类法相对应，是目前最常用的分类方法（见附 I ）。

三、分析资料

分析资料是将经整理核实、归纳的资料进行解释和推理，为作出正确的护理诊断做铺垫，可分两个阶段。

（一）找出异常

将被评估者的具体资料与正常值或正常状态比较，作出哪些是正常，哪些是异常的判断。护士应根据所学的医学知识、护理学知识、人文及社会学科知识按功能性健康型态模式检查每个功能型态，逐一与正常值或正常状态进行比较，以发现异常。

（二）分析判断造成异常的相关因素

将分析比较发现的异常进行再分析，经逻辑推理提出造成异常的相关因素即原因，再根据所提出的异常及相关因素，在所收集资料中寻找其他可能支持或否定的信息与线索。

> 提示：为保证能全面、无遗漏地发现异常，准确提出造成异常的相关因素，需要评估者做到以下四点。① 熟记各种健康指标的正常标准及其意义。② 掌握较全面的医护知识及相关知识，具有较扎实的健康评估基本功。③ 分析推理时，能综合考虑，充分考虑到个体的差异性，并能预测潜在性问题。④ 不轻易得出结论，尽可能多地寻找支持点和否定因素，合理地解释每个异常及相关因素。

四、确定护理诊断

确定护理诊断的过程是对通过归纳分析所提出的异常及相关因素进行评价和筛选,最后依照相应的护理诊断依据作出合理的护理诊断及相关因素的过程。

在确定护理诊断时应注意以下几个方面:

(一)遵循"一元化"原则

"一元化"原则,即在护理诊断中尽量用一个护理诊断名称解释多种健康问题的原则,是简化诊断倾向性的思维方法。患者受文化、心理、社会等方面的影响,可出现各种各样的健康状况改变,若有健康状况改变就提出护理诊断,在临床上会出现所提的部分护理诊断、护理措施基本类似的情况。"一元化"原则主要适用情况是由一种原因造成的多种结果,且这多种结果可用一个适用范围大的护理诊断涵盖。

> **案例 9-2**:某肺部肿块性质待查,已预约支气管镜检查的患者,出现失眠、无助感、神经紧张、疲劳等生理和心理表现。护理诊断为"睡眠型态紊乱:入睡困难 与未确诊及需支气管镜检查有关"和"焦虑 与担心生存受到威胁有关"。两者的相关因素均与诊断未明确有关;患者出现的失眠、疲劳均是由焦虑所致。所以这两个护理诊断可合并为一个,即"焦虑:无助感、神经紧张、疲劳 与未确诊和担心生命受到威胁有关"。

(二)使用规范的护理诊断名称

护理诊断具有严谨的科学性。其名称的增加和修改应通过国际护理组织的权威机构——NANDA,任何人都不能随意编造,故提出的护理诊断应是 NANDA 所认可的名称。

> **提示**:统一的护理诊断名称有利于护理人员之间的交流和探讨,有利于国际接轨,有利于护理教学的规范,也有利于护理学科的发展。

(三)严格依照护理诊断依据

护理诊断依据是作出护理诊断的判断标准。诊断依据常常是被评估者所应具有的症状和体征以及有关健康史、辅助检查结果或是危险因素。某个护理诊断的提出一定要参照诊断依据。严格依照诊断依据是作出正确护理诊断的保证。因此,护士必须熟知每一护理诊断的依据,并在临床工作中不断实践提高。

（四）选择护理诊断要恰当、准确

护理诊断是制定护理计划的依据,这就要求提出的护理诊断要准确、恰当。在NANDA 护理诊断中,有些护理诊断概念非常接近,需要根据定义和诊断依据仔细加以区别。

五、护理诊断排序

被评估可以存在多个护理诊断,在实际工作中需要确定解决问题的先后顺序,因而需要对护理诊断及合作问题进行排序,然后根据问题的轻、重、缓、急合理安排护理措施的实施。

（一）按照 Maslow 需要层次论排序

按照 Maslow 需要层次论将最低层次需要(对生理功能平衡状态威胁最大或影响生理需要)的护理问题放在首位,其他的依次排列。因为生理需要是最低层次的需要,也是最重要的需要,只有在生理需要得到满足后,才会考虑其他层次的需要。

（二）按照对生命活动的影响程度分类

按照对生命活动的影响程度排序,把对患者生命和健康威胁最大的问题放在首位,其他的依次排列。一般可分为首选、中选和次选三类。

1. 首选问题(high-priority problem) 是指直接威胁患者生命,需要立即采取行动去解决的问题,如上消化道出血患者"外周组织灌注无效"、左心衰竭患者"心输出量减少"等直接威胁生命问题。

2. 中选问题(mebium-priority roblem) 是指虽不直接威胁患者的生命,但对患者的生理或心理有影响的问题,如"有感染的危险""腹泻"等。

3. 次选问题(low-priority problem) 是指与本次发病无关系,需病情稳定后考虑的问题。如糖尿病并发肺炎患者,伴有肥胖,存在"肥胖",这一与此次发病没有直接联系的护理问题,故将其列为次选问题,待病情稳定后再进行处理。

(三) 按现存的和"有……危险"的护理诊断与"潜在并发症"排序

护理诊断的排序首先为现存性护理诊断,其次是有危险性护理诊断,最后是潜在并发症。

> 提示:护士在护理诊断排序中,应注意以下方面。① 了解被评估者对解决问题的意愿,护患双方对护理诊断的排列顺序达成共识。② 护理诊断的先后顺序要随着疾病的进展、病情、健康状况的变化而发生变化。③ "有……危险"的护理诊断和"潜在并发症"常常也被列为首选问题而立即采取措施或严密监测,如大咯血患者"有窒息的危险"。④ 也可从护士的角度判断,按影响问题解决情况的顺序排序。

本章小结

护理诊断是关于个人、家庭、社区对现存的或潜在的健康问题或生命过程的反应所下的临床判断。护理诊断三要素包括 P、E、S,分别代表健康问题、病因、症状与体征三个要素。收集资料是评估工作的第一步,需将所收集的资料核实、整理归纳、综合分析、推理判断,提出护理诊断。确定护理诊断应注意:遵循"一元化"原则,使用规范的护理诊断名称,严格依照护理诊断依据,选择护理诊断要恰当、准确。对护理诊断及合作性问题要根据解决问题的先后排序。

本章思考题

一、名词解释

护理诊断　护理诊断三部分陈述法

二、填空

1. 陈述护理诊断三要素是指_____、_____及_____。

2. 作出护理诊断需经过_____、_____、_____和_____四大步骤。

三、简答题

1. 对比说明护理诊断与医疗诊断、合作性问题的区别。

2. 整理资料的内容包括哪几个方面?

3. 确定护理诊断应遵循哪些原则?

四、病例分析

某男,21 岁,工人,在空中作业时被运行中的钢锤撞伤,入院后医疗诊断为肋骨骨折、脾破裂、肾挫伤、右胫骨开放性骨折,入院 2 h 后进行了紧急输血、剖腹探查、清创、骨折复位、石膏固定牵引,目前患者病情稳定。护理评估发现患者感觉伤处仍疼,情绪低落,不思饮食,担心将来会落下残疾,不配合治疗,晚间睡眠差。检查:T 38.1℃,P 82 次/min,R 18 次/min,BP 85/57 mmHg。请列出护理诊断。

在线测试:
护理诊断的
思维方法
和步骤

赛证聚焦

请扫描二维码完成在线测试。

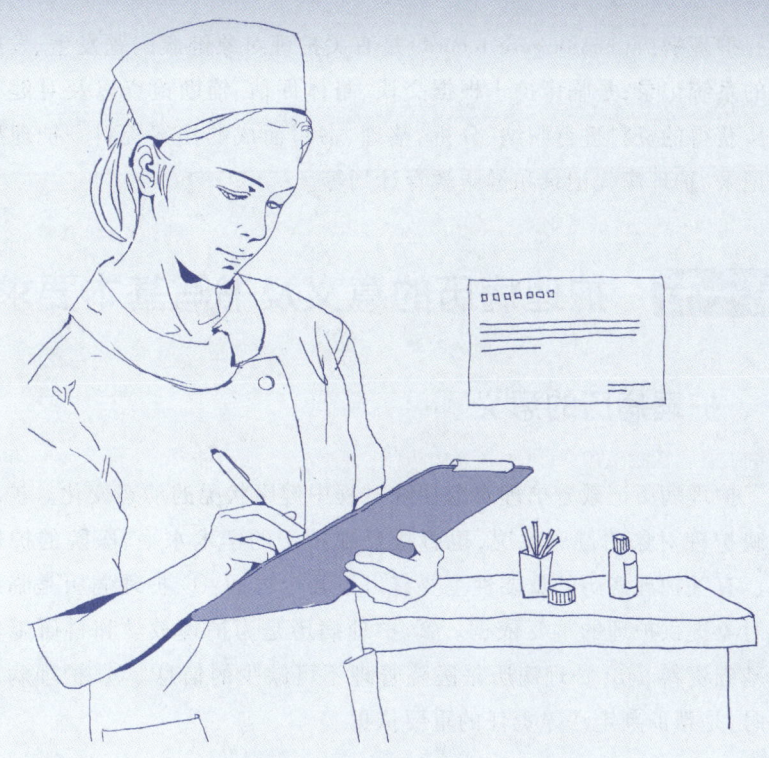

第十章 护理病历的书写

学习目标

知识目标
1. 掌握护理病历书写的基本要求。
2. 熟悉完整的成人健康评估记录的主要内容。
3. 会正确书写完整的成人健康评估记录。

能力目标
能规范书写被评估者的健康评估资料。

素养目标
按照护理病历书写规范严格要求自己，树立依法行护的意识。

护理病历(health care record)是有关护理对象健康问题发生、发展和接受护理情况的系统记录;是临床护士根据交谈、身体评估、辅助检查以及对健康状况的详细观察所获得的资料进行归纳、分析、整理、书写而成的档案资料。护理病历包括健康评估记录、护理病程记录和健康教育计划等。

拓展阅读:
加强法律
意识,规范
护理记录
书写

第一节 护理病历的意义及书写基本要求

一、护理病历的意义

护理病历记载着护理对象住院过程中健康状况的动态变化。护理病历不仅真实反映护理对象的健康状况,也直接反映护士的学术水平、医院的护理质量及管理水平。有关护理病历的重要性主要有以下几个方面:① 护理病历是临床护理人员为护理对象提供护理的重要依据。② 护理病历是为护理教学和科研工作提供极其宝贵的基础资料。③ 护理病历是医院管理不可缺少的信息。④ 护理病历在涉及医疗争议时,是帮助判定法律责任的重要依据。

二、护理病历书写基本要求

书写护理病历是临床实践中一项十分重要的工作。书写完整而规范的护理病历是培养护士临床护理思维能力的基本方法,是提高临床护士业务水平的重要途径。护理病历书写质量的优劣是考核临床护士实际工作能力的客观检验标准之一。

> 提示:对一份护理病历的评价,一看是否"规范",二看"内涵质量"。护理病历是对书写者书写态度、护理专业知识水平、临床实践经验、书面表达能力、文字修养、法律意识、理解执行护理病历书写规章制度的情况等多个方面水平的考核。

书写护理病历的基本要求如下:

1. 客观、真实、准确、完整 护理病历的内容要客观、真实、准确、完整。

客观是指记录内容是被评估者的健康状况实实在在存在的、不以人的意志为转移的一切现象,是被评估者身上所反映出来的内容。从健康史上来说,应当尽量根据其描述的本来意思书写。从体征来说,应该是护士亲自评估检查所发现的一切阳性和重要的阴性结果,不能是听来的,或者主观臆测,或抄袭他人撰写的资料。

真实是指护理病历应是对被评估者陈述的健康史和身体评估发现的有意义体征进行归纳分析后在书面上的如实体现。

准确是指护士要从被评估者提供的大量关于健康状况的陈述语言中找出与本次

患病有关的内容,并进行加工和提炼。身体评估所获得的客观资料要准确。

完整是指健康史、身体评估及辅助检查评估资料等要详细、周全,所有资料不得缺失。

2. 及时、规范、清晰　护理病历书写要及时、规范、清晰。

及时是指护士必须在规定的时间内完成护理病历记录内容的书写。例如,应当在被评估者入院 24 h 内完成入院护理评估记录。因抢救急、危患者,未能及时书写护理病历的,有关护理人员应当在抢救结束后 6 h 内据实补记,并加以注明。

规范是指病历书写要做到语言、文字、用笔统一。如应当使用蓝黑墨水、碳素墨水;应当使用中文、医学术语、通用的外文缩写,无正式中文译名的症状、体征、疾病名称等可以使用外文;标点符号正确,记录者要签全名。

清晰是指病历书写要做到文字工整、字迹清晰、表述准确、语句通顺。书写过程中出现错字时,应当用原色笔在错字上画双线或作出修改并签名,不得采用刮、粘、涂等方法掩盖或去除原来的字迹。

第二节　健康评估记录的格式与内容

健康评估记录(又称护理评估记录)是护士对被评估者的健康史、身体评估、辅助检查评估和所提出护理诊断的综合记录。目前,我国护理评估记录并无统一的格式与内容,往往各省、市医院有自己的要求。护理评估记录主要根据整体护理理念和护理程序设计,包括被评估者的生理、心理、社会、精神和文化等方面。一般要求实习护士和低年资护士书写完整健康评估记录,其他可根据医院要求填写入院评估记录表。

一、完整健康评估记录编写要求

一 般 资 料

姓名,性别,年龄(实足年龄),民族,籍贯(省、市、县),出生地(省、市、县),职业(具体职业岗位),婚姻状况(未婚、已婚、离异、再婚、丧偶),文化程度(文盲、小学、初中、高中、中专、大学、硕士研究生、博士研究生,毕业/结业/肄业),工作单位、家庭住址、联系电话、联系人及其联系方式(具体、准确、无误),医疗费用负担形式(公费、自费、医疗保险、其他),入院日期(年、月、日,急危重症患者应注明时、分),入院方式(步行、扶行、背入、轮椅、平车、担架、其他),健康史陈述者(与被评估者的关系),入院医疗诊断(诊断名称应确切、规范)、主管医生、主管护士。以上内容需逐项填写,不可空缺。

健 康 史

主诉

被评估者就诊最主要的原因,包括症状、体征及持续时间。主诉多于一项则按发生的先后次序列出,并记录每项原因的持续时间。主诉要简明精练,一般 1~2 句,最多 20 字。在一些特殊情况下,疾病诊断已明确,住院目的是为进行某项特殊治疗(手术、化疗)者可用病名,如白血病者定期入院化疗。

现时健康史

围绕主诉进行描写,主要内容应包括发病时的情况(发病时间、发病缓急、发病的原因及诱因),主要症状的特点(主要症状的部位、性质、程度、持续时间、发作频率、加重或缓解的因素),健康状况的发展与演变(起病后病情是持续性还是间歇性发作,是进行性加重还是逐渐好转,缓解或加重的因素等),伴随症状(出现的时间、特点及其演变过程),就医经过(已经接受过的诊断、治疗、护理措施,效果如何)。凡意外事件或可能涉及法律责任的伤害事故,应详细客观记录,不得主观臆测。

目前用药情况

包括药物名称,剂量与用法,末次用药时间,疗效,不良反应。

日常生活状况

1. 营养

(1)吞咽:吞咽能力(主动运送食物从口到胃的能力)如何,有无影响吞咽的因素(病理生理因素、治疗因素、情境因素)和吞咽困难。

(2)饮食:饮食量、种类、习惯、嗜好,特殊饮食要求,出入液体量。

(3)体重:现时体重、体重变化。

其他:

2. 排泄

(1)泌尿系统:排尿次数、时间、尿量、尿流、尿色,有无排尿困难(排尿不畅或滴沥)、尿失禁及其方式、尿频、尿急、尿痛,排尿异常的原因及诱因。

(2)胃肠道系统:排便的规律(时间、次数),粪便的性状(量、颜色与性状、气味),有无排便失禁、腹泻、便秘,有无影响排便的因素。是否应用辅助通便措施及其原因。

其他:

3. 睡眠/休息　睡眠习惯;入睡状况,保持睡眠状况,睡眠时间,睡眠满意度,睡醒后精力恢复状况;有无睡眠障碍,是否需要辅助睡眠措施;是否存在影响睡眠/休息的因素。

4. 活动/运动

(1)活动/运动:日常活动/运动情况(是否有能力活动、活动类型、活动量、活动耐力、活动后机体的反应);是否存在活动受限的因素,活动受限者有无失用的结果存在及其类型;有无活动障碍及其类型;是否需要借助器械进行活动及其运用能力;有无自理缺陷及其类型;手术患者术后恢复情况。

（2）心肺-血管反应：有无心输出量不足的表现（心悸、头晕、乏力、心前区疼痛、尿少、低血压、发绀、水肿等）；有无组织灌注低效/无效的表现（肾、脑、心肺、胃肠、皮肤）；有无呼吸困难及其严重程度和类型；有无咳嗽、咳痰及其特点（性质、时间、音色、与体位的关系、痰的量和气味，痰是否容易排出等）；有无呼吸功能不全的表现；使用呼吸机者撤离呼吸机后有无不良表现（生理、心理）。

其他：

心理社会状况

1. 感觉/认知

（1）感觉：有无视觉、味觉、嗅觉、听觉、运动觉异常，有无疼痛及其特点（部位、性质与程度、发生与持续时间，诱发、加重或缓解因素）。

（2）认知：有无意识、注意力、理解力、记忆力、判断力等障碍；有无语言障碍及其类型；有无定向力（时间、地点、人物）障碍；对所患疾病或治疗计划的认知情况和技能掌握情况。

其他：

2. 自我感知

（1）自我概念：自我认同（对自己智能、兴趣、爱好、气质、性格、控制能力等的自我意识）和社会认同（对自己在群体中的地位、名望、受人尊敬和接纳的程度，拥有家庭、亲友及其经济、政治地位的自我意识）状况；有无绝望、孤独、无助感及其原因。

（2）自尊：有无自尊（对自身的价值、能力、重要性和成功的自我评估）低下及其类型和原因。必要时用自尊量表进行评估。

（3）体像：有无体像（对自己躯体、性别、体型、容貌、年龄、健康状况、衣着打扮等的自我评价）紊乱及其原因。

其他：

3. 角色/关系

（1）角色：主要承担何种角色和任务（家庭角色、社会角色），对所承担角色的认识（角色权利、角色义务、角色责任、角色数量、角色期望），所承担角色对自身躯体和心理方面的影响，角色履行情况。

（2）家庭：家庭成员基本资料（姓名、性别、年龄、受教育程度、职业、健康状况），家庭类型（核心家庭、主干家庭、单亲家庭、重组家庭、无子女家庭、同居家庭），家庭生活周期（新婚、有婴幼儿、有学龄前儿童、有学龄儿童、有青少年、有孩子离家创业、空巢期、老年期），家庭结构（权力结构、角色结构、沟通类型、世界观），家庭功能履行情况（基本生活需要的满足、安全与健康需要的满足、爱与归属需要的满足、教育需要的满足等），家庭内部资源状况（财力支持、精神与情感支持、信息支持、结构支持等）、家庭外部资源状况（社会资源、文化资源、医疗资源、宗教资源等）；家庭目前面临的应激源及解决情况。必要时用家庭功能量表和家庭支持量表进行评估。

其他：

4. 应对/压力耐受　近期有无严重压力源存在（生理病理因素、心理精神因素、社会文化因素、环境因素等),(个人、家庭、社区)应对状况和应对效果(生理、心理精神、社会)如何,有无恐惧、焦虑、悲伤、悲哀、否认等心理反应及其类型。必要时使用生活事件量表、压力评定量表、应对方式量表、焦虑量表等进行评定。

其他:

5. 价值/信念　必要时评估价值观、信念及价值/信念/行为的一致性等。

健康促进

1. 健康意识　对健康含义的认识和理解,对自我健康状况的评价。

2. 健康管理　是否存在健康危险因素(家族史、生活方式、生活工作环境等);平常怎样进行健康维护(自我保健、自我检查、遵医行为等);对治疗计划的执行情况如何。

既往健康史

既往患病史、住院史、手术史、外伤史、过敏史等。

性/生殖

月经初潮年龄、月经周期、每次行经的天数、量及有无痛经等;末次月经的时间;停经年龄。妊娠及分娩次数、人工或自然流产的次数、有无异常分娩史(如死产、手术产、产褥热等)和计划生育状况等。对成年男性应询问有无生殖系统疾患及其治疗、护理措施和效果。必要时评估性取向认定和性功能状况。

身 体 评 估

体温　　℃　　　脉搏　　次/min　　呼吸　　次/min　　血压　　mmHg
身高　　cm　　　体重　　kg

一般状况

发育(正常、异常),体型,营养(良好、中等、不良、消瘦、肥胖),意识状态(清醒、嗜睡、模糊、谵妄、昏睡、昏迷),体位(自动、被动、强迫),面容与表情(自然、安怡、淡漠、忧虑、烦躁、紧张、痛苦、疲惫、急性病容、慢性病容或特殊面容等),步态(正常、异常),检查能否合作等。

皮肤、黏膜

颜色(正常、潮红、苍白、发绀、黄染、色素沉着、色素脱失等),温度(发热、发凉),湿度(湿润、冷汗、干燥),弹性(正常、减弱、增加),水肿及其程度,完整性(皮疹、皮下出血、溃破、脓疱、疖肿、瘢痕、压疮等),蜘蛛痣,肝掌。

淋巴结

全身或局部浅表淋巴结有无肿大(部位、大小、数目、硬度、压痛、活动度或粘连情况,局部皮肤有无红肿、瘘管、瘢痕等)。

头部及其器官

头颅:大小、形状、异常运动、头发(量、色泽、分布)等。

眼:眉毛(脱落、稀疏),睫毛(倒睫),眼睑(水肿、下垂),眼球(凸出、凹陷、斜视、震颤等运动异常),结膜(充血、水肿、苍白、出血、颗粒、滤泡、瘢痕)。巩膜(黄染),角膜(云翳、白斑、软化、溃疡、瘢痕、色素环、反射);瞳孔(大小、形态、对称或不对称、对光反射)。视力(远视力、近视力)、视野(视野狭小、偏盲)。

耳:外形、耳郭牵扯痛、分泌物、乳突压痛、听力等。

鼻:外形、鼻翼扇动、鼻腔通畅性、分泌物、出血、鼻窦压痛、嗅觉等。

口腔:气味,有无张口呼吸,咀嚼能力,唇(畸形、颜色、疱疹、皲裂、溃疡、色素沉着、口角歪斜),牙(龋牙、缺牙、义齿、残根、牙齿咬合错位、斑釉牙,注明位置),牙龈(色泽、肿胀、溃疡、溢脓、出血),舌(形态、舌质、舌苔、溃疡、运动、震颤、偏斜),黏膜(颜色、发疹、出血点、溃疡、色素沉着),咽(色泽、分泌物、反射、悬雍垂位置),扁桃体(大小、充血、分泌物、假膜),喉(发音清晰、嘶哑、喘鸣、失声),腮腺(大小、压痛)。

颈部

外形,活动,颈部血管(颈静脉怒张、肝-颈静脉回流征、颈动脉搏动),气管位置,甲状腺(大小、质地、压痛)。

胸部

胸壁(静脉曲张、皮下气肿、压痛),胸廓(外形、对称性),乳房(大小、肿块、红肿、压痛、乳头)等。

肺

视诊　呼吸运动(两侧对比),呼吸(频率、节律、深度),呼吸类型。

触诊　呼吸活动度、语音震颤。

叩诊　叩诊音(清音、实音、浊音、鼓音、过清音)。

听诊　呼吸音,异常呼吸音及其部位,干、湿性啰音及其部位。

心脏

视诊　心前区隆起,心尖搏动或心脏搏动位置,范围和强度。

触诊　心尖搏动的位置及性质。

听诊　心率,心律,心音(强弱、性质、额外心音),杂音(部位、时期、性质、强度、传导方向)和心包摩擦音等。

脉搏

频率、节律、强度,有无奇脉、交替脉、水冲脉、脉搏消失等。

腹部

腹围(腹水或腹部包块等疾病时测量)

视诊　外形,呼吸运动,胃肠型及蠕动波,腹壁静脉曲张及其血流方向。

触诊　腹壁:紧张度,压痛,反跳痛,液波震颤。

　　　　肝:大小,质地,表面(光滑度),边缘,有无结节、压痛和搏动等。

　　　　胆囊:大小,形态,有无压痛、Murphy 征。

　　　　脾:大小,质地,表面。

　　　　膀胱:是否膨胀。

叩诊　有无高度鼓音,肝区叩击痛,肾区叩击痛,膀胱叩诊等。

听诊　肠鸣音(正常、增强、减弱、消失),振水音等。

肛门、直肠

需要时检查。肛门瘢痕与红肿、肛裂、痔、肛门直肠瘘、直肠脱垂、肛诊情况等。

脊柱

活动度,畸形(侧凸、前凸、后凸)、压痛和叩击痛等。

四肢

外形,脱臼,骨折及关节红肿、疼痛、压痛,运动,杵状指(趾)、匙状甲,静脉曲张。

神经系统

运动功能:肌力、肌张力、不自主运动,共济失调(指鼻试验、跟膝胫试验、轮替动作、闭目难立征)。

感觉功能:浅感觉(痛觉、触觉、温度觉)、深感觉(运动觉、位置觉、震动觉)。

失用症:运动性失用、观念性失用、观念运动性失用、结构性失用。

失认症:视觉失认、听觉失认、触觉失认。

神经反射:生理反射(角膜反射、腹壁反射、提睾反射),病理反射(Babinski 征等),脑膜刺激征(颈项强直、布鲁津斯基征、克尼格征)。

专科情况

评估气管插管、气管切开、鼻饲、留置尿管、造瘘(胃、空肠、结肠、直肠等)、引流(脑室、胸腔、腹腔等),牵引等状况。

辅 助 检 查

与诊断相关的辅助检查结果及检查日期。如系在其他医院所做的检查,应问明该医院名称及检查日期。

总　　结

简明扼要、高度概述与诊断有关的健康史要点以及身体评估、辅助检查的重要阳性结果。

护 理 诊 断

包括护理诊断和医护合作性问题,名称应确切,排列按首优原则,分清主次。

护士签名:×××

二、入院评估记录表

微课:书写护理文书

入院评估记录表常依据生理、心理和社会系统模式、戈登(Gordon)的功能性健康型态模式、马斯洛(Maslow)的人类基本需要层次论,以及奥瑞姆(Orem)的自理模式等理论为指导进行编制。包括填写式、表格式和混合式。混合式应用较广,根据具体情况既有文字填写,又有在备选项中打"√"。入院评估记录表可较为有效地节约书写者的记录时间,但因项目太多,查看时费时,且形式固定,限制了书写者的发挥。以下介绍按戈登(Gordon)的功能性健康型态模式设计的入院评估记录表(表10-2-1)。

表 10-2-1　入院评估记录表

科别:　　　　病室:　　　　　　床号:　　　　　　住院号:

一 般 情 况

姓名:　　　　　　　　　　性别:男□　女□

年龄:　　　　　　　　　　民族:

籍贯:　　　　　　　　　　职业:

婚姻状况:未婚□　已婚□　离异□　再婚□　丧偶□

文化程度:文盲□　小学□　初中□　高中□　中专□　大专□　大学及以上□

工作单位:　　　　　　　　邮政编码:　　　　　　电话:

家庭住址:　　　　　　　　邮政编码:　　　　　　电话:

联系人:　　　　　　　　联系人单位(住址):　　　　电话:

医疗费用负担形式:公费□　医疗保险□　自费□　其他(　　　　　　)

入院日期:　　　　年　　月　　日

入院方式:步行□　扶行□　背入□　轮椅□　平车□　担架□　其他(　　　　　)

病历记录日期:　　　年　　月　　日

健康史陈述者:

入院医疗诊断:　　　主管医师:

主管护士:

健 康 史

[**主观现时资料**]

主诉:

现时健康史:

[**既往健康资料**]

既往史

　既往健康状况:良好□　一般□　较差□

　既往患病史:无□　有□(　　　　　　)

　预防接种情况:

　住院史:

　手术史:

　外伤史:

　过敏史:

目前用药史

目前用药情况:无☐　有☐

药物名称	剂量与用法	末次用药时间	疗效	不良反应

个人史:

出生地:

疫区接触史:无☐　有☐　具体情况＿＿＿＿＿＿＿＿＿＿＿＿

月经史:初潮　　岁 $\dfrac{行经期(天)}{月经周期(天)}$ 末次月经日期　　绝经年龄　　岁

婚姻情况:未婚☐　已婚☐　结婚年龄＿＿＿＿＿＿＿夫妻关系＿＿＿＿＿＿＿＿＿

生育史:妊娠＿＿＿次　顺产＿＿＿胎　流产＿＿＿胎　早产＿＿＿胎　死产＿＿＿胎

家族史:

父:健在☐　患病☐＿＿＿＿＿＿已故☐　死因＿＿＿＿＿＿

母:健在☐　患病☐＿＿＿＿＿＿已故☐　死因＿＿＿＿＿＿

兄弟姐妹:

[**系统回顾**]

1. 健康感知与健康管理型态

自觉健康状况:良好☐　一般☐　较差☐

吸烟:无☐　有☐　约＿＿＿年,平均＿＿＿支/天。戒烟　未☐　已☐　约＿＿＿年

嗜酒:无☐　有☐　约＿＿＿年,平均＿＿＿两/天。戒酒　未☐　已☐　约＿＿＿年

吸毒:无☐　有☐名称＿＿＿,约＿＿＿年,＿＿＿量/天。戒毒:未☐　已☐　约＿＿＿年

其他个人嗜好:无☐　有☐(　　　　　　　　　　　)

遵从医务人员健康指导:是☐　否☐(原因　　　　　　　　　　)

对所患疾病原因:知道☐　不知道☐

环境中危险因素:无☐　有☐(　　　　　　　　　　)

寻求促进健康的行为:无☐　有☐(　　　　　　　　　　)

2. 营养与代谢型态

基本饮食:普食☐(　　餐/天)　软食☐(　　餐/天)　半流质☐(　　餐/天)

流质☐(　　餐/天)　禁食☐　忌食☐(　　)　治疗饮食☐(　　)

食欲:正常☐　食欲亢进☐　食欲减退☐

近期体重变化:无☐　有☐(体重增加约　kg/月,原因　　;体重减轻约　kg/月,原因　　　)

饮水:正常☐　多饮☐(原因　　　)　限制饮水☐(　　　ml/天)

咀嚼困难:无☐　有☐(原因　　　,持续　　　月)

　　吞咽困难:无□　有□(原因　　　　　,持续　　　　月)

3. 排泄型态

　　排便:正常□　便秘□　腹泻□(约　次/天)失禁:无□　有□(约　次/天)

　　造瘘:无□　有□(类型　　　　　　　　,能否自理能□　否□)

　　应用轻泻药:无□　有□(药物名称　　　　　,用法和剂量　　　　)

　　排尿:正常□　增多□(约　　次/天)　减少□(约　　次/天)颜色:＿＿＿＿＿

　　排尿异常:无□　有□(类型　　　　　　　　　　　　)

4. 活动与运动型态

　　生活自理能力(在空格中填上相应数字,0＝可以自行处理;Ⅰ＝需要借助辅助工具;Ⅱ＝需要他人协助;Ⅲ＝需要借辅助工具及他人协助;Ⅳ＝自己无法执行,完全依赖他人处理。)

　　翻身＿＿＿,坐起＿＿＿,下床＿＿＿,穿衣＿＿＿,洗漱＿＿＿,洗澡＿＿＿,

　　进食＿＿＿,行走＿＿＿,如厕＿＿＿,做饭＿＿＿,购物＿＿＿,上下楼梯＿＿＿

　　辅助用具:无□　有□(类型　　　　　　　　　　　　)

　　活动耐力:正常□　容易疲劳□(程度描述　　　　　　　　)

　　呼吸困难:无□　有□

　　咳嗽:无□　有□　　咳痰:无□　易咳出□　　不易咳出□　　吸痰□

　　吸氧:无□　有□(类型及氧浓度　　　　　　　　　　)

5. 睡眠与休息型态

　　睡眠:正常□　入睡困难□　多梦□　早醒□　失眠□

　　睡眠/休息后精力充沛:是□　否□(原因　　　　　　　　)

　　辅助睡眠:无□　药物□　其他□(　　　　　　　　　)

6. 认知与感知型态

　　疼痛:无□　有□(部位、性质、持续时间　　　　　　　)

　　眩晕:无□　有□(原因　　　　　　　)

　　定向力:正常□　障碍□

　　记忆力:良好□　减退(短时记忆□　长时记忆□)　　丧失□

　　注意力:正常□　注意力分散□

　　语言能力:正常□　失语□　构音困难□

7. 自我概念型态

　　自我感觉:良好□　不良□

　　情绪状态:快乐□　紧张□　焦虑□　抑郁□　恐惧□　愤怒□　悲哀□　绝望□

　　个性心理特征:理智型□　情绪型□　意志型□　内向型□　外向型□　独立型□　依赖型□

8. 角色与关系型态

就业情况:工作性质( ) 紧张程度:( )

家庭结构:( ) 家庭功能:( )

社会交往:正常□ 较少□ 回避□

角色适应:良好□ 不良□(角色冲突□ 角色缺如□ 角色强化□ 角色消退□)

家庭及个人经济情况:足够□ 勉强够□ 不够□

9. 性与生殖型态

月经:正常□ 紊乱□ 经量:正常□ 过少□ 过多□

性功能:正常□ 障碍□

10. 压力与应对型态

对疾病和住院反应:否认□ 适应□ 依赖□

近期重要生活事件:无□ 有□( )

适应能力:能独立解决问题□ 需要帮助□ 依赖他人解决□

支持系统:照顾者:胜任□ 勉强□ 不胜任□ 家庭应对:忽视□ 能满足□ 过于关心□

11. 价值与信念型态

宗教信仰:无□ 有□( )

其他:

身 体 评 估

体温_____℃ 脉搏_____次/min 呼吸_____次/min 血压_____mmHg

身高_____cm 体重_____kg

一般状况

营养状态:良好□ 中等□ 不良□

意识状态:清醒□ 嗜睡□ 模糊□ 昏睡□ 谵妄□ 昏迷(轻度□ 中度□ 重度□)

面容:正常□ 特殊面容(类型)

体位:自动体位□ 被动体位□ 强迫体位(类型)

步态:正常□ 异常(类型)

其他:

皮肤

色泽:正常□ 潮红□ 苍白□ 发绀□ 黄染□ 色素沉着□

湿度:正常□ 干燥□ 潮湿□ 温度:正常□ 热□ 冷□

弹性:正常□ 减退□ 压疮:无□ 有□(部位及分期)

完整性:完整□ 皮疹□ 皮下出血□ 破溃□ 脓疱□ 疖肿□

水肿:无□ 有□(部位及程度)

其他:

头颈部

瞳孔:等大□　等圆□　左＿＿＿mm,右＿＿＿mm

　　　对光反射:正常□　迟钝□　消失□

视力:正常□　近视□　远视□　失明(左□　右□　双侧□)

听力:正常□　耳鸣□　减退□(左□　右□　双侧□)　耳聋(左□　右□　双侧□)助听
　　器　无□　有□

嗅觉:正常□　减退□　缺失□

味觉:正常□　减退□　缺失□　味觉改变□

口腔黏膜:正常□　出血点□　溃疡□　其他(　　　　　　　　　　)

气管位置:居中□　左偏□　右偏□

颈静脉怒张:无□　有□

其他:

胸部

呼吸方式:自主呼吸□　机械呼吸□　人工气管□　气管插管□　气管切开□

呼吸节律:规则□　不规则(类型　　　)

呼吸音:正常□　干啰音□　湿啰音□

心率:＿＿＿＿＿＿＿次/min　　心律:齐□　不齐(　　　　　　　　　　　)

杂音:无□　有□(时期、性质、强度　　　　　　　　　　　　)

其他:

腹部

腹水:无□　有□(腹围　　　　cm)

腹壁压痛与反跳痛:无□　有□(部位　　　　　)

肝大:无□　有□(肋下　cm 质地:软□　韧□　硬□压痛:无□　有□　)

脾大:无□　有□(肋下　cm 质地:软□　韧□　硬□压痛:无□　有□　)

其他:

脊柱四肢神经系统

瘫痪:无□　有□(类型　　　　　)　　肌力:＿＿＿＿＿＿级

感觉异常:无□　有□(感觉过敏□　感觉减退□　感觉缺失□)

其他:

实验室及其他辅助检查

初步护理诊断

护士签名：×××

第三节 护理病程记录的内容与要求

护理病程记录是护士对服务对象实施整体护理的动态、真实的记录，分为一般患者护理记录、危重患者护理记录和其他护理记录。

一、一般患者护理记录

一般患者护理记录是指护士根据医嘱和健康状况对一般患者住院期间护理过程的客观记录。内容包括患者姓名、科别、住院病历号（或病案号）、床位号、页码、记录日期和时间、健康状况观察情况、护理措施和效果、护士签名等。根据患者情况决定记录频次，一般情况下每周至少记录一次，手术当天要有术后护理情况的记录，术后前3天每班至少记一次。健康状况变化时随时记录（表10-3-1）。

表10-3-1 一般患者护理记录单

科室 神经内科 病室 03 床号 03 姓名 张丽 医疗诊断 脑出血 住院号 2436539

日期	时间	护理记录	签名
2018-07-03	08:11		
		T 36.8℃,P 74 次/min, R 16 次/min,BP 165/100 mmHg 患者以"脑出血"入院第3天,意识处于模糊状态,双侧瞳孔等大同圆,直径2.5 mm,对光反射均灵敏,左侧肌力5级,右侧肌力3级。尿管通畅,尿色淡黄,遵医嘱给予一级护理,全流食,无创测血压、脉搏每4 h一次,指导患者家属给其营养丰富、易消化饮食。卧床休息,保持尿管通畅,避免牵拉、折叠、扭曲、脱落,以免发生尿道损伤。加强肢体功能锻炼。患者家属已掌握	于凤
	12:00	患者 BP 173/101 mmHg,P 90 次/min	李淼

二、危重患者护理记录

危重患者护理记录是指护士根据医嘱和健康状况对危重患者住院期间护理过程的客观记录。危重患者护理记录应当根据相应专科的护理特点书写。内容包括患者姓名、科别、住院病历号（或病案号）、床位号、页码、记录日期和时间、出入液体量、体温、脉搏、呼吸、血压等健康状况观察、护理措施和效果、护士签名等。记录时间应当具体到分钟，一般情况下至少每 4 h 记录一次，其中体温若无特殊变化时至少每日测量 4 次。

三、其他护理记录

（一）患者首次护理记录

首次护理记录即患者入院后的第一次护理记录，其内容及要求不同于一般患者护理记录。具体包括：① 患者的姓名、年龄、性别、主要的住院原因（包括主诉和医疗诊断）。② 目前的主要症状、体征及有关的辅助检查结果。③ 治疗原则及诊治方案。④ 确立的主要护理诊断。⑤ 计划实施的主要护理措施。首次护理记录要求必须在当日（夜）负责护士下班前完成（表 10-3-2）

表 10-3-2　护理记录单

科室 呼吸内科 病室 03 床号 06 姓名 张一 医疗诊断 慢性支气管炎 住院号 23080654

日期	时间	护理记录	签名
13/5	8:30am	患者自述发热、咳嗽，咳黄色脓性痰，痰量较多，不易咳出。出汗较多，口干，今晨饮水约 500 ml。护理体检：T 38.6℃，P 92 次/min, R 20 次/min, BP 120/85 mmHg, RBC 4.5×10^{12}/L, Hb 124 g/L。给予乙醇擦浴，并遵医嘱给予青霉素 480 万 U+0.9% 的生理盐水 500 ml，每日 2 次，静脉滴注。指导患者进行有效咳嗽，指导患者家属学习咳嗽时辅助背部叩击的方法。嘱患者多饮水，湿化痰液，并补充因出汗等原因丢失的液体	张冰

（二）手术护理记录

手术护理记录是指巡回护士对手术患者术中护理情况及所用器械、敷料的记录，应当在手术结束后即时完成。手术护理记录应当另页书写，内容包括患者姓名、住院病历号（或病案号）、手术日期、手术名称、术中护理情况、所用各种器械和敷料数量的清点核对、巡回护士和手术器械护士签名等。

（三）出院、转科、转院护理记录

1. 出院护理记录　主要内容应有当前护理对象的身心健康状况及主要健康指导。

2. 转科、转院护理记录　主要记录护理对象当前的身心健康状况及要交代的主要事项。若为转入记录，参照入院护理对象的首次护理记录执行。

> 提示：护士书写护理病程记录时，应及时与主管医师沟通护理对象的健康状况。

附：PIO 护理记录

目前，国内部分医院常采用 PIO 护理记录单的方式将患者的护理诊断、护理措施和结果加以记录。PIO 护理记录单中的 P 为 problem（问题）的缩写，指护理诊断或合作性问题；I 为 intervention（措施）的缩写，指所执行的护理措施；O 为 outcome（结果）的缩写，指措施实施后患者的反应，即效果评价（表 10-3-3）。

表 10-3-3　PIO 护理记录单

科室　呼吸内科　病室　05　床号　04　姓名　王芳　医疗诊断　COPD　住院号　230426584

日期	时间	护理记录	签名
13/5	8:30am	P1:体温过高:与肺部感染有关	王红
		I1:1. 给予乙醇擦浴	王红
		2. 遵医嘱给予青霉素 480 万 U＋0.9% 的生理盐水 500ml,每日 2 次,静脉滴注	王红
		3. 鼓励患者多饮水	王红
		P2:清理呼吸道无效:与痰液黏稠,年老体弱,咳嗽无力有关	王红
		I2 1. 多饮水,湿化痰液	王红
		2. 指导患者进行有效咳嗽	王红
		3. 指导患者家属学习患者咳嗽时辅助背部叩击的方法	
	10:00am	O1:患者自觉发热减轻,测 T 降至 37.8℃	王红
		O2:患者能复述有效咳嗽的方法,患者家属能正确帮助患者进行背部叩击,痰液能够咳出	王红

第四节　健康教育计划

健康教育是促进和维持健康的重要环节。通过健康教育可使患者及家属了解与疾病相关的健康状况、治疗、护理及康复措施，了解与疾病相关的健康知识。不仅可满足患者及家属的愿望，提高参与治疗与护理决策的意识，更融洽了护患关系，使患者及家属主动配合治疗和护理，以积极的心态接受治疗和护理措施的实施，有利于患者康复。

健康教育计划是对护理对象及其家属进行具体健康教育的计划，通常包括入院宣教、诊疗知识宣教、疾病知识宣教及健康教育实施等方面。其内容为指导护理对象及其家属正确认识疾病，心理健康指导，营养与饮食，休息与活动原则，特殊用药，特殊检查的指导，手术前后的宣教，并发症的预防，自我及家庭护理的方法，出院康复指导等。

健康教育贯穿于护理对象入院到出院的整个过程中，甚至出院后的康复、用药及生活方式等方面。护士有没有对护理对象进行健康教育及哪位护士进行的健康教育，在入院、住院及出院护理评估单中均有记录。如产科健康教育计划单（表10-4-1）。

表 10-4-1 产科健康教育计划单

床号 ___304___ 姓名 ___刘丽___ 住院号 ___2630548___

教育内容	宣教日期及签名	评价		
		部分掌握	完全掌握	评价者
介绍主管医生、专业护士、住院环境	5.12 刘丽		√	张凡
病房管理要求、房间整洁、通风的意义	5.12 刘丽		√	张凡
纯母乳喂养概念、时间、母婴同室的意义	5.14 刘丽		√	刘萍
母乳喂养的优点	5.14 刘丽		√	刘萍
按需哺乳的概念	5.14 刘丽		√	刘萍
哺乳的体位及正确姿势	5.14 刘丽		√	刘萍
新生儿正确的含接姿势	5.14 刘丽		√	刘萍
正确的挤奶手法	5.14 刘丽		√	刘萍
乳汁不足的原因	5.14 刘丽		√	张凡
防止奶水不足的方法	5.14 刘丽		√	张凡
乳房肿胀、疼痛的原因	5.14 刘丽		√	张凡
术后饮食、卧位、早下地活动的意义	5.15 刘丽		√	高维
新生儿黄疸的原因、消退时间、处理方法	5.15 刘丽		√	高维
卡介苗、乙肝疫苗接种知识	5.18 刘丽		√	刘萍
婴儿沐浴的程序、注意事项	5.18 刘丽		√	刘萍

教育内容	宣教日期及签名	评价		
		部分掌握	完全掌握	评价者
新生儿脐部、皮肤护理知识	5.18 刘丽		√	刘萍
出院带药的目的、用法	5.18 刘丽		√	高维
随访的时间、目的	5.18 刘丽		√	高维
避孕知识	5.18 刘丽		√	高维
产后复查的时间、目的	5.18 刘丽		√	高维

提示:进行健康教育应注意方式和内容深度,根据护理对象及其家属的文化背景、有关知识或技能的掌握程度等具体情况而定,以护理对象及其家属易接受为原则。

本章小结

护理病历包括健康评估记录、护理病程记录和健康教育计划。护理病历书写的十四字要求:即内容要"客观、真实、准确、完整,"书写要"及时、规范、清晰"。目前,我国护理评估记录并无统一的格式与内容,主要根据整体护理理念和护理程序设计,包含被评估者的生理、心理、家庭、社会、精神和文化等方面。一般要求实习护士和低年资护士书写完整性健康评估记录。

本章思考题

1. 护理病历书写的基本要求有哪些?
2. 编写一份完整健康评估记录。

在线测试:
护理病历
的书写

赛证聚焦

请扫描二维码完成在线测试。

附录 1　NANDA 护理诊断（2021—2023）

领域 1：健康促进

娱乐活动减少

有健康素养改善的趋势

久坐的生活方式

有逃脱的危险

老年综合征

有老年综合征的危险

有体育锻炼增强的趋势

社区保健缺乏

有风险的健康行为

健康维护行为无效

健康自我管理无效

有健康自我管理改善的趋势

家庭健康自我管理无效

家庭维护行为无效

有家庭维护行为无效的危险

有家庭维护行为改善的趋势

防护无效

领域 2：营养

营养失调：低于机体需要量

有营养改善的趋势

母乳分泌不足

母乳喂养无效

母乳喂养中断

有母乳喂养改善的趋势

青少年进食动力无效

儿童进食动力无效

婴儿喂养动力无效

肥胖

超重

有超重的危险

婴儿吮吸吞咽反应无效

吞咽障碍

有血糖不稳的危险

新生儿高胆红素血症

有新生儿高胆红素血症的危险

有肝功能受损的危险

有代谢综合征的危险

有电解质失衡的危险

有体液失衡的危险

体液不足

有体液不足的危险

体液过多

领域 3：排泄/交换

残疾相关尿失禁

排尿障碍

混合性尿失禁

压力性尿失禁

急迫性尿失禁

有急迫性尿失禁的危险

尿潴留

有尿潴留的危险

便秘

有便秘的危险

感知性便秘

慢性功能性便秘

有慢性功能性便秘的危险

排便功能障碍

腹泻

胃肠动力失调

有胃肠动力失调的危险

气体交换受损

领域 4：活动/休息

失眠

睡眠剥夺

有睡眠改善的趋势

睡眠型态紊乱

活动耐力下降

有活动耐力下降的危险

有废用综合征的危险

床上移动障碍

躯体移动障碍

轮椅移动障碍

坐位障碍

站立障碍

转移能力受损

步行障碍

能量场失衡

疲乏

漫游

低效性呼吸型态

心输出量减少

有心输出量减少的危险

有心血管功能受损的危险

淋巴水肿自我管理无效

有淋巴水肿自我管理无效的危险

自主呼吸障碍

有血压不稳的危险

有血栓形成的危险

有心脏组织灌注不足的危险

有脑组织灌注无效的危险

外周组织灌注无效

有外周组织灌注无效的危险

呼吸机依赖

成人呼吸机依赖

沐浴自理缺陷

穿着自理缺陷

进食自理缺陷

如厕自理缺陷

有自理能力改善的趋势

自我忽视

领域 5：感知/认知

单侧身体忽视

急性意识障碍

有急性意识障碍的危险

慢性意识障碍

情绪失控

冲动控制无效

知识缺乏

有知识增进的趋势

记忆功能障碍

思维过程紊乱

有沟通增强的趋势

言语沟通障碍

无望感

领域 6：自我感知

无望感

有信心增强的趋势

有人格尊严受损的危险

自我认同紊乱

有自我认同紊乱的危险

有自我概念改善的趋势

长期低自尊

有长期低自尊的危险

情境性低自尊

有情境性低自尊的危险

体象紊乱

领域 7：角色关系

养育障碍

有养育障碍的危险

有养育增强的趋势

照顾者角色紧张

有照顾者角色紧张的危险

有依附关系受损的危险

家庭身份认同紊乱综合征

有家庭身份认同紊乱综合征的危险

家庭运作过程失调

家庭运作过程改变

有家庭运作过程改善的趋势

关系无效

有关系无效的危险

有关系改善的趋势

父母角色冲突

角色行为无效

社会交往障碍

领域 8：性

性功能障碍

性生活型态无效

生育进程无效

有生育进程无效的危险

有生育进程改善的趋势

有孕母与胎儿受干扰的危险

领域 9：应对/压力耐受性

有复杂的移民调适危险

创伤后综合征

有创伤后综合征的危险

强暴创伤综合征

迁徙应激综合征

有迁徙应激综合征的危险

活动计划无效

有活动计划无效的危险

焦虑

防卫性应对

应对无效

有应对改善的趋势

社区应对无效

有社区应对改善的趋势

妥协性家庭应对

无能性家庭应对

有家庭应对改善的趋势

对死亡的焦虑

无效性否认

恐惧

适应不良性悲伤

有适应不良性悲伤的危险

有悲伤加剧的趋势

情绪调控受损

无能为力感

有无能为力感的危险

有能力增强的趋势

心理弹性受损

有心理弹性受损的危险

有心理弹性增强的趋势

持续性悲伤

压力负荷过重

急性物质戒断综合征

有急性物质戒断综合征的危险

自主反射失调

有自主反射失调的危险

新生儿戒断综合征
婴儿行为紊乱
有婴儿行为紊乱的危险
有婴儿行为调节改善的趋势

领域 10：人生准则

有精神安适增进的趋势
有决策能力增强的趋势
抉择冲突
独立决策能力减弱
有独立决策能力减弱的危险
有独立决策能力增强的趋势
道德困扰
宗教信仰减弱
有宗教信仰减弱的危险
有宗教信仰增强的趋势
精神困扰
有精神困扰的危险

领域 11：安全/保护

有感染的危险
有术区感染的危险
清理呼吸道无效
有误吸的危险
有出血的危险
牙齿受损
有眼干燥症的危险
眼干燥症自我管理无效
有口干的危险
有成人跌倒的危险
有儿童跌倒的危险
有受伤的危险
有角膜损伤的危险
乳头乳晕复合伤
有乳头乳晕复合伤的危险
有尿道损伤的危险

有围手术期体位性损伤的危险
有热损伤的危险
口腔黏膜完整性受损
有口腔黏膜完整性受损的危险
有周围神经血管功能障碍的危险
有躯体创伤的危险
有血管创伤的危险
成人压力性损伤
有成人压力性损伤的危险
儿童压力性损伤
有儿童压力性损伤的危险
新生儿压力性损伤
有新生儿压力性损伤的危险
有休克的危险
皮肤完整性受损
有皮肤完整性受损的危险
有新生儿猝死的危险
有窒息的危险
术后康复迟缓
有术后康复迟缓的危险
组织完整性受损
有组织完整性受损的危险
有女性割礼的危险
有对他人实施暴力的危险
有对自己实施暴力的危险
自残
有自残的危险
有自杀的危险
受污染
有受污染的危险
有职业性损伤的危险
有中毒的危险
有碘造影剂不良反应的危险
有过敏反应的危险
有乳胶过敏反应的危险
体温过高
体温过低

有体温过低的危险
新生儿体温过低
有新生儿体温过低的危险
有围手术期体温过低的危险
体温失调
有体温失调的危险

领域 12：舒适
舒适度减弱
有舒适度增加的趋势
恶心
急性疼痛

慢性疼痛
急性疼痛综合征
分娩痛
有孤独的危险
社交孤立

领域 13：生长/发展
儿童发育迟缓
有儿童发育迟缓的危险
新生儿运动发育迟缓
有新生儿运动发育迟缓

附录 2 健康评估实训指导

实训一   一般健康史评估

【实训目的】

1. 掌握收集一般健康史的方法。

2. 熟悉一般健康史评估的内容。

3. 能够按照一般健康史评估的顺序与被评估者及其家属交谈。

4. 在实训中体现出尊重被评估者、关爱被评估者的精神。

【实训时间】

2 学时。

【实训方法】

1. 每 6~8 人组成一个实训小组。

2. 在教师指导下,每一实训小组接触一位被评估者,进行一般健康史资料的采集。评估前先阅读该被评估者的有关健康资料,以利评估时能够有的放矢,收到较好的实训效果。

3. 评估时,每一实训小组派出一名代表负责询问被评估者,其他同学作详细记录,并可进行必要的补充提问。

4. 评估结束后,礼貌地向被评估者及其家属道别,并感谢他们的合作。

5. 各小组在教师指导下集体整理资料,讨论所获得的健康史资料及存在的问题。

6. 全班同学集中交流,各小组派代表作简要报告。教师作小结、评价和矫正。

7. 每位同学撰写一份实训报告,交教师批改。

【实训内容】

项目	交谈指引
一、自我介绍与交代有关事项	1. 您好!我们是××学校的实训护士,今天我们想了解一下您的健康资料,谢谢您的合作!
	2. 我们的交谈大约需要1 h,如果交谈过程中您有什么需要帮忙的请随时告诉我们。您所提供的资料我们将会严格保密。
	……
二、询问简要健康史	1. 请说说您这次生病的情况,好吗?您是哪儿不舒服?
	2. 您出现这种情况有多久了?
	3. 您还有哪些不适?
	4. 您的病情进展情况如何,例如是逐渐好转,还是越来越严重?
	5. 有哪些因素导致您的病情好转(或严重)?
	6. 您是否去看过医生?
	7. 您能说出医生对您的诊断吗?
	8. 医生对您做了哪些检查?您能说出检查结果吗?
	9. 您是否使用过什么药物?
	10. 您对药物的效果有什么评价?
	11. 您是否对什么药物、食物或其他物品过敏?
	12. 您以往的身体情况如何?(同时询问是否出现一些相关症状)
	13. 您的亲人有没有患过类似疾病?
	……
三、了解生活状况及自理程度	1. 请说说您每天三餐的饮食习惯,好吗?
	2. 除了这三餐以外,需要其他辅助食品吗?
	3. 您喜欢吃哪些食品?
	4. 您有哪些忌讳的食物?
	5. 您有哪些食物进食后感到不舒服吗?
	6. 您每天喝多少水?
	7. 您喜欢哪种饮料?如茶、白开水、咖啡等。
	8. 您近来食欲怎样?
	9. 您的体重情况如何?
	10. 您的牙齿和吞咽有什么问题吗?
	11. 您的皮肤如何?有干燥、破损等情况吗?
	12. 您平时皮肤破损后,伤口容易愈合吗?
	13. 请谈谈您平时睡眠的情况,如入睡时间、睡多久、是否午睡等。
	14. 您入睡是否困难?需要哪些帮助?有早醒、睡眠中断等情况吗?
	15. 您睡醒后第二天感觉如何?
	16. 您的大便习惯如何?排便有规律吗?大便是什么颜色(性质等)?
	17. 您一天大约排多少次小便?尿量有多少?尿液是什么颜色?
	18. 您出汗多吗?汗液有无特别的气味?
	19. 您平时有哪些嗜好?

项目	交谈指引
三、了解生活状况及自理程度	20. 您吸烟(喝酒)吗？每天吸(喝)多少？成瘾有多久了？ 21. 您平时喜欢什么娱乐活动？ 22. 您平时进行锻炼吗？多长时间锻炼一次？一般参与哪些锻炼？ 23. 您的视觉(或听觉)有哪些异常吗？ 24. 列出下列活动能力,是否能自理或需要哪些帮助？ 　　翻身　坐起　站立　行走　进食　穿衣　如厕 　　沐浴　修饰　购物　洗衣、做饭、扫地等家务 25. 对青春期后的女性了解月经、生育史等。 ……

【实训报告】

一般健康史评估记录表

一般资料

科室：　　　　　　　　　　床号：　　　　　　　　　　住院号：

姓名：　　　　　　　　　　性别：　　　　　　　　　　年龄：

民族：　　　　　　　　　　籍贯：　　　　　　　　　　职业：

婚姻状况：　　　　　　　　文化程度：　　　　　　　　医疗费用负担形式：

工作单位：

一般资料

家庭住址：

健康史陈述者：　　　　　　　　　　　　　　　　　　　可靠程度：

入院医疗诊断：　　　　　　　　　　　　　　　　　　　主管医生：

健康史收集时间：　　　　　　　　　　　　　　　　　　健康史收集者：

主观现时资料

主诉：

现时健康史：

既往资料

既往史：

个人史：

家族史：

实训经验小结

实训中成功的经验：

实训中存在的问题：

实训二 常见症状评估

【实训目的】

1. 掌握常见症状的评估方法。

2. 熟悉常见症状的主要临床表现。

3. 了解常见症状的病因。

【实训时间】

2 学时。

【实训方法】

医院见习或评估标准患者。3~5 人为一组,在带教教师的指导下,通过问诊及视、触、叩、听方法对典型患者从病因、临床表现方面进行评估。按照实验教学目的与要求每人完成一份见习报告。

【实训内容】

常见症状:发热、咳嗽与咳痰、呼吸困难、咯血、胸痛、水肿、发绀、黄疸、意识障碍。

【实训要求】

1. 学会与患者及其家属沟通。

2. 树立尊重患者、关爱患者的良好医德,认真、严谨的工作作风和团结协作的精神。

实训三　一般状况及头、面、颈部评估

【实训目的】

1. 掌握一般状况评估的判断标准,能正确判断评估结果。

2. 熟悉一般状况及头、面、颈部评估的内容及临床意义。

3. 学会一般状况及头、面、颈部评估的方法,能独立进行瞳孔、淋巴结、甲状腺及气管的检查。

【实训时间】

2 学时。

【物品准备】　体温计、血压计、手电筒、棉签、皮尺。

【实训方法】

1. 教师示教,示教中强调操作要领、技巧和临床意义。

2. 同学分组相互操作练习。

3. 教师巡回指导,及时纠正操作过程中出现的错误并解答疑问。

4. 学生代表演示检查方法并判断检查结果,其他同学观摩、评议。

5. 教师总结本实训过程中出现的问题,需注意的事项。

6. 学生完成实训报告。

【实训内容】

1. 一般状况评估　包括性别、年龄、发育与体型、生命体征、营养、意识状态、语调与语态、面容与表情、体位、姿势、步态。重点:准确测量体温、呼吸、脉搏、血压,观察有无异常表情及特殊病容,正确判断神志状况。

2. 皮肤评估　包括皮肤和黏膜颜色、湿度、弹性,有无皮疹、出血、水肿、溃疡等。重点:观察皮肤和黏膜有无苍白、发绀、黄染、压力性溃疡,学会鉴别皮疹、出血点和蜘蛛痣。

3. 淋巴结评估　淋巴结触诊的顺序、部位、方法及触到肿大淋巴结的注意事项。

4. 头面部评估　包括毛发、头皮、头颅及头部器官。重点:瞳孔大小及对光反射的检查,扁桃体的检查方法。

5. 颈部评估　包括颈部血管、甲状腺及气管。重点:观察有无颈静脉怒张和颈动脉搏动,学会甲状腺及气管的触诊方法。

一般状况及头、面、颈部评估实训报告

一、一般状况评估

一般状况:

生命体征_____、发育____、营养____、意识状态_____、面容与表情_____、体位_____、步态_____。

皮肤：

颜色_____、湿度_____、弹性_____、皮疹_____、出血_____、蜘蛛痣_____、水肿_____。

浅表淋巴结_____。

二、头、面、颈部评估

头部：

头颅_____、头发_____、头皮_____。

面部：

眼：眼睑_____、结膜_____、巩膜_____、角膜_____、眼球_____、瞳孔大小_____、对光反射_____、调节反射_____。

耳：耳郭_____、外耳道_____、乳突_____、听力_____。

鼻：外形_____、鼻腔_____、鼻窦_____。

口：口唇_____、口腔黏膜_____、齿_____、齿龈_____、舌_____、气味_____、咽部_____、扁桃体_____。

颈部：

外形_____、活动_____、颈静脉_____、颈动脉_____、气管_____、甲状腺_____。

签名：

日期：

实训四　胸部及肺部视、触、叩、听诊评估

【实训目的】

1. 掌握胸、肺部视、触、叩、听诊的检查内容及方法。

2. 掌握语颤及比较叩诊的操作程序及手法。

3. 熟悉胸部的解剖和体表标志。骨骼标志、胸部分区及自然陷窝、胸部人工划线。

4. 熟悉和正确区分胸部检查各种叩诊音及三种正常呼吸音的特点。

【实训时间】

2 学时。

【物品准备】

直尺、听诊器、电子标准化模拟患者。

【实训对象】

自然人、电子标准化模拟患者。

【实训内容】

1. 胸部体表标志　正确描述胸部检查发现,描述时最好采用先水平再垂直的记录方式,便于准确记录。

2. 肺部检查

（1）检查注意事项

1）被评估者取坐位,病情严重者取仰卧位,取被评估者感觉舒适的体位为宜。

2）环境应安静、温暖、光线充足,尽可能暴露被评估者全胸廓,但应注意被评估者的隐私和保暖,尤其是女性。

3）检查按视、触、叩、听诊顺序进行系统、全面的检查。

4）检查顺序由前胸、侧胸及背部,注意左、右对比。

（2）视诊

1）胸廓形态:注意胸廓外形和对称性,区别病理胸廓,如扁平胸、桶状胸、佝偻病胸（鸡胸、佝偻病串珠、肋膈沟、漏斗胸）等。

2）呼吸运动:注意观察呼吸频率、节律、类型（腹式呼吸或胸式呼吸）、深度以及两侧呼吸运动是否相同。

3）胸壁静脉:上腔或下腔静脉血流受阻出现胸壁静脉充盈或曲张,应注意血流方向。

（3）触诊

1）胸壁压痛:以手指自上而下顺次轻压胸壁,尤应注意用拇指按压胸骨柄及胸骨体的中下部,询问被评估者有无压痛。正常时无压痛。如出现压痛,应注意压痛部位、程度。

2）胸廓扩张度:嘱被评估者做深呼吸运动。比较置于胸廓两侧的双手动度是否一致。

3）语音震颤:自上而下、从内到外比较双侧语音震颤异同,注意有无双侧、单侧、局部增强或减弱。

4）胸膜摩擦感:评估者以双手掌置于被评估者前下侧胸部,嘱被评估者做深呼吸运动,以手触之,体会有无摩擦感。

（4）叩诊　叩诊注意事项如下:

1）被评估者通常取坐位或仰卧位,放松肌肉,两臂垂放,呼吸均匀。检查前胸时,胸部稍向前挺;检查侧胸时,双臂抱头;检查背部时,上身略前倾,头稍低,双手交叉抱肘。

2）按顺序自上而下,先前胸后背部,进行左右、上下对比。

3）叩诊前胸及两侧时板指必须平贴于肋间隙并与肋骨平行,叩诊背部时,在肩胛区板指与脊柱平行,肩胛下区,板指仍保持与肋骨或肋间隙平行。

4）叩击力量要均匀,轻重应适宜,节奏灵活、短促而富于弹性,在每一区域叩击2~3下,再移至另一区域。

5）分辨各种叩诊音的特征,并注意板指的感觉。

（5）肺部叩诊

1）肺上界:即肺尖宽度。

2）肺部叩诊音。

3）肺下界。

4）肺下界移动度。

（6）肺部听诊

1）听诊注意事项

① 被评估者取舒适坐位或卧位，适当暴露评估部位。

② 评估室内必须安静，避免嘈杂声音影响，室内温暖，手部及听诊器体件在使用前应保持温暖，避免寒冷引起肌肉震颤而影响听诊。

③ 评估者要采取适宜方便位置进行听诊，用手持听诊器体件，紧贴于听诊部位，避免缝隙漏气或因摩擦而产生杂音，不可过度用力以至被评估者感到痛苦。

④ 集中注意力听取评估器官所发出的声音，辨别外来杂音。

⑤ 关心体贴被评估者，为避免过多翻动被评估者，检查完前面再检查背部，检查部位适当暴露。

2）听诊法：间接听诊法即利用听诊器听诊。使用听诊器时，应将弯曲金属管（弹簧部）凹面向前，将耳件放在两耳外耳道，体件有钟形与膜形，钟形体件适于小区域检查及听取低调杂音，膜形体件适于听取深部病变及高调杂音。

3）听诊内容

① 方法：嘱被评估者微张口作均匀呼吸，必要时应作较深呼吸或咳嗽数声后立即听诊，有利于分辨呼吸音与心音或其他杂音。

② 听诊顺序一般从肺尖开始，上下、左右对称部位进行比较，自上而下，由前胸到侧胸，最后背部。

③ 内容：应熟悉并区分肺泡呼吸音、支气管呼吸音和支气管肺泡呼吸音三种正常呼吸音特点及分布部位。

胸廓及肺部检查实训报告

胸廓

胸廓形态＿＿＿＿＿＿＿＿＿＿＿＿＿＿＿＿＿＿＿＿＿＿＿＿＿＿＿＿＿＿＿＿＿＿＿＿＿

胸壁压痛（有无压痛及部位）＿＿＿＿＿＿＿＿＿＿＿＿＿＿＿＿＿＿＿＿＿＿＿＿＿＿＿

肺部

视诊：呼吸运动度＿＿＿＿＿＿＿＿＿＿＿＿＿＿＿＿　　胸壁静脉＿＿＿＿＿＿＿＿＿＿

触诊：胸廓扩张度＿＿＿＿＿＿＿＿＿＿＿＿＿＿＿＿＿＿＿＿＿＿＿＿＿＿＿＿＿＿＿＿

　　　语颤＿＿＿＿＿＿＿＿＿＿＿＿＿＿＿＿＿＿＿＿＿＿＿＿＿＿＿＿＿＿＿＿＿＿＿

　　　胸膜摩擦感＿＿＿＿＿＿＿＿＿＿＿＿＿＿＿＿＿＿＿＿＿＿＿＿＿＿＿＿＿＿＿＿

叩诊：肺部叩诊音＿＿＿＿＿＿＿＿＿＿＿＿＿＿＿＿＿＿＿＿＿＿＿＿＿＿＿＿＿＿＿＿

　　　肺下界：左侧　锁骨中线＿＿＿＿＿＿　腋中线＿＿＿＿＿＿　肩胛线＿＿＿＿＿＿

　　　　　　　右侧　锁骨中线＿＿＿＿＿＿　腋中线＿＿＿＿＿＿　肩胛线＿＿＿＿＿＿

　　　肺下界移动度＿＿＿＿＿＿＿＿＿＿＿＿＿＿＿＿＿＿＿＿＿＿＿＿＿＿＿＿＿＿＿

听诊：呼吸音＿＿＿＿＿＿＿＿＿＿＿＿＿＿＿＿＿＿＿＿＿＿＿＿＿＿＿＿＿＿＿＿＿＿

　　　啰音＿＿＿＿＿＿＿＿＿＿＿＿＿＿＿＿＿＿＿＿＿＿＿＿＿＿＿＿＿＿＿＿＿＿＿

　　　语音共振＿＿＿＿＿＿＿＿＿＿＿＿＿＿＿＿＿＿＿＿＿＿＿＿＿＿＿＿＿＿＿＿＿

实训五 心脏视、触、叩、听诊及血管评估

【实训目的】

1. 掌握心脏视、触、叩、听诊的评估内容和方法。

2. 重点掌握心尖搏动、震颤、心形评估,要求准确叩出心界。

3. 掌握 5 个瓣膜听诊区的部位及顺序,正确识别正常第一、第二心音的特点。

4. 了解心率、心律、心音异常的听诊特点及临床意义。

5. 评估肢端动脉血液供应情况。

【实训时间】

2 学时。

【物品准备】

直尺、听诊模型、听诊器(膜形及钟形体件)。

【实训对象】

自然人、电子标准化模拟患者。

【实训内容】

1. 视诊

(1)注意事项:环境安静,光线充足(左侧斜照光源较佳),平静呼吸,取坐位或仰卧位,头部与躯干抬高 15°~30°。评估者立于被评估者右侧,注意保暖。

(2)体检内容

1)心前区注意有无隆起。

2)心尖搏动:心尖搏动位置、搏动范围、心搏强度。

2. 触诊

(1)触诊方法:手部温暖,评估者以全掌、手掌尺侧或用 1~2 个手指指腹触诊,不加压。

(2)内容

1)心尖搏动:注意位置、强度、范围,心尖搏动凸起时标志着心室收缩期。

2)震颤(猫喘):须注意触及的部位及时期以判断病变的部位及性质。

3)心包摩擦感:纤维素性心包炎时,在胸骨左缘第 4 肋间处容易触到。

3. 叩诊

(1)评估注意事项:① 平静呼吸,取坐位或卧位。② 环境安静、温暖,适当暴露评估部位。③ 用手指叩诊法轻叩。④ 心界以相对浊音界为准。

(2)评估方法

1)被评估者坐位时,评估者左手板指应与所叩心界的边缘平行;卧位时,叩诊板指与心缘垂直(即与肋间平行),放在肋间,紧贴胸壁。

2)顺序:先叩左界,再叩右界,由下而上,由外而内,循序进行,从心尖搏动最强点外 2~3 cm 处开始(一般为第 5 肋间左锁骨中线稍外),由外向内,叩至清音变为浊

音时用笔做标记,如此向上逐一肋间进行,直至第 2 肋间;然后叩右界,先叩出肝上界,于其上一肋间(通常为 4 肋间),由外向内叩出浊音界,逐一肋间向上,至第 2 肋间,分别标记。

3)测量记录:① 测出正中线到锁骨中线的距离。② 以直尺测量每一肋间心脏左右界距前正中线的距离,并填入表格。

4. 听诊

(1)听诊注意事项

1)环境安静、温暖。

2)体位取坐位或卧位,必要时左侧卧位。

3)体件选择:高音调杂音选择膜形体件,低音调杂音选择钟形体件。

4)听诊顺序:二尖瓣区→肺动脉瓣区→主动脉瓣区→主动脉瓣第二听诊区→三尖瓣区。为更容易区别第一心音与第二心音,可先心底部听诊,而后由二尖瓣听诊区开始依顺序进行。使之与心脏视诊、触诊、叩诊皆从心尖部开始协调一致。

5)集中注意力听心音,排除呼吸音干扰。

(2)听诊内容:包括心率、心律、心音、杂音、心包摩擦音。

5. 血管检查

(1)视诊

1)颈动脉异常搏动:见于脉压增大的疾病。

2)颈静脉充盈:卧位时充盈度超过锁骨上缘至下颌角距离的下 2/3 处,见于右心衰竭、心包疾患和上腔静脉综合征。

3)肝-颈静脉回流征:被评估者取半卧位,评估者用手掌按压肿大的肝 30~60 s,颈静脉充盈更加明显,见于右心衰竭、心包疾病。

胸腹壁静脉充盈:见于门静脉高压、上腔静脉或下腔静脉阻塞形成侧支循环。

4)毛细血管搏动:见于脉压增大疾病。

(2)触诊:血管触诊的浅表动脉有颞浅动脉、股动脉、桡动脉、肱动脉等,临床上常用的是桡动脉,触诊时间至少 30 s。

注意节律、脉率、紧张度、强弱,有无异常脉搏。

(3)听诊

1)动脉枪击音及杜氏(Duroziez)双重杂音:见于脉压增大的疾病。

2)动脉杂音:凡血管丰富的肿物、动脉瘤、动脉狭窄、动静脉瘘,可在病变处听到杂音。

心脏、血管检查评估登记表

心脏

视诊:心前区隆起:＿＿＿＿＿＿＿＿＿＿＿＿＿＿＿＿＿＿＿＿＿＿＿＿

　　　心尖搏动:位置＿＿＿＿＿＿＿＿＿＿＿＿＿＿＿范围＿＿＿＿＿＿＿＿

触诊:心脏搏动＿＿＿＿＿＿＿＿＿＿＿＿＿＿＿＿＿＿＿＿＿＿＿＿＿＿

心尖搏动:位置＿＿＿＿＿＿＿＿＿＿＿＿＿＿＿　强弱＿＿＿＿＿＿＿＿＿＿

　　　　　范围＿＿＿＿＿＿＿＿＿＿＿＿＿＿　节律＿＿＿＿＿＿＿＿＿＿

震颤:部位＿＿＿＿＿＿＿＿＿＿＿＿＿＿＿　时期＿＿＿＿＿＿＿＿＿＿

心包摩擦感:＿＿＿＿＿＿＿＿＿＿＿＿＿＿＿＿＿＿＿＿＿＿＿＿＿＿

叩诊:心浊音界

右心界/cm	肋　间	左心界/cm
	第 2	
	第 3	
	第 4	
	第 5	

结论:心脏大小:正常　　　　扩大

听诊:心率＿＿＿＿＿＿　心律＿＿＿＿＿＿＿＿＿　心音:S$_1$　　S$_2$　　S$_3$/S$_4$

　　杂音:部位＿＿＿＿＿　时期＿＿＿＿＿　性质＿＿＿＿＿＿＿＿

　　　　强度＿＿＿＿＿＿＿＿＿＿＿　传导＿＿＿＿＿＿＿＿＿＿

　　心包摩擦音:＿＿＿＿＿＿＿＿＿＿＿＿＿＿＿＿＿＿＿＿＿＿＿＿

血管检查

视诊:

　　　静脉:曲张/怒张　　　　　血流方向　　　　　搏动

　　　毛细血管搏动

触诊:脉率＿＿＿＿＿＿＿＿＿　节律＿＿＿＿＿＿＿＿　紧张度＿＿＿＿＿＿

　　强弱＿＿＿＿＿＿＿　波形＿＿＿＿＿＿＿＿　血管形状＿＿＿＿＿＿

　　对称性＿＿＿＿＿＿＿＿＿＿＿＿＿＿＿＿＿＿＿＿＿＿＿＿＿

听诊:动脉:枪击音、Duroziez 双重杂音＿＿＿＿＿＿＿、动脉杂音＿＿＿＿＿＿＿

实训六　肺部、心脏病理征评估

【实训目的】

1. 掌握异常肺部呼吸音的听诊特点及临床意义。

2. 掌握心率、心律、心音异常听诊的特点及临床意义。

3. 掌握杂音听诊的内容及临床意义,注意器质性杂音与功能性杂音的区别。

4. 了解心包摩擦音听诊特点;初步掌握心脏常见综合病征及心功能不全体征特点。

5. 综合分析肺与胸膜常见疾病的体征。

【实训时间】

2 学时。

【实训对象】

临床患者、电子标准化模拟患者。

【物品准备】

听诊器（膜形及钟形体件）、直尺。

【实训内容】

1. 注意事项

（1）保持实训环境安静,检查患者时手部及听诊器体件要焐热。

（2）尊重、关心、体贴患者。

（3）使用电子标准化模拟患者按窗口指示程序操作。

2. 肺部病理征听诊　异常呼吸音、啰音、语音共振增强或减弱、胸膜摩擦音。

3. 心脏叩诊　心率、节律、心音改变。

心动过速、期前收缩、心房颤动、大炮音、S_1 增强及减弱、S_2 增强及减弱、心音分裂、奔马律、开瓣音。

4. 心脏病理征体查（视、触、叩、听）　二尖瓣狭窄、二尖瓣关闭不全、主动脉瓣狭窄、主动脉瓣关闭不全、室间隔缺损、动脉导管未闭、心包积液。

实训七　腹部评估

【实训要求】

1. 掌握腹部视、听、叩、触的检查方法,重点是触诊。

2. 掌握肝、胆囊触诊法。

3. 了解腹部体表标志,体表划线、分区及与下腹腔脏器对应关系。

【实训时间】

2 学时。

【物品准备】

听诊器、皮尺、热水袋（示范振水音及移动性浊音）。

【实训方法】

1. 由教师做示范性评估,指出评估要点和操作技巧。

2. 学生分组,每两名学生为一小组,按要求互相进行评估,教师巡回查看,随时纠正互相评估过程中出现的各种错误。

3. 教师抽查 1~2 名学生进行腹部评估,边检查边报告结果,其他学生评议其评估顺序及方法是否正确、内容有无遗漏。

【实训内容】

1. 指出体表标志　肋弓、剑突、腹直肌外缘、胆囊点、季肋点、麦氏点、髂前上棘、肋脊角。

2. 腹部九区法与四区法。

3. 视诊　腹部外形。

4. 听诊　肠鸣音、振水音。

5. 叩诊　肝区叩击痛、移动性浊音叩诊方法，肋脊角叩击痛检查方法。

6. 触诊　腹壁紧张度、胆囊点、麦氏点、Murphy 征检查方法，有无腹部包块，肝、脾触诊，重点是肝、脾触诊，肝大和脾大的表示方法。

腹部评估实训报告

腹部

视诊：腹部外形_____。

听诊：肠鸣音_____；

　　　振水音_____。

叩诊：肝浊音区_____；

　　　移动性浊音_____；

　　　肋脊角叩击痛_____。

触诊：腹壁紧张度_____；

　　　胆囊压痛点_____；

　　　麦氏点压痛_____；

　　　Murphy 征_____；

　　　腹部包块_____；

　　　肝：大小_____；质地_____；

表面_____；边缘_____；压痛_____；

　　　脾：大小_____；质地_____；

表面_____；边缘_____；压痛_____。

报告人_____

实训八　多媒体腹部触诊仪操练

【实训要求】

通过在模拟仪上练习腹部触诊，调动学生的视觉、听觉功能，激发学生的学习积极性，加深对课堂知识的理解和记忆，巩固理论知识，开发学生智力，提高思维能力、动手能力。掌握腹部触诊的检查方法及病理体征的临床特点。为护生到医院临床见习、实习打下坚实的基础。

【实训时间】

2 学时。

【物品准备】

多媒体腹部触诊仪教学软件、计算机、电子标准化模拟患者。

【实训方法】

1. 观看多媒体腹部触诊仪教学软件显示的肝和脾的解剖、肝触诊机制、触诊方法、技能掌握关键点、肝触诊常见错误、触诊内容及临床意义，包括肝外胆道解剖、胆囊触诊机制、触诊方法、墨菲征与胆囊触痛、临床意义等多媒体动画及活动影像。

2. 对电子标准化模拟患者进行肝、胆囊、脾综合体征触诊练习及常见疾病压痛与反跳痛触诊操练。

【实训内容】

1. 肝触诊　重点观看肝的形态、肝的体表投影、肝触诊的主要原理，双手及单手触诊肝的方法，掌握肝触诊方法的四个关键点，肝触诊中常犯的八种错误，正常与异常肝触诊的五项内容，肝大的测量以及造成肝大的常见七种疾病的简要发生病理与临床特点。

2. 脾触诊　重点观看脾的位置及大小、脾触诊机制、仰卧与右侧卧位触诊的方法，掌握脾触诊的三个关键点、测量脾大的三条线、引起脾大的八种疾病的简要病理与临床特点。随着脾触诊系统的选择，电子标准化模拟患者会自动作出相应的脾触诊体征和均匀的腹式呼吸，可触及多种不同大小的脾大，较大的脾可触到脾切迹，轻度肿大的脾可右侧卧位触之。

3. 胆囊触诊　重点观看肝外胆道特点、正常胆囊的位置、胆囊触诊机制、胆囊肿大触诊方法、墨菲征正常检查方法与常犯错误手法。墨菲征阳性检查时，电子标准化模拟患者会自动作均匀的腹式呼吸，吸气时腹部隆起胆囊随之下移碰到评估者的拇指，电子标准化模拟患者会发出疼痛的叫声并突然屏住呼吸。

4. 肝、胆囊、脾综合体征触诊　肝、胆囊、脾综合体征触诊共分为三十多项：肝大、胆囊大；脾大；肝、胆囊、脾均大，且有不同大小、不同质地、不同的表面形态。

5. 常见疾病压痛与反跳痛　胃溃疡、十二指肠溃疡、胰腺炎、阑尾炎、膀胱炎、乙状结肠炎、输尿管炎的压痛以及坏死性胰腺炎、化脓性阑尾炎出现的压痛和反跳痛。当学生操作正确时，电子标准化模拟患者将发出"疼疼"的呼叫声。

6. 随机考核与练习　实训结束前 10 min，利用随机数算法编制了随机考核与练习题库，题量与考试时间可任意设定，随着每组试题、练习题的随机出现，电子标准化模拟患者会自动配合工作，给出相应的体征，供学生进行实际的触诊检查，根据检查结果回答试题，计算机自动统计考试成绩并列出判卷，显示正确答案。

附：腹部病理体征

【实训要求】

1. 能识别腹部病理体征　腹部外形的改变，腹壁压痛和反跳痛，肝、脾大，胆囊触痛、腹水征、肠鸣音异常。

2. 能分析腹部病理体征的发生机制及其临床意义。

【实训前准备】

1. 听诊器或多道听诊器。

2. 实训前 1~2 天，教师至医院病室选择示教病例。

3. 要求实训病种　肝硬化腹水、慢性粒细胞性白血病脾大,其次为腹膜炎、不完全性幽门梗阻、肠梗阻。

【实训方法】

学生分组,每组由 1 名教师带领,进医院病室观察常见的腹部异常体征,教师边床旁示教腹部病理体征,边解释各病理体征的评估要点,并与学生讨论其临床意义。

【实训内容】

1. 视诊　慢性肝病面容、黄疸、肝掌、蜘蛛痣、腹部隆起、蛙状腹、舟状腹、脐疝、腹壁静脉曲张等。

2. 触诊　溃疡病压痛点,胆囊炎压痛点,肿块触诊,肝、脾触诊。

3. 叩诊　移动性浊音的叩诊。

4. 听诊　肠鸣音活跃、亢进或减弱。

实训九　脊柱、四肢及神经系统评估

【实训要求】
掌握脊柱、四肢及神经系统检查的内容及评估方法。

【实训时间】
2 学时。

【物品准备】
叩诊锤、棉签、大头针。

【实训方法】

1. 由教师做示范性评估,指出评估要点和操作技巧。

2. 学生分组,每两名学生为一小组,按要求互相进行评估,教师巡回查看,随时纠正互相评估过程中出现的各种错误。

3. 教师抽查 1~2 名学生进行脊柱、四肢及神经系统评估,边评估边报告结果,其他学生评议其评估顺序及方法是否正确、内容有无遗漏。

【实训内容】

1. 脊柱、四肢评估

(1) 脊柱弯曲度的评估方法。

(2) 评估四肢关节有无畸形及四肢活动范围,浮髌试验评估方法。

2. 神经系统评估

(1) 感觉功能:痛、触觉评估方法。

(2) 神经反射:角膜反射、肱二头肌反射、膝腱反射的评估方法。

(3) 病理反射:Babinski 征的评估方法。

(4) 脑膜刺激征:颈强直、Kernig 征、Brudzinski 征的评估方法。

（5）上、下肢肌力和肌张力的评估方法。

脊柱四肢及神经反射评估实训报告

脊柱：畸形＿＿＿＿＿＿＿＿＿＿　　压痛＿＿＿＿＿＿＿＿＿＿＿。

四肢：畸形＿＿＿＿＿＿＿＿　　强直或瘫痪＿＿＿＿＿＿＿＿＿；

　　　肌肉萎缩＿＿＿＿　骨折＿＿＿＿　杵状指＿＿＿＿　静脉曲张＿＿＿＿关节＿＿＿＿。

神经检查：

反射	肱二头肌	肱三头肌	腹壁	膝腱	跟腱	提睾
左						
右						

　　　Babinski 征＿＿＿＿＿＿＿＿＿＿＿＿＿＿＿＿＿＿＿＿＿＿；

　　　颈强直＿＿＿＿＿＿＿＿＿＿＿＿＿＿＿＿＿；

　　　Kernig 征＿＿＿＿＿＿＿＿＿＿＿＿；

　　　Brudzinski 征＿＿＿＿＿＿＿＿＿＿

　　　　　　　　　　　　　　　　报告人＿＿＿＿＿＿

附：脊柱、四肢及神经系统病理体征

【实训要求】

1. 能识别脊柱、四肢及神经系统病理体征。

2. 能分析脊柱、四肢及神经系统病理体征的发生机制及其临床意义。

【实训前准备】

实训前 1~2 天，教师至医院病室选择示教病例。

【实训方法】

学生分组，每组由 1 名教师带领，进医院病室观察常见的脊柱、四肢及神经系统异常体征，教师边床旁示教脊柱、四肢及神经系统病理体征，边解释各病理体征的评估要点，并与学生讨论其临床意义。

【实训内容】

1. 脊柱、四肢形态异常。

2. 痛、触觉异常，病理反射阳性，脑膜刺激征。

实训十　心理社会健康史评估

【实训目的】

1. 掌握收集心理、社会健康史的方法。

2. 掌握 SAS 和 Smilkrstein 的家庭功能评估量表的使用方法。

3. 熟悉心理、社会健康史评估的内容。

4. 在实训中体现出尊重被评估者、关爱被评估者的精神。

【实训时间】

2 学时。

【实训方法】

1. 每 6~8 人组成一个实训小组。

2. 在教师指导下，每一实训小组接触一位被评估者，进行心理、社会健康史资料的采集。评估前先阅读该被评估者的有关健康资料，以利评估时能够有的放矢，收到较好的实训效果。

3. 评估时，每一实训小组派出一名代表负责询问被评估者，其他同学作详细记录，并可进行必要的补充提问。

4. 评估结束后，礼貌地向被评估者及其家属道别，并感谢他们的合作。

5. 各小组在教师指导下集体整理资料，讨论所获得的健康史资料及存在的问题。

6. 全班同学集中交流，各小组派代表作简要报告。教师作小结、评价和矫正。

7. 每位同学撰写一份实训报告，交教师批改。

【实训内容】

心理、社会健康史评估的交谈指引（仅供初学护生参考）

项目	交谈指引
一、自我介绍与交代有关事项	1. 您好！我们是××学校的实训护士，今天我们想了解一下您的健康资料，谢谢您的合作！
	2. 我们的交谈大约需要 1 h，如果交谈过程中您有什么需要帮忙的请随时告诉我们。您所提供的资料我们将会严格保密。
	……
二、询问心理、社会健康史	1. 您家住在哪里？家里有哪些成员？有哪些联系方法？
	2. 您对这里的住院环境有什么想法？
	3. 您认为是什么原因使您生病的？
	4. 您结婚了吗？有孩子吗？您生病期间，谁照顾您的孩子？
	5. 您住院前主要从事什么工作？您如何评价您的工作（或学习）？
	6. 您的经济收入如何？这次患病对您的经济产生了什么影响？

项目	交谈指引
	7. 您住院时,有哪些家人来照顾您?
	8. 在您的生活中谁对您最有意义?
	9. 您的家人对您生病(或住院)有哪些看法?
	10. 当您遇到困难时,您从哪里寻求力量和帮助?
	11. 您属于哪个民族?有什么宗教信仰?
	12. 您如何评价自己的情绪?当您发怒、恐惧或焦虑时,您通常会怎样做,能够很好地控制吗?
	13. 当生活中遇到麻烦时,您通常是如何处理的?经常与别人商量吗?大多数情况下都能克服吗?
	14. 每当有家属和朋友陪在身边,您感觉是否好一些?
	15. 您是否经常处于紧张状态,需要用药物镇静吗?
	上述内容在具体应用时要结合被评估者的年龄、社会背景、文化程度、习惯用语等选择用词,不要生搬硬套地逐条提问。
	……
三、量表评估	1. 为了更好地了解您的情况以便为您提供更恰当的护理服务,我们希望您能做一下以下的测验,谢谢您的配合!
	2. 取得被评估者的合作后,向被评估者解释量表的填写方法及注意事项(朗读指导语)

【实训报告】

心理、社会健康史评估记录表

一般资料

科室: 　　　　床号: 　　　　住院号:

姓名: 　　　　性别: 　　　　年龄:

民族: 　　　　籍贯: 　　　　职业:

婚姻状况: 　　　文化程度: 　　　医疗费用负担形式:

工作单位:

家庭住址:

健康史陈述者: 　　　　　　　　　　可靠程度:

入院医疗诊断: 　　　　　　　　　　主管医生:

健康史收集时间: 　　　　　　　　　健康史收集者:

心理资料

自我概念：

认知：

情绪：

个性：

压力与压力应对：

社会资料

角色与角色适应：

文化：

家庭：

环境：

实训经验小结

实训中成功的经验：

实训中存在的问题：

实训十一　快速血糖测定仪和尿糖试纸的使用

【实训要求】

1. 掌握快速血糖测定仪、尿糖试纸的使用方法。

2. 能指导患者使用快速血糖测定仪。

【实训目的】

对于危重患者如糖尿病酮症酸中毒昏迷、糖尿病高渗性昏迷和低血糖所致昏迷的护理常需要通过快速检测其血糖浓度以判断是哪一类型的昏迷及其血糖水平。快速血糖测定仪体积小,临床医护人员不需特殊训练就可以在患者床边进行检测,能准确快速获取结果,是临床科室需要配置的设备之一。监测血糖也是糖尿病患者进行自我监测最常用、最可靠的方法;有些糖尿病患者已经购买了快速血糖测定仪(简称血糖仪),护理人员应指导患者及家属正确使用血糖仪。

【实训时间】

2学时。

【物品准备】

快速血糖测定仪、尿糖试纸、正常人及糖尿病患者尿液标本、乙醇棉球、无菌干棉球(棒)。

> **提示:** 目前市场上有多种品牌的血糖仪,使用前应认真阅读说明书。

【实训方法】

1. 由教师做示范性操作,指出操作要点和注意事项。

2. 学生分组,2名学生为一小组,按要求互相进行评估,教师巡回查看,随时纠正互相评估过程中出现的各种错误。

3. 教师抽查1~2名学生进行操作,其他学生评议其操作方法是否正确。

【实训内容】

1. 血糖仪的使用

(1)调整血糖仪的代码使其与现在使用的试纸代码相同,注意不同时间购买的试纸有不同的代码,所以必须先调整血糖仪的代码。

(2)彻底清洗和干燥双手,用乙醇棉球消毒采血的手指,待乙醇挥发干燥后再采血。

(3)手臂下垂30 s,温暖并按摩手指以增加血液循环,使血液充分流到手指。

(4)将采血针头装入刺指笔中,用拇指顶紧要采血的指间关节,再用采血笔在指尖一侧刺破皮肤。根据手指皮肤厚度选择穿刺深度,刺破手指取适量血。注意刺皮后勿加力挤压,以免组织液混入血样,造成检测结果偏差。

（5）待血糖仪指示取血后,将血滴在血糖试纸指示孔上。

（6）把血糖试纸插入血糖仪中。注意有的血糖仪需先将试纸插入血糖仪中,再将血滴在试纸上。

（7）几秒或十几秒钟之后,从血糖仪上读出血糖值。

（8）记录血糖值和监测时间。

2. 尿糖试纸的使用

（1）先将尿糖试纸放入盛有尿液的容器内,约 1 min 后取出。

（2）在 1 min 内观察试纸的颜色变化,并与标准色板对照。

（3）记录测试结果和测试时间。

【注意事项】

（1）要妥善保护好仪器,特别要注意防潮。

（2）要注意某些药物对测定结果的影响,如大量服用维生素 C、谷胱甘肽等,会使结果偏低。

（3）要定期对血糖仪进行校正测定,以便对仪器的准确性作出评价。

（4）血量不够、血糖试纸超过有效期、手指消毒乙醇未干、血糖仪代码和试纸代码不同时,都会影响检测的准确性。

（5）采血部位要交替轮换,不要长期刺扎一个地方,以免形成瘢痕。在手指侧边采血疼痛较轻,而且血量足。

（6）采血针不可反复使用。血糖检测完毕后,应立即将使用过的试纸及采血针妥当地弃置。

（7）试纸应干燥、避光和密封保存。

快速血糖测定仪和尿糖试纸使用实训报告

被检查者:姓名＿＿＿＿＿＿＿＿性别＿＿＿＿＿＿年龄＿＿＿＿＿＿＿

检查日期：　　年　　月　　日

　　检查结果:血糖值　　　　　　　　尿糖值

　　报告人：　　　　　　　　　　报告日期：　　年　　月　　日

实训十二　心电图的描记操作

【实训目的】

1. 初步掌握正常心电图。

2. 学会心电图的描记操作。

【物品准备】

心电图机、心电图纸、电极刷（或棉签）、导电液（水或盐水）。

【实训内容】

1. 心电图的描记。

2. 心电图的测量方法

（1）各波段与心率的检测。

（2）各波段振幅的检测。

（3）平均心电轴的检测。

【实训方法】

1. 利用心电图机讲授心电图检查与描记方法及常规导联。

2. 学生分组利用心电图机相互进行心电图描记。

3. 利用多媒体讲授心电图的检测方法、正常值。

4. 学生阅读、测量心电图,并写出心电图报告,交教师修改后发给学生。

【实训时间】

4 学时。

心电图检查实训报告

被检查者:姓名_____ 性别_____ 年龄_____

检查日期:

心电图特征:

心房率: 心室率:

P 波:

QRS 波:

ST 段:

T 波:

结论:

报告人:

报告日期:

实训十三　影像学检查(一)

【实训目的】

1. 理解 X 线摄片黑白成像及影像描述。
2. 能基本识别常见疾病 X 线征象。

【实训时间】

1 学时。

【物品准备】

阅片灯、X 线片(正常与异常)若干。

【实训方法】

1. 分组:5 人一小组,15 人一大组,每一大组由 1 位教师带教。
2. 带教教师给大组全体学生示范讲解阅片。
3. 小组同学集体阅片,指出正常或异常所在。
4. 教师巡回指导。
5. 教师根据学生阅片情况小结。

【实训内容】

1. 正常胸部 X 线征象、肺野的划分。
2. 支气管炎、肺炎、慢性阻塞性肺疾病、肺不张、肺脓肿、肺癌、肺结核、胃溃疡、胃肠穿孔、肠梗阻、胆肾结石典型 X 线征象。

实训十四　影像学检查(二)

【实训目的】

1. 熟知各常用影像检查的注意事项。
2. 熟练模拟心导管检查中、检查后的配合。
3. 能正确做影像检查前准备。

【实训时间】

1 学时。

【物品准备】

碘过敏试验用物、消毒物品、无菌纱布、胶布、压迫止血沙袋。

【实训方法】

1. 分组:4~6 人为一小组,12~18 人为一大组,1 位带教教师。
2. 分小组模拟检查前准备,教师巡回指导,学生相互纠正补充。
3. 教师安排每小组在大组模拟 1 项检查前准备。

4. 学生相互纠正补充。

5. 教师小结。

【实训内容】

1. 普通 X 线检查前准备。

2. X 线造影检查的一般准备 上消化道钡餐、钡灌肠、静脉肾盂造影的检查前准备和护理配合。

3. CT 检查前的准备和造影扫描的护理配合。

4. MRI 检查前的准备。

5. 腹部超声检查前的准备。

6. 心导管检查前、检查中、检查后的配合。

【实训报告】

1. 普通 X 线和 X 线造影检查的一般准备。

2. 上消化道钡餐检查的准备。

3. CT 检查前的准备和造影扫描的护理配合。

4. 腹部超声检查前的准备。

实训十五 护理病历书写

【实训目的】

1. 掌握病史采集及体格检查方法和内容。

2. 熟悉护理基本要求。

3. 能独立书写一份符合要求的完整护理病历。

【实训时间】

2 学时。

【物品准备】

1. 准备进行身体评估所需物品,如体温计、血压计、听诊器、软尺、棉签等物品。

2. 选择几个病史及体征较典型有一定文化的患者作为护理评估对象。

【实训方法】

分 3~4 组去医院见习后书写完整护理病历。

【实训内容】

1. 见习前带教教师讲解要求及注意事项,如统一着工作服,保持病室安静,尊重患者等。

2. 先由学生询问及检查,再经教师启发与辅导后予以补充。

3. 用统一的病案单按实训指导的格式内容,见习后认真书写护理病历,并上交教师。

4. 教师修改后进行讲评,学生讨论分析,以提高书写能力。

附录3 健康评估教学基本要求

一、课程性质和任务

健康评估(health assessment)是一门研究对被评估者健康状况进行评估,并根据其现存或潜在的健康问题或生命状况提出护理诊断的基本知识、基本技能和基本方法的学科。是形成护理理念、从护理的角度思考健康问题的起点课程,是医学基础过渡至临床护理的桥梁课程,是临床各科护理学的基础。主要内容包括健康评估方法、常见症状评估、身体评估、心理与社会评估、实验室检查及其他辅助检查、护理诊断的思维方法和步骤、护理病历书写等。其任务是使学生树立"以人的健康为中心"的护理理念,获得健康评估的基本理论知识、基本技能和科学方法,为学习护理各专业课程和开展护理工作奠定基础。

二、课程教学目标

1. 知识目标
(1) 理解常见症状的病因、评估要点及相应护理诊断。
(2) 掌握身体评估的基本内容及其临床意义。
(3) 了解主观资料、客观资料的内在联系及其临床意义。
(4) 了解实验室检查的内容、正常值及临床意义。
(5) 了解 X 线、心电图检查等辅助检查的指征及临床意义。
2. 能力目标
(1) 具有独立进行健康史的收集和身体评估的能力。
(2) 具有操作心电图机和初步识别正常心电图与常见异常、危重心电图的能力。
(3) 具有正确采集各项实验室检查标本的能力。
(4) 具有对影像检查的患者进行检查前准备及护理的能力。

（5）具有将健康资料进行系统整理，写出护理文书的能力。

（6）具有将健康资料进行综合分析初步作出护理诊断的能力。

（7）具有应用诊断知识和人际交流与咨询技巧，开展护理工作的能力。

3. 素养目标

（1）初步具备辩证唯物主义观点和诊断思维能力。

（2）具有科学、严谨的学习态度和创新能力。

（3）树立良好的职业道德意识。

（4）建立与其他人员配合工作的团队意识与协作精神。

三、教学内容和要求

本课程的教学内容分为基础模块、实践模块和选学模块。基础模块和实践模块是本专业的必学内容，选学模块供各校根据实际情况选择使用。

基 础 模 块

教学内容	教学要求		
	了解	理解	掌握
一、绪论			
（一）学习健康评估的重要性	√		
（二）健康评估的主要内容			
1. 健康评估方法	√		
2. 常见症状评估	√		
3. 健康史评估	√		
4. 身体评估	√		
5. 辅助检查	√		
6. 护理诊断的思维方法与步骤	√		
7. 护理病历的书写	√		
（三）健康评估的学习目的、方法与要求			
1. 学习目的		√	
2. 学习方法		√	
3. 要求		√	
二、健康评估方法			
（一）健康资料的来源			
1. 主要来源		√	
2. 次要来源	√		

教学内容	教学要求		
	了解	理解	掌握
（二）健康资料的类型			
1. 主观资料		√	
2. 客观资料		√	
3. 目前资料		√	
4. 既往资料		√	
（三）健康资料的采集方法			
1. 交谈		√	
2. 身体评估	√		
（四）一般健康史评估			
1. 一般资料			√
2. 主观现时资料	√		
3. 既往资料		√	
三、常见症状评估			
（一）发热			
1. 病因	√		
2. 发病机制	√		
3. 临床表现		√	
4. 护理评估要点			√
5. 相关护理诊断	√		
（二）咳嗽与咳痰			
1. 病因	√		
2. 发病机制	√		
3. 临床表现		√	
4. 护理评估要点			√
5. 相关护理诊断		√	
（三）呼吸困难			
1. 病因	√		
2. 发病机制	√		
3. 临床表现		√	
4. 护理评估要点			√

教学内容	教学要求		
	了解	理解	掌握
5. 相关护理诊断		√	
（四）咯血			
1. 病因	√		
2. 发病机制	√		
3. 临床表现		√	
4. 护理评估要点			√
5. 相关护理诊断		√	
（五）胸痛			
1. 病因	√		
2. 发病机制	√		
3. 临床表现		√	
4. 护理评估要点			√
5. 相关护理诊断		√	
（六）发绀			
1. 病因	√		
2. 发病机制	√		
3. 临床表现		√	
4. 护理评估要点			√
5. 相关护理诊断		√	
（七）水肿			
1. 病因	√		
2. 发病机制	√		
3. 临床表现		√	
4. 护理评估要点			√
5. 相关护理诊断		√	
（八）腹痛			
1. 病因	√		
2. 发病机制	√		
3. 临床表现		√	
4. 护理评估要点			√

教学内容	教学要求		
	了解	理解	掌握
5. 相关护理诊断		√	
（九）腹泻			
1. 病因	√		
2. 发病机制	√		
3. 临床表现		√	
4. 护理评估要点			√
5. 相关护理诊断		√	
（十）呕血与黑便			
1. 病因	√		
2. 发病机制	√		
3. 临床表现		√	
4. 护理评估要点			√
5. 相关护理诊断		√	
（十一）黄疸			
1. 病因	√		
2. 发病机制	√		
3. 临床表现		√	
4. 护理评估要点			√
5. 相关护理诊断		√	
（十二）意识障碍			
1. 病因	√		
2. 发病机制	√		
3. 临床表现		√	
4. 护理评估要点			√
5. 相关护理诊断		√	
四、身体评估			
（一）概述			
1. 身体评估的目的	√		
2. 身体评估的注意事项		√	
3. 基本检查方法			√

教学内容	教学要求		
	了解	理解	掌握
（二）一般评估			
1. 一般状态评估		√	
2. 皮肤评估		√	
3. 浅表淋巴结评估		√	
（三）头、面、颈部评估			
1. 头部评估方法与内容			√
2. 面部评估方法与内容			√
3. 颈部评估方法与内容			√
（四）胸部、肺、心脏、血管评估			
1. 胸部体表标志		√	
2. 胸壁、胸廓与乳房评估方法与内容			√
3. 肺和胸膜评估方法与内容			√
4. 呼吸系统常见疾病的主要症状和体征	√		
5. 心脏评估内容与方法			√
6. 血管评估内容与方法		√	
7. 循环系统常见疾病的主要症状和体征	√		
（五）腹部评估			
1. 腹部体表标志及分区	√		
2. 腹部评估方法与内容			√
3. 消化系统常见疾病的主要症状和体征	√		
（六）肛门、直肠和外生殖器评估			
1. 肛门与直肠评估		√	
2. 男性生殖器评估	√		
（七）脊柱与四肢评估			
1. 脊柱评估			√
2. 四肢评估			√
（八）神经系统评估			
1. 脑神经评估		√	
2. 运动功能评估			√
3. 感觉功能评估			√

教学内容	教学要求		
	了解	理解	掌握
4. 神经反射评估			√
5. 自主神经功能评估	√		
五、心理与社会评估			
（一）概述			
1. 评估方法			√
2. 注意事项		√	
（二）心理评估			
1. 自我概念评估		√	
2. 认知评估		√	
3. 情绪、情感评估		√	
4. 个性评估	√		
5. 压力与压力应对评估		√	
（三）社会评估			
1. 角色和角色适应评估			√
2. 文化评估		√	
3. 家庭评估		√	
4. 环境评估		√	
六、实验室检查			
（一）血液检查			
1. 血液标本的采集		√	
2. 血液一般检查		√	
3. 血液的其他检查	√		
4. 止血、凝血的一般检验	√		
（二）尿液检查			
1. 尿液标本的采集与保存		√	
2. 尿液物理学检查	√		
3. 尿液化学检查	√		
4. 尿液显微镜检查	√		
（三）粪便检查			
1. 标本采集		√	

教学内容	教学要求		
	了解	理解	掌握
2. 粪便物理学检查	√		
3. 粪便化学检查	√		
4. 粪便显微镜检查	√		
（四）痰液检查	√		
（五）脑脊液检查	√		
（六）浆膜腔积液检查	√		
（七）常用血液生化检查	√		
（八）肝功能检查	√		
（九）常用肾功能检查	√		
（十）骨髓细胞学检查	√		
七、心电图检查			
（一）心电图基本知识			
1. 心电产生原理	√		
2. 心电图导联的概念	√		
3. 心电向量的概念	√		
4. 心电图产生原理	√		
（二）心电图检测			
1. 导联体系		√	
2. 心电图各波段的命名		√	
3. 心电图的测量方法	√		
（三）正常心电图			
心电图正常值		√	
（四）异常心电图			
1. 心房、心室肥大	√		
2. 心肌缺血	√		
3. 心肌梗死	√		
4. 心律失常	√		
八、影像学检查			
（一）X线检查			
1. 概述	√		

教学内容	教学要求		
	了解	理解	掌握
2. 胸部 X 线检查		√	
3. 腹部 X 线检查	√		
4. 骨骼关节基本病变 X 线检查	√		
5. 放射防护的方法和措施	√		
6. X 线检查的护理合作			√
（二）CT 检查			
1. CT 的基本设备及基本原理	√		
2. CT 检查方法	√		
3. CT 诊断的临床应用	√		
4. CT 检查护理		√	
（三）磁共振成像检查			
1. MRI 的成像基本原理	√		
2. MRI 的临床应用	√		
3. MRI 检查的护理		√	
（四）超声检查			
1. 超声成像基本原理	√		
2. 超声诊断设备的类型	√		
3. 超声检查的临床应用		√	
4. 超声检查的护理合作			√
九、护理诊断的思维方法和步骤			
（一）护理诊断概述			
1. 护理诊断的定义			√
2. 护理诊断的种类			√
3. 护理诊断的陈述			√
4. 与合作性问题及医疗诊断的区别		√	
（二）护理诊断的步骤与思维方法			
1. 收集资料		√	
2. 整理资料			√
3. 分析资料			√
4. 确定护理诊断			√

教学内容	教学要求		
	了解	理解	掌握
5. 护理诊断排序		√	
十、护理病历的书写			
（一）护理病历的意义及书写基本要求			
1. 护理病历的意义		√	
2. 护理病历书写基本要求		√	
（二）健康评估记录的格式与内容			
1. 完整健康评估记录的格式与内容			√
2. 入院评估记录表			√
（三）护理病程记录的内容与要求			
1. 一般患者护理记录		√	
2. 危重患者护理记录		√	
3. 其他护理记录		√	
（四）健康护理计划		√	

实 践 模 块

序号、单元题目 （对应基础模块单元序号）	教学内容	教学要求		
		会	掌握	熟练 掌握
二、健康评估方法	实训一　一般健康史评估		√	
三、常见症状评估	实训二　常见症状评估		√	
四、身体评估	实训三　一般状况及头、面、颈部评估		√	
	实训四　胸部及肺部视、触、叩、听诊评估		√	
	实训五　心脏视、触、叩、听诊及血管评估		√	
	实训六　肺部、心脏病理征评估		√	
	实训七　腹部评估		√	
	实训八　多媒体腹部触诊仪操练		√	
	实训九　脊柱、四肢及神经系统评估		√	
五、心理与社会评估	实训十　心理社会健康史评估	√		

序号、单元题目 （对应基础模块单元序号）	教学内容	教学要求		
		会	掌握	熟练 掌握
六、实验室检查	实训十一　快速血糖测定仪和尿糖试纸的使用	√		
七、心电图检查	实训十二　心电图的描记操作	√		
八、影像学检查	实训十三　影像学检查（一） 实训十四　影像学检查（二）	√ √		
十、护理病历的书写	实训十五　护理病历书写		√	

选 学 模 块

教学内容	教学要求		
	了解	理解	掌握
六、实验室检查			
（四）痰液检查	√		
（五）脑脊液检查	√		
（六）浆膜腔积液检查	√		
（十）骨髓细胞学检查	√		
八、影像学检查			
（三）磁共振成像检查	√		

四、说明

1. 本课程教学基本要求采用模块结构表述,其中:① 选学模块的学习可使用机动学时、第二课堂,也可不选学。② 机动学时可用于学习选学模块中的内容,也可结合本地情况另选其他内容,或根据学生情况组织其他有益于完成、拓展本课程教学目标的教学活动,提高学生的综合职业能力。

2. 教学基本要求对理论知识的要求分为了解、理解、掌握三个层次。

（1）了解:知道"是什么",能够记住学过的知识要点。

（2）理解:懂得"为什么",能领会概要的含义,并能解释知识点的内容。

（3）掌握：能够"应用"，能分析知识的联系和区别，并能综合运用知识解决问题。

对实训内容的要求有两个层次，即"会"，在老师的指导下，能正确地进行技术操作或实训。"掌握"，要求学生能够独立、正确地进行操作。

3. 教学过程应多采用现代教育技术、病例讨论、角色扮演和见习参观等，培养学生的主动性，训练其动手能力和人际沟通能力，注意理论联系实际，提高其工作能力和综合素质，形成良好的专业形象。

4. 可通过课堂提问、作业、讨论、平时测验、操作技能考核、护理病历书写及考试等对学生的认识、能力及态度进行综合评价。

5. 对在学习和应用上有创新的学生应特别给予鼓励。

参 考 文 献

［1］孙玉梅,张立力,张彩虹.健康评估［M］.5 版.北京:人民卫生出版社,2021.

［2］王春桃,刘亚莉.健康评估［M］.3 版.北京:高等教育出版社,2023.

［3］万学红,卢雪峰.诊断学［M］.9 版.北京:人民卫生出版社,2018.

［4］刘成玉.健康评估［M］.4 版.北京:人民卫生出版社,2018.

［5］陈新.黄宛临床心电图学［M］.6 版.北京:人民卫生出版社,2017.

［6］程月仙.心电图入门教程［M］.5 版.北京:北京大学医学出版社,2023.

［7］葛均波,徐永健,王辰.内科学［M］.9 版.北京:人民卫生出版社,2018.

［8］汪启荣,乔瑜.护理心理学［M］.9 版.北京:化学工业出版社,2018.

［9］蒋冬梅.整体护理程序与操作［M］.长沙:湖南科学技术出版社,1999.

［10］卡本尼托·莫耶特.护理诊断手册［M］.11 版.景曜,译.北京:世界图书出版公司,2008.

［11］詹森.护理诊断、结局与措施［M］.2 版.吴袁剑云,译.北京:北京大学医学出版社,2010.

［12］张纪云,龚道元.临床检验基础［M］.5 版.北京:人民卫生出版社,2020.

［13］徐克,龚启勇,韩萍.医学影像学［M］.8 版.北京:人民卫生出版社,2018.

［14］韦伯.轻松健康评估护士手册［M］.8 版.孙玉梅,译.北京:人民卫生出版社,2016.

［15］高建群.健康评估［M］.5 版.北京:科学出版社,2024.

［16］霍仲厚,霍文静,吉保民,等.病历书写示范［M］.3 版.南京:江苏科学技术出版社,2020.

［17］卢娜,郑艳,赵柯晓.病历书写基本规范及解读［M］.沈阳:辽宁科学技术出版社,2019.

［18］中国高血压防治指南修订委员会,高血压联盟(中国),中国医疗保健国际交流促进会高血压病学分会,等.中国高血压防治指南(2024 年修订版)［J］.中华高血压杂志(中英文),2024,32(7):603-700.

郑重声明

高等教育出版社依法对本书享有专有出版权。任何未经许可的复制、销售行为均违反《中华人民共和国著作权法》,其行为人将承担相应的民事责任和行政责任;构成犯罪的,将被依法追究刑事责任。为了维护市场秩序,保护读者的合法权益,避免读者误用盗版书造成不良后果,我社将配合行政执法部门和司法机关对违法犯罪的单位和个人进行严厉打击。社会各界人士如发现上述侵权行为,希望及时举报,我社将奖励举报有功人员。

反盗版举报电话　(010) 58581999　58582371

反盗版举报邮箱　dd@ hep. com. cn

通信地址　北京市西城区德外大街 4 号

　　　　　高等教育出版社知识产权与法律事务部

邮政编码　100120

读者意见反馈

为收集对教材的意见建议,进一步完善教材编写并做好服务工作,读者可将对本教材的意见建议通过如下渠道反馈至我社。

咨询电话　400-810-0598

反馈邮箱　gjdzfwb@ pub. hep. cn

通信地址　北京市朝阳区惠新东街 4 号富盛大厦 1 座

　　　　　高等教育出版社总编辑办公室

邮政编码　100029

资源服务提示

授课教师如需获取本书配套教辅资源,请登录"高等教育出版社产品信息检索系统"(http://xuanshu. hep. com. cn/)搜索下载,首次使用本系统的用户,请先进行注册并完成教师资格认证。

高教社高职医药卫生教师 QQ 群:191320409